国家“211工程”建设项目“长安文化与中国文学”
全国优秀博士论文获奖者专项基金资助项目(200409)

陕西方言重点调查研究
邢向东　主编

岐山方言调查研究

吴媛　韩宝育◎著

中华书局

图书在版编目(CIP)数据

岐山方言调查研究/吴媛,韩宝育著. —北京:中华书局,2016.3
(陕西方言重点调查研究/邢向东主编)
ISBN 978-7-101-10946-7

Ⅰ.岐… Ⅱ.①吴…②韩… Ⅲ.西北方言-调查研究-岐山县 Ⅳ.H172.2

中国版本图书馆 CIP 数据核字(2015)第 090501 号

书　　名　岐山方言调查研究
著　　者　吴　媛　韩宝育
丛 书 名　陕西方言重点调查研究
丛书主编　邢向东
责任编辑　张　可
出版发行　中华书局
(北京市丰台区太平桥西里 38 号　100073)
http://www.zhbc.com.cn
E-mail:zhbc@zhbc.com.cn
印　　刷　北京瑞古冠中印刷厂
版　　次　2016 年 3 月北京第 1 版
2016 年 3 月北京第 1 次印刷
规　　格　开本/850×1168 毫米　1/32
印张 $14\frac{3}{4}$　插页 4　字数 340 千字
印　　数　1-1500 册
国际书号　ISBN 978-7-101-10946-7
定　　价　48.00 元

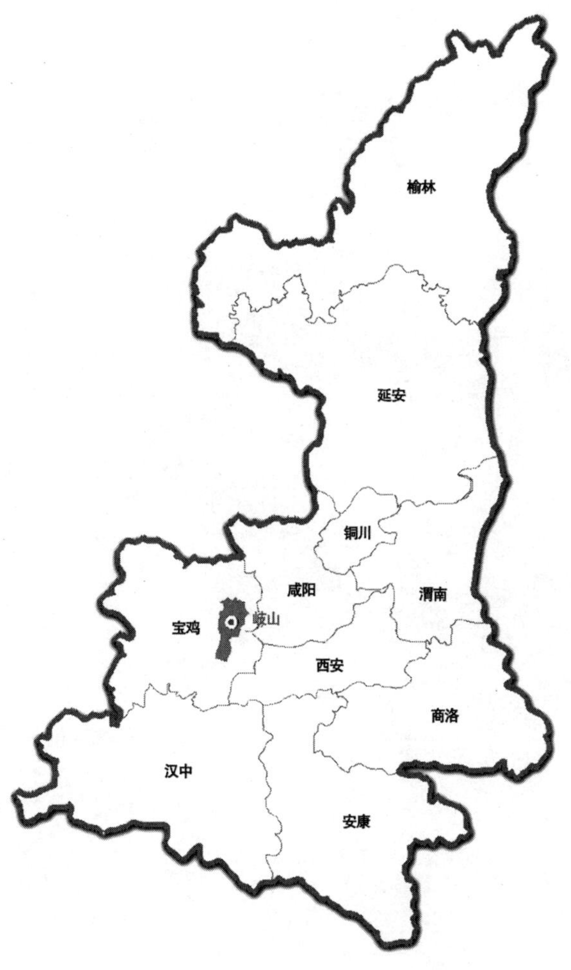

岐山县在陕西省的位置

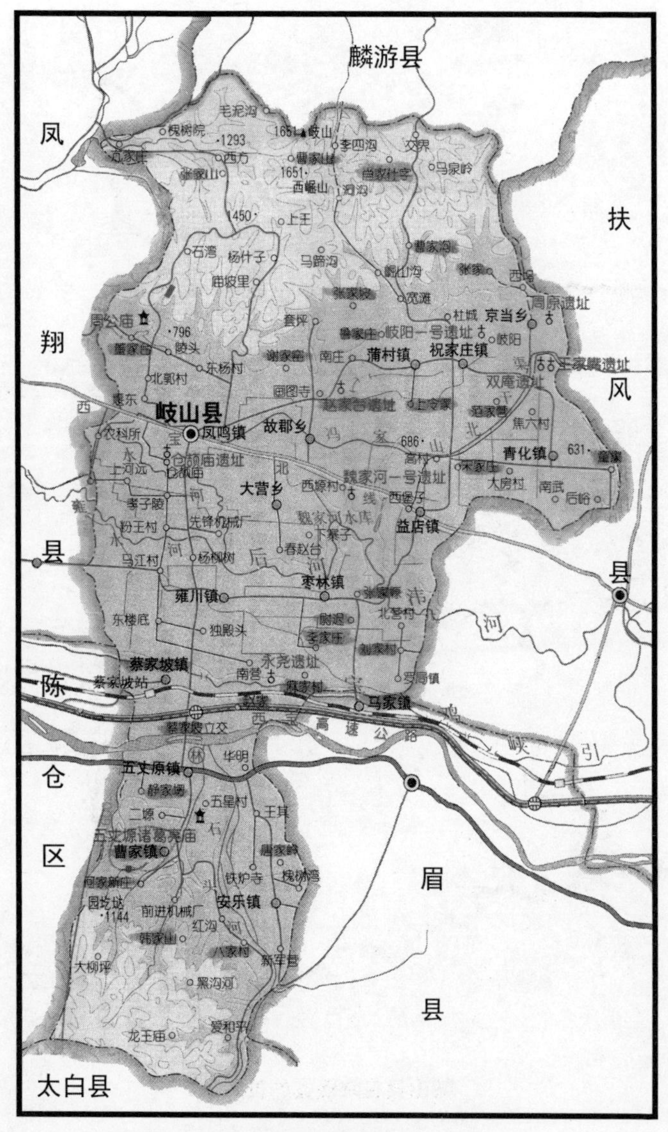

麟游县
凤
翔
县
陈
仓
区
扶
风
县
眉
县
太白县
岐山县
凤鸣镇
故郡乡
蒲村镇
祝家庄镇
京当乡
青化镇
大营乡
益店镇
枣林镇
雍川镇
蔡家坡镇
马家镇
五丈原镇
曹家镇
安乐镇
岐山
周公庙
周原遗址
岐阳一号遗址
王家嘴遗址
双庵遗址
赵家台遗址
魏家河一号遗址
仓颉庙遗址
永尧遗址
五丈原诸葛亮庙
魏家河水库
西宝高速公路

岐山县地图

总　序

长安是中国历史上建都朝代最多、历时最久的都市，先后有13个王朝建都于此，绵延1100余年，形成了辉煌灿烂的长安文化。长安文化具有多种特性。首先，它是一种颇具特色的地域文化，以长安和周边地区为核心，以黄土为自然生存环境，以雄阔刚健、厚重质朴为其主要风貌，这种文化精神一直延续到今天，仍然富有强大的生命力。20世纪中国文学的"陕军"、中国艺术的"长安画派"等，显示出独特的魅力，可以称之为"后长安时期"的文化。其次，它是一种兼容并包的都城文化，既善于自我创造，具有时代的代表性，又广泛吸纳其他地区、其他民族的文化，还善于吸纳民间文化，形成多元化的特点。复次，它是中国历史鼎盛时期的盛世文化，尤其是周秦汉唐时期，这是中国历史上的盛世，此期所产生的文化以及对外的文化交流，代表了华夏民族的盛世记忆，不仅泽被神州，而且惠及海外。第四，它是某些历史时期全国的主流文化。由于长安是历史上许多王朝的都城，是当时政治文化的中心所在，以长安为核心形成的思想、文化，辐射到全国各地。第五，它是中国文化的源头，产生在中国历史的早期，是中国文化之根，对中国文化以及中华民族共有家园的形成具有不可估量的影响。

对长安文化进行研究，一直受到人们的重视，近年来更有了新的起色，尤其是"长安学、西安学"的提出，为长安文化的研究注入了新的时代因素，并受到海外学者的关注。陕西师范大学地处古都长安，研究长安文化是学术团队义不容辞的责任。为了深入挖掘长安文化的内在价值，探讨长安文化在中国文化、世界文化史上的地位，陕西师范大学文学院藉国家“211工程”三期建设重点学科之机，以国家重点学科中国古代文学为龙头，全面整合文学院学术力量，申报了“长安文化与中国文学”研究项目，获得了国家教育部的支持。本项目的研究，一方面是要发挥地域文化的优势，进一步推动长安文化的研究，并且为当代新文化建设贡献力量；另一方面也是要为研究中国文学找到一个新的切入点和突破口，使文学研究有坚实的文化根基。这是一种新的视野和新的尝试。我们的研究主要有以下三个方向：

第一，长安文化与中国文学的演变

本方向立足文学本位，充分发挥地理优势，以长安文化为背景，对中国文学进行系统研究。主要内容有：(1)长安文化与中国文学精神。主要研究长安文化的内涵、产生、发展、特征以及对中国文学精神所产生的影响。(2)汉唐文学研究。主要研究长安文化形成时期以《史记》和汉赋为代表的盛世文化的典型特征以及对后来长安文化的奠基作用，研究唐代作家作品、唐代文化与文学、唐代政治与文学等，探讨汉唐时期长安文化与中国文学之间的内在联系及其在中国文学史上的价值与意义。(3)汉唐文学的域外传播。主要对汉唐文学在域外的传播、汉唐文学对域外文化的影响、长安文化对域外文化的接受等问题进行全面研究。(4)古今文学演变。以长安文化为切入点，探讨长安文化辐射下“后长安时代”中国文学的发展规律以及陕西文学的内在演变。

确立本研究方向的依据在于，长安文化从本质上说是以周秦汉唐为代表的中国传统文化，具有深刻的内涵。本项目首先需要从不同的层面对长安文化进行理论总结和阐释，探讨长安文化对中国文学精神的渗透，在此基础上进一步探讨长安文化对中国文学演变所产生的重要影响。汉唐时代是中国文化的转折期，也是长安文化产生发展乃至鼎盛的重要时期。所谓“汉唐雄风、盛唐气象”就是对这个时期文学的高度概括。不仅如此，汉唐文学还流播海外，对日、韩等汉字文化圈国家的文化产生了深远影响，研究域外传播，可以从新的角度认识汉唐文学及长安文化的价值意义。今天的古城长安（西安）以新的面貌出现在世界舞台，形成新的文化特征。我们希望通过古今文学演变研究，探讨、总结中国文学和陕西文学的发展规律，进而为长安学（或西安学）的研究奠定良好基础。

第二，长安与西北文化

本研究方向立足于长安文化，突出地域文化特色。主要内容有：（1）西北重点方言研究。关中方言从汉代开始即对西北地区产生辐射作用，这种作用在唐代以后持续不断，明清两代更有加强。因此，西北方言与关中方言的关系极其密切。从古代直到现代，西北的汉语方言与藏语、阿尔泰语系诸语言发生接触，产生了一些重要的变异。对这些问题的研究是我们的任务之一。（2）秦腔与西北戏曲研究。在长安文化的大视野下研究长安文化对秦腔及西北戏曲形成发展的影响；同时又以秦腔及西北戏曲为载体，研究戏曲对传播长安文化所起的作用，从而显现长安文化在西北民族文化精神铸造中的巨大作用。（3）西北民俗艺术与文化遗产保护与利用研究。主要研究西北民俗文化特征、形态以及对精英文化的影响，研究如何保护和利用文化遗产并为当代文化建设服务。

确立本研究方向的依据在于，加强西北地区代表性方言的研究，对西北方言史、官话发展流变史、语言接触理论研究等都具有重大的理论和现实意义。秦腔是我国现存最古老的戏曲剧种之一，号称中国梆子戏家族的鼻祖，是长安文化的活化石。秦腔诞生于陕西,孕育于秦汉,发展于唐宋,成熟于明末清初,受到西北五省人民的喜爱,已经被选入我国首批非物质文化遗产推荐项目。西北民俗的中心在陕西,陕西民俗文化是西北民俗文化的发源和辐射中心地。陕西民俗文化作为民族传统文化形式,对社会个体和整个社会都有重要意义。同时,陕西曾是中国文化的中心之一,作为最早游牧文化与农耕文化的交汇点,留下了许多宝贵的文化遗产,这包括物质文化遗产和非物质文化遗产两方面。对这些遗产进行整理、保护以及利用,不仅可以加速社会文化、经济等各方面的发展,也可以构建和完善中国文化的完整性。

第三,长安文化经典文献整理与研究

本方向对长安文化经典文献进行整理与研究,主要内容有:(1)十三经的整理与研究。主要完成《十三经辞典》的编纂任务。之后,再进一步进行十三经的解读与综合研究,探讨经典文化在中国文学发展中的重要意义。(2)与长安文化有关的文学文献整理与研究。本项目拟对陕西尤其是关中地区的古代文学文献进行系统的整理(如重要作家的诗文集等),在此基础上进行综合研究。

确立本研究方向的依据在于,十三经与长安文化关系密切,保存了先秦时期的重要文献,尤其是《诗》《书》《礼》《易》几部经典中的绝大部分内容,属于以丰镐为都城的西周王朝的官方文献。十三经既是早期长安文化的标志性成果,又是秦汉以来长安文化和中国文化的理论基础和思想渊源,内容涉及古代文化的许多方面,诸如天人合一的思维模式、天下为公的大同理想、以民为本的治国原则、和谐人际的伦理主张、自强不息的奋斗精神、重视德操的修身境界等等,这些思想、精神渗透在民族的性格与心理之中,具有强大的凝聚力。另外,长安文化形成时期,产生了许多经典文献,经、史、子、集均有保存。许多文人出生长安,或游宦到长安,创作了大量的文学作品,对长安文化的形成起了重要作用,这是研究长安文化的基础,需要进行细致的整理。

围绕以上三个方向的研究,我们期望能对长安文化进行较全面的认识,尤其是对长安文化影响中国文学的诸多问题有开拓性的认识。在商务印书馆、中华书局、中和化德传媒有限公司、三秦出版社、陕西人民出版社等单位的大力支持下,我们拟把研究成果以不同的丛书形式出版,目前已启动的有《汉唐文学研究丛书》《长安学术丛书》《长安文献资料丛书》《陕西方言重点调查研究》等。《十三经辞典》已经出版十卷,我们将抓紧时间完成其余工作,使其成为完璧。总之,通过"长安文化与中国文学"项目的实施,我们要在学术上创出新特色,在队伍上培养出新人才,使我们的学科建设再上一个新台阶,同时也为国家与地方文化建设和文化遗产保护做出一定贡献。

"长安文化与中国文学"工作委员会

2009年11月22日

《陕西方言重点调查研究》序

最近用了近一个月的时间，先详后略地读了《陕西方言重点调查研究》丛书的第一部《平利方言调查研究》（初稿）。书稿很长，洋洋数十万言，从地理历史人口到移民和方言形成，从语音到词汇语法再到语料记音，从平面描写到共时、历时比较，详细地描绘了平利方言的全貌，丰富而鲜活的语料揭示出这个处于江淮、西南、中原三个官话地区之交的方言错综复杂的情况。平利这个混合型方言的许多特点，诸如亲属称谓、词缀、语气词的兼收并蓄，动词体貌的多种表现形式，特色明显的补语及其多种格式，等等，都使我开了眼界，受益良多。下面只说其中语音的一项。

平利方言见晓组声母逢合口细音与知庄章合口字（包括少量开口字）合并，读为舌尖后音tʂ tʂʰ ʂ，韵母或介音是ʮ。平利方言的ʮ类韵母共有8个，如下表：

	例字	读音	例字	读音	例字	读音	例字	读音
知庄章	主章	ᶜtʂʮ	耍生	ᶜʂʮa	说书	꜀ʂʮɛ	拽崇	tʂʮaiᵓ
见晓	举见		（见晓组无字）		靴晓		（见晓组无字）	
知庄章	追知	꜀tʂʮei	喘昌	ᶜtʂʰʮan	唇船	꜁tʂʰʮən	庄庄	꜀tʂʮaŋ
见晓	（见晓组无字）		犬溪		裙群		（见晓组无字）	

中古知庄章声母的一些合口字与见晓组合口三、四等字（今北京读撮口呼）同音，在汉语中除江淮官话黄孝片以外，还分布在其他的方言区，如湘语（长沙）、赣语（南昌）等方言。但是这种音类的合并从音值看则有不同的走向：长沙等大多是知庄章向见晓组靠拢读为舌面音（或舌根音），而平利方言则是见晓组向知庄章靠拢读为卷舌音。这种不同也存在于江淮官话黄孝片的内部，看下表的比较：

	居	诸	虚	书	靴	说	权	船	群	唇
英山	꜀tʂʯ		꜀ʂʯ		꜀ʂʯɛ		꜁tʂʰʯan		꜁tʂʰʯən	
红安	꜀kʯ		꜀ʂʯ		꜀ʂʯe	꜀ʂʯæ	꜁kʰʯan		꜁kʰʯən	
武汉	꜀tɕy		꜀ɕy		꜀ɕye	꜀suɤ	꜁tɕʰyɛn		꜁tɕʰyn	꜁ɕyn
通山	꜀tɕy		꜀ɕy		꜀ɕiɒ	꜀ɕyɛ	꜁tɕyɛ̃		꜁tɕyɐn	꜁ɕyɐn

可以看出，平利跟英山一致，是见晓组向知庄章靠拢读卷舌音的一种，这在汉语方言中是不多见的，尤其是平利方言在音类的合并方面另外还有独特的地方，即部分精组合口三等字文读也归舌尖后声母拼 ʯ 类韵母(白读为舌面前拼齐齿呼)。例如：

取娶清 ꜂tʂʰʯ文 ꜂tɕʰi白　　俗邪，风俗 ꜀ʂʯ文 ꜀ɕi白

绝从 ꜁tʂʯɛ　　旋邪，凯旋 ꜁ʂʯan

旬巡循邪 ꜁ʂʯən文 ꜁ɕin白　　迅心 ʂʯən꜄文 ɕin꜄白

这样，平利方言舌尖后拼ʯ类韵母的字来源有三：知庄章合口，见系合口三、四等，精组合口三等文读，就有例如以下几组字的同音或同声韵母：

驻知＝句见＝聚从 tʂʯ꜄　　出昌＝曲溪＝蛆清、文 ꜀tʂʰʯ

术述船＝旭晓＝序叙邪，文 ʂʯ꜄　　楦晓＝涮生＝镟邪、文 ʂʯan꜄

꜂准章＝꜂均见＝俊骏꜄精tʂʯən　　顺꜄船＝训꜄晓＝꜁询荀邪、文 ʂʯən

以上现象涉及平利方言尖团分混的复杂情况：第一，就开口细音来说，平利方言不分尖团；部分精组合口字文读与见系合口

同音，表现了跟开口字一样的不分尖团的特色。第二，精组合口细音的白读为齐齿呼，跟精见组开口细音相同而跟见组合口不同。这种关系见下表：

<table>
<tr><td>古音系</td><td>精开细</td><td>见开细</td><td>精合细</td><td>见合细</td><td>精开细</td><td>见开细</td><td>精合细</td><td>见合细</td></tr>
<tr><td>例字</td><td>妻</td><td>欺</td><td>蛆</td><td>去</td><td>夕</td><td>吸</td><td>俗</td><td>虚</td></tr>
<tr><td>精合文</td><td colspan="2">꜀tɕʰi</td><td colspan="2">tʂʰʮ</td><td colspan="2">꜀ɕi</td><td colspan="2">꜀ʂʮ</td></tr>
<tr><td>精合白</td><td colspan="3">꜀tɕʰi</td><td>tɕʰi꜄</td><td colspan="3">꜀ɕi</td><td>꜀ʂʮ</td></tr>
</table>

每一种汉语方言都因其自身的各种因素而具有特殊的研究价值。陕西省方言调查研究的重要性在于：陕西的长安(今西安)曾是我国历史上长期的政治中心，以长安为代表的关中方言是早期汉民族共同语的基础方言，研究现代共同语官话方言的形成历史，不能将陕西方言弃之不顾。同时，陕西境内所分布的方言种类繁多，特色显著，特别是像平利这样离中心城市较远的经济未开发的地区，蕴藏着大量的方言资源，急需记录整理予以保存。

《平利方言调查研究》又一次使我感慨汉语方言的丰富奇妙，使我对陕西省方言研究的意义和迫切性有了进一步真切的认识。当然，陕西的同行比我的认识深切得多，近一二十年来，经过不懈的努力，陕西方言的研究已经有了很大的发展，成果喜人，令人称羡。综合性的描写和研究成果如：刘育林《陕西省志·方言志》（陕北部分，1990）、宋文程和张维佳主编《陕西方言与普通话》（1993）、邢向东《陕北晋语语法比较研究》（2006）、张崇主编《陕西方言词汇集》（2007）；单点的调查报告如：张成材《商县方言志》（1990）、孙立新《户县方言研究》（2001）和《西安方言研究》（2007）、邢向东《神木方言研究》（2002）、毋效智《扶风方言》（2005），等等。这为陕西方言的进一步开发创造了有利的条件。

向东不失时机地确定将《陕西方言重点调查研究》作为下一步的研究课题，计划对陕西境内的10个点进行重点调查研究。研究方言的人都知道：方言研究的基础是调查，没有调查就谈不上研究；就调查来说，首先是一个个具体的点，没有点的调查，也就谈不上片的比较。《陕西方言重点调查研究》正是要从基础的点的实地调查做起，在强调充分调查描写方言事实、全面收集语料的基础上，在不同地域、不同时段的比较中，加强解释和理论的探讨，旨在突破通常"方言志丛书"和"方言研究丛书"的格局，以达到调查和研究相得益彰的效果。针对以往综合性的方言单点调查研究偏重语音而语法相对薄弱的情况，本丛书有意加强语法研究，力求挖掘虚词、时体系统等深层次的内容。

先期的准备工作是很充分的。首先在点的选择上照顾到分布于陕西境内陕北、关中、陕南三区，注意到人员的配备，能够保证计划的完成，也注意从中培养锻炼方言的研究人员。在内容上以《神木方言研究》为蓝本，制定了十分详细的统一的写作大纲，并经过课题组成员集体讨论，达成共识，让每一位参加研究的人员对于调查研究内容心中有数，能够有本可循、有法可依，但也可以按照方言的具体内容而有所变通。这就保证了将来的成果既能进行统一的比较研究，又能妥善保存某些方言点的特殊资料。这些，都将对陕西方言研究的发展产生重大的促进作用。

除了代表陕南地区的《平利方言调查研究》之外，我还看过分别代表陕北、关中两个地区的《吴堡方言调查研究》"文白异读和语音层次"一节（定稿）和《合阳方言调查研究》（初稿）的大部分章节，总的印象是调查的材料全面丰富，分析到位，有理论深度。这使我对向东胜利完成《陕西方言重点调查研究》满怀信心，相信这套丛书一定会在我们面前展现出陕西方言五彩缤纷的语言世界。

肩负这套丛书主编的重任，我深知其中的诸多甘苦，所要付出的心血可以想见。看到向东迈开了他“大展鸿图”的坚实的步伐，我很高兴。向东，祝你成功！

钱曾怡

2008年7月22日写于山东大学

2008年8月20日改定

《陕西方言重点调查研究》前　言

陕西省按照自然地理分为陕北、关中、陕南三大区域。就方言来说,陕北有古老的晋语,关中有曾经作为共同语重要基础的关中话,陕南有多种方言并存,堪称方言调查研究的富矿。

陕北方言是一支非常古老的方言,其中有19个县市区方言保留入声韵和入声调,属于晋语。陕北方言词汇中有许多古语的遗存和特征性词语,如:冻(阴平,冰)、梢(树枝)、平斤(锛子)、衿(系)、炕(把东西放在炉盖、锅底等地方,用慢火炙干)、稙[tʂəʔ꜀](庄稼种得早,又指人的生月早)、稺[tsɿ꜄](庄稼种得晚,又指人的生月晚)、宬[꜁ʂəŋ](住)、钞(用筷子、羹匙取食)、灺(熄灭)、脑(阳平,头)、猴(小)、烧(去声,霞)、照(看)、教(让、允许)等[①]。语法上比较突出的特点如:存在表过去时、将来时、现在时的完整的时制系统;有极其丰富的表达虚拟语气的助词。

陕北晋语分别属于晋语五台片、大包片、吕梁片和志延片。语音上既有一致性,也存在很大的差异。入声的有无是

① 见刘勋宁《现代汉语研究》101—108页,北京语言文化大学出版社1998年;邢向东《陕北晋语语法比较研究》13—14页,商务印书馆2006年。

将晋语与周边方言分开的鉴别标准，其中府谷、神木、吴堡等保留最完整，绥德、榆林、佳县、清涧等次之，延安（宝塔区）、延川、甘泉三县区最少，只在口语中保留部分入声字。陕北晋语中，沿黄河一带的方言存在复杂的文白异读，吴堡、清涧话最难懂。绥德话最有权威，对其他陕北话有较强的辐射作用，可以说是"陕北的普通话"。处于晋语和中原官话过渡地带的延安、甘泉等方言，有许多过渡方言的特点，值得进行"地毯式"的细致考察。

关中方言属于中原官话，在汉语史上具有重要的地位。周代，"雅言的基础应该是王畿成周一带的方言"[①]。现在多数人认为雅言的标准音是河洛语音，但关中地区作为西周的京畿所在，其方言当属雅言基础方言的一部分。汉代，今关中地区的方言与晋南话合称"秦晋方言"，是非常强势的方言。周祖谟先生认为"汉代的普通语恐怕是以秦晋语为主的"[②]。唐代的长安话尽管可能不是当时共同语的标准音，但也应是共同语基础方言的重要组成部分[③]。从唐宋西北方言和现代西北方言、山西方言研究的成果来看，那时的关中方言，大概属于范围广大的"西北方言"。历史上，经过魏晋南北朝和五代十国，北方少数民族及其他地区人口大规模迁移入境，长安及关中地区的居民变动很大，现在的关中方言和汉唐时代相比，已经发生了翻天覆地的变

① 袁家骅等《汉语方言概要》（第二版）17页，文字改革出版社1983年。

② 见周祖谟《方言校笺》10—11页，中华书局1993年。对这一点还存在不同观点。有学者如李新魁、郑张尚芳、何九盈认为，汉代通语的标准音应当是河洛音。

③ 李新魁、郑张尚芳、何九盈等先生认为，唐代标准音为河洛一带方音，笔者赞同此说。见李新魁《论近代汉语共同语的标准音》，《语文研究》1980年第1期，又载《李新魁自选集》150—167页，大象出版社1993年；郑张尚芳《中国古代的"普通话"》，《光明日报》2006年12月26日；何九盈《汉语三论》160页，语文出版社2007年。

化[①]。 时至今日，关中方言还处于活跃的演变状态。因此，关中方言史的研究是官话史研究中不可或缺的重要组成部分。

关中方言词汇中有不少特征性的词语，如：𩕳[꜀sa]（头）、□[ᶜnou]（停留、呆在某地）、嫽（好，陕北话也说）、善[ᶜtʂʰã]（好、合适、舒服）、毕（完）、碎（小）、惜（形容女子和小孩儿貌美、可爱）、争（厉害）、扎（表程度高的副词）等。语法上的显著特点是：少用程度状语，代之以程度补语，如"嫽得很、嫽得太（太）、嫽扎了、美得很、美得太（太）、整扎了"。

关中方言内部的一致性较强，差异主要表现在语音方面。比如，中古全浊声母仄声字的今读、知系声母合口字的今读、端精见组声母今齐齿呼字的读音、古泥来母字的分混、古山臻摄精组合口一等字及合口三等字的今读、古深臻摄与曾梗通摄舒声韵的读音等。就方言区划来看，西安、户县、咸阳、渭南、铜川等关中中心地带方言（以及洛川、黄陵、商州、汉滨、洋县、城固等共43个县市区）属于中原官话关中片；宝鸡（金台区）、凤翔、岐山等西府话（以及勉县、略阳、富县、定边等共19个县市）属于秦陇片；东府地区沿黄河的宜川、韩城、合阳、大荔话，与对岸的晋南方言非常接近，属于汾河片[②]。

陕南地区错综分布着多种方言，格局最为复杂。其中，汉中市境内中原官话和西南官话深度接触，安康市境内西南官话和江淮官话黄孝片深度接触，并有赣语怀岳片方言岛、湘方言岛存在，商洛市境内中原官话和江淮官话黄孝片深度接触，并有

① 有人说用关中话读唐诗，比用普通话更押韵、顺口，以为现代西安话就是古代的长安话。这种说法反映了一种错误的观念，因而不足为据。其中有三重误解：第一，首都的话就是普通话的标准音；第二，唐长安话就是唐代的普通话；第三，唐代长安话到现代西安话变化不大。

② 关于陕西方言的具体区划，请参看邢向东《陕西省的汉语方言》，载《方言》2007年第4期。

不少赣语怀岳片方言，还有来自广东的客家话。陕南的“本地话”应当包括中原官话和一部分西南官话，是原住民和明代“荆襄流民”运动中安置下来的移民所操的方言。另一部分方言如江淮官话、赣语、湘语（包括部分西南官话）等是清代乾隆朝及以后由湖广、江南、四川等省的移民带来的，已有二百多年的历史①。由于南方移民生活环境的封闭性，有些方言还顽强地保留着“源方言”的基本特点，但也不可避免地同陕南原有的方言产生互动，彼此影响、交融。陕南方言格局的形成，与自然地理、历史行政、移民运动都有关系，是研究方言接触、融合的绝佳标本，也是社会语言学理论、方法的用武之地。

总之，陕西的方言资源极其丰厚，形态各异，是一座值得大规模开采的宝藏。对汉语方言学、社会语言学、理论语言学等，具有独特而重要的研究价值。

然而，陕西方言长期以来没有得到应有的关注。比之国内其他方言，调查研究处于相对落后的状态。近年来，随着西部大开发和中国语言学的快速发展，陕西方言研究逐渐走出沉寂，活跃起来。陕西方言中深埋着的无价宝藏，渐渐露出庐山真面，引起了国内外学术界的极大兴趣。

我们认为，有两个方面的缺陷制约着陕西方言研究整体向纵深发展：一是方言点上的系统成果不多，深入挖掘不够；二是缺少一个既能人人独当一面、又能集体攻关的团队。2004年，我的论文荣幸地获得了全国优秀博士论文奖，并入选教育部“新世纪优秀人才支持计划”，这真是一个提升陕西

① 南来方言中，江淮官话黄孝片、赣语、湘语等可以按照商洛市不少县志的称呼，统称为“下湖话”。我们认为，“下湖人”是陕南人对清代湖广、江南等省移民的笼统称呼（包括自称和他称）。由于南部迁来的江淮官话、赣语等方言将一部分中原官话的[u]韵字读成[o]韵，所以当地人（包括移民自己）把“下湖话”讹称为“下河话”，正如把“客户”讹称为“客伙”一样。对这一问题，笔者将另文考察。

方言调查研究整体水平的绝好机遇！于是，我们在申报课题时毫不犹豫地确定了《陕西方言重点调查研究》的计划，课题组成员包括近年来颇为活跃的陕西方言学者和一部分博士生、硕士生。根据方言特点、分布和现有的研究力量，选定了10个方言点，由主编制订统一的调查表格、写作大纲、研究步骤，经课题组集体讨论，作为研究的共同提纲。考虑到陕北、关中、陕南方言存在很大的差异，课题组成员又各有特点，同时，各个方言点已有的研究基础也不同，因此，在具体地点的研究中，又给各位子项目负责人相当大的自由。作为主编，我们给自己也定了规矩：所有成果都必须亲自审稿，参与修改，对每一部书稿的质量负责。这样，采取既统一又灵活的研究机制，以最大限度地调查、描写方言事实，最大限度地挖掘方言事实的理论价值，最大限度地发挥各位研究者的特长。最终目标是制作高质量的精品，从整体上提高陕西方言研究水平。

《陕西方言重点调查研究》课题立项后，受到了各个方面的支持和关注。钱曾怡先生应允作为项目的学术顾问，对项目的研究大纲及其实施提出了一些切实的建议，强调要突出方言事实的调查，加强研究成果的整体性、系统性；还亲自审稿，对书稿提出具体的修改意见，并为《陕西方言重点调查研究》丛书作序。本课题在得到教育部新世纪优秀人才支持计划和全国优秀博士论文获奖者专项基金资助的同时，又被纳入陕西师大国家“211工程”重点建设项目“长安文化与中国文学”研究计划，得到学校和文学院领导的高度重视。各位子项目负责人所在单位也在调查、出版方面给予了积极的支持。中华书局语言文字编辑室主任秦淑华女士热情支持这套书的出版，并在如何提高成果质量方面给以具体的指导。对以上各位先生、单位的支持和帮助，我们表示最诚挚的谢意。

现在,《陕西方言重点调查研究》丛书就要陆续面世了,我们期待着来自学界的批评、指导。

邢向东

2008年5月20日于陕西师大

目　录

第一章　导　论

一　岐山县人文地理、历史沿革及人口概况

岐山县地处陕西省关中平原西部，距西安市150公里，东经107°33′至107°55′、北纬34°07′至34°37′之间，以境内有岐山而得名。地势自西北向东南倾斜，南北两端较高，南接秦岭，北枕千山，中间稍低，渭河、沣水从境内流过，形成“两山夹一川，两水分三塬”的自然大势。全县总面积856.45平方公里，南北长53.5公里，东西宽30.5公里，是通往西北、西南的交通要道，西宝公路穿过县境，陇海铁路横贯域中，交通便利。

岐山县始建于隋开皇初年（596），历史源远流长。

岐山是中华民族文化发祥地之一，为古炎帝生息、周室肇基之地。据考古发掘，境内渭河、雍河、横水河及沿北山一带有新石器时代遗迹19处，属仰韶、龙山文化遗址，据此推断，五六千年前，岐山县境内已有人类居住。相传黄帝时代，岐伯就居于岐山之下。商代末期，古公亶父率周部族由豳迁岐，在岐下周原地区建邦立国，使岐山周原地区成为先周的京都所在地。西周末年，国势渐衰，西北部少数民族戎狄乘虚而入，逐渐强大，周贞定八年为秦所并。

秦时岐地属内史郡。西汉时期,划长安以西凤翔府地为右扶风,岐地南部分属武功县、眉县、虢县,西部属雍县,东部属美阳县,北部属杜阳县。东汉时期,岐地南部分属眉县、武功县,其余所属未变。三国时,改右扶风为扶风郡,其地分属未变。西晋岐地为扶风郡辖。十六国时期,岐山地区曾是前赵、后赵、前秦、后秦、夏的领域,除夏隶属北秦州外,其余均属扶风郡。北魏时设岐州,领三郡九县,所辖领地未变。西魏改平秦郡为岐山郡,改平阳县为眉城县,其地分属未变。北周置三龙县,属岐山郡。

隋改岐山郡为扶风郡,开皇十六年(596),三龙县治西移40里(即今凤鸣镇),更名岐山县,迄今已1400多年。唐撤扶风郡设关内道凤翔府,岐山为其所属。五代十国,岐地仍属凤翔府。北宋分陕西路西部置秦凤路,岐山县属秦凤路凤翔府。金置凤翔路,岐山县属凤翔路凤翔府。元废除了唐宋的道路制,实行行中书省制,岐山县属陕西行中书省凤翔府所辖。明改陕西行中书省为陕西承宣布政使司,凤翔府未变,岐山县仍属其管辖。清时岐山县属凤邠道凤翔府。民国时期废府留县。岐山县先属陕西省关中道,1933年撤道设行政区,岐山县属陕西省第九行政区(其治先在凤翔县,后移至宝鸡县)。1949年属陕甘宁边区,宝鸡分区所辖。1956年,宝鸡专区撤销,岐山县隶属于陕西省。1958年岐山县并入凤翔县。1961年至今宝鸡行政区划名称更迭(专区、地区、市),岐山县一直属于宝鸡管辖。

2005年,岐山全县辖3个乡、11个镇,即京当乡、故郡乡、大营乡;祝家庄镇、蒲村镇、凤鸣镇、青化镇、益店镇、枣林镇、雍川镇、蔡家坡镇、五丈原镇、曹家镇、安乐镇。

2011年7月7日,经陕西省人民政府批准,岐山县撤销大营乡并入凤鸣镇(含原北郭乡、孝陵乡);撤五丈原镇、曹家镇、安乐镇并入蔡家坡镇;撤故郡乡设立故郡镇;撤京当乡设京当镇。目前,岐山县辖蔡家坡镇、凤鸣镇(含原北郭乡、孝陵乡)、益店镇、枣林镇、雍川镇(含原马江乡)、祝家庄镇、蒲村镇、故郡镇、京当镇、青化镇合计10镇144个行政村。

据2009年统计结果,岐山县人口共46万人,除汉族外,还生活着回、满、蒙、壮、土家、维吾尔、朝鲜、锡伯、苗等少数民族。县城位于凤鸣镇。

二　岐山方言的归属与内部差异

2.1　岐山方言的归属

秦汉之初,秦人所用方言,据扬雄《方言》记载为"秦晋语",因此可以推断,秦晋语直至两汉之际差别都不大,陕西境内所有地区的方言都应属同一个方言系统。

随着行政区划的变化,五代时关中西部凤翔府从关中东部脱离出来,至宋代与陇东合置秦凤路,而关中东部属于永兴军路,至此关中东、西部方言的分歧初见端倪。此后,元、明、清三代岐山一直属凤翔府。民国至新中国建立至今,凤翔府名称虽有变化,岐山为其所辖地区则未变。可见从宋代起凤翔就是关中西部乃至秦陇交界地区重要的政治、经济、文化中心,加之近千年来政区边界一直稳定,因此当地方言就与西安府方言形成了一定的差异,分异为不同的方言片。"行政区划的政治中心一般都是该政区政治、经济、文化、时尚的中心,是当地最大的城市。有时候在两个或多个府之中只有一个最大的中心城市。一般人的语言心理是尽量靠近这个中心。"(周振鹤、游汝杰2007:61)由此看来,关中东部因西安为政治、经济、文化中心的缘故,语音多受西安话影响;西部以凤翔为政治、经济、文化中心,语音多受凤翔话影响。

据目前的研究,关于岐山方言在关中方言中的位置似乎有不同的意见。关中方言属于中原官话区,这一认识并无异议;

但岐山方言是否属于关中方言，认识似乎并不统一。杨春霖先生（1986）把关中方言片分为东、西两个小片，岐山话属于西小片；张盛裕、张成材先生（1986）将关中方言分为关中和秦陇两个小片，而这两个小片在地理上与今关中地区稍有出入，岐山话属于秦陇小片；宋文程、张维佳先生（1993）认为关中方言属于中原官话的关中片，其内部又可分为东府小片和西府小片，岐山话属于西府小片；在《中国语言地图集》中，岐山话属于中原官话区的秦陇片，与关中片分属两片。分歧产生的原因在于划分的角度不同：关中方言分为西府小片和东府小片，是从自然地域结合历史行政区划的角度，并结合语音特点进行的划分，是陕西省内关中地区方言差异的划分；中原官话区关中片、秦陇片、陇中片的划分是从语言特点出发进行的划分，它打破了行政区划的界限，把语言特点相似的地区划分在一个方言片，符合语言在共时平面传播的特点。"关中片和秦陇片都有阴平、阳平、上声、去声四个单字调，陇中片平声不分阴阳，因此只有三个单字调。关中片和秦陇片的差别在于韵母分类，北京ən:əŋ | in:iŋ | uən:uəŋ | yn:yŋ 四对韵母，关中片有分别，秦陇片与陇中片这四对韵母都不分。"①我们从语音特点出发把岐山话归入中原官话秦陇片。

2.2 岐山方言的内部差异

岐山县共有三种不同的口音，分别是北山话（主要分布在岐山山区）、城关话（主要分布在中部地区的渭河以北地区）和南塬话（主要分布在渭河以南地区），主要是受自然环境制约形成的。

岐山地貌复杂多样：北依岐山，南接秦岭，中部为山前洪积

① 中国社会科学院、澳大利亚人文科学院合编《中国语言地图集官话之四》，朗文出版有限公司1987年。

扇平原、黄土台塬及河谷阶地；南北狭长，东西较窄，由西北向东南倾斜。中部地区被横贯东西的横水河、雍水河、沣水、渭河、石头河、麦李河切割，形成了五个残塬、两个川道、三个河谷。南北山区由于自然条件相对恶劣，历来人口密度较小；而中部地区的塬区、川道、河谷则人口聚居较多，又以渭河为界，形成了北塬和南塬两种地理分界。因此，岐山方言形成了北山、城关和南塬三种不同的口音：北部岐山山区的北山话；北塬地区以凤鸣镇话为代表的城关话，包含益店镇、凤鸣镇、故郡镇、蒲村镇、祝家庄镇、青化镇、京当镇等岐山南麓、渭河以北地区；以曹家村话为代表的南塬话，包含蔡家坡镇所辖渭河以南秦岭北麓浅山地区。

根据我们的实地调查发现，三种口音从语音系统上看差别并不十分大，只是个别词语的语音有异。比如城关话把生活污水称为“恶水”，读ŋɤ^{31} ʂei^{0}；南塬也称“恶水”，但读音为vo^{31} ʂei^{0}。城关话把“毛栗子”叫“栗子li^{53} tsʅ^{0}、毛栗mɔ^{31} li^{53}”，南塬话则称mɔ^{31} li^{44} o^{0}，“子”缀的读音弱化得很厉害。这些语音差异并不构成音系的差别。从岐山所处的地理位置来看，北接麟游县，南连太白县，东与扶风县、眉县接界，西同凤翔、陈仓区毗邻，这些地方在历史上多属同一行政区划，语言内部一致性较强，所以岐山县三种口音差异不大也是受大的语言环境影响所致。

2.3 从人口来源看岐山方言的形成

考古发现，五六千年前已有先人在岐山一带居住，自秦至五代，资料无考。据宋、元两代旧志及民间谱牒的记载，仕宦寓居、商旅附籍、少数民族迁岐者均有所见。今天的蔡家坡，据万历年间修订的《岐山县志》载，原名为田家坡，因宋代凤翔知府蔡钦在此定居并世居繁衍而更名。今居凤鸣镇、益店镇的宋氏，据《宋氏家谱》记载，明、清两代为本县望族，为宋代甘肃秦安移民的后裔。今麦禾营村王家，据清乾隆《岐山县志》记作“鞑子村”的王氏家族，以及凤鸣镇帖家河帖氏家族，民间相传皆为元代完颜氏后裔，今皆注册汉族。

政策性移民也是岐山的人口来源之一。表现为：其一，元末明初，陕西连年兵慌饥馑，人口大减。明朝洪武至永乐年间，朝廷七次下诏从山西移民，以洪洞县为集散地，部分移民先后迁居岐山县。据凤鸣镇凤凰村段氏、刘家原村刘氏、吉兆村赵氏、坳王村王氏、故郡镇索王村王氏、青化镇南阳村杨氏所存家谱记载，其祖先均为明代山西的移民。其二，外来军屯人口除征剿暴乱、维护一方平安外，也被编入户籍成为岐山县的人口来源，全县至今仍存有以古兵营旗寨命名衍化的村落20余处。明弘治十五年（1502）全县3867户中，军户达1730户，占44.7%，足见外来驻军人口也是岐山县人口的重要来源。

清代至民国时期，因躲避战祸、逃荒或经商等原因，不断有陕南、四川、河南、安徽、山东等地居民迁入，多居住于安乐、蔡家坡地区。

移民是文化传播的载体，移民的迁入无疑会对当地的语言文化发生影响。根据以上数据所提供的信息，可以推测：首先，历经千载，战乱、饥馑、疫病、天灾使现居岐山的人口已经不是周的后裔，即使有周的后裔，语音演变的客观规律也决定了其语音已经发生了质的变化，与周时语音相去甚远。据明朝史料记载，因大旱、地震等天灾导致岐民饿死、逃亡异乡的就有四次之多："正德二年（1507）大旱，岐民大多外逃。……嘉靖七年（1528）大旱，斗米千钱，人相食。三十四年（1555）大地震，公署、民房倒塌十分之七，居民死伤惨重。……万历十三年至十五年（1585—1587）岐山大旱，人多饿死。"①清朝史料记载岐山遭遇大地震、冰雹、蝗虫、战乱等灾难不下十次，虽未涉及人口数量，但可以想见，人们为了生存背井离乡应不在少数。民国时期，军

① 岐山县志编纂委员会编《岐山县志》8—10页，陕西人民出版社1992年。

阀混战，天灾频仍，民不聊生，仅1928—1932五年间，因战乱、天灾、疫病等原因就使岐山县人口大减，“逃亡汉中、甘肃之饥民络绎于道”[①]。其次，因各种原因来到岐山的移民并没有对岐山话语音系统产生大的影响，而是逐渐被当地的语言消蚀掉了。究其原因，可能因为移民人口数量过少，不能形成气候；也可能由于当地的语言势力过于强大，逐渐把移民的语言同化了。据记载，陕南、山西、四川、河南、安徽、山东等地居民都曾迁入岐山，但从目前所掌握的语料看，还没有找到岐山话受这些地区方言影响的例证，可以断定它们对岐山话的影响是很微弱的。

三　岐山方言的特点

3.1　语音特点

1.部分中古浊塞音、塞擦音仄声字今读送气音。

2.送气塞音声母送气强烈。

3.泥母字与来母字在洪音前合流，在细音前相分并带腭化色彩。

4.端精组字与齐齿呼韵母相拼时合流，读舌面前塞音ȶ、$ȶ^h$。因此，精见组声母在齐齿呼韵母前相分，在撮口呼韵母前合流，即部分分尖团。

5.庄组开口（宕江摄除外）、知章组开口二等（江摄除外）和章组止摄开口三等字与精组合流，其余为舌尖后音声母，知庄章组声母的读音类型属于昌徐型。

6.没有前鼻音韵尾。普通话发前鼻音韵尾的字在岐山话中有两种发展方向：一种是主要元音鼻化，咸山摄字属于这一种；一种是发成后鼻音韵尾，与曾梗通摄字合流，深臻摄字属于

① 岐山县志编纂委员会编《岐山县志》107页，陕西人民出版社1992年。

这一种。

7. 知庄章组、日母字与古合口韵相拼读开口呼，与宕江摄开口相拼时舒声字读开口呼韵母，入声字则读合口呼韵母。因此，岐山话tʂ、tʂʰ、ʂ、ʐ声母拼合口呼的字很少。

8. 在AA儿式重叠形容词中有儿化韵，有少数儿尾词。

9. 有四个调类，古今调类归并很有规律。

10. 功能与北京话轻声类似的声调变化，主要有四种表现形式，我们称为"中和调"。

11. 在语流音变中有一种弱化变韵现象使用频率很高，主要表现为弱化音节失落，其意义由前字音节主元音延长实现。比如"红得很xuːŋ^{241} xəŋ^{53}、山里人sæ̃ː^{531} ʐəŋ^{0}"这样的三字组中，第二个字往往不发音，只发第一个字和第三个字的音，但是第一个字音韵母主元音会拖长来表示第二个字的意义。

3.2 词汇特点

1. 从词的结构看，岐山话里的重叠词（主要是名词、形容词）形态丰富，数量可观。下面按照重叠方式举例：

AA式名词： 刮刮锅巴 窝窝棉鞋 勺勺调羹

AA子式名词： 渣渣子碎屑 帘帘子小孩儿围嘴 眼眼子小眼儿

AAB式名词： 宿宿花野菊花 坡坡地坡度较缓的田地 蜗蜗牛蜗牛

ABB式名词： 心尖尖最爱的人或物 新袄袄新棉袄

AA儿式形容词： 高高儿（的） 清清儿（的） 匀匀儿（的）

ABB式形容词： 酸溜溜 甜希希形容甜得令人不快 黑丢丢形容黑得好看

A不BB式形容词（该类词都含有贬义）：

甜不希希甜且腻 瓷不呆呆反应迟钝 蔫不叽叽人没有精神或物没有水分

AABB式形容词： 利利洒洒行事利索，果断 明明白白

样样式式多种多样

2.岐山话中有些词语词根和普通话是相同的，但语素的排列顺序正好相反，即“逆序词”。这些词在结构上大多是并列式，但数量不多。如：

面情情面　熬煎煎熬　齐整整齐　收秋秋收　味气气味

3.有大量的子尾词，有些子尾词相当于普通话的儿化。如：

蒜罐子蒜罐儿　裹肚子兜肚　耳挂子耳套儿

4.没有儿化名词，有儿尾，如：

荠儿菜　蚕儿　被儿　花瓣儿

但在有些词中儿尾和前一音节末尾音素结合得已经较为紧密，似乎有向儿化发展的趋势。

5.很多日常生活用语构词理据清晰可辨，是人们感性认识或避讳心理的直接体现，极富表现力。如：

后院厕所　倒插口袋　推坡刨子　泥壁抹子　撩撩衣襟

爸爷曾祖父　爸婆曾祖母　黄毛寒毛　填食积滞　心潮恶心

刮刮锅巴　遮腰围裙　瞎瞎病肺结核，因当时无法治愈人们避讳称

天白子少白头　红鼻子酒糟鼻　黏黏嘴大舌头　近看眼近视眼

3.3　语法特点

1.附加和重叠是岐山话中比较常见的语法手段，其中韵母局部重叠是岐山话中一种重要的语法手段。

2.岐山话的复句关系可以采用意合的形式，关联词语的使用比较少，但句末语气词的使用对确定复句间的关系非常重要。

3.岐山话的四字格形式多样，多含有贬义。

第二章　岐山方言音系的分析

一　声母

岐山话有26个声母，包含零声母在内。

p 布巴玻饱　p^h 步坡怕杯　m 磨马门民　f 飞非冯妇　v 微围危娃

t 带到夺堆　t^h 太道舵<u>读</u>　l 南蓝连脑老

ts 左糟争渣　ts^h 仓坐从查　s 丝师诗修

tʂ 招主蒸知　tʂ^h 昌虫锄出　ʂ 书扇耍水　ʐ 认绕酿柔

ȶ 跌节精丁　ȶ^h 且甜藉提

tɕ 经结举金　tɕ^h 去穷轿件　ȵ 年硬捏泥　ɕ 虚旋休锨

k 贵果哥瓜　k^h 跪柜颗苦　ŋ 岸案袄矮　x 河禾下灰

Ø 延元运约而月

说明：

1. 部分古全浊声母仄声字在岐山话中读送气音。

2. 双唇送气塞音声母p^{h}与o韵母相拼有唇齿作用，如：婆p^{fh}o^{24}、破p^{fh}o^{44}、波p^{fh}o^{31}。但与合口呼韵母相拼唇齿作用不明显。

3. 古泥、来母字在洪音韵母前合流，都读l声母，如：奈＝赖lᴇ^{44}、努＝鲁lu^{53}；跟细音韵母相拼区分明显且有腭化色彩，如：

泥ȵi^{24} ≠黎l^{j}i^{24}、女ȵy^{53} ≠旅l^{j}y^{53}。

4. 送气塞音声母p^{h}、t^{h}、k^{h}送气强烈。

5. 古端透定母字和精清从母字与今齐齿呼韵母相拼读ȶ、ȶ^{h}，其实际音值是ȶ^{z}、ȶ^{zh}，是带舌尖音色彩的舌面前塞音，与舌面前塞擦音ʨ、ʨ^{h}区分明显，如：帝＝济ȶi^{44} ≠计ʨi^{44}、天＝千ȶ^{h}iæ̃^{31} ≠牵ʨ^{h}iæ̃^{31}；古端组字与今开、合口呼韵母相拼读t、t^{h}，古精组字与今开、合口呼韵母相拼读ʦ、ʦ^{h}、s。从音位学的角度说，ȶ、ȶ^{h}二母既可与t、t^{h}二母合并为一组音位，也可与ʦ、ʦ^{h}二母合并为一组音位，但为了与其它方言比较方便，特独立出来。古精见组声母在今撮口呼韵母前合流，如：聚＝句ʨy^{44}、鹊＝却ʨ^{h}yo^{31}。

6. 古心邪母字今声母读舌尖前清擦音s，当与今齐齿呼韵母相拼时实际音值为s^{j}，即带有腭化色彩的舌尖前清擦音。与舌面前擦音ɕ区分明显，如：修s^{j}iu^{31} ≠休ɕiu^{31}、辛s^{j}iŋ^{31} ≠欣ɕiŋ^{31}、谢s^{j}iɛ^{44} ≠械ɕiɛ^{44}、细s^{j}i^{44} ≠系ɕi^{44}、西s^{j}i^{31} ≠牺ɕi^{31}、消s^{j}iɔ^{31} ≠枵ɕiɔ^{31}。

7. 古庄组开口（宕江摄除外）、知组开口二等（江摄除外）和章组止摄开口字与精组合流为ʦ、ʦ^{h}、s母，其余知庄章组字读tʂ、tʂ^{h}、ʂ母。

二　韵母

岐山话有34个韵母，不包括儿化韵。

ɿ 只迟资指

ʅ 知住烛乳　　i 低离去眉　　u 夫谋苦做　　y 女桔曲徐

ᴀ 那洒拉八　　iᴀ 家夹辖牙　　uᴀ 瓜挖刮划

o 卧拨没摸　　uo 果勺脱桌　　yo 雀约握虐

ɤ 蛇歌个搁　　iɛ 茄姐械滴　　yɛ 月掘镢越

ɔ 刀贸稻摸	iɔ 表跃耀飘		
ᴇ 来外衰歪		uᴇ 块乖淮拐	
ei 杯披摔则		ui 雷跪国获	
ou 走凑受狗	iu 流六宿星~丢		
ɚ 儿日扔耳			
æ 南拴闲碗	iæ̃ 减颜眼监	uæ̃ 官幻惯端	yæ̃ 轩绢玄联
ɑŋ 帮张庄邦	iɑŋ 良枪江强	uɑŋ 匡光矿黄	
əŋ 深吞登钟	iŋ 林民冰兵	uŋ 敦弘轰东	yŋ 嫩伦倾穷

说明：

1.o 韵只与双唇及唇齿音相拼合，ɤ 韵只与舌尖后及舌根音相拼合，分布条件互补，但音感相差较远，故列为两个音位。

2.uo 的主要元音实际发音开口度略小。

3.yɛ 的主要元音实际发音有圆唇化色彩。

4.ɔ 的实际发音比标准开口度略小。

5.ɚ 的卷舌度很高。

6.əŋ、iŋ、uŋ、yŋ 中韵尾的实际发音介于 n、ŋ 之间，不是标准的舌根鼻音，实际音值为[ɲ]。

7.ᴀ、iᴀ、uᴀ 中主要元音和 ɑŋ、iɑŋ、uɑŋ 中主要元音出现的位置互补，可以进行音位归纳，此处为体现方言特色没有归并。

8.岐山话没有前鼻音韵尾，该音的发展方向为两种：一种是主要元音鼻化，咸山摄字属于这一类；一种是发成后鼻音韵尾，与曾梗通摄字合流，深臻摄字属于这一类。

三 单字调

岐山话有4个单字调。

阴平 31 诗识月梯滴灯　　阳平 24 时石牌笛移棉
上声 53 古五敢管老暖　　去声 44 试事是弟父厚

说明：

1.阴平字来源于中古清平、清入、次浊入字；阳平字来源于中古浊平、全浊入字；上声字来源于中古清上和次浊上字；去声字来源于中古清去、浊去、全浊上字。

2.声调的调域较窄，故调值的升降幅度比西安话小。

3.就音长来看，去声的时值最长，阴平、阳平次之，上声最短。

为更客观地记录岐山话声调的调值，我们还对“诗、时、使、是”“梯、题、体、替”两组音的语音样本进行了实验分析。首先是通过Cool Edit2录音软件对语音样本进行录音，然后在Praat语音分析软件中进行了分析。在计算五度值时采用了石锋先生的T值计算公式，即T=[(lgx−lgmin)/(lgmax−lgmin)]*5。实验结果表明，岐山话调值为：阴平31，阳平24，上声53，去声44（见图2−1、2−2、2−3）。

图2-1 “诗、时、使、是”波形图及基频显示图

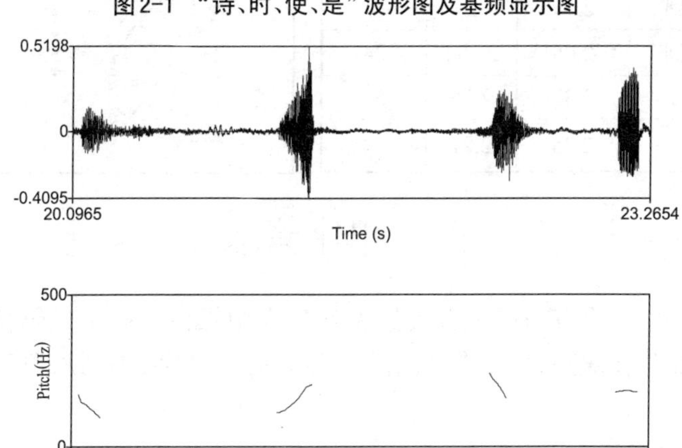

图2-2 “梯、题、体、替”波形图及基频显示图

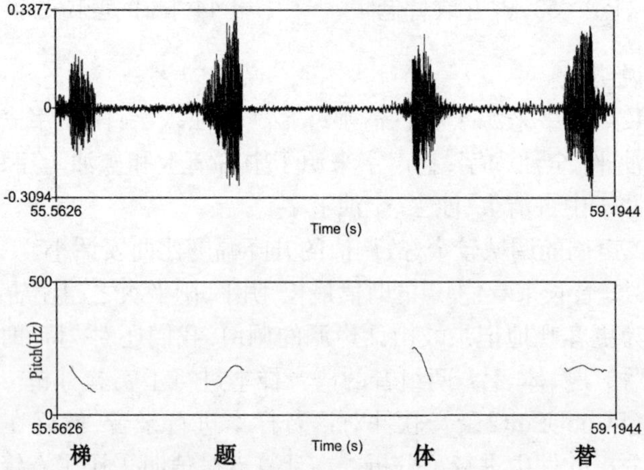

梯 题 体 替

图2-3 岐山话声调示意图

调类	Log值	Log值	五度制调值
阴平	2.19	2	31
阳平	2.05	2.304	24
上声	2.37	2.15	53
去声	2.25	2.27	44

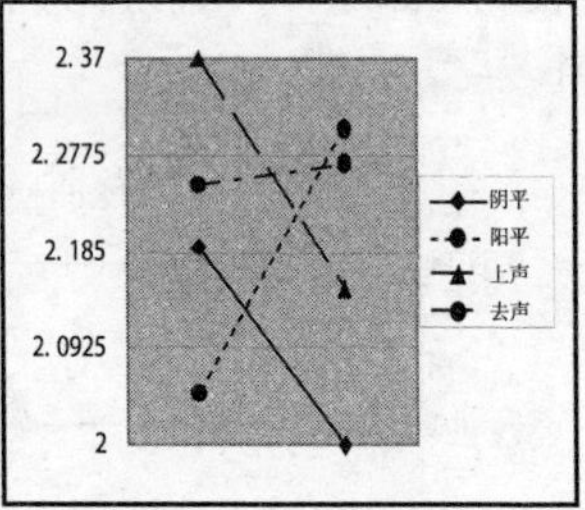

四 单字音表

岐山话声韵调配合表见表2-1，表中黑体字和用代码替代的音节在表后加注。“嗳哭音”因为只有一个字，不列入单字音表。

表2-1　岐山话声韵调配合表

	ɿ	ʅ	i	u	y	ᴀ
	阴阳上去	阴阳上去	阴阳上去	阴阳上去	阴阳上去	阴阳上去
p			逼 彼蔽	不 补布		巴 把霸
p^h			劈脾批屁	铺蒲谱瀑		帕爬 怕
m			泌糜米谜	木谋母慕		蟆麻码骂
f				肤浮斧付		发乏
v				巫无五雾		蛙娃瓦瓦
t				督 赌度		搭达打大
t^h				秃图土兔		塌踏他
l			笠黎礼历	鹿炉鲁路	率驴吕②	拉拿 那
ts	资①姊痔			租卒祖做		渣杂拃榨
ts^h	雌瓷齿次		西习洗细	粗族 醋		插茶 搽
s	斯时死四			苏 素		沙 洒杀
tʂ		知逐煮滞				抓 爪
tʂ^h		嗤驰侈助				③
ʂ		湿十逝世				奢 耍啥
ʐ		入如汝				
ȶ			低疾底帝			
ȶ^h			梯脐弟替			
tɕ			鸡急几计		居 距据	
tɕ^h			契奇启器		蛆渠取趣	
ȵ			匿倪腻拟		女	
ɕ			吸 喜系		墟徐许絮	
k				孤姑估故		嘎 尬尜
k^h				窟 苦库		
ŋ						
x				忽斛虎护		瞎还 下
∅			缢移椅艺		淤鱼语预	啊啊阿

① tsɿ^{24} :象声词,物体移动摩擦产生的声音
姑 ku^{24} :面称时的读音
② ly^{44} : 动词,修剪树枝
瓦 vᴀ^{44}:动词,铺瓦
拃 tsᴀ^{53} :一只手拇指和中指伸开的距离,当地人用来估算长度
杀 sᴀ^{44} :把脓包~破
③ tʂ^{h}ᴀ^{53} : ~得很东西易破碎
还 xᴀ^{24} : ~有
啊 ᴀ^{31} :语气词
啊 ᴀ^{24} :应答的声音
阿 ᴀ^{53} : ~家、~姑

表2-1续1

	iᴀ	uᴀ	o	uo	yo	ɤ
	阴阳上去	阴阳上去	阴阳上去	阴阳上去	阴阳上去	阴阳上去
p	①		菠 跛薄			
p^{h}	② ③		坡婆颇破			
m			沫魔摹馍			
f			佛			
v			窝窝 卧			
t				多夺朵剁		
t^{h}	哂			拖驮妥唾		
l				啰罗裸摞	略	
ts				撮昨 左		
ts^{h}				搓镯 矬		
s				嗦 锁		
tʂ				桌酌 斫		遮蔗折
tʂ^{h}				绰浊		车彻扯
ʂ				朔勺所		赊蛇赦射
ʐ				弱 诺		热 惹
ȶ						
ȶ^{h}						

续表

	iA	uA	o	uo	yo	ɤ
	阴阳上去	阴阳上去	阴阳上去	阴阳上去	阴阳上去	阴阳上去
tɕ	家　假价				脚爵	
$tɕ^h$	掐　恰				却嚼雀	
ȵ	押娘　压					
ɕ	虾霞　夏				削学	
k		瓜呱寡卦		锅　果过		鸽哥　搁
k^h		夸　侉跨		棵课		磕　可
ŋ						恶讹我饿
x		花铧　化		豁活火货		
Ø	丫涯雅亚				岳	

① piA^{31} :粘贴
② p^{h}iA^{31} :形容词后缀,多含有贬义。白～～
③ p^{h}iA^{53} :撕。给我～一张纸
娘 ȵiA^{24} :母亲的面称
薄 po^{44} :～荷
窝 vo^{24} :使弯或曲折,比如铁丝,书页
驮 t^{h}uo^{24} :拿。～起来
折 tʂɤ^{53} :～断
哥 kɤ^{24} :县城周围的面称

表2-1续2

	iɛ	yɛ	ɔ	iɔ	E	uE
	阴阳上去	阴阳上去	阴阳上去	阴阳上去	阴阳上去	阴阳上去
p	鳖别　迸		褒　保抱	标　表	摆拜	
p^h	撇别撇		抛袍跑泡	飘瓢鳔漂	排稗败	
m	灭　蔑		摸茅卯帽	苗秒庙	埋买卖	
f						
v					歪　歪外	

续表

	iɛ	yɛ	ɔ	iɔ	E	uE
	阴阳上去	阴阳上去	阴阳上去	阴阳上去	阴阳上去	阴阳上去
t			刀 祷倒		呆 待	
tʰ			掏桃讨套		胎抬 态	
l	猎 ①	劣 ②	劳老涝	疗燎撂	⑤来奶赖	
ts			糟 枣罩		灾 宰再	
tsʰ			操曹草糙		猜材彩菜	
s	些邪写谢		骚④嫂潲	销 小笑	腮 筛赛	
tʂ			招招赵照			
tʂʰ			超潮		揣	
ʂ			烧韶少少		衰 帅	
ʐ			饶扰耀			
ȶ	接姐 借			刁 钓		
ȶʰ	帖捷砌妾			挑条俏粜		
tɕ	阶皆解界	镢绝 倔		交 绞窖		
tɕʰ	怯茄起惬	缺瘸 埆		敲桥巧轿		
ȵ	聂茶			咬尿		
ɕ	歇谐蟹械	靴横		嚣 晓孝		
k			高哥稿告		该 改概	乖 拐怪
kʰ			考靠		开 慨	块筷
ŋ			熝熬袄傲		哀捱碍爱	
x			蒿豪好号		核孩海害	怀 坏
∅		悦 ③		妖摇舀耀		

撇 $p^hiɛ^{31}$:把东西扔掉

别 $p^hiɛ^{24}$: 用别针等把另一样东西附着或固定在纸、布等物体上

蔑 $miɛ^{53}$: ～视

① $liɛ^{44}$: ～开躲开

茶 $ȵiɛ^{24}$: 人精神不振

② lyɛ⁵³ :用刀割
埆 tɕʰyɛ⁴⁴ :指身体瘦小
③ yɛ⁴⁴ :食物变质,味道不正
④ sɔ²⁴ :用眼睛瞟一眼
招 tʂɔ²⁴ : ～祸
耀 ʐɔ⁴⁴ :光线刺目

哥 kɔ²⁴ :南片称哥哥
燋 ŋɔ³¹ : ～白菜
燎 liɔ⁵³ :火～眉毛
歪 vᴇ³¹ :人厉害
⑤ lᴇ³¹ : ～稀脏
核 xᴇ³¹ : 审～

表2-1续3

	ei	ui	ou	iu	ɚ	æ̃
	阴阳上去	阴阳上去	阴阳上去	阴阳上去	阴阳上去	阴阳上去
p	北伯　辈					班　板办
pʰ	胚陪佩配					攀盘⑤盼
m	默霉美寐					蛮满慢
f	飞肥吠肺					帆凡反范
v	危惟桅位					豌完皖万
t	德　　①	堆对　碓	兜都抖斗			耽　胆旦
tʰ	忒	推　腿退	偷头陡透			贪谭毯探
l	勒	雷儡累	②楼篓漏	六流柳溜		蓝懒滥
ts	则贼	嘴罪	邹　走奏			簪　攒暂
tsʰ	厕择	崔　　脆	搊愁瞅凑			餐蚕惨绽
s	啬谁	虽随髓碎	嗽　叟瘦	修囚　袖		三　伞散
tʂ	追　赘缀		周　肘宙			沾　展占
tʂʰ	吹槌　垂		抽绸丑臭			穿缠喘串
ʂ	摔　水税		收仇手受			膻蟾闪疝
ʐ	芮		柔③肉			黏冉染
ȶ				揪　酒就		
ȶʰ				秋		

续表

	ei	ui	ou	iu	ɚ	æ̃
	阴阳上去	阴阳上去	阴阳上去	阴阳上去	阴阳上去	阴阳上去
tɕ				鸠　九救		
tɕʰ				丘求　旧		
ȵ				牛扭		
ɕ				休　朽		
k	格　轭给	闺　鬼桂	沟　狗构			柑　感干
kʰ	刻	盔魁愧柜	抠扣口叩			勘　砍看
ŋ	额		欧　偶			庵埯揞暗
x	黑	恢回毁会	④猴吼后			酣含喊旱
Ø				优邮友诱	日儿耳二	

① tei^{44} :和的意思。这个～那个一样

对 tui^{24} :相撞;用言语反驳别人

都 tou^{24} :表示范围的全部。～来,～是

② lou^{31} :用镰刀砍;打人耳光

搊 tsʰou^{31} :搀扶

③ ʐou^{53} : ～上把不好的事情强加于人

扣 kʰou^{24} :用大的容器盖上小的容器

④ xou^{31} : ～一把狠狠抓一把

⑤ pʰæ̃^{53} :用锄头锄地,～镢锄头

表2-1续4

	iæ̃	uæ̃	yæ̃	ɑŋ	iɑŋ	uɑŋ
	阴阳上去	阴阳上去	阴阳上去	阴阳上去	阴阳上去	阴阳上去
p	边　贬辩			帮③绑谤	⑤	
pʰ	偏便片骗			滂旁　胖		
m	棉免面			忙莽		
f				方肪仿放		
v				汪亡枉忘		

续表

	iæ̃	uæ̃	yæ̃	ɑŋ	iɑŋ	uɑŋ
	阴阳上去	阴阳上去	阴阳上去	阴阳上去	阴阳上去	阴阳上去
t		端 短段		当④党荡		
tʰ		獾团 断		汤堂倘烫		
l	①廉脸敛	暖 乱	联卵乱	囊郎曩浪	凉两亮	
ts		钻②纂钻		脏 葬		
tsʰ		蹿全 窜		苍		
s	仙涎癣线	酸旋选蒜		桑 嗓丧	箱祥想象	
tʂ				庄张涨杖		
tʂʰ				疮长闯撞		
ʂ				伤尝爽上		
ʐ				酿瓤嚷让		
ȶ	尖 剪渐				浆 奖酱	
ȶʰ	签甜潜垫				枪墙抢呛	
tɕ	监 俭剑		卷券		疆刚讲降	
tɕʰ	鸽钳遣欠		圈权圈倦		羌强 犟	
ȵ	蔫拈碾念				殃 仰	
ɕ	锨咸险献		轩悬 楦		香降享向	
k		官 管贯		钢刚港杠		光咣广桄
kʰ		宽 款		康扛 炕		筐狂 旷
ŋ				昂		
x		欢桓缓唤		夯杭巷项		荒黄谎
Ø	阉岩掩验		渊员远院		秧杨养映	

① liæ̃^{31}：茏～茏蓝

圈 tɕʰyæ̃^{53}：动词

② tsuæ̃^{24}：～一会儿把眼睛闭一会儿

③ pɑŋ^{24}：～一下亲了一下

纂 tsuæ̃^{53}：～～妇女发髻

胮 pʰɑŋ^{31}：～胀肚子非常胀，很胀

④ taŋ^{24}：～上了憆上了，碰巧了，然找到，偶然碰上

张 tʂaŋ^{24}：形容人狂妄

夯 xaŋ^{31}：把东西装满

⑤piaŋ^{24}：～～面一种擀制的软面，像裤带一样又宽又长，煮熟后浇汤放入油泼辣子、醋等佐食。郭芹纳先生考证此为"饼"的一声之转

刚 tɕiaŋ^{24}：刚才

咣 kuaŋ^{24}：象声词；动词，用木棍敲击人

表2-1续5

	əŋ	iŋ	uŋ	yŋ
	阴阳上去	阴阳上去	阴阳上去	阴阳上去
p	奔 本崩	冰 禀并		
pʰ	喷朋 笨	凭品姘		
m	懵萌猛孟	明敏命		
f	风冯粉凤			
v	翁文稳瓮			
t	登 等镫		东 董冻	
tʰ	腾疼①		通屯桶痛	
l	能冷楞	陵领令	笼拢弄	仑 论
ts	增 憎		棕 总纵	
tsʰ	蹭曾 衬		聪从怂寸	
s	僧 省渗	星寻醒信	松傱诵送	
tʂ	征 整证			
tʂʰ	称澄称秤			
ʂ	升绳审胜			
ʐ	仍冗纫			
ȶ		精顶井静		
ȶʰ		清晴请亲		

续表

	əŋ	iŋ	uŋ	yŋ
	阴阳上去	阴阳上去	阴阳上去	阴阳上去
tɕ		京　竟茎		均　迥菌
tɕ^{h}		轻琴顷庆		琼倾
ȵ		阴凝　硬		
ɕ		兴形　幸		兄熊　训
k	庚　耿埂		公　汞贡	
k^{h}	坑　　肯		空　孔空	
ŋ	恩			
x	亨恒很恨		轰弘哄<u>横</u>	
∅		鹰蝇影印		拥荣永用

① t^{h}əŋ^{53}：用力踩　　横 xuŋ^{44}：蛮～

顶 ȶiŋ^{24}：用言语顶撞

第三章　岐山方言同音字汇

说明：

1. 字汇以《方言调查字表》(1981年商务印书馆新1版)为基础，补充岐山话常用而《方言调查字表》未列的字，删去方言不用的生僻字。

2. 字汇按照岐山话音系排列，先按韵母分部，同韵母的字按声母排列，声韵母相同的字按声调排列。

3. 写不出的字用“□”代替，后面用小字注释或举例。

4. 举例时用“～”代替该字。

5. 字下加“-”表示白读音，加“=”表示文读音。其它异读只举例。有新老派差异的，用小字注明，“新”表示新派音、“老”表示老派音。没有意义差别的多音字在右下角注“又”字，其中多用的读音注“多”字。

6. 只读轻声的字调值标为21。

ʅ

ts [31]紫支枝肢栀～子花资姿咨脂滋梓辎滓之芝□～lɔ⁵³：知了，蝉 [24]□象声词，物体摩擦平面的声音 [53]纸只～有姊指旨至子止趾址 [44]痔志～向，～气志用秤称痣

tsʰ [31]摛伸，伸手雌疵吹毛求～眵眼～差参～此痴鸱～鸮：猫头鹰□借故使人离开 [24]池鹅家～：地名瓷～器

糍～粑迟慈磁词祠［53］刺动词齿跐①用手、脚或其它东西压住摩擦，如：把虫～死；②一个物体贴着另一个物体过去，如：～了一身土［44］刺名词翅次自字伺兹

s　［31］斯厮撕匙汤～匙钥～氏私狮师尸司丝思祀巳饲诗始□～气吶：馊了［24］赐辞时鲥［53］施死矢屎溪南～沟：地名使史驶恃［44］是四肆示视嗜似寺嗣士仕柿俟事市试侍

ʅ

tʂ　［31］知蜘猪褚苎诸诛蛛株朱珠执汁秩质术白～织职只量词竹粥烛嘱［24］储～蓄雏蛀逐触［53］煮拄主［44］智致稚驻注铸～造滞制置治炙这"这一"的合音，为写作方便，也记作"这"，如：～些

$tʂ^h$　［31］初嗤帚出饬尺吃畜～牲［24］池水～驰雉～鸡除锄厨持侄直值殖植掷轴□饿老～：老鹰［53］侈楚处相～，～所杵耻赤斥□～蟮：蚯蚓［44］箸础助柱住

ʂ　［31］豉豆～梳疏～远疏注～蔬书舒鼠署枢输殊湿室失识式饰适释叔淑束［24］十拾实食蚀射扑石赎熟［53］暑庶恕薯数动词竖戍誓蜀属［44］数名词世势逝什～物术算～述树

ʐ　［31］日～蚀入肉～皮：皮肤㕷①男子的性交动作；②～嚛：骂人［24］如儒榆［53］汝乳擩辱

i

p　［31］陛碑卑婢臂悲笔毕必弼逼碧璧壁［53］蓖彼俾被～打，～迫比秕［44］蔽弊敝币毙闭箅鐾被～卧，～子备篦

p^h　［31］劈屄女阴［24］皮疲脾琵枇痹鼻［53］批譬避鄙庇僻辟［44］屁匹

m　［31］泌秘密蜜［24］迷糜縻弥籥靡眉楣媚篾［53］米［44］谜觅幂

l　［31］立笠栗力［24］犁黎离～别篱璃梨厘狸粒□因蜂蜜等甜食食用过多导致胃里不舒服的感觉，如：胃～很［53］礼荔李

里理鲤 [44] 例厉励丽隶离~开半寸履利痢吏历

s [31] 西栖犀玺袭悉息熄媳惜昔夕锡析 [24] 习席 [53] 洗 [44] 细

ȶ [31] 低缉辑即鲫积迹脊的目~绩寂 [24] 疾嫡敌狄籴 [53] 底抵挤墼胡~:土坯 [44] 帝第祭际穄荠济睇

ȶʰ [31] 梯剂面~子妻七漆膝籍藉踢戚 [24] 题提蹄啼齐脐堤笛 [53] 弟体集 [44] 替涕剃屉递剂一~药地剔

tɕ [31] 鸡稽饥肌基杞机讥饥今~年级给供~吉戟击激 [24] 急及极 [53] 几茶~已几~乎几~个 [44] 计继技妓寄冀纪记忌既季

tɕʰ [31] 契企弃欺期祈泣讫乞 [24] 奇骑岐鳍其棋旗岂祁 [53] 启 [44] 去来~,~皮器气汽屉

ȵ [31] 匿抑逆溺衣~胞:胎盘你第二人称代词复数 [24] 倪宜谊尼疑泥 [53] 腻你第二人称代词单数 [44] 拟腻~虫:蚜虫

ɕ [31] 奚兮溪~水徙牺嬉熙希稀吸 [53] 喜 [44] 系畦戏携~手

ø [31] 缢瞖蚁倚医矣衣~裳依揖一乙益液腋 [24] 移伊饴沂毅逸译疫役 [53] 椅以尾~巴 [44] 艺刈仪义议易难~易交~夷姨肄已意异亿忆翼亦

u

p [31] 不卜~拉:扒,分音词 [53] 补堡 [44] 布怖

pʰ [31] 铺~设脯捕饽面~扑醭 [24] 蒲菩仆 [53] 谱普浦簿朴卜萝~曝 [44] 部步菢瀑铺店~

m [31] 木目穆 [24] 毛~乱:内心烦乱谋 [53] 亩某牡母拇牧 [44] 模~子暮也指视力差慕墓募幕

f [31] 坞尹家~:地名夫肤麸复~兴福覆复 [24] 扶芙浮幅蝠蝙~服伏栿 [53] 埠符府腑俯甫斧脯杏~釜腐辅赋赴讣附否阜腹 [44] 敷俘父付傅妇负富副

v [31] 乌污坞船~巫屋吴按:

当地人读vei，我认为vei是“屋里”的合音，所以仍记为vu沃杌兀突～［24］吴蜈吾梧无［53］五伍午诬抚武舞侮鹉戊［44］误悟恶恨，如：可～务雾①气温下降时，在接近地面的空气中，水蒸气凝结成的悬浮的微小水滴；②指视力模糊，如：眼睛～很兀～些：那些

t　［31］都～城笃督［53］屠堵赌肚鱼～，猪～妬［44］度渡镀

t^h　［31］突秃［24］徒途涂图独读牍犊毒［53］土吐～痰，呕～［44］杜肚腹～兔

l　［31］鹿禄录绿～化噜［24］奴卢炉～子芦鸬庐［53］努鲁橹虏卤赂［44］怒路鹭

ts　［31］租新足新［24］卒兵～［53］祖组阻［44］做

ts^h　［31］粗猝促［24］族［44］醋

s　［31］酥苏速舒～服［44］素诉塑嗦

k　［31］姑面称孤箍动词骨毂谷［24］姑背称［53］箍～子：名词，紧紧套在东西外面的圈儿古估股鼓□为难，如：这活把人～住俩［44］故固锢雇顾

k^h　［31］窟哭枯［53］苦酷［44］库裤袴

x　［31］呼乎浒忽［24］胡湖狐壶葫～芦核果子～斛［53］虎［44］户沪互护瓠～子，～瓜浑～水洪～水［21］□夜蝙～：夜蝙蝠

y

l　［31］律率速～□用鞭子抽打［24］驴［53］吕旅滤虑缕屡［44］□修剪树枝

tɕ　［31］居车～马炮举拘驹桔菊掬足老租老［53］巨新距矩拒［44］据锯聚俱句具惧剧①～烈；②戏～

$tɕ^h$　［31］蛆趋区驱屈曲□短犋一～：两头（牛）［24］渠锔局［53］取娶［44］巨老趣瞿

ȵ　［53］女

ɕ　［31］墟虚嘘须需婿戌恤肃宿～舍畜～牲，～牧蓄储～粟［24］徐许姓俗［53］许～愿［44］序叙绪絮续穗

ø　［31］淤玉狱欲浴［24］鱼渔余舁愚迂盂［53］语雨禹羽苇～子：芦苇［44］稆野

生御防～于舆誉预豫虞娱遇寓吁逾愉宇愈芋喻裕慰～问纬～线渭～河域郁育御～麦:玉米

A

p [31]巴芭疤八㞎 [53]把罢 [44]霸欛坝爸

pʰ [31]琶杷帕□织的布稀疏,不结实 [24]爬钯耙拔 [44]怕

m [31]蟆抹 [24]麻痲妈 [53]马码 [44]骂

f [31]法发头～发～财 [24]乏伐筏罚

v [31]蛙洼挖袜 [24]娃 [53]瓦名词 [44]瓦动词□表远指

t [31]答搭瘩 [24]达 [53]打[44]大

tʰ [31]他第三人称代词复数塔榻塌溻獭 [24]踏搨沓 [53]他第三人称代词单数

l [31]哪～个纳拉腊蜡镴焊锡捺辣瘌 [24]拿 [44]那邋

ts [31]渣劄札扎□程度副词,非常,很,只能做补语,如:嫽～咧:好极了。一般写成"扎" [24]杂轧新 [53]拃一只手拇指和食指伸开的长度□①劈,如:～硬柴;②剁,如:～辣子 [44]诈榨炸～弹闸柞奓手、东西扬起,张开,如:～手～脚

tsʰ [31]楂山～差～别,～不多插擦察馇熬,煮,如:糁子在锅～吆呢 [24]茶茬查调～炸①在沸腾的油中煮,如:～油条;②用开水煮,焯,如:～菜轧老铡□母的种猪 [44]搽叉杈岔①打～;②嗓音失常,如:我听你说话声有点儿～乍

s [31]沙纱撒萨杀～鸡 [24]额头 [53]洒厦①偏～;②～门 [44]杀把脓包～破

tʂ [31]抓 [53]爪～子咋～么做:怎么做

tʂʰ [53]□～的很:指东西易破碎 [44]□～学:逃学□①使树皮、庄稼的枝叶等离开原物体;②免除或撤销职务

ʂ [31]奢刷 [53]傻耍 [44]啥

k [24]□钞票 [53]尬尴～ [44]尜 [21]嘎"个一下"的合音

x [31]瞎坏,如:～得很 [24]

还～有 [44] 吓下

ø　[31] 啊单字音 [24] 啊应答的声音 [53] 阿～家,～公

iA

p　[31] □粘贴,如:把通知～到墙上□形容词后缀,多含有贬义,如:黄～～:指颜色黄得很难看;瘦～～:指瘦骨嶙峋,很不健康

pʰ　[31] □形容词后缀,多含有贬义,如:白～～:指颜色白得很难看 [53] □撕,如:给我～一张纸□两腿分开

l　[21] 俩

tɕ　[31] 家加痂嘉佳夹甲胛挟 [53] 假①真～;②放～贾 [44] 架驾嫁稼价

tɕʰ　[31] 掐 [53] 恰洽 [44] 抹抱

ȵ　[31] 押 [24] 牙老娘面称 [53] 伢"人家"的合音 [44] 砑哑老压娘背称

ɕ　[31] 虾 [24] 霞瑕遐暇狭峡匣辖 [44] 夏

ø　[31] 鸦丫桠鸭 [24] 牙新芽衙伢涯□怕锅内煮的食物溢出,不把锅盖盖严而是留一点儿缝,如:把锅盖～开 [53] 雅哑新 [44] 亚～洲,～军

uA

k　[31] 瓜蜗剐刮 [24] 呱 [53] 寡 [44] 挂卦

kʰ　[31] 夸咵象声词 [53] 侉垮□使树皮、庄稼的枝叶等离开原物体,如:～稻黍叶叶 [44] 跨

x　[31] 花华中～划～船哗象声词,形容流水的声音 [24] 铧滑猾 [44] 化华①～山;②姓桦～树画话划计～

o

p　[31] 菠玻～璃钵拨博泊梁山～泊淡～剥驳□"不要"的合音 [53] 跛簸动词,如:～一～ [44] 簸～箕薄～荷

pʰ　[31] 波坡泼勃 [24] 婆背称钹薄 [53] 颇剖～开 [44] 婆面称破

m　[31] 末沫没沉～,～有莫摸 [24] 魔磨～刀摩 [53] 模～范摹～仿抹膜寞么～些:这么些 [44] 馍磨～面,石～□耙子 [21] 么

f　[24] 佛缚

v　[31] 阿～胶,～斗窝狗～倭踒

物勿涹[24]窝把书折一下做标记[44]卧

uo

t [31]多掇拾~，掂~[24]夺铎[53]朵躲垛柴~[44]惰剁

tʰ [31]拖舵脱托庹一~：两臂平伸两手伸直的长度熥~馍馍[24]驼驮动词，拿，驮起来[53]妥椭[44]驮名词，如：~子唾

l [31]啰捋落烙骆酪洛乐络[24]挪罗锣箩骡螺瘰[53]裸饹[44]糯摞垛柴~

ts [31]撮作[24]昨[44]左佐

tsʰ [31]搓梭错对~，~杂[24]凿镯[44]矬坐锉座莝措错~开

s [31]蓑嗦莎索绳~[53]锁琐

tʂ [31]着~衣桌捉[24]酌卓琢啄涿[44]斫

tʂʰ [31]着~火绰宽~戳[24]浊[21]着睡~，附~

ʂ [31]朔缩[24]勺~子芍[53]所

ʐ [31]若弱[53]诺

k [31]锅郭[53]果裹馃[44]过

kʰ [31]搕用竹竿、棍子等打[53]棵颗[44]课骒~马：骟过的母马

x [31]荷薄~喝~水喝~采，吆~豁~然，~嘴，~口郝鹤霍藿劐呵~欠[24]河何荷~花和~气禾合盒活[53]火伙[44]贺祸货和~面

yo

l [31]□把大的衣服改做成小的掠轻扫，如：把院子~嘎子[53]略掠用水轻微地煮

tɕ [31]脚觉知~角[24]爵

tɕʰ [31]鹊却确阙圪搉壳鸡蛋~~[24]嚼[53]雀

ȵ [31]虐新疟新约老握

ɕ [31]削剥~[24]学

∅ [31]虐老疟老约新药钥岳乐音~

ɤ

tʂ [31]遮者褶蛰~人浙拙折~子戏[24]蔗折折服，如：这下~了蛰惊~哲[53]折~断[21]

摭打～：收拾，清扫

$tʂ^h$　[31]车马～[24]彻辙[53]扯撤茌～蓝

ʂ　[31]赊设说[24]蛇畲舌折～本[53]舍～得赦舍宿～涉[44]社射～箭麝

ʐ　[31]热[53]惹

k　[31]歌戈合十合一升鸽割葛各阁[24]哥面称[44]个～人，一～搁

k^h　[31]科咳～嗽磕渴阔括扩廓[53]可壳空～～

ŋ　[31]恶善～[24]蛾鹅俄讹鄂[53]我[44]饿

ɛ

ø　[53]嗳哭音

iɛ

p　[31]鳖憋蝙夜～□xu[21]：蝙蝠□形容人脾气暴躁[24]别区～[44]迸～哂：向外溅出或喷射蹦

p^h　[31]撇扔了[24]别①离～；②撬[53]撇笔画

m　[31]灭[53]蔑～视

l　[31]猎列烈裂捩扭[44]趔躲开

s　[31]些薛屑不～，木～楔[24]邪斜[53]写[44]卸泻泄谢

ȶ　[31]爹接跌节滴[24]姐叠新蝶牒谍咥猛吃□打，揍[44]借

$ȶ^h$　[31]铁帖贴切截量词[24]捷老叠老碟截动词[53]且砌[44]笪藉褯妾

tɕ　[31]阶秸街揭结[24]皆捷新杰洁[53]解讲～，～开劫新[44]介界芥疥届戒蚧

$tɕ^h$　[31]劫老怯[24]茄～子掮[53]起[44]惬心～和：称心

ȵ　[31]聂镊蹑摄业孽捏啮陧指东西腐朽[24]茶指人精神不振

ɕ　[31]歇□指靠近火烤，如：馍靠近锅眼～得黄葱葱的蝎血[24]谐携协胁穴[53]蟹[44]械懈解姓解知道，明白

ø　[31]叶页拽～粪噎[24]耶爷面称[53]也野[44]爷背称夜

yɛ

l　[31]劣□别扭，不随和[53]□用刀割□说大话，吹牛，夸耀显示自己

tɕ [31] 厥掘决诀掘镢噘攫～苜蓿 [24] 绝 [44] 蹶倔

tɕʰ [31] 橛缺 [24] 瘸 [44] 埆指身体瘦小

ɕ [31] 靴雪 [24] 横不顺 踅 [44] □ 妨碍

∅ [31] 悦阅月越曰粤哕 [44] □食物因变质而味道不正

ɔ

p [31] 褒包胞～衣雹 [53] 保宝饱 [44] 抱报暴～烈鲍①姓;②～鱼豹爆刨暴～～:肚脐眼

pʰ [31] 泡抛剖解～ [24] 袍胞同～跑又刨～地狍 [53] 跑 [44] 泡炮

m [31] 摸～揣 [24] 毛鸡～茅锚猫矛～盾 [53] 卯 [44] 冒帽貌茂贸

t [31] 刀叨 [53] 祷岛倒打～,颠～盗导 [44] 铸～锅到倒～水

tʰ [31] 滔掏涛 [24] 桃逃淘陶萄 [53] 讨稻 [44] 道套

l [24] 劳捞牢唠铙挠阻～ [53] 脑恼老□ tsɿ³¹～:知了,蝉 [44] 涝闹痨苦

ts [31] 遭糟 [53] 早枣蚤澡爪～牙,～子找 [44] 灶罩笊～篱焯

tsʰ [31] 操抄略取,抄写钞钱～剿 [24] 曹槽巢 [53] 草騲炒吵 [44] 造皂躁糙□～～:怂恿□～～:橡皮

s [31] 骚臊梢捎 [24] 扫瞥一眼 [53] 扫～地嫂稍潲猪食 [44] 扫～帚潲①～雨;②洒,如:～院

tʂ [31] 昭招～呼沼诏朝今～ [24] 招～祸 [53] 赵兆 [44] 照召

tʂʰ [31] 绰～起棍子超 [24] 朝～代潮

ʂ [31] 烧～水 [24] 韶～关绍邵姓 [53] 少多～邵北吴～:地名,由音变导致 [44] 少～年烧早～:早霞□翻脸,生气,如:俩人耍～咧

ʐ [24] 挠不屈不～饶 [53] 扰绕围～,～线 [44] 耀光线刺目

k [31] 高膏篙羔 [24] 哥南片称哥哥 [53] 糕稿搞□鹁～:鸽子 [44] 告膏～油

kʰ [53] 考烤 [44] 靠犒

ŋ [31] 熝～白菜 [24] 熬 [53] 袄 [44] 傲鏊懊～恼,～悔奥

x　[31]蒿[24]豪壕毫号呼～浩～气耗[53]好～坏[44]浩～然好喜～号～数

iɔ

p　[31]膘彪标[53]表

pʰ　[31]飘漂～起来[24]瓢嫖[53]鳔[44]票车～漂～亮，～洗

m　[24]苗描矛～子[53]藐渺秒[44]庙妙

l　[24]燎疗聊辽撩～起来寥廖嫽好，形容词[53]燎火～眉毛了～结[44]瞭料尥马～蹶子撂

s　[31]消宵霄硝销萧箫削～皮[53]小[44]笑鞘

ȶ　[31]焦蕉刁貂雕[44]钓吊掉调音～调～动窎长，如：路～得很

ȶʰ　[31]锹缲悄挑藋[24]樵瞧条调～和跳[53]俏鹊野～：喜鹊雀～～：小鸟[44]跳又粜

tɕ　[31]交郊胶教～书骄娇浇缴上～[53]绞铰搅狡侥饺[44]教～育，～他去校～对较酵窖觉睡～叫

tɕʰ　[31]敲跷[24]乔侨桥荞[53]巧[44]轿窍

ȵ　[53]咬①上下牙齿用力对着，如：～不动；②油漆等使有过敏反应的人皮肤肿痛或发痒，如：我叫漆～了，难受得很；③痒，如：挠～～坳～王：地名鸟詈语，为避讳读该音[44]尿

ɕ　[31]枵嚣[53]晓[44]孝效校学～，上～

ø　[31]妖邀腰要～求幺～二三吆[24]肴淆摇谣窑姚尧[53]舀杳[44]靿袜～要想～，重～耀鹞跃

E

p　[53]摆[44]拜稗

pʰ　[24]排牌[53]派～头魄稗[44]派动词败

m　[24]埋[53]买[44]卖迈

v　[31]歪形容人厉害[53]歪不正[44]外～国

t　[31]呆[53]□舒服[44]待怠殆戴贷代袋带大～黄：药名

tʰ　[31]胎台天～，～州[24]台电视～苔抬□用罗儿除去面粉中的杂质[44]态太泰大～夫

l [31] □ ～稀：脏 [24] 来 [53] 乃奶 [44] 耐奈赖癞

ts [31] 灾栽斋眨眼～毛 [53] 宰载年～,～重 [44] 在再债寨新

ts^h [31] 猜钗差出～摭～面：和面 [24] 才材财裁豺柴 [53] 彩采睬 [44] 菜蔡寨老

s [31] 腮鳃筛动词□声音沙哑 [53] 筛名词 [44] 赛晒

$tʂ^h$ [53] 揣

ʂ [31] 衰 [44] 帅率～领蟀

k [31] 该□介词,和,跟,如：这个～兀个不一样 [53] 改□那个 [44] 概溉盖丐

k^h [31] 开 [53] 凯慨楷

ŋ [31] 哀挨 [24] 呆埃崖捱 [53] 碍蔼矮隘 [44] 艾爱

x [31] 核审～ [24] 孩鞋 [53] 海骇 [44] 亥害

uE

k [31] 乖 [53] 拐 [44] 怪

k^h [53] 块会～计蒯 [44] 刽快筷

x [24] 怀槐淮 [44] 坏

ei

p [31] 北百柏掰檗 [24] 伯 [44] 辈背焙

p^h [31] 杯胚坯披拍帛 [24] 陪赔裴白 [53] 佩丕辔迫 [44] 培倍配背～诵背～静：僻静

m [31] 默麦脉 [24] 梅枚媒煤霉墨陌 [53] 每美 [44] 妹昧寐

f [31] 非飞妃痱 [24] 肥 [53] 吠匪翡 [44] 废肺费

v [31] 危威偎 [24] 卫为作～维惟唯微围 [53] 煨伪萎委违伟畏纬经～苇芦～ [44] 为～什么慰安～位未味胃谓猬喂魏外～孙子□～些,那些

t [31] 得德□介词,和,跟,如：这个～那个一样 [44] □又

t^h [24] 忒特

l [31] 肋勒立站

ts [31] 则侧～身窄摘责 [24] 贼泽宅

ts^h [31] 厕侧～身测拆策册□～猪：阉猪,动宾 [24] 择

s [31] 涩瑟虱塞色啬 [24] 谁

tʂ [31] 追锥 [53] 赘 [44] 缀

$tʂ^h$ [31] 吹炊 [24] 槌锤捶打～：打架 [44] 拽拉垂坠

ʂ [31] 摔 [53] 水 [44] 税睡瑞

ʐ　[53]芮锐蕊尾结~

k　[31]格革隔虼~蚤:跳蚤疙~瘩[53]轭胳~臂跟~前[44]给

k^h　[31]刻时~,用刀~克客

ŋ　[31]额扼

x　[31]黑赫吓~唬:吓唬核~桃

ui

t　[31]堆[24]□①相撞;②用言语反驳别人[44]对碓队兑

t^h　[31]推[53]腿[44]退蜕

l　[24]雷[53]儡累积~垒类[44]内累极困泪[21]篱笊~羸尪~

ts　[53]嘴[44]罪最醉

ts^h　[31]催崔[44]脆翠粹

s　[31]虽[24]随绥遂隧[53]髓[44]碎岁

k　[31]圭闺龟轨癸归国虢[53]诡鬼[44]桂贵

k^h　[31]盔魁规亏窥揆[24]傀奎逵葵[53]愧[44]跪柜

x　[31]恢灰麾挥辉徽获[24]回茴或[53]晦溃~脓秽毁讳惑[44]桧秦~贿悔汇会开~会~不~绘惠慧

ou

t　[31]兜[24]都~是[53]斗容量单位抖展开[44]斗~争豆逗动

t^h　[31]偷[24]头投~球[53]陡敨抖落尘土[44]透投用水漂洗□用工具戳,以解除堵塞

l　[31]□①用镰刀砍;②打人耳光搂~取[24]楼耧炉香~[53]篓[44]露漏陋

ts　[31]邹[53]走[44]奏皱绉骤

ts^h　[31]搊~起来[24]愁[53]瞅[44]凑

s　[31]嗽搜飕[53]叟擞[44]瘦漱

tʂ　[31]周舟州洲[53]肘纣㑳~娃娃:木偶戏掫[44]昼宙咒

$tʂ^h$　[31]抽[24]绸稠筹仇~恨酬[53]丑[44]臭

ʂ　[31]收[24]仇~人[53]手首守[44]受兽寿授售

ʐ　[24]柔揉[53]□~上:把不好的事情强加于人[44]肉~丝

k　[31]勾钩沟苟购勾尻~子:屁股[53]狗牯头~:牲口[44]彀够构~造构~树:楮树

□打～:打嗝儿

k^h [31]抠眍[24]扣大的盛器盖住小的盛器[53]口[44]叩扣套住或搭住寇

ŋ [31]欧瓯沤怄[53]藕偶配～,～然呕殴

x [31]□～一把:狠狠抓一把[24]侯喉猴瘊[53]吼[44]厚后候

iu

l [31]绿～豆六陆[24]流刘留硫琉[53]榴柳[44]溜馏

ȶ [31]揪□指大小便不能释放时的痛苦感觉,如:尿～鬏丢□～盹:打盹儿[53]酒[44]就蹴蹲下

$ȶ^h$ [31]秋～天秋～千

s [31]修羞宿星～[24]泅囚[44]秀绣～花锈①生～;②指许多根线交织纠缠在一起无法解开袖

tɕ [31]鸠阄纠臼咎究柩[53]九久韭灸[44]舅救

$tɕ^h$ [31]丘[24]求球仇姓[44]旧

ȵ [24]牛[53]扭纽谬

ç [31]休[53]朽嗅

ø [31]优忧悠幽[24]尤邮由油游犹[53]有友[44]酉诱莠又右佑柚鼬釉幼

ɚ

ø [31]日[24]儿而[53]尔耳饵扔～了佴[44]二贰

æ̃

p [31]扮班斑颁扳(帮)扳(滂)般搬[53]板版[44]办半绊□～脚:跺脚

p^h [31]攀潘[24]盘[53]□①用锄头锄;②～镢:锄头[44]盼瓣襻伴拌判叛

m [24]蛮瞒馒[53]满[44]慢漫幔

f [31]帆藩翻番[24]凡烦繁[53]反[44]范犯贩饭泛广～泛指面因发酵膨胀,相当于"发"

v [31]豌剜腕弯湾[24]完丸顽[53]皖碗晚挽宛[44]玩万蔓

t [31]耽担～任单丹[53]胆掸诞[44]淡担挑～旦但弹□～夹:围嘴儿□切,只用于

"～搅团"

tʰ　[31]贪坍滩摊瘫[24]潭谭痰檀坛弹谈[53]毯坦[44]探炭叹蛋

l　[24]南男蓝篮兰难～易拦栏燣炒,如:～臊子,～菜[53]览揽榄缆懒[44]滥难患～烂

ts　[31]簪眨～眼盏笺嚼[53]斩攒～钱[44]暂錾站～立,车～蘸赞濽溅溅□～纽子:钉扣子

tsʰ　[31]参搀餐[24]蚕谗馋残[53]惨惭灿产铲刬[44]绽栈□吃,含贬义或戏谑义□打,揍

s　[31]三杉衫钐～麦,动词珊山[53]钐～子:大镰,名词伞[44]散鞋带～了散分～

tʂ　[31]沾粘瞻毡专砖[53]展[44]占战颤撰转～眼,～圆圈篆传～记

tʂʰ　[31]川穿[24]缠传～达椽[53]喘[44]篡串善～活:舒服

ʂ　[31]删膻搧拴[24]蟾蝉禅船篅孱[53]陕闪[44]疝善扇膳单姓禅～让闩涮骟鳝

ʐ　[24]黏①粘性大;②性格慢,思路不清晰,如:～头然燃[53]冉软阮[44]染

k　[31]甘柑泔尴干姓肝竿干～湿[53]感敢橄杆秆擀赶[44]干～活

kʰ　[31]堪龛坎勘看～守刊[53]砍[44]看～见

ŋ　[31]庵安鞍鹌[24]俺[53]揞[44]暗岸按案

x　[31]憨酣苋颔～水[24]含函咸饭～很寒韩翰闲匣风～:风箱[53]撼憾喊罕[44]鼾旱汉汗焊

iæ̃

p　[31]编边[53]鞭蝙～蝠扁匾贬□挽,向上卷衣服,如:～袖子[44]辨辩便汴便方～遍一～,～地

pʰ　[31]偏[24]便～宜缏～纽门[53]篇片谝说,闲聊[44]骗～马,欺～辫

m　[24]棉绵眠[53]免勉娩缅渑[44]面

l　[24]廉镰帘连怜莲[53]脸[44]敛殓练炼楝[21]□苤～:苤蓝

s　[31]仙先[24]涎垂～[53]

鲜新～，～少 癣 羡 [44] 线 [21] □跟～：跟前

ȶ [31] 尖掂煎颠 [53] 点剪典佃 [44] 渐店箭贱饯～行电新殿新奠荐践

ȶʰ [31] 签添迁天千 [24] 甜钱田填前 [53] 歼潜舔浅腆 [44] 殿老，独～头：地名垫电老

tɕ [31] 监～视，国子～鉴兼搛艰间空～，～或奸肩坚 [53] 减碱舰检俭简裥柬捡谏涧锏犍～子键茧趼 [44] 赚剑建健腱见

tɕʰ [31] 鸽谦牵铅 [24] 钳乾～坤虔 [53] 歉遣 [44] □～活：舒服嵌欠

ȵ [31] 淹腌蔫堰 [24] 严老鲶拈言老，～喘：说话，言语年 [53] 眼碾辇捻撵 [44] 酽念

ɕ [31] 掀 [24] 咸～菜衔嫌贤弦咸～阳 [53] 陷险限显 [44] 宪献现县 [21] □抽～：抽屉；风～：风箱欠打喝～：打呵欠，声母特殊

∅ [31] 阉焉烟燕姓，如：～京冤 [24] 岩盐阎檐严新俨颜延言新研缘沿袁辕园援元～宵 [53] 掩魇演兖衍 [44] 验炎厌艳焰雁晏谚筵砚燕～子咽宴愿

uæ̃

t [31] 端 [53] 短 [44] 锻段缎断～堆堆：成批地买

tʰ [31] 獾 [24] 团 [44] 断～绝，决～椴

l [53] 暖新卵新 [44] 乱新

ts [31] 钻动词 [24] □～一会儿：把眼睛闭一会儿 [53] 纂妇女发髻 [44] 攥钻木工工具

tsʰ [31] 蹿 [24] 全泉攒团，如：～丸子，～馍馍 [44] 窜汆篡编～爨刺鼻的香味

s [31] 酸宣 [24] 旋头顶有两个～ [53] 选 [44] 算蒜旋～吃～做镟～床

k [31] 官棺观参～冠衣～鳏关□自己 [53] 管馆 [44] 贯灌罐观寺～冠～军惯

kʰ [31] 宽□～针：穿针 [53] 款

x [31] 欢 [24] 桓还～原环 [53] 缓幻 [44] 唤焕换患宦

yæ̃

l　[24]联鸾恋［53]暖老卵老漤在热水里泡柿子以除去涩味儿［44]乱老

tɕ　[53]卷捐［44]眷卷绢倦券

tɕʰ　[31]圈圆～［24]拳权颧［53]犬圈动词桊［44]圈猪～劝

ɕ　[31]轩喧［24]玄悬眩［44]馅楦

ø　[31]渊［24]圆员元～旦原源［53]远～近［44]院怨愿远～路:绕路

ɑŋ

p　[31]帮邦［24]□～一下:亲一口［53]榜绑［44]谤傍磅

pʰ　[31]膖～胀:非常胀,很胀,"膖"相当于程度副词［24]滂旁螃庞［44]棒～～:高粱杆胖

m　[24]忙芒～果茫盲虻［53]莽蟒

f　[31]方妨［24]肪房防［53]芳仿～效,相～纺彷访［44]放

v　[31]汪①一～水;②形容臊子汤中漂的油、菜多,如:汤～得很［24]王亡芒麦～儿［53]枉网辋妄汪狗叫声尪～羸:老年人健康状况差,精神不好［44]旺往忘望

t　[31]当应～［24]□～上了:蒙上了,碰巧了,偶然找到,偶然碰上［53]党［44]挡荡当典～宕

tʰ　[31]汤［24]堂棠螳唐糖塘蹚～土:①灰尘;②脚踩起的细尘泥土［53]倘躺趟［44]烫

l　[31]囊［24]郎廊狼蜋［53]曩攮［44]朗浪齉

ts　[31]赃脏不干净［44]葬藏西～脏五～脏烂～:质量不好□爱开玩笑

tsʰ　[31]仓苍［24]□象声词,表示速度快

s　[31]桑丧婚～［53]嗓搡［44]丧

tʂ　[31]张姓庄装～备章樟瘴桩［24]张人狂妄［53]长生～涨掌［44]丈新仗新杖帐账胀壮装把棉絮等夹入衣服的里子和面子中间,或把荞麦皮等装入枕芯,如:～棉袄,～枕头,～被儿状障撞新

tʂʰ　[31]疮窗［24]长～短肠场床常经～尝［53]畅闯创昌

菖厂倡 [44] 丈老仗老唱撞老

ʂ [31] 霜孀伤商裳晌～午双 [24] 常～马：地名尝 [53] 爽偿赏缩～手：笼着手 [44] 晌又，一～上～山，～面尚双又，～生

ʐ [31] 酿壤攘 [24] 瓤穰 [53] 嚷躟 [44] 让

k [31] 冈岗纲钢缸 [24] 刚 [53] 港 [44] 杠□～土：烟尘上升、飘扬

kʰ [31] 康糠慷 [24] 扛 [44] 抗炕上～炕渴

ŋ [31] 昂肮

x [31] 行一～夯把东西装满 [24] 行银～航杭 [53] 夯砸实地基用的工具巷 [44] 项

iɑŋ

p [24] □～～面，带汤水的宽面条。按：郭芹纳先生考证似为"饼"的一声之转。

l [24] 良凉量～长短粮梁粱 [53] 两～个两几～几钱辆 [44] 亮谅量数～晾

s [31] 相～互箱厢湘襄镶 [24] 详祥 [53] 想 [44] 象像橡相～貌

ȶ [31] 将～来浆桨 [53] 蒋奖 [44] 酱将大～

ȶʰ [31] 枪匠 [24] 墙藏～身 [53] 抢 [44] 呛戗①～面风：逆风，顶风②说话生硬，毫不客气

tɕ [31] 疆僵姜礓缰姜江豇 [24] 刚 [53] 讲耩 [44] 糨～子虹天上的彩虹降下～

tɕʰ [31] 羌 [24] 强 [44] 强勉～犟倔～

ȵ [31] 娘婆～伙殃老，～打：无精打采 [53] 仰

ɕ [31] 香乡 [24] 降投～ [53] 饷享响 [44] 向

ø [31] 秧央殃新□①智力不健全，或头脑胡涂，不明事理；②做事笨拙，不得法；③东西质量不好，有毛病 [24] 羊洋杨阳扬疡 [53] 养痒 [44] 样映漾洒，散落

uɑŋ

k [31] 光 [24] 咣击打的声音 [53] 广 [44] 桄逛

kʰ [31] 筐眶框 [24] 簧老狂 [44] 旷匡况矿

x [31] 荒慌 [24] 黄簧新皇蝗 [53] 慌晃

əŋ

p　[31]奔绷[53]本[44]奔泵崩迸~裂

pʰ　[31]喷~水烹[24]盆朋彭膨棚蓬篷[44]喷~嚏,~香捧笨碰

m　[31]蒙~人[24]门萌盟蒙[53]猛蠓[44]懵闷孟梦

f　[31]分~开芬纷风枫疯丰封蜂锋[24]焚坟冯峰逢缝~衣服[53]粉[44]愤忿粪奋份讽凤奉俸缝一条~

v　[31]温瘟吻翁嗡[24]文纹蚊闻[53]稳刎[44]问璺瓮

t　[31]灯登~山登穿鞋、裤的动词,如:~上裤儿:穿上裤子凳新筝风~[53]等[44]镫邓澄水浑,~一~瞪

tʰ　[31]吞腾藤凳老[24]誊疼[53]□用力踩

l　[24]能笼灯~[53]冷[44]楞

ts　[31]臻肫曾姓增争筝睁狰铛[44]憎赠综甑挣缯

tsʰ　[31]参~差蹭撑[24]岑曾层[44]衬忖

s　[31]森参人~僧生牲笙甥[53]省~长省节~[44]渗瘆

tʂ　[31]针斟真诊疹珍榛征惩蒸贞侦正~月中当~忠仲终锺钟盅砧[53]枕名词,如:~头凖准整冢种~类肿畛[44]枕动词振震镇阵证症正~路政中射~众重新,轻~种~树

tʂʰ　[31]椿春蠢称~重量重~复冲舂[24]沉臣陈尘纯莼醇澄橙乘承丞拯呈程成城诚盛~饭中当~虫崇宠鹑[53]称~呼,相~逞充铳[44]趁秤郑重老,轻~

ʂ　[31]深身申伸娠升声[24]辰晨唇绳□①害羞,不好意思,如:个女子在生人面前嫌~不说话;②衣服不好看,不顺眼,如:个衣服穿上看去~得很[53]甚沈审婶[44]甚肾慎顺舜胜~任,~败剩圣盛兴~

ʐ　[24]壬任姓人仁仍戎绒茸[53]忍扔~掉冗氄[44]任责~纫刃认韧润闰

k　[31]跟根更~换粳庚羹耕[53]耿[44]哽埂梗更~加

kʰ　[31]恳垦坑[53]肯

ŋ　[31]恩

x [31]痕亨 [24]恒衡 [53]很 [44]恨杏~树

iŋ

p [31]彬宾槟冰兵 [53]禀丙秉柄饼 [44]殡鬓病新并新

pʰ [24]贫频凭平坪评瓶屏萍 [53]品拼~命聘 [44]病老姘拼并老

m [24]民抿鸣明名铭 [53]闽悯敏皿 [44]命

l [24]林淋新临邻鳞磷陵凌菱灵零铃伶拎翎 [53]檩领岭 [44]赁吝令另

ȶ [31]侵浸津精晶睛丁钉铁~靪疔 [24]顶用言语顶撞 [53]仅~前井顶鼎 [44]进晋静靖锭新定新

ȶʰ [31]亲清听~见厅汀庭蜓青蜻 [24]秦情晴亭停廷 [53]寝尽请艇挺 [44]亲净锭老钉~住订定老

s [31]心辛新薪星腥 [24]寻 [53]省反~醒 [44]信讯性姓

tɕ [31]金禁~不住,~止襟巾斤筋更五~京荆惊经衿系,如:~裤儿,~腰带 [53]锦紧仅谨鲸擎景警竞 [44]劲茎境敬竟镜颈径经

tɕʰ [31]钦卿轻~重,年~ [24]琴禽擒勤芹 [53]顷 [44]妗近庆磬□凝固

ȵ [31]阴老 [24]凝宁安~佞 [44]窨饮~马硬宁~可

ɕ [31]欣兴~旺 [24]行~为形型刑陉荥 [44]衅迅兴高~幸馨杏银~ [21]行品~

∅ [31]音阴新荫因姻殷应~用鹰莺鹦樱英婴缨盈 [24]淫银寅匀蝇迎赢萤营茔 [53]吟饮~酒饮指米汤引隐尹影颖瘿~瓜瓜:甲状腺肿 [44]洇印应响~孕

uŋ

t [31]敦墩蹲东冬 [53]饨董懂□~脏:弄脏、弄乱 [44]盾矛~顿扽钝遁冻栋洞动新撴揪住,拽

tʰ [31]通 [24]屯豚同铜桐童瞳 [53]筒桶捅统 [44]囤沌褪动老痛

l [24]笼聋农脓浓龙 [53]拢隆陇垄 [44]弄

ts [31]尊遵棕鬃宗踪 [53]总 [44]俊粽纵~横,放~

tsʰ [31]村皴聪葱匆囱丛从~容 [24]存从跟~ [53]怂 [44]寸

s [31]孙松嵩 [24]㞞①精液;②骂人的话 [53]损榫笋诵颂讼 [44]逊送宋

k [31]公蚣工功弓躬宫恭供~给拱 [53]滚攻汞 [44]棍贡供上~共

kʰ [31]坤空~虚 [53]啃昆捆孔控巩恐 [44]困空~缺,~干

x [31]昏婚浑~浊荤轰掏烘 [24]魂馄弘横~直宏红鸿虹 [53]混哄~骗 [44]横蛮~ 洪~大哄

yŋ

l [24]仑伦沦轮淋老,动宾,如:~雨 [44]论~语嫩论议~

tɕ [31]均钧军君郡 [53]迥 [44]窘菌

tɕʰ [24]群裙琼穷 [53]倾焭①烹饪食物的方法,与焖类似;②天气闷热

ɕ [31]熏薰兄胸凶 [24]荀旬循巡殉勋雄熊 [44]训□①讨厌,厌恶,如:兀人人品不好,人都~得很;②关系变得不好,如:他俩~嘞,不说话

ø [31]拥 [24]云荣融容蓉镕庸 [53]允永泳咏甬勇涌 [44]熨韵运晕雍痈壅

第四章　岐山方言的共时音变

本章讨论岐山话的共时音变，包括连读变调、中和调、子尾词和各种重叠式的变调等。

一　岐山话的非重叠式连读变调、中和调及其模式

1.1　两字组连读变调

岐山话非重叠式两字组的前字和后字各有四个调类分别组合，可以组合成16组连调，但"阴平+阴平、阴平+去声、去声+阴平"各有两种连调方式，"阴平+阴平"的变调方式和"阳平+阴平"的连调方式一致，"阴平+去声"的变调方式与"上声+去声"的连调方式一致，"去声+阴平"的变调方式和"去声+上声"的连调方式一致，因此，共形成16组连调式。无论作为前字或后字，都是阴平发生变调，阳平、上声、去声不变调。共有三种变调式，即：①阴平+阴平：[31+31]→[24+31]；②阴平+去声：[31+44]→[53+44]；③去声+阴平：[44+31]→[44+53]。如表4-1所示，代码1、2、3、4依次表示阴平、阳平、上声、去声，表左标明前字的代码、调类和调值，表端标明后字的代码、调类和调值。空格表示不发生

变调。

表4-1 岐山方言两字组连读变调表

前字＼后字	1阴平31	2阳平24	3上声53	4去声44
1阴平31	 24+31			 53+44
2阳平24				
3上声53				
4去声44	 44+53			

下面举例，单字调值排黑体表示有变调。

前字阴平

11　31+31　医生i səŋ　菊花tɕy xuᴀ　节目ȶiɛ mu
月光yɛ kuaŋ　蜡烛lᴀ tʂʅ　音乐iŋ yo
相思siaŋ sɿ　公鸡kuŋ tɕi

24+31　飞机fei tɕi　钢笔kaŋ pi　开业kʰᴇ ȵiɛ
录音lu iŋ　结冰tɕiɛ piŋ　溻湿tʰᴀ ʂʅ
出力tʂʰʅ li　日落ɚ luo

12　31+24　猪毛tʂʅ mɔ　消毒siɔ tʰu　出门tʂʰʅ məŋ
恶毒ŋɤ tʰu　月圆yɛ yæ̃　入学zʅ ɕyo
入伏zʅ fu

13　31+53　加减tɕiᴀ tɕiæ̃　收礼ʂou li　喝水xuo ʂei
入伍zʅ vu　发冷fᴀ ləŋ　煎水ȶiæ̃ ʂei开水
木板mu pæ̃

14　31+44　车票tʂʰɤ pʰiɔ　天地ȶʰiæ̃ ȶʰi　师范sɿ fæ̃
立夏li ɕiᴀ　一定i ȶʰiŋ　切菜ȶʰiɛ tsʰᴇ
黑市xei sɿ　绿化luxuᴀ

53+44　骄傲tɕiɔ ŋɔ　设备ʂɤ pi　开价kʰᴇ tɕiᴀ

		出账tʂ^{h}ʅ tʂɑŋ花出去的钱		
		前字阳平		
21	24+31	年轻ȵiæ̃ tɕ^{h}iŋ	流血liu ɕiɛ	名额miŋ ŋei
		读书t^{h}u ʂʅ	直接tʂ^{h}ʅ ȶiɛ	墨汁mei tʂʅ
		独立t^{h}u li		
22	24+24	农忙luŋ mɑŋ	防滑fɑŋ xuᴀ	食堂ʂʅ t^{h}ɑŋ
		直达tʂ^{h}ʅ tᴀ		
23	24+53	存款ts^{h}uŋ k^{h}uæ̃	骑马tɕ^{h}i mᴀ	跳舞ȶ^{h}iɔ vu
		白雨p^{h}ei y雷阵雨	墨水mei ʂei	
24	24+44	群众tɕ^{h}yŋ tʂəŋ	流汗liu xæ̃	读报t^{h}u pɔ
		植树tʂ^{h}ʅ ʂʅ	杂技tsᴀ tɕi	白面p^{h}ei miæ̃～书生
		赎罪ʂʅ tsui		
		前字上声		
31	53+31	粉笔fəŋ pi	好药xɔ yo	养鸡iɑŋ tɕi
		满足mæ̃ tsu		
32	53+24	水壶ʂei xu	解毒tɕiɛ t^{h}u	有钱iu ȶ^{h}iæ̃
		稍微sɔ vei		
33	53+53	表演piɔ iæ	养狗iɑŋ kou	请假ȶ^{h}iŋ tɕiᴀ
34	53+44	广告kuɑŋ kɔ	走路tsou lu	改造kᴇ ts^{h}ɔ
		野菜iɛ ts^{h}ᴇ	体育ȶ^{h}i y	远近yæ̃ tɕ^{h}iŋ
		模范mo fæ̃		
		前字去声		
41	44+31	教师tɕiɔ sʅ	送药suŋ yo	树根ʂʅ kəŋ
		炼铁liæ̃ ȶ^{h}iɛ	事业sʅ ȵiɛ	
	44+**53**	卫生vei səŋ	地方ȶi fɑŋ	桂花kui xuᴀ
		化工xuᴀ kuŋ	太师t^{h}ᴇ sʅ	御麦y mei
42	44+24	证明tʂəŋ miŋ	退学t^{h}ui ɕyo	面条miæ̃ ȶ^{h}iɔ
		办学pæ̃ ɕyo	象棋siɑŋ tɕ^{h}i	断绝t^{h}uæ̃ tɕyɛ

43	44+53	信纸siŋ tsɿ	送礼suŋ li	卖酒mᴇ ȶiu
		树杆ʂʅ kæ̃	代理tᴇ li	受苦ʂou kʰu
		病假pʰiŋ tɕiᴀ	肉片ʐou pʰiæ̃	
44	44+44	贩卖fæ̃ mᴇ	泻肚siɛ tʰu	定价ȶʰiŋ tɕiᴀ
		病重pʰiŋ tʂʰəŋ	坐轿tsʰuo tɕʰiɔ	

通过对例词的观察发现，有上述连调方式的词全部是复合词，其中既有联合式、偏正式，又有动宾式、主谓式、补充式。

在调查中还有一些不合规律的变调情况，也列举如下：

14　**24**+**24**　挨定ŋᴇ ȶʰiŋ

21　**31**+**44**　实心ʂʅ siŋ不是空心

22　**31**+24　服毒fu tʰu

24　24+**53**　无效vu ɕiɔ　　捷路ȶʰiɛ lu

34　**31**+44　旅社ly ʂɤ

以上例词是两字组变调中的例外情况。“实心ʂʅ^{31} siŋ^{44}不是空心”这一例外变读是为了和非例外的连读“实心ʂʅ^{24} siŋ^{31}待人真诚”相区别。“无效、捷路、旅社”是人们口语中不说的词语，应是受普通话或权威方言影响直接移植的音，所以形成例外。“挨定、服毒”的例外情况还有待进一步考察。

1.2　中和调及其连调模式

在岐山话的多音节词中，某些处在后字、中字位置上的特定音节，有两种不同的声学表现：一种为轻而短的低降调，记为[21]，如“玉石y^{53} ʂʅ$^{24\text{-}21}$、火车xuo$^{53\text{-}44}$ tʂʰɤ$^{31\text{-}21}$、杏核xəŋ^{44} xu$^{24\text{-}21}$”；有时甚至弱化为一个很低的音点，如“渣渣子tsᴀ$^{31\text{-}53}$ tsᴀ$^{31\text{-}21}$ tsɿ$^{53\text{-}1}$、眼眼子ȵiæ̃$^{53\text{-}44}$ ȵiæ̃$^{31\text{-}21}$ tsɿ$^{53\text{-}1}$”。这种音节类似普通话的轻声。另一种为不轻不短的高降调，记为[53]，集中出现在阳平调后头，如“晴天ȶʰiŋ$^{24\text{-}31}$ ȶʰiæ̃$^{31\text{-}53}$、白菜pʰei$^{24\text{-}31}$ tsʰᴇ$^{44\text{-}53}$、梅花mei$^{24\text{-}31}$ xuᴀ$^{31\text{-}53}$”，后字重于前字。这两种音节尽管音值（尤其是高低、轻重）不同，但它们在词中的出现位置以及所在词的结构

特点、表义特点、风格特点却完全相同,应该归纳为一种统一的音变类型。但是,用“轻声”这一概念又难以概括这两种不同的音值变化。

我们认为,这是一种特殊的连读变调现象,可以称之为“中和调”。

这里所说的“中和调”指的是这样一种音变现象:在双音节词或三音节词的特定位置上,一些原本属于不同单字调的字在连读中变得调值相同,使得不同调类之间的区别消失,因而失去辨义作用。这是一种发生在多音节词中特定位置上的调位中和现象,因此而形成的调子,可叫做“中和调”。就调值来说,中和调可能并不因为“趋同”而失去高低升降的音高变化,也不一定变得轻短模糊。因此,中和调既包含类似普通话的轻声,也包括非轻声但发生调位中和的情况,即所谓“轻声不轻”现象。尽管“轻声的中和调”和“非轻声的中和调”具有不同的音值特点,但它们在连读变调系统中的性质、功能是相同的,都与多音节词的结构特点、语义特点、语法特点密切相关。

这一现象,刘俐李(1994:25—26)称之为“语汇变调”,张安生(2000:11)将这种轻声描写为“中轻音”的轻声形式,从而与“轻音”的轻声形式既相统一,又相区别。李倩(2001:126—130)详细讨论过宁夏中宁话的“连调乙”,该连调的特点是:不论后字原单字调为何,AB两个音:节一律以前字的单字调为基准,形成四个固定的调子,其中有的后字既不轻也不短。李倩认为,这是一种属于“音系学意义上的轻声”。

钱曾怡先生(2000)曾经指出:“汉语的多音节词以双音节词占多数,轻声音节在双音节词中一般是处于后一音节的位置,三音节词语中的轻声则可以在末尾或居中,也可以是后面的两个音节,四字以上的甚至可以有三个音节读轻声的,这些都决定于词语的结构……轻声和变调虽然同是声调的变化,但两者是不同的。其区别主要在单字调的制约作用不同。变调的读音决定于以前后音节为语境条件的本调……轻声则不同，轻声音节原来所属的单字调已经失去了制约作用。”邢向东师（1999）详细考察了神木话的轻声现象，该方言轻声词的特点是，不论轻声字原声调或其前字的调类如何，只要读轻声，就一律变读轻而短的[21]调。

我们认为，北京话式的严重弱化的“轻声”，神木话式的不论本调和前字调类一律读统一的弱化调子的“轻声”，称为“轻声”自然不存在疑问；而出现在岐山、中宁、焉耆等方言中的这种“不轻的轻声”，还用“轻声”就显得名不副实，应当有一个更合适的概念。曹志耘（2002：126）曾经分析过南部吴语中的同类现象，他指出：“从连读调的角度来看，汉语方言声调演变的趋势是‘虚化’。这里所谓的‘虚化’，是指在连读过程中，不同调类之间的区别趋于模糊甚至消失，调类失去区别意义的作用，但调值本身并不一定失去高低升降的特征而变得轻弱模糊（李如龙先生建议采用‘混化’的概念。潘悟云（1988）曾提出‘中性化’的概念，最近又提出‘零调’的概念）。虚化时所采用的声调，我们称之为‘虚化调’，简称为‘虚调’。北京话的轻声就是一种虚化现象，轻声是虚调的一种。”把这类“轻声”叫做“虚化调、虚调”，也能够反映它们原单字调的调值、调类区别功能弱化的特点。不过在汉语语言学中，“虚化”一词使用太多，范围过大，负担过重，应当使用一个有足够包容性又能反映对象本质特性的名称。我们认为，“中和调”就是最合适的概念。从反映对象本质特点的作用来说，上面提到的各类现象，都是声调的区别功能弱化、消失的现象，即在特定的词汇、语法、语音条件下，声调音位发生中和（neutralization of toneme），只是它们的声学表现有所不同而已。因此，用“中和调”来给这类现象统一命名是十分恰当的。

"中和调"的概念,是从邢向东师(2004)的观点化用而出。他指出:"调位中和指某一方言中不同的单字调,在语流中失去原调值的声调趋同现象。调位中和有时涉及该方言的所有单字调,有时只涉及部分单字调。有的方言调位中和只发生在重轻式语音词的后字,有的既发生在后字,也发生在前字。"该文深入分析、阐述了广泛存在于西北方言的重轻式双音节语音词中后字的调位中和现象。既然从性质上看,它们属于"调位中和",那么,最简单明确的称谓应当就是"中和调"。

下面就岐山话非叠字组中的中和调及其相关的连调模式进行分析。

在岐山话非叠字组双音词中,中和调的出现非常普遍。其结构特点是:没有动宾、主谓、补充式复合词。非叠字组变读中和调的条件和调式见表4–2,表左是前字序号、调类和调值,表端是后字序号、调类和调值。非中和调标实际调值,中和调标[21]调和[53]调。调式加括号表示只有个别词读该中和调。

表4–2 岐山方言非叠字组变读中和调情况表

前字＼后字	1阴平31	2阳平24	3上声53	4去声44
1阴平31	53+21	53+21	31+21	53+21
2阳平24	31+53	31+53	31+53	31+53
3上声53	44+21	44+21	31+53 (31+21)	44+21
4去声44	53+21	44+21	44+21	44+21

由表4–2可知,岐山话非叠字组的中和调对前字的声调影响很大。前字阴平多变为[53]调或者不变调,后字中和为[21]调;前字阳平多变为[31]调,后字中和为[53]调;前字上声多变为[44]调,后字中和为[21]调,也有少数前字在上声前变为[31]

调；前字去声多不变调，后字中和为［21］调，后字为阴平时前字变为［53］调。经过上述变调，共形成四种主要模式，即［31+21］（低降式）、［31+53］（前低后高式）、［53+21］和［44+21］（前高后低式）。除了少部分外，大部分都以前字为中心，形成了一致性较强的连调模式。如阴平为前字的中和调模式以［31+21］、［53+21］为主，阳平为前字的中和调模式以［31+53］为主，上声、去声为前字的中和调模式以［44+21］为主。去声为前字时在阳平、上声、去声前未发生变化，这可能与高平调本身不容易被其它调类异化有关。而阴平是个低降调，以阴平为前字的中和调尽管也有不发生变调的情况，但［53+21］这种中和调模式已经渗入其中，呈现出复杂的状况，这也许可以反证岐山话去声的高平调对其他声调的异化具有强大的抵制力。当然，就岐山话连调的模式来看，高低、低高的错落搭配也是一种不可忽视的力量，所以，当中和调为［21］时前字多以高调搭配，当中和调为［53］时前字多以低调搭配，从而形成了高低错落的节奏感。

下面以前字的单字调为序举例，不包括叠字组和个别只读轻声的虚词。单字调值排黑体表示有变调。

前字阴平

11	**53+21**	方法faŋ fᴀ	蜂蜜fəŋ mi	北方pei faŋ
12	**53+21**	今年tɕi ȵiæ̃	生活səŋ xuo	积极ȶi tɕi
		木材mu ts^{h}ᴇ	玉石y ʂʅ	中伏tʂəŋ fu
13	31+**21**	桌椅tʂuo i	谷雨ku y	月饼yɛ piŋ
14	**53+21**	菠菜po ts^{h}ᴇ	鸡蛋tɕi t^{h}æ̃	兄弟ɕyŋ ȶ^{h}i
		木器mu tɕ^{h}i	绿豆liu tou	天气ȶ^{h}iæ̃ tɕ^{h}i

前字阳平

21	**31+53**	平安p^{h}iŋ ŋæ	颜色iæ̃ sei	人物zəŋ vo
		白天p^{h}ei ȶ^{h}iæ	植物tʂ^{h}ʅ vo	晴天ȶ^{h}iŋ ȶ^{h}iæ̃
22	**31+53**	门帘məŋ liæ̃	明白miŋ p^{h}ei	石头ʂʅ t^{h}ou

23	31+53	门口məŋ kʰou	白脸pʰei liæ̃	言喘n̠iæ̃ tʂʰæ̃说话，做声
24	31+53	棉裤miæ̃ kʰu	白菜pʰei tsʰE	实话ʂʅ xuA
		白面 pʰei miæ̃吃的面		
		前字上声		
31	44+21	火车xuo tʂʰɤ	眼科n̠iæ̃ kʰɤ	眼色n̠iæ̃ sei
		满月mæ̃ yɛ	尽力tʰiŋ li	
32	44+21	小学siɔ ɕyo	老人lɔ zəŋ	老实lɔ ʂʅ
33	31+53	小米siɔ mi	老板lɔ pæ̃	有理iu li
	(31+21)	老虎lɔ xu	火腿xuo tʰui	小雨siɔ y
34	44+21	小路siɔ lu	火箸xuo tʂʰʅ	晚辈væ̃ pei
		眼泪n̠iæ̃ lui		
		前字去声		
41	53+21	负责fu tsei		
42	44+21	化学xuA ɕyo	病人pʰiŋ zəŋ	事实sʅ ʂʅ
		后门xou məŋ	杏核xəŋ xu	
43	44+21	四两sʅ liɑŋ	袖口siu kʰou	糯米luo mi
		厚纸xou tsʅ	父母fu mu	
44	44+21	味道vei tʰɔ	近视tɕʰiŋ sʅ	

1.3 三字组连调

岐山话三字组连读变调分为两种情况：一种为不发生变调，所有调类的组合共64种，都有不发生变调的情况；第二种为发生变调，总体来看，三字组变调的发生都受到两字组变调类型的深刻影响，这一特征也充分证明现代汉语双音节词占优势的特点。由于三字组变调情况较为复杂，下文的分析主要从韵律、组合关系、中和调三个角度展开。事实上，变调的形成可能同时具备两个或多个因素，为便于分析，此处只选取一个角度。下面分别讨论。

1.3.1　不发生变调的三字组连读调

岐山话共有四个单字调，分别组合可构成64组三字组，都有不发生变调的情况。下面举例。

第一字阴平

111	31+31+31	轻音乐 tɕʰiŋ iŋ yo	单相思 tæ̃ siɑŋ sɿ
		铁公鸡 ȶʰiɛ kuŋ tɕi	
112	31+31+24	花生油 xuᴀ səŋ iu	三角形 sæ̃ tɕyo ɕiŋ
		吸铁石 ɕi ȶʰiɛ ʂʅ	
113	31+31+53	天花板 ȶʰiæ̃ xuᴀ pæ̃	心血管 siŋ ɕiɛ kuæ̃
		百分比 pei feŋ pi	
114	31+31+44	夫妻店 fu ȶʰi ȶiæ̃	清汤面 ȶʰiŋ tʰɑŋ miæ̃
		敲竹杠 tɕʰiɔ tʂʅ kɑŋ	
121	31+24+31	金银花 tɕiŋ iŋ xuᴀ	穿堂风 tʂʰæ̃ tʰɑŋ fəŋ
		兵役法 piŋ i fᴀ	
122	31+24+24	拖油瓶 tʰuo iu pʰiŋ	天鹅绒 ȶʰiæ̃ ŋɤ zəŋ
		复习题 fu si ȶʰi	
123	31+24+53	发言稿 fᴀ iæ̃ kɔ	托儿所 tʰuo ɚ ʂuo
		出头雀 tʂʰʅ tʰou ȶʰiɔ	
124	31+24+44	西红柿 si xuŋ sɿ	千佛寺 ȶʰiæ̃ fo sɿ
		出洋相 tʂʰʅ iɑŋ siɑŋ	
131	31+53+31	抽水机 tʂou ʂei tɕi	伸懒腰 ʂəŋ læ̃ iɔ
		发酒疯 fᴀ ȶiu fəŋ	
132	31+53+24	金手镯 tɕiŋ ʂou tsʰuo	饲养员 sɿ iɑŋ yæ̃
		出远门 tʂʰʅ yæ̃ məŋ	
133	31+53+53	标准粉 piɔ tʂəŋ fəŋ	深水井 ʂəŋ ʂei ȶiŋ
		新产品 siŋ tsʰæ̃ pʰiŋ	

134	31+53+44	居委会tɕy vei xui	八宝饭pᴀ pɔ fæ̃
		不买账pu mᴇ tʂɑŋ	
141	31+44+31	观世音kuæ̃ ʂʅ iŋ	织布机tʂʅ pu tɕi
		不锈钢pu siu kɑŋ	
142	31+44+24	方向盘fɑŋ ɕiɑŋ p^{h}æ̃	公路局kuŋ lu tɕ^{h}y
		责任田tsei zʐəŋ ȶ^{h}iæ̃	
143	31+44+53	鸡翅膀tɕi ts^{h}ʅ pɑŋ	出气筒tʂ^{h}ʅ tɕ^{h}i t^{h}uŋ
		笔记本pi tɕi pəŋ	
144	31+44+44	客气话k^{h}ei tɕ^{h}i xuᴀ	责任地tsei zʐəŋ ȶ^{h}i
		不自量pu ts^{h}ʅ liɑŋ	

第一字阳平

211	24+31+31	白菊花p^{h}ei tɕy xuᴀ	值日生tʂ^{h}ʅ ɚ səŋ
212	24+31+24	鱼肝油y kæ̃ iu	浓缩油luŋ suo iu
		独木桥t^{h}u mu tɕ^{h}iɔ	
213	24+31+53	传家宝tʂ^{h}æ̃ tɕiᴀ pɔ	红药水xuŋ yo ʂei
		独生女t^{h}u səŋ ȵy	
214	24+31+44	棉纱线miæ̃ sᴀ siæ̃	疑心病ȵi siŋ piŋ
		红烧肉xuŋ ʂɔ zʐou	
221	24+24+31	尼龙袜ȵi luŋ vᴀ	传达室tʂ^{h}æ̃ tᴀ ʂʅ
		学徒工ɕyo t^{h}u kuŋ	
222	24+24+24	难为情læ̃ vei ȶ^{h}iŋ	农林局luŋ liŋ tɕ^{h}y
223	24+24+53	牛皮纸ȵiu p^{h}i tsʅ	及时雨tɕi sʅ y
		白毛女p^{h}ei mɔ ȵy	
224	24+24+44	摇钱树iɔ ȶ^{h}iæ̃ ʂʅ	连轴转liæ̃ tʂ^{h}ʅ tʂæ̃
		学杂费ɕyo tsᴀ fei	
231	24+53+31	团体操t^{h}uæ̃ ȶ^{h}i ts^{h}ɔ	墨水笔mei ʂei pi

232	24+53+24	成品粮tʂ^{h}əŋ p^{h}iŋ liɑŋ	牛奶糖ȵiu lᴇ t^{h}ɑŋ
		白眼狼p^{h}ei ȵiæ̃ lɑŋ	
233	24+53+53	农产品luŋ ts^{h}æ̃ p^{h}iŋ	常有理tʂ^{h}ɑŋ iu li
		独养女t^{h}u iɑŋ ȵy	
234	24+53+44	流水账liu ʂei tʂɑŋ	无底洞vu ȶi tuŋ
		传染病tʂ^{h}æ̃ ʐæ̃ p^{h}iŋ	
241	24+44+31	劳动节lɔ tuŋ ȶiɛ	人造革ʐəŋ ts^{h}ɔ kei
		农副业luŋ fu ȵiɛ	
242	24+44+24	民政局miŋ tʂəŋ tɕ^{h}y	邮电局iu ȶ^{h}iæ̃ tɕ^{h}y
		食用油 ʂʅ yŋ iu	
243	24+44+53	文化馆vəŋ xuᴀ kuæ̃	农具厂luŋ tɕy tʂ^{h}ɑŋ
		长命锁tʂ^{h}ɑŋ miŋ suo	
244	24+44+44	活受罪xuo ʂou tsui	服务社fu vu ʂɤ
		炸酱面tsᴀ ȶiɑŋ miæ̃	

第一字上声

311	53+31+31	总编辑tsuŋ piæ̃ tɕi	保质期pɔ tʂʅ tɕ^{h}i
		女法官ȵy fᴀ kuæ̃	
312	53+31+24	水蜜桃ʂei mi t^{h}ɔ	等不及təŋ pu tɕi
		有心人iu siŋ ʐəŋ	
313	53+31+53	死心眼sɿ siŋ ȵiæ̃	老花眼lɔ xuᴀ ȵiæ̃
		染色体ʐæ̃ sei ȶ^{h}i	
314	53+31+44	抢劫犯ȶ^{h}iɑŋ tɕ^{h}iɛ fæ̃	假客气tɕiᴀ k^{h}ei tɕ^{h}i
		老花镜lɔ xuᴀ tɕiŋ	
321	53+24+31	手提箱ʂou ȶ^{h}i siɑŋ	打油诗tᴀ iu sɿ
		主旋律tʂʅ suæ̃ ly	
322	53+24+24	满堂红mæ̃ t^{h}ɑŋ xuŋ	老黄牛lɔ xuɑŋ ȵiu
		马前卒mᴀ ȶ^{h}iæ̃ tsu	

323	53+24+53	马蹄表 mᴀ ȶ^{h}i piɔ	选民榜 suæ̃ miŋ pɑŋ
324	53+24+44	顶梁柱 ȶiŋ liɑŋ tʂ^{h}ʅ	土皇帝 t^{h}u xuɑŋ ȶi
		老前辈 lɔ ȶ^{h}iæ̃ pei	
331	53+53+31	醒酒汤 siŋ ȶiu t^{h}ɑŋ	手指甲 ʂou tsɿ tɕiᴀ
		马尾松 mᴀ ʐei suŋ	
332	53+53+24	选举权 suæ̃ tɕy tɕ^{h}yæ̃	女演员 ȵy iæ̃ yæ̃
		管理员 kuæ̃ li yæ̃	
333	53+53+53	买雨伞 mᴇ y sæ̃	好品种 xɔ p^{h}iŋ tʂəŋ
334	53+53+44	管理费 kuæ̃ li fei	养老院 iɑŋ lɔ yæ̃
		米粉肉 mi fəŋ ʐou	
341	53+44+31	起重机 tɕ^{h}i tʂəŋ tɕi	有效期 iu ɕiɔ tɕ^{h}i
		老办法 lɔ pæ̃ fᴀ	
342	53+44+24	小市民 siɔ sɿ miŋ	解放鞋 tɕiɛ fɑŋ xᴇ
		眼镜蛇 ȵiæ̃ tɕiŋ ʂɤ	
343	53+44+53	保护伞 pɔ xu sæ̃	马粪纸 mᴀ fəŋ tsɿ
344	53+44+44	反对票 fæ̃ tui p^{h}iɔ	马后炮 mᴀ xou p^{h}ɔ
		水电站 ʂei ȶiæ̃ tsæ̃	
411	44+31+31	事业心 sɿ ȵiɛ siŋ	电烙铁 ȶiæ̃ luo ȶ^{h}iɛ
412	44+31+24	动物园 tuŋ vo yæ̃	向日葵 ɕiɑŋ ɚ k^{h}ui
		定心丸 ȶiŋ siŋ væ̃	
413	44+31+53	斗鸡眼 tou tɕi ȵiæ̃	大花脸 tᴀ xuᴀ liæ̃
414	44+31+44	大力士 tᴀ li sɿ	电风扇 ȶiæ̃ fəŋ ʂæ̃
421	44+24+31	夜明珠 iɛ miŋ tʂʅ	忘年交 vɑŋ ȵiæ̃ tɕiɔ
		大团结 tᴀ t^{h}uæ̃ tɕiɛ	
422	44+24+24	继承权 tɕi tʂ^{h}əŋ tɕ^{h}yæ̃	半圆形 pæ̃ yæ̃ ɕiŋ
		护城河 xu tʂ^{h}əŋ xuo	

423	44+24+53	半成品 pæ̃ tʂ^{h}əŋ p^{h}iŋ	器材厂 tɕ^{h}i ts^{h}ᴇ tʂ^{h}ɑŋ
424	44+24+44	介绍信 tɕiɛ ʂɔ siŋ	外来户 vᴇ lᴇ xu
		自留地 ts^{h}ɿ liu ȶ^{h}i	
431	44+53+31	妇女节 fu ȵy ȶiɛ	耐火砖 lᴇ xuo tʂæ̃
		校长室 ɕiɔ tʂɑŋ ʂʅ	
432	44+53+24	菜籽油 ts^{h}ᴇ tsɿ iu	大扫除 tᴀ sɔ tʂ^{h}ʅ
		大理石 tᴀ li ʂʅ	
433	44+53+53	四眼狗 sɿ ȵiæ̃ kou	电子管 ȶiæ̃ tsɿ kuæ̃
434	44+53+44	做好事 tsu xɔ sɿ	下水道 ɕiᴀ ʂei tɔ
		顺口溜 ʂəŋ k^{h}ou liu	
441	44+44+31	代数式 tᴇ ʂʅ ʂʅ	电话机 ȶiæ̃ xuᴀ tɕi
442	44+44+24	试验田 sɿ iæ̃ ȶ^{h}iæ̃	办事员 pæ̃ sɿ yæ̃
		挡箭牌 tɑŋ ȶiæ̃ p^{h}ᴇ	
443	44+44+53	近视眼 tɕ^{h}iŋ k^{h}æ̃ ȵiæ̃	笑面虎 siɔ miæ̃ xu
		见面礼 tɕiæ̃ miæ̃ li	
444	44+44+44	信用社 siŋ yŋ ʂɤ	现世报 ɕiæ̃ ʂʅ pɔ
		面对面 miæ̃ tui miæ̃	

1.3.2　发生变调的三字组连读调

1.3.2.1 受韵律影响的三字组连调

这种变调是受韵律影响，以两字为基础，一定的调类在组合时有可能会发生的变调类型。以阴平+阴平变读为阳平+阴平，即[31+31]→[24+31]；上声+阴平变读为去声+阴平，即[53+31]→[44+31]；去声+阴平变读为去声+上声，即[44+31]→[44+53]最突出。下面分别举例（变调用黑体字标示）：

第一字阴平

111　**24+31**+31　深呼吸 ʂəŋ xu ɕi　不规则 pu kui tsei

（前两字按阴平+阴平变读。）

31+**24+31**　收音机ʂou iŋ tɕi　麦克风mei kʰei fəŋ
六月雪liu yɛ ɕyɛ　六月六liu yɛ liu
八仙桌pᴀ siæ̃ tʂuo　出生率tʂʰʅ səŋ ly
落汤鸡luo tʰɑŋ tɕi　双胞胎ʂɑŋ pɔ tʰᴇ
婚姻法xuŋ iŋ fᴀ　三角尺sæ̃ tɕyo tʂʰʅ
编织物piæ̃ tʂʅ vo　工业国kuŋ ȵiɛ kui
（后两字按阴平+阴平变读。）

24+24+31　收割机ʂou kuo tɕi　一百七i pei ȶʰi
八一节pᴀ i ȶiɛ
（发生了两次变读：前两字阴平+阴平变读为阳平+阴平，然后中字与后字再按阴平+阴平变读。）

131　31+**44+31**　加减法tɕiᴀ tɕiæ̃ fᴀ
（后两字上声+阴平变读为去声+阴平。由于两字组中上声+阴平变读中和调［44+21］，岐山话中阴平［31］与中和调［21］调值非常接近，故受韵律影响在三字组中出现上声+阴平→［44+31］的情况。）

第一字阳平

211　24+**24+31**　图书室tʰu ʂʅ ʂʅ　红绿灯xuŋ liu təŋ
摩托车mo tʰuo tʂʰɤ
（后两字按阴平+阴平变读。）

241　24+**44+53**　油菜花iu tsʰᴇ xuᴀ
（后两字按去声+阴平变读。）

第一字上声

311　53+**24+31**　鼓风机ku fəŋ tɕi　雨夹雪y tɕiᴀ ɕyɛ
脑溢血lɔ i ɕiɛ

（后两字按阴平＋阴平变读。）

313　**44**+**31**+53　小花脸 siɔ xuᴀ liæ　小夹袄 siɔ tɕiᴀ ŋɔ

（前两字上声＋阴平变读为去声＋阴平。）

314　**44**+**31**+44　水蒸气 ʂei tʂəŋ tɕʰi　咬不动 ȵiɔ pu tuŋ

粉蒸肉 fəŋ tʂəŋ ʐou　两方面 liaŋ faŋ miæ̃

（前两字上声＋阴平变读为去声＋阴平。）

331　53+**44**+**31**　选举法 suæ̃ tɕy fᴀ　走马灯 tsou mᴀ təŋ

（后两字上声+阴平变读为去声+阴平。）

第一字去声

411　44+**24**+**31**　教科书 tɕiɔ kʰɤ ʂʅ　未婚妻 vei xuŋ tɕʰi

办公室 pæ̃ kuŋ ʂʅ

（后两字按阴平+阴平变读。）

431　44+**44**+**31**　绊马索 pæ̃ mᴀ suo

（后两字上声＋阴平变读为去声＋阴平。）

441　44+**44**+**53**　辩证法 piæ̃ tʂəŋ fᴀ

（后两字按去声＋阴平变读。）

1.3.2.2 受组合关系影响的三字组连调

这种变调与组合关系密切相关，可分为2+1式和1+2式两种情况，也就是说，三字组中两字组组合的部分按照两字组的变调规律进行，再加进第三字的单字调即可（中和调也与组合关系相关，但由于使用频率高、读音固定，所以单独讨论）。下面分别举例（变调用黑体字标示，“D”表示第三字的单字调）：

在2+1组合中，阴平＋阴平+D→24+31+D，前两字按阴平＋阴平变读。

111　**24**+**31**+31　工商业 kuŋ ʂaŋ ȵiɛ　西北风 si pei fəŋ

归纳法 kui lᴀ fᴀ

112　**24**+**31**+24　钢丝绳 kaŋ sɿ ʂəŋ　陌生人 mei səŋ ʐəŋ

113　**24**+**31**+53　隔音板 kei iŋ pæ　立脚点 li tɕyo ȶiæ̃
114　**24**+**31**+44　穿衣镜 tʂʰæ̃ i tɕiŋ　空心菜 kʰuŋ siŋ tsʰᴇ
接力棒 ȶiɛ li pɑŋ　风湿病 fəŋ ʂʅ pʰiŋ
优越性 iu yɛ siŋ　抛物线 pʰɔ vo siæ̃
结婚证 tɕiɛ xuŋ tʂəŋ　剔骨肉 ȶʰi ku ʐou

在2+1组合中，上声+上声+D→44+53+D。由于［44+53］是一种变调类型，［53］调在岐山话中是一个强势调，所以导致三字组中字［53］调值前的上声变读为［44］。

333　**44**+**53**+53　处理品 tʂʰʅ li pʰiŋ
334　**44**+**53**+44　导火线 tɔ xuo siæ̃

在2+1组合中，去声+阴平+D→44+53+D，前两字按去声+阴平变读。

412　**44**+**53**+24　绣花鞋 siu xuᴀ xᴇ　卫生球 vei səŋ tɕʰiu
卫生局 vei səŋ tɕʰy
413　**44**+**53**+53　卫生纸 vei səŋ tsʅ　地方史 ȶi fɑŋ sʅ
桂花酒 kui xuᴀ ȶiu　化工厂 xuᴀ kuŋ tʂʰɑŋ
太师椅 tʰᴇ sʅ i　派出所 pʰᴇ tʂʰʅ ʂuo
414　**44**+**53**+44　御麦面 y mei miæ̃　四方步 sʅ fɑŋ pʰu
少先队 ʂɔ siæ̃ tui　教唆犯 tɕiɔ suo fæ̃
地方病 ȶi fɑŋ pʰiŋ　大锅饭 tᴀ kuo fæ̃
肉丝面 ʐou sʅ miæ̃

在2+1组合中，去声+阳平+D→44+53+D，前两字按去声+阴平变调。这是经过两次变调的结果。由于在岐山话中去声做前字的中和调模式为［44+21］，［21］调值与阴平调值［31］不易区分，在此基础上再加入第三个字时，前两字就按照去声+阴平变调。

424　**44**+**53**+44　半瓶醋 pæ̃ pʰiŋ tsʰu　对台戏 tui tʰᴇ ɕi
少林寺 ʂɔ liŋ sʅ　豆芽菜 tou iᴀ tsʰᴇ

在1+2组合中，D+阴平+阴平→D+24+31，后两字按阴平+阴平变调。

111　31+**24+31**　背黑锅pei xei kuo

211　24+**24+31**　红铅笔xuŋ tɕʰiæ̃ p　农作物luŋ tsuo vo

411　44+**24+31**　肺结核fei tɕiɛ xᴇ　电冰箱ȶiæ̃ piŋ siɑŋ

　　　　　　暴风雪pɔ fəŋ ɕyɛ　大西北tᴀ si pei

在1+2组合中，D+上声+阴平→D+44+31，后两字由于受到［44+21］这种中和调的影响，第三字阴平［31］与中和调［21］不易区分，故中字由上声变读为［44］。

431　44+**44+31**　做手脚tsu ʂou tɕyo　闹水灾lɔ ʂei tsᴇ

　　　　　　旧脑筋tɕʰiu lɔ tɕiŋ　露马脚lou mᴀ tɕyo

在1+2组合中，D+上声+上声→D+44+53。后两字由于受到［44+53］这种连读变调类型的影响，中字上声［53］变读为［44］。

433　44+**44+53**　半导体pæ̃ tɔ ȶʰi

在1+2组合中，D+去声+阴平→D+44+53，后两字按去声+阴平变读。

241　24+**44+53**　棉背褡miæ̃ pei tᴀ　白衬衫pʰei tsʰəŋ sæ̃

341　53+**44+53**　小背褡siɔ pei tᴀ　炒肉丝tsʰɔ ʐou sɿ

441　44+**44+53**　变戏法piæ̃ ɕi fᴀ　大后方tᴀ xou fɑŋ

　　　　　　汗背心xæ̃ pei siŋ

1.3.2.3　受中和调影响的三字组连调

这种连调与组合关系也十分密切。由于在两字组中已发生中和调的变读，读音已经固定下来，所以在三字组中基本不再发生变读。但如果是2+1式，且第三字为阴平，前两字的后字读中和调［21］，由于［21］调值和阴平不易区分，则有可能发生阴平+阴平的变读，或者不发生变读；如果是1+2式，则有可能产生新的组合，导致首字发生符合规律的音变。同时，在三字组连调中还有可能出现中字为嵌字或末字为后缀的情况，此时嵌字和后缀都读中和调［21］。下面分别举例（中和调及变调均用黑体字标示）：

第一字阳平

112　**31**+**53**+24　高跟鞋 kɔ kəŋ xᴇ

（“高跟鞋”是随着社会发展产生的新词，以西安话为代表的关中权威方言读kɔ^{24} kə̃r^{31} xᴇ^{24}，由于岐山话阳平为前字时，发生［31+53］的变读，所以“高跟鞋”进入岐山话时进行了符合岐山话变读规律的折合，看似不符合岐山话的变读规律，实则正是岐山话变读规律的体现。）

31+**53**+**21**　不舒服 pu ʂʅ fu

113　**53**+**21**+53　蜘蛛网 tʂʅ tʂʅ vaŋ

24+**31**+**21**　黑木耳 xei mu ɚ

（后两字读中和调［31+21］，再与首字结合，前两字按阴平＋阴平变读。）

114　**53**+**21**+44　北方话 pei faŋ xuᴀ

冤枉罪 iæ vaŋ tsui

（“枉”在岐山话中不单用，在“枉费、枉法”中多读［31］，故此处“冤枉”二字读阴平＋阴平的中和调［53+21］。）

121　**53**+**24**+**31**　工程师 kuŋ tʂʰəŋ sɿ　八十八 pᴀ ʂʅ pᴀ

（前两字读中和调［53+21］，再与末字结合，后两字按阴平＋阴平变读。）

53+**21**+**21**　中学生 tʂəŋ ɕyo səŋ　科学家 kʰɤ ɕyo tɕiᴀ

（前两字读中和调［53+21］，再与末字结合，由于“生、家”是后缀，所以读［21］调值。）

122	**53**+**21**+24	麦芽糖mei iᴀ tʰɑŋ	
	31+**31**+**53**	不完全pu væ̃ tsʰuæ̃	不明白pu miŋ pei
123	**53**+**21**+53	仙人掌siæ̃ ʐəŋ tʂɑŋ	玻璃板po li pæ̃
124	**53**+**21**+44	灯笼裤təŋ ləŋ kʰu	阴凉地iŋ liɑŋ ȶʰi
		精神病ȶiŋ ʂəŋ pʰiŋ	风凉话fəŋ liɑŋ xuᴀ
		心头肉siŋ tʰou ʐou	六十二liu ʂʅ ɚ
		生活费səŋ xuo fei	积极性ȶi tɕi siŋ
	31+**31**+**53**	丝棉袄sɿ miæ̃ ŋɔ	花棉袄xuᴀ miæ̃ ŋɔ
		发脾气fᴀ pʰi tɕʰi	
131	**31**+**21**+31	三点钟sæ̃ ȶiæ̃ tʂəŋ	
	31+**24**+**31**	端午节tæ̃ vu ȶiɛ	
		（前两字读中和调［31+21］，由于［21］调值与阴平不易区分，所以后两字组合又发生了阴平＋阴平的音变。）	
	31+**44**+**21**	单马夹tæ̃ mᴀ tɕiᴀ	
132	**31**+**21**+24	清水塘ȶʰiŋ ʂei tʰɑŋ	
	31+53+**21**	脚趾头tɕyo tsɿ tʰou	发起人fᴀ tɕʰiɛ ʐəŋ
		（“头、人”是后缀，读中和调［21］。）	
	31+**44**+**21**	秋海棠ȶʰiu xᴇ tʰɑŋ	双眼皮ʂɑŋ ȵiæ̃ pʰi
		山里头sæ̃ li tʰou	生理学səŋ li ɕyo
		物理学vo li ɕyo	
		（从词义的组合关系看，“生理学、物理学”两词应为2+1式，经过了两次变读：第一次为首字和中字，没有发生连读音变；第二次是中字和末字，受末字中和调的影响，中字变读为去声，所以导致连读音变看似是遵循1+2的 模式进行的。）	
133	31+**31**+**53**	阔老板kʰuo lɔ pæ	喝老酒xuo lɔ ȶiu

吃老本 tʂʰʅ lɔ pəŋ

24+31+21 秋老虎 ȶʰiu lɔ xu

（后两字读中和调[31+21]，再与首字连读，按阴平+阴平变读。）

134 31+**44**+**21** 亲姊妹 ȶʰiŋ tsɿ mei　八九号 pᴀ tɕiu xɔ

一礼拜 i li pᴇ　出主意 tʂʰʅ tʂʅ i

141 **53**+**24**+**31** 丁字尺 ȶiŋ tsʰɿ tʂʰʅ　金字塔 tɕiŋ tsʰɿ tʰᴀ

八字脚 pᴀ tsʰɿ tɕyo

（前两字读中和调[53+21]，再跟末字组合，后两字按阴平+阴平变读。）

142 **53**+**21**+24 八字胡 pᴀ tsʰɿ xu

31+**44**+**21** 绿豆芽 liu tou iᴀ

31+44+**21** 经济学 tɕiŋ ȶi ɕyo　当事人 tɑŋ sɿ ʐəŋ

（“学、人”是后缀，读中和调[21]。）

143 31+44+**21** 高帽子 kɔ mɔ tsɿ

（“子”读类似于普通话轻声的中和调[21]。）

第一字阳平

211 **31**+**53**+31 邻居家 liŋ tɕy tɕiᴀ

31+53+53 头发丝 tʰou fᴀ sɿ

（前两字读中和调[31+53]，第三字发生了例外的变读。）

31+44+21 油漆匠 iu ȶʰi ȶʰiɑŋ　十七八 ʂʅ ȶʰi pᴀ

墙根角 ȶʰiɑŋ kəŋ tɕyo

（前两字读中和调[31+53]，再跟末字组合，后两字读上声+阴平的中和调[44+21]。）

212 **31**+**53**+24 梨膏糖 li kɔ tʰɑŋ　研究员 iæ̃ tɕiu yæ̃

石灰石 ʂʅ xui ʂʅ　植物园 tʂʰʅ vo yæ̃

来得及 lᴇ tei tɕi　来不及 lᴇ pu tɕi

（前四个三字组是2+1式，前两字读中和调[31+53]，再加上第三字的读音。后两个三字组虽不是2+1式，但连调模式相同。）

24+**53**+**21**　年三十 ȵiæ̃ sæ̃ ʂʅ

213　**31**+**53**+53　葵花籽 kʰui xuᴀ tsʅ　灵芝草 liŋ tsʅ tsʰɔ
荞麦粉 tɕʰiɔ mei fəŋ

24+**31**+**21**　白木耳 pei mu ɚ

214　**31**+**53**+44　毛巾被 mɔ tɕiŋ pi　黄花菜 xuɑŋ xuᴀ tsʰᴇ
桃花运 tʰɔ xuᴀ yŋ　岐山县 tɕʰi sæ̃ ɕiæ̃
岐山话 tɕʰi sæ̃ xuᴀ　拿不动 lᴀ pu tuŋ
服装店 fu tʂɑŋ ȶiæ　仁苋菜 zʐəŋ xæ̃ tsʰæ̃
独角戏 tʰu tɕyo ɕi

（除“拿不动”外其余三字组都为2+1式，前两字读中和调[31+53]，再加上第三字的读音。由于首字阳平多变读[31+53]的中和调，所以“拿不动”虽不是2+1式，但变读模式却深受其影响。）

31+**44**+**21**　十三四 ʂʅ sæ̃ sʅ

（前两字读中和调[31+53]，再与末字组合，后两字读上声+去声的中和调[44+21]。）

221　**31**+**53**+31　迷魂汤 mi xuŋ tʰɑŋ　和平鸽 xuo pʰiŋ kɤ
蝴蝶结 xu ȶiɛ tɕiɛ　白头翁 pʰei tʰou veŋ

24+**31**+**53**　白杨木 pʰei iɑŋ mu　熟石灰 ʂʅ ʂʅ xui
留学生 liu ɕyo səŋ

222　**31**+**53**+24　抬头纹 tʰᴇ tʰou vəŋ

223　**31**+**53**+53　毛毛雨 mɔ mɔ y　石头子 ʂʅ tʰou tsʅ

31+**44**+**21**　红萝卜 xuŋ luo pʰu

（前两字读中和调[31+53]，再与末字组合，由于“卜”读类似普通话轻声的中和调[21]，岐山话中和调[21]与阴平[31]不易区分，故后两字按上声+阴平的中和调变读为[44+21]。）

224　**31**+**53**+44　龙王庙 luŋ vɑŋ miɔ　杂牌货 tsᴀ p^{h}ᴇ xuo
白杨树 p^{h}ei iɑŋ ʂʅ

24+**31**+**53**　牛脾气 ȵiu p^{h}i tɕ^{h}i　油白菜 iu p^{h}ei ts^{h}ᴇ

231　**31**+**53**+31　苹果绿 p^{h}iŋ kuo liu　盒子枪 xuo tsɿ ȶ^{h}iɑŋ

24+**44**+**31**　红领巾 xuŋ liŋ tɕiŋ　回马枪 xui mᴀ ȶ^{h}iɑŋ
白牡丹 p^{h}ei mu tæ̃　侄女婿 tʂ^{h}ʅ ȵy ɕy

31+**44**+**21**　龙卷风 luŋ tɕyæ̃ fəŋ　泥水匠 ȵi ʂei ȶ^{h}iɑŋ
十五六 ʂʅ vu liu
（前两字读中和调[31+53]，再与末字组合，后两字读上声+阳平的中和调[44+21]。）

232　**31**+**44**+**21**　明火虫 miŋ xuo tʂ^{h}əŋ　明眼人 miŋ ȵiæ̃ zəŋ
红嘴唇 xuŋ tsui ʂəŋ
（前两字读中和调[31+53]，再与末字组合，后两字读上声+阳平的中和调[44+21]。）

24+**21**+24　实打实 ʂʅ tᴀ ʂʅ
（中字为嵌字，读类似于普通话轻声的中和调[21]。）

233　24+**31**+**21**　白老虎 p^{h}ei lɔ xu

24+**31**+**53**　常有理 tʂ^{h}ɑŋ iu li
（“常有理”也有不变调的读法，不变调时读音语气较重，变调时语气柔和些。）

24+**44**+**21**　活里子 xuo li tsɿ
（末字“子”读类似普通话轻声的中和调[21]，再与中字结合，由于岐山话中和调[21]与阴平[31]不易区分，故后两字按上声＋阴平的中和调变读为[44+21]。）

234　**31**+**53**+44　劳改犯 lɔ kᴇ fæ̃　连锁店 liæ̃ suo ȶiæ̃

石子路 ʂʅ tsɿ lu

241　**31**+**53**+31　十字街 ʂʅ ts^{h}ɿ tɕiɛ

242　24+**44**+**21**　熬过来 ŋɔ kuo lᴇ　黄豆芽 xuɑŋ tou iᴀ

24+**21**+24　凡士林 fæ̃ sɿ liŋ

（中字为嵌字，读类似于普通话轻声的中和调[21]。）

243　24+**44**+**21**　十四五 ʂʅ sɿ vu

244　**31**+**53**+44　罗汉豆 luo xæ̃ tou　杂货店 tsᴀ xuo ȶiæ̃

十字路 ʂʅ ts^{h}ɿ lu

24+**44**+**21**　皇太后 xuɑŋ tᴇ xou

第一字上声

311　**44**+**21**+31　哑巴亏 ȵiᴀ pᴀ k^{h}ui　手工业 ʂou kuŋ ȵiɛ

扫帚星 sɔ tʂ^{h}ʅ siŋ　演说家 iæ̃ ʂɤ tɕiᴀ

44+**24**+**31**　主心骨 tʂʅ siŋ ku　纺织业 fɑŋ tʂʅ ȵiɛ

小客厅 siɔ k^{h}ei ȶ^{h}iŋ　巧克力 tɕ^{h}iɔ k^{h}ei li

草木灰 ts^{h}ɔ mu xui　想不出 siɑŋ pu tʂ^{h}ʅ

眼中钉 ȵiæ̃ tʂəŋ ȶiŋ　耳边风 ɚ piæ̃ fəŋ

两三尺 liɑŋ sæ̃ tʂ^{h}ʅ

（前两字读中和调[44+21]，再与末字组合，由于岐山话中和调[21]与阴平[31]不易区分，故后两字按阴平＋阴平变读。）

312　53+**53**+**21**　软骨头 ʐæ̃ ku t^{h}ou

313　53+**53**+**21**　土包子 t^{h}u pɔ tsɿ　表兄弟 piɔ ɕyŋ ȶ^{h}i

好日子 xɔ ɚ tsɿ

（末字读类似普通话轻声的中和调[21]，再与中字结合，由于岐山话中和调［21］与阴平［31］不易区分，故后两字按阴平+阴平的中和调变读为［53+21］。）

53+**31**+**21** 小苏打 siɔ su tᴀ 老夫子 lɔ fu tsɿ

314 **31**+**21**+44 检察院 tɕiæ̃ ts^{h}ᴀ yæ̃

321 **44**+**31**+**53** 小人物 siɔ zəŋ vo 小学生 siɔ ɕyo səŋ

（前两字读中和调［44+21］，由于后两字也经常一起使用，读较固定的中和调［31+53］，所以三字连调为［44+31+53］。）

44+**24**+**31** 火头军 xuo t^{h}ou tɕyŋ 小人国 siɔ zəŋ kui

紫红色 tsɿ xuŋ sei 九十六 tɕiu ʂɿ liu

美人蕉 mei zəŋ ȶiɔ 女儿国 ȵy ɚ kui

（前两字读中和调［44+21］，由于岐山语中和调［21］与阴平［31］不易区别，故后两字按阴平+阴平变读。）

53+**31**+**53** 女学生 ȵy ɕyo səŋ

322 53+**31**+**53** 紫葡萄 tsɿ p^{h}u t^{h}ɔ 懒婆娘 læ̃ p^{h}o ȵiɑŋ

323 **44**+**31**+**53** 草鞋底 ts^{h}ɔ xᴇ ȶi

（前两字读中和调［44+21］，由于后两字也经常一起使用，读较固定的中和调［31+53］，所以三字连调为［44+31+53］。）

53+**31**+**53** 好朋友 xɔ p^{h}əŋ iu 表侄女 piɔ tʂ^{h}ʅ ȵy

324 **44**+**21**+44 枕头套 tʂəŋ t^{h}ou t^{h}ɔ 委员会 vei yæ̃ xui

羽毛扇 y mɔ ʂæ̃ 水帘洞 ʂei liæ̃ tuŋ

美人计 mei zəŋ tɕi 柳条帽 liu ȶ^{h}iɔ mɔ

53+**31**+**53** 小白菜 siɔ p^{h}ei ts^{h}ᴇ

331 **31**+**53**+31 保险丝 pɔ ɕiæ̃ sɿ 打火机 tᴀ xuo tɕi

	31+**21**+31	两点钟 liɑŋ tiæ̃ tʂəŋ	
	31+**24**+**31**	稻草堆 t^{h}ɔ ts^{h}ɔ tui	
		（前两字读中和调[31+21]，再与末字结合，由于岐山话中和调[21]与阴平[31]不易区分，故后两字按阴平＋阴平变读。）	
	53+**44**+**21**	选举法 suæ̃ tɕy fᴀ	走马灯 tsou mᴀ təŋ
		小五金 siɔ vu tɕiŋ	冷板凳 ləŋ pæ̃ t^{h}əŋ
		女主角 ȵy tʂʅ tɕyo	老脑筋 lɔ lɔ tɕiŋ
332	**31**+**53**+24	老板娘 lɔ pæ̃ ȵiɑŋ	领导层 liŋ tɔ ts^{h}əŋ
	53+**44**+**21**	考古学 k^{h}ɔ ku ɕyo	
333	**31**+**21**+**21**	小伙子 siɔ xuo tsɿ	
		（前两字读中和调[31+21]，末字读类似于普通话轻声的中和调[21]。）	
	31+**21**+53	老虎嘴 lɔ xu tsui	
	31+**53**+53	展览馆 tʂæ̃ læ̃ kuæ̃	
	44+**21**+53	耳朵眼 ɚ tuo ȵiæ̃	
		（“朵”读类似于普通话轻声的中和调[21]，再与首字结合，由于岐山话中和调[21]与阴平[31]不易区分，故前两字按上声＋阴平的中和调变读为[44+21]。）	
	53+**31**+**21**	纸老虎 tsɿ lɔ xu	老古董 lɔ ku tuŋ
		母老虎 mu lɔ xu	
334	**31**+**53**+44	保险费 pɔ ɕiæ̃ fei	保险柜 pɔ ɕiæ̃ k^{h}ui
		表演唱 piɔ iæ̃ tʂ^{h}ɑŋ	
	31+**21**+44	老鼠洞 lɔ ʂʅ tuŋ	火腿肉 xuo t^{h}ui ʐou
	44+**44**+**21**	小把戏 siɔ pᴀ ɕi	
		（后两字读中和调[44+21]，首字发生了例外的音变，可能跟上声为前字的中和调以	

[44+21]模式为主有关,待进一步研究。)

53+**44+21** 表姊妹 piɔ tsʅ mei 眼底下 ȵiæ̃ ȶi xᴀ

341 **44+24+31** 礼拜一 li pᴇ i

(前两字读中和调[44+21],再与末字结合,由于岐山话中和调[21]与阴平[31]不易区分,故后两字按阴平+阴平变读。)

342 53+**44+21** 死对头 sʅ tui t^{h}ou 老太婆 lɔ t^{h}ᴇ p^{h}o

53+44+**21** 本命年 pəŋ miŋ ȵiæ 统计学 t^{h}uŋ tɕi ɕyo

(“年、学”读类似于普通话轻声的中和调[21]。)

44+44+21 小事情 siɔ sʅ ȶ^{h}iŋ 小豆芽 siɔ tou iᴀ

(后两字读中和调[44+21],首字发生了例外的音变,可能跟上声为前字的中和调以[44+21]模式为主有关,待进一步研究。)

344 **44+21**+44 小字辈 siɔ ts^{h}ʅ pei 苦肉计 k^{h}u ʐou tɕi

两面性 liɑŋ miæ̃ siŋ

第一字去声

412 44+**53+21** 硬骨头 ȵiŋ ku t^{h}ou

44+31+**21** 让出来 ʐɑŋ tʂ^{h}ʅ lᴇ

(“来”读类似于普通话轻声的中和调[21]。)

413 44+**53+21** 过日子 kuo ɚ tsʅ

(“子”读类似普通话轻声的中和调[21],再与中字结合,由于岐山话中和调[21]与阴平[31]不易区分,故后两字按去声+阴平的中和调变读为[53+21]。

414 44+**53+21** 大多数 tᴀ tuo ʂʅ 弟媳妇 ȶ^{h}i si fu

421 **44+21**+31 少年宫 ʂɔ ȵiæ̃ kuŋ

44+**31+53** 大人物 tᴀ ʐəŋ vo

422　44+**31**+**53**　大舌头tᴀ ʂɤ tʰou

423　**44**+**21**+53　道林纸tɔ liŋ tsɿ

　　44+**31**+**53**　唱白脸tʂʰɑŋ pʰei liæ̃　大门口tᴀ məŋ kʰou

　　内侄女lui tʂʰʅ ȵy

424　**44**+**21**+44　现成饭ɕiæ̃ tʂʰəŋ fæ̃　肺活量fei xuo liɑŋ

431　**44**+**21**+31　后悔药xou xui yo

432　44+**44**+**21**　后脑勺xou lɔ ʂuo　代理人tᴇ li ʐəŋ

　　地理学ȶi li ɕyo

433　**44**+**21**+53　户口簿xu kʰou pʰu

　　44+**31**+**53**　大老板tᴀ lɔ pæ̃

　　44+**21**+**21**　替死鬼ȶʰi sɿ kui

　　（前两字读中和调［44+21］，末字为词缀，读中和调［21］。）

　　44+**44**+**21**　炮筒子pʰɔ tʰuŋ tsɿ

　　（“子”读类似普通话轻声的中和调［21］，再与中字结合，由于岐山话中和调［21］与阴平［31］不易区分，故后两字按上声+阴平的中和调变读为［44+21］。）

434　44+**44**+**21**　地底下ȶʰi ȶi xᴀ

442　44+**44**+**21**　大块头tᴀ kʰuᴇ tʰou　大自然tᴀ tsʰɿ ʐæ̃

443　44+**44**+**21**　臭豆腐tʂʰou tou fu　大道理tᴀ tɔ li

1.4　各种特殊词汇、语法形式的连调模式

1.4.1　AA式名词的连调模式

在岐山方言中，AA式名词用得很普遍，其音变的总体特征是后字发生了中和。AA式名词中和调模式及例词见表4–3。

表4-3 AA式名词中和调模式

重叠词的单字调	中和调模式	例词	
阴平重叠	53+21	（露水）珠珠tʂʅ tʂʅ 结结tɕiɛ tɕiɛ结巴 刮刮kuA kuA锅巴 （挪）窝窝vo vo满月后抱小孩去舅家小住	宿宿ɕy ɕy麻雀 粑粑pA pA饼类食物 络络luo luo妇女用发网
阳平重叠	31+53	馍馍mo mo 绳绳ʂəŋ ʂəŋ细绳子	篾篾mi mi竹子劈成的薄片 盒盒xuo xuo小盒子
上声重叠	44+21	纂纂tsuæ̃ tsuæ̃妇女发髻 爪爪tʂA tʂA禽类的脚	影影iŋ iŋ事情的眉目 铲铲tsʰæ̃ tsʰæ̃小铲子
去声重叠	44+21	大大tA tA伯母 蛋蛋tʰæ̃ tʰæ̃像鸡蛋一样的圆形的东西，如：纸～	线线siæ̃ siæ̃细的线

1.4.2 AA子式名词的连调模式

AA子式名词的中和调模式为：[53+21+1]、[31+44+1]、[44+21+1]、[44+21+1]。也就是说，AA子式的第二字读较轻的中和调[21]，位于词尾的"子"声调更短更低，记为[1]。AA子式名词的连调模式是按AA式名词连调模式变化的，其中，"阳平+阳平+子"的连调中后面的阳平字经过两次变调，即先按AA式变读为[31+53]，后边再加"子"的[1]度，并引发重叠式后字变[44]，成为[31+44+1]的模式。见表4-4。

表4-4 AA子式名词中和调模式

AA子式名词	中和调模式	例词	
阴平+阴平+子	53+21+1	渣渣子tsA tsA tsɿ碎屑 兜兜子tou tou tsɿ口袋 钵钵子po po tsɿ像盆但较小的容器	天天子ȶʰiæ̃ ȶʰiæ̃ tsɿ短工 甲甲子tɕiA tɕiA tsɿ坎肩 络络子luo luo tsɿ妇女的发网

续表

AA子式名词	中和调模式	例　词
阳平+阳平+子	31+44+1	帘帘子liæ̃ liæ̃ tsɿ小孩围嘴　塄塄子ləŋ ləŋ tsɿ物体的边沿两个不同平面连接的部分 (猪食)槽槽子ts^{h}ɔ ts^{h}ɔ tsɿ
上声+上声+子	44+21+1	纂纂子 tsuæ̃ tsuæ̃ tsɿ妇女发髻　眼眼子 ȵiæ̃ ȵiæ̃ tsɿ小眼儿 片片子 p^{h}iæ̃ p^{h}iæ̃ tsɿ纸屑碎片　折折子tʂɤ tʂɤ tsɿ折痕
去声+去声+子	44+21+1	罩罩子tsɔ tsɔ tsɿ　冻冻子tuŋ tuŋ tsɿ冻肉

1.4.3　AAB式名词的连调模式

AAB式名词的中和调模式为：[53+21+D]、[31+53+44]、[31+44+D]、[44+44（略轻）+D]（D指单字调，下同）。也有个别词最后一字读较轻的中和调[21]，如“粘粘草 ʐæ̃^{31} ʐæ̃^{44} ts^{h}ɔ^{21}苍耳”。见表4–5。

表4–5　AAB式名词中和调模式

AAB式名词	中和调模式	例　词
阴平+阴平+B	53+21+D	豁豁嘴xuo xuo tsui^{53}兔唇　坡坡地p^{h}o p^{h}o ȶ^{h}i^{44} 蜗蜗牛kuᴀ kuᴀ ȵiu^{24}蜗牛　宿宿花ɕy ɕy xuᴀ^{31}野菊花 截截面ȶ^{h}iɛ ȶ^{h}iɛ miæ̃^{44}一层麦面一层高粱（或玉米）面揉擀成的较短面条，又叫裹裹面
阳平+阳平+B	31+53+44	独独蒜t^{h}u t^{h}u suæ̃一个蒜头只有一个蒜瓣　牛牛娃ȵiu ȵiu vᴀ小男孩
	31+44+D	瘸瘸腿tɕ^{h}yɛ tɕ^{h}yɛ t^{h}ui^{53}
上声+上声+B	53+21+D	板板土pæ̃ pæ̃ t^{h}u^{53}俗传一种可以吃的土　裹裹面kuo kuo miæ̃^{44}
去声+去声+B	44+44（略轻）+D	挤挤眼ȶi ȶi ȵiæ̃^{53} 眼睛总是挤着看东西　溜溜板liu liu pæ̃^{53}滑梯

1.4.4　ABB式名词的连调模式

ABB式名词的中和调模式有：[D+53+21]、[31+21+1]、[44+21+1]、[31+44+1]、[31+44+44]。见表4-6。

表4-6 ABB式名词中和调模式

中和调模式	例 词	
D+53+21	心尖尖siŋ^{31}ȶiæ̃ ȶiæ̃ 疼爱的人 棉窝窝miæ̃^{24} vo vo棉鞋	新袄袄siŋ^{31}ŋɔ ŋɔ
31+21+1	麦蒿蒿mei xɔ xɔ一种麦田害草 锅沓沓kuo t^{h}ᴀ t^{h}ᴀ麦仁锅里煮的圆面片	椿姑姑tʂ^{h}əŋ ku ku椿树的果实 麦卷卷mei tɕyæ̃ tɕyæ̃麦垛下野生的菌子
44+21+1	鬼爪爪kui tʂᴀ tʂᴀ鬼针草 初庐庐tʂ^{h}ʅ lu lu新手 尿卷卷ȵiɔ tɕyæ̃ tɕyæ̃粪堆旁生长的菌子	瘿瓜瓜iŋ kuᴀ kuᴀ甲状腺肿 煮馍馍tʂʅ mo mo米汤锅里煮的锅盔
31+44+1	槐角角xuᴇ tɕyo tɕyo槐树的果实	崖哇哇ŋᴇ vᴀ vᴀ回声

值得注意的是，岐山话中还有一种由ABB式形容词变成名词的特有连调模式，即[31+44+44]，例如"精溜溜ȶiŋ liu liu指光身子、明晃晃miŋ xuɑŋ xuɑŋ指闪光发亮的物体"。只是这种情况数量较少。

1.4.5 AA儿式形容词的连调模式

AA儿式重叠形容词的中和调模式见表4-7。其中阴平、阳平、上声调中字一律读[24]，去声调中字读[53]。因为这种格式的形容词在句子中一般要带一个读得很轻的"的"字，所以中和调模式中加入"的"的[1]度。

表4-7 AA儿式形容词中和调模式

AA儿式重叠形容词	中和调模式	例 词	
阴平+阴平+儿+的	31+24*+1	高高儿的kɔ kɔːr ȶi 清清儿的ȶ^{h}iŋ ȶ^{h}iə̃ːr ȶi	热热儿的ʐɤ ʐɤːr ȶi 悄悄儿的ȶ^{h}iɔ ȶ^{h}iɔːr ȶi

续表

AA儿式重叠形容词	中和调模式	例　词
阳平+阳平+儿+的	24+24*+1	长长儿的tʂʰɑŋ tʂʰɑ̃ːr ȶi 匀匀儿的iŋ iə̃r ȶi 明明儿的miŋ miə̃ːr ȶi 稠稠儿的tʂʰou tʂʰouːr ȶi
上声+上声+儿+的	53+24*+1	暖暖儿的luæ̃ luæ̃ːr ȶi 紧紧儿的tɕiŋ tɕiə̃ːr ȶi 好好儿的xɔ xɔːr ȶi
去声+去声+儿+的	44+53*+1	硬硬儿的ȵiŋ ȵiə̃ːr ȶi 大大儿的tᴀ tᴀːr ȶi 慢慢儿的mæ̃ mæ̃ːr ȶi 厚厚儿的xou xouːr ȶi

*:韵腹拖长加卷舌。

1.4.6　ABB式形容词的连调模式

ABB式重叠形容词的中和调模式因首字调类的不同而不同,见表4-8。

表4-8 ABB式形容词中和调模式

ABB式重叠形容词	中和调模式	例　词
首字阴平	31+21+1	酸溜溜suæ̃ liu liu 烟烘烘iæ̃ xuŋ xuŋ 黑洞洞xei tuŋ tuŋ 虚泡泡ɕy pʰɔ pʰɔ 黑油油xei iu iu 灰蒙蒙xui məŋ məŋ 聒噪噪kuo tsɔ tsɔ形容小声说话的声音 福乃乃fu lᴇ lᴇ胖乎乎,婉转的说法 黑丢丢xei ȶiu ȶiu形容皮肤黑而不难看 密呀呀mi iᴀ iᴀ形容很密的样子 新锃锃siŋ tsəŋ tsəŋ形容衣服崭新的样子 扑衍衍pʰu iæ̃ iæ̃形容液体很满的样子 热刚刚zɣ kɑŋ kɑŋ 形容天气、环境热 蔫□□ȵiæ̃ piᴀ piᴀ上下肚皮贴在一起 温出出vəŋ tʂʰʅ tʂʰʅ形容温而不凉,水温恰到好处 筋腾腾tɕiŋ tʰəŋ tʰəŋ形容有韧性,有弹性,不松软 扑火火pʰu xuo xuo形容年轻人皮肤白嫩,漂亮好看 索闹闹suo lɔ lɔ形容开的花结的果或附着的东西很多,呈絮状,或结成团:桃花开得～的

续表

ABB式重叠形容词	中和调模式	例　词
首字阳平	31+44+1	毛拉拉 mɔ lA lA　　甜希希 ȶʰiæ̃ ɕi ɕi 明晃晃 miŋ xuaŋ xuaŋ　　肥棱棱 fei ləŋ ləŋ 瓷呆呆 tsʰʅ tE tE　　顽筋筋 væ̃ tɕiŋ tɕiŋ 筋道 白□□ pʰei pʰiA pʰiA 形容白得很难看 黄□□ xuaŋ piA piA 形容黄得很难看 凉□□ liaŋ piA piA 形容食物不热或人态度冷淡 肥突突 fei tʰu tʰu 形容肥胖的样子，用于人时含贬义 实腾腾 ʂʅ tʰəŋ tʰəŋ 形容内部完全填满，没有空隙 齐茬茬 ȶʰi tsʰA tsʰA 庄稼出苗、生长整齐或东西的断裂面整齐
首字上声	53+21+1	暖烘烘 luæ̃ xuŋ xuŋ　　短休休 tuæ̃ ɕiu ɕiu 衣服太短 死呆呆 sʅ ŋE ŋE 死板，不知变通　　死巴巴 sʅ pA pA
首字去声	44+21+1	暮乎乎 mu xu xu 形容远而模糊　　胖乎乎 pʰaŋ xu xu 躁乎乎 tsʰɔ xu xu 形容生气的样子　　肉囊囊 ʐou laŋ laŋ 瘦卡卡 sou tɕʰiA tɕʰiA 很瘦的样子　　瘦□□ sou piA piA 很瘦很瘦 净拉拉 ȶiŋ lA lA 形容干净整洁 干寞寞（的）kæ̃ mo mo（ȶi）冷清、寂寞 乱惶惶 lyæ̃ xuaŋ xuaŋ 说话办事没有主见，对人对事从不计较，和谁都合得来

需要注意的是："没边边 mo^{31} piæ̃^{53} piæ̃^{21} 没有根据，不着边际、没沿沿 mo^{31} iæ̃^{31} iæ̃^{53}、没底底 mo^{31} ȶi^{53} ȶi^{21}、一顺顺 i^{31} ʂəŋ^{44} ʂəŋ^{21} 顺着一个方向、一向向 i^{31} ɕiaŋ^{44} ɕiaŋ^{21}"等词从外部形态上看也是ABB式形容词，但它们没有按照连调规则变读。主要是因为这些ABB 式形容词的结构形式和上面列举的ABB式形容词结构形式不同。按照连调规则变读的ABB式形容词是词根语素加叠音后缀组成的，词根语素是形容词性的，叠音后缀对词根语素的状态进行说明，使词义更形象生动。而"没边边、没沿沿、没底底、一顺顺、一向向"是词根语素与词根语素的组合，分别是动宾式和偏正式。从根本上说，外部形态上的一致是一种巧

合,正是由于深层结构的不同,所以出现了不合连读变调规则的读音。

1.4.7　A不BB式形容词的连调模式

这种格式的形容词通常是贬义的,其连调模式是当首字为阴平、上声、去声时,首字不变调,“不BB”读统一的声调模式［21+31+21］;当首字是阳平时,首字变读［31］,“不BB”读统一的声调模式［44 +31+21］。例如:

酸不叽叽 suæ̃^{31} pu^{21} ȶi^{31} ȶi^{21}　涩不叽叽 sei^{31} pu^{21} ȶi^{31} ȶi^{21}

甜不叽叽 ȶʰiæ̃^{31} pu^{44} ȶi^{31} ȶi^{21}　甜不希希 ȶʰiæ̃^{31} pu^{44} ɕi^{31} ɕi^{21}

碎不叽叽 sui^{44} pu^{21} ȶi^{31} ȶi^{21} 形容小

瓜不叽叽 kuᴀ^{31} pu^{21} ȶi^{31} ȶi^{21} 形容人傻,不机灵

寡不叽叽 kuᴀ^{53} pu^{21} ȶi^{31} ȶi^{21} 形容饭食淡而无味

□不叽叽 liŋ^{44} pu^{21} ȶi^{31} ȶi^{21} 形容血腥,令人恐惧

蔫不叽叽 ȵiæ̃^{31} pu^{21} ȶi^{31} ȶi^{21} ①形容人不多说话;②形容人说话少,慢而又幽默

1.4.8　AABB式形容词的连调模式

在AABB式形容词的连调中,BB都读［31+21］;因A的单字调不同,AA的连调有不同的变化:当A为阴平时AA读［53+21］,当A为阳平时AA读［31+44］,当A为上声、去声时AA读［44+21］。例如:

干干清清 kæ̃^{53} kæ̃^{21} ȶʰiŋ^{31} ȶʰiŋ^{21} 干干净净

光光膛膛 kuɑŋ^{53} kuɑŋ^{21} tʰɑŋ^{31} tʰɑŋ^{21}

瓷瓷蹑蹑 tsʰʅ^{31} tsʰʅ^{44} ȵiɛ^{31} ȵiɛ^{21} 行动迟缓

趄趄掠掠 ɕyɛ^{31} ɕyɛ^{44} lyɛ^{31} lyɛ^{21} 横七竖八

扭扭捏捏 ȵiu^{44} ȵiu^{21} ȵiɛ^{31} ȵiɛ^{21}

利利撒撒 li^{44} li^{21} sᴀ^{31} sᴀ^{21} 行事利索

紧紧扎扎 tɕiŋ^{44} tɕiŋ^{21} tsᴀ^{31} tsᴀ^{21} 紧凑

样样式式 iaŋ^{44} iaŋ^{21} ʂʅ^{31} ʂʅ^{21} 各种各样

1.4.9 子尾词的中和调

岐山话中子尾词比较发达，有些子尾词相当于普通话中的儿尾，例如“蒜罐子蒜罐儿、裹肚子裹肚儿：肚兜、耳挂子耳套儿”。子尾词中子尾为中和调，声调短而低，记为[1]。双音节子尾词的中和调模式及例词见下表。

表 4-9 子尾词中和调模式

子尾词	中和调模式	例词		
阴平＋子尾	53+1	刀子 tɔ tsɿ 帕子 pʰᴀ tsɿ	车子 tʂʰɤ tsɿ 钵子 po tsɿ	瓜子 kuᴀ tsɿ 傻子
阳平＋子尾	24+1	矛子 miɔ tsɿ 标枪	园子 yæ̃ tsɿ	
上声＋子尾	44+1	笋子 suŋ tsɿ	李子 li tsɿ	奶子 lᴇ tsɿ 奶妈
去声＋子尾	44+1	刃子 ʐəŋ tsɿ 套子 tʰɔ tsɿ	经子 tɕiŋ tsɿ 经线 印子 iŋ tsɿ	帽子 mɔ tsɿ

二 儿尾

2.1 儿尾的语音表现

岐山话除AA儿式形容词外没有儿化，有儿尾。儿尾读轻声，与前面音节的连接比较紧密，但仍然能够分开。儿尾词多为名词。举例如下（声调标实际调值）：

荠儿菜 ʨʰi^{44} ər^{21} tsʰᴇ^{44}　　蚕儿 tsʰæ̃^{24} ər^{21}

花瓣儿 xuᴀ^{31} pʰæ̃^{53} ər^{21}　　线绊儿 siæ̃^{44} pʰæ̃^{31} ər^{21}

帐檐儿 tʂaŋ^{44} iæ̃^{24} ər^{21}　　裤儿 kʰu^{53} ər^{21}

钱包儿 ʨʰiæ̃^{24} pɔ^{53} ər^{21}　　险乎儿 ɕiɛ^{44} xu^{53} ər^{21} 差点儿

手套儿ʂou^{53} t^{h}ɔ^{53} ər^{21}

扑灯蛾儿p^{h}u^{31} təŋ^{31} ŋɤ^{24} ər^{21}

被儿pi^{53} ər^{21}

葵花子儿k^{h}ui^{24} xuᴀ^{31} tsɿ^{53} ər^{21}

明儿miŋ^{24} ər^{21}

罗儿luo^{24} ɚ^{21}罗面的工具

油棒儿iu^{24} p^{h}ɑŋ^{44} ɚ^{21}油炸的面食

□□儿li^{44} kuo^{31} ɚ^{21}有意地，故意地

小偷儿siɔ^{53} t^{h}ou^{53} ɚ^{21}

单裤儿tæ̃^{31} k^{h}u^{53} ɚ^{21}

三点水儿sæ̃^{31} ȶiæ̃^{31} ʂei^{53} ər^{21}

瓜子儿 kuᴀ^{31} tsɿ^{53} ər^{21}

病框儿piŋ^{44} k^{h}uɑŋ^{31} ɚ^{21}(偏旁)

（铁）锭儿ȶ^{h}iŋ^{44} ɚ^{21}纺车用

大模儿tᴀ^{44} mu^{44} ɚ^{21}大概

树枝儿ʂʅ^{44} tsʅ^{31} ɚ^{21}

侄儿tʂ^{h}ʅ^{24} ɚ^{21}

夹裤儿tɕiᴀ^{31} k^{h}u^{53} ɚ^{21}

烟丝儿iæ̃^{31} sɿ^{53} ɚ^{21}

帽檐儿mɔ^{44} iæ̃^{24} ɚ^{21}

2.2　儿尾变调

岐山话的儿尾虽不能穷举，但通过上面的例子，我们发现：在儿尾词中无论前字的声调如何，儿尾一律读轻声。

三　弱化变韵

在岐山话中方位词“里、上”，动词后助词“着、了、得”，介词“到、在”，夹在中间的“一”等音节常常由于轻读而弱化，其表现就是这些词完全失落，它的意义由前一音节的主要元音延长读音来表达，我们称这种现象为弱化变韵[1]。这种现象在岐山方言中使用频繁。我们用语图可以较为直观地观察到音节时长的变化。见图4-1、4-2。

① 主编注：语法部分叫做“韵母局部重叠”。称名方式关乎到重要的学术观点，故不强行统一。

图4-1 岐山话单字音“刀 tɔ^{31}”及“刀子 tɔː^{531}”语图

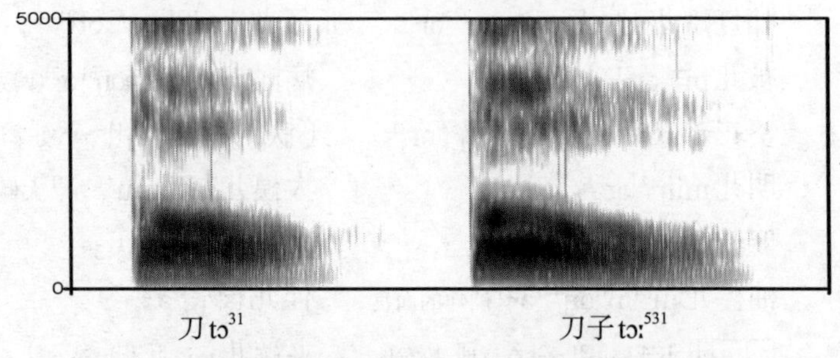

图4-2 岐山话单字音“坝 pA^{44}”及“河坝里 pAː^{441}”语图

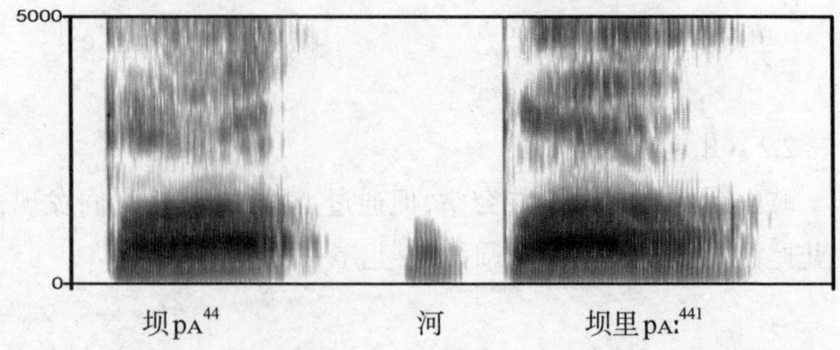

以上两图中左侧语图为单字音时的语图，右侧为该单字在含有子尾、方位词的短语中的语图。从语图中，我们可以清晰地观察到右边的语图比左边的语图宽，其余的声学表现在两幅语图中没有差别，这表明右边的语图时长上比左边的语图时长长，也即单字音在短语中的变化只是时长增加了。所以，我们说在岐山话中方位词、助词、介词等音节由于轻读而弱化的表现就是这些词完全失落，它的意义由前一音节的主要元音延长来表达。

这一实验也符合我们的听感。从岐山话音节韵母结构的特点考虑，这一语音现象主要发生在韵腹和韵尾部分，韵腹元音延长从音理上讲没有问题。岐山话只有一个后鼻音韵尾，舌根浊鼻辅音当然也可以像元音一样延长，但是，如果韵腹和韵尾同时重复，语音的圆润流畅就会受到影响，这不符合听感。所以，我认为这一弱化现象体现在前一音节的主要元音延长上。例如：

面缸里 miæ̃^{44} kɑːŋ^{441}　　地里 ȶʰiː^{441}

门上 mɑːŋ^{241} 门口　　炒着吃 tsʰɔː^{53} tʂʰʅ^{31}

趄到炕上 tɕʰiɛː^{441} kʰɑŋː^{441}　　跳到河里 ȶʰiɔ^{241} xuoː^{241}

那一阵 lᴀː^{441} tʂəŋ^{21}　　再一天 tsᴇː^{441} ȶʰiæ̃^{31}

坐到炕上 tsʰuoː^{441} kʰɑːŋ^{441}

四　弱化、脱落与合音

岐山话的音节弱化除了弱化变韵外，还表现为音素的脱落。比如含“家”的地名或词语中，“家”通常失去声母音素 tɕ，甚至连韵母介音 i 也失去，只留下韵腹 ᴀ。例如：

谢家窑 ɕiɛ^{44} iᴀ^{21} iɔ^{24}　　范家营 fæ̃^{44} iᴀ^{21} iŋ^{24}

祝家庄 tʂʅ^{44} ᴀ^{21} tʂɑŋ^{31}　　人家 ʐəŋ^{31} iᴀ^{53}

大家 tᴀ^{44} iᴀ^{21}　　个家人 kɤ^{53} ᴀ^{21} ʐəŋ^{1} 自己人

船家娃 ʂæ̃^{31} iᴀ^{21} vᴀ^{1} 艄公，带贬义　　舅家爷 tɕiu^{44} iᴀ^{21} iɛ^{44}

舅家婆 tɕiu^{44} iᴀ^{21} pʰo^{44}　　姨家婆 i^{44} iᴀ^{21} pʰo^{44}

亲家 ȶʰiŋ^{31} iᴀ^{21}　　亲家母 ȶʰiŋ^{44} ᴀ^{21} mu^{1}

亲家 ȶʰiŋ^{31} ᴀ^{21} 亲家翁　　娘家 ȵiɑŋ^{31} iᴀ^{53}

婆家 pʰo^{24} iᴀ^{21}　　我姨家 ŋɤ^{31} i^{44} iᴀ^{21} 丈人家

娘家陪的 ȵiɑŋ^{24} ᴀ^{21} pʰei^{24} ȶi^{21}

甚至含 tɕiᴀ 的词也有同样的音节弱化表现，例如：

铰指甲 tɕiɔ^{53} tsʅ^{53} iᴀ^{21}　　指甲花 tsʅ^{31}iᴀ^{21} xuᴀ^{31}

庄稼汉 tʂɑŋ^{53} ᴀ^{21} xæ̃^{1}　　庄稼 tʂɑŋ^{53} iᴀ^{21}

但是，“百家锁 pei^{31} tɕiᴀ^{31} suo^{53}、败家子 pʰᴇ^{44} tɕiᴀ^{31} tsʅ^{21}”中的“家”字均未弱化，这可能跟词语中“家”语义强调相关。

此外，还有一些常用词中也有音节中韵母音素的脱落现象，

例如：

今年 tɕi^{53} ȵiæ̃^{21}　　今日 tɕi^{31} ər^{21}

一身上 i^{31} ʂʅ^{53} ʂɑŋ^{21}　　弟兄们 ȶ^{h}i^{44} ɕyŋ^{31} mu^{21}

端午 tæ̃^{31} vu^{21}　　下锅菜 ɕiA^{44} ku^{31} ts^{h}E^{44}芫荽、青蒜之类的蔬菜

货郎 xu^{44} lɑŋ^{21}

岐山话的共时音变中也存在合音现象，例如：

吃早上饭 tʂ^{h}ʅ^{31} tsɑŋ^{53} fæ̃^{44}　　屋里人 vei^{53} ʐəŋ^{21}

姑家婆 kuA^{31} p^{h}o^{44}　　不要 po^{31}

人家 ȵiA^{53}

五　分音

岐山话中也有一些分音词，例如：

卜浪 pu^{31} lɑŋ^{21}棒　　卜拉 p^{h}u^{31} lA^{21}扒

卜老 pɔ^{31} lɔ^{21}暴　　卜来 p^{h}u^{31} lE^{21}摆

卜楞 p^{h}u^{31} ləŋ^{21}蹦　　的离 ȶi^{31} li^{21}提

壳瞜 k^{h}ɤ^{31} lou^{21}眍　　窟窿 k^{h}u^{31} lyŋ^{21}孔

囫囵 xu^{31} lyŋ^{53}浑　　扑楞 p^{h}u^{31} ləŋ^{21}蓬、捧

箧篓 p^{h}u^{31} luo^{53}箧　　蒲篮 p^{h}u^{31} læ̃^{53}盘

骨碌 ku^{31} lu^{21}滚　　壳朗 k^{h}ɤ^{31} lɑŋ^{21}腔

窟隆 k^{h}u^{31} luŋ^{21}孔　　忽拉 xu^{31} lA^{21}划

忽乱 xu^{53} lyæ̃^{21}环　　答拉 tA^{53} lA^{21}塌

的溜 ȶi^{53} liu^{21}吊

需要说明的是，岐山话的共时音变中也存在增音现象，但比较少见。我们调查中获取的语料仅一例：土地爷 t^{h}u^{53} ȶ^{h}iɛ^{31} iɛ^{21}，很显然这一例是由于逆向同化导致中间音节的韵母与第三个音节的韵母一样了，从而使中间音节的韵母出现了增音现象。

第五章　比较音韵

一　中古音与今音的比较

语音是随着历史的发展而不断演变的，今天的语音系统正是古代语音不断发展演变的结果。所以我们研究现代方言就必须联系古代的语言，才能从纵的方面总结出语言演变的规律。汉字不是表音的文字，对于上古语音的研究我们缺乏直接的语音数据，只能从一些古籍文献拟测出当时的语音状况；但是《切韵》系韵书为我们研究中古音提供了直接、可靠的依据。

尽管我们不能认为今天的岐山话就是从《切韵》音系直接发展演变来的，但仍然可以通过古音、今音的比较，反映从中古音到现代音的发展脉络，从而揭示语音演变中的一些规律。下面分声母、韵母、声调比较中古音和今岐山话的对应关系，古音分类以中国社会科学院语言研究所编的《方言调查字表》为准。

1.1　声母的比较

古今声母的分合及其条件见表5-1、5-2。表5-1从古音出发看今音的分合。表5-2从今音到古音，看今声母的来源，表左是今声母，表端是古声母，横竖相交处是该声母的例字。

表5-1 古今声母比较表之一

		清				全浊			次浊				清		全浊		
							平	仄								平	仄
帮组		帮p		滂pʰ			并pʰ	并p pʰ		明m							
非组		非f		敷f			奉f			微v							
端组	今洪	端	t	透	tʰ	定	tʰ	t tʰ	泥	l ʐ	来	l					
	今细		ȶ		ȶʰ		ȶʰ	ȶ ȶʰ		ȵ							
精组	今洪	精	ts	清	tsʰ	从	tsʰ	ts tsʰ					心	s	邪	s	
	今细		ȶ		ȶʰ tɕʰ		ȶʰ	ȶ ȶʰ						s ɕ		s ɕ	
知组	今开二	知	ts	彻	tsʰ	澄	tʂʰ tʂʰ	ts tsʰ									
	其他		tʂ		tsʰ tʂʰ		tsʰ tʂʰ	tʂ tʂʰ									
庄组	宕江今开	庄	tʂ	初	tʂʰ	崇	tʂʰ	tʂ					生	ʂ			
	其他今开		ts		tsʰ		tsʰ	tsʰ						s			
	今合		ts tʂ		tʂ tʂʰ		tʂʰ	tʂ tʂʰ						ʂ			
章组	止今开	章	ts	昌	tsʰ	船	s						书	s tsʰ	禅	s	
	其他		tʂ		tʂʰ		ʂ							ʂ		tʂʰ ʂ	ʂ
日母	止今开								日	Ø							
	其他									ʐ							
见晓组	今洪	见	k	溪	kʰ	群			疑	ŋ v Ø ʐ			晓	x	匣	x	
	今细		tɕ		tɕʰ		tɕʰ	tɕ tɕʰ		Ø ȵ				ɕ		ɕ Ø	
影组	今洪	影	v Ø ȵ ŋ						云	v	以	ʐ v					
	今细		Ø							Ø		Ø					

表 5-2　古今声母比较表之二

	帮滂并明	非敷奉微	端透定	泥来	精清从心邪	知彻澄	庄初崇生	章昌船书禅	日	见溪群疑	晓匣影云以
p pʰ m f v	菠　弊 坡部 马	肤赴父 无								卧	丸踒卫维
t tʰ l			带　代 太舵	挪罗							
ts tsʰ s					租　载 醋才　词 腮随	罩　痔 痴	滓　骤 厕愁 士史				
tʂ tʂʰ ʂ ʐ				黏		猪褚赵 超箸	装　撰 揣床 帅	锥 乘　垂 舌水睡	软		锐
ȶ ȶʰ			低　第 替递		姐　渐 笡藉	爹					
tɕ tɕʰ ȵ ɕ										家　拒 跨渠茄 砑	蔫 靴谐
k kʰ ŋ x										歌 可 饿讹	埃 货贺
Ø									耳	雅	吁淆丫雨野

1.2 韵母的比较

古今韵母的演变与古韵摄、韵母的等、开合口、韵类、声母的类型有关。下面以中古韵十六摄为序,列表比较古今韵母的关系及其条件。表5-3从古音出发看今音,表左是韵摄、开合口,表端是韵等和声母组系。表5-4从今音出发看它的来源,表左是今韵母,表端是古韵摄、开合口、等,中间相交处是该韵母的例字。

1.3 声调的比较

古今声调的关系见表 5-5。表左是古声调和声母的清浊,表端是今声调声母的调值。

表5-5 岐山方言古今声调演变表

		阴平31	阳平24	上声53	去声44
平声	清	高初飞偏			
	次浊		鹅娘人麻		
	全浊		穷床寒扶		
上声	清			碗口楚好	
	次浊			五女老买	
	全浊				近社坐抱
去声	清				盖帐菜放
	次浊				让漏帽用
	全浊				附寺住汗
入声	清	八发督桌			
	次浊	月入纳麦			
	全浊		局宅读白		

表5-3　古今韵母比较表之一

		一等			二等				三四等							
		帮系	端系	见系	帮系	泥组	知庄组	见系	帮系	端组	泥组	精组	庄组	知章组	日母	见系
果	开		uo多 ᴀ他	ɤ歌 uo河												iɛ茄
	合	o波	uo躲	uo过 ɤ戈												yɛ瘸
假	开				ᴀ巴	ᴀ拿	ᴀ茶	iᴀ家 ᴀ下				iɛ姐		ɤ蔗	ɤ惹	iɛ野
	合						ᴀ傻	uᴀ瓜								
遇	开															
	合	u铺	u堵	u姑							u庐 y女	y徐	ʅ初	ʅ猪	ʅ如	y居
蟹	开	ei贝	ᴇ太	ᴇ该	ᴇ排	ᴇ奶	ᴇ斋	iɛ皆 ᴇ楷	i蔽	i低	i泥	i妻		ʅ滞		i艺
	合	ei杯	ui堆	ui盔 uᴇ块			ei拽	uᴇ乖 uᴀ挂	ei废			ui脆		ei缀	ei芮	ui圭
止	开								i碑		i离	ɿ雌	ɿ师	ɿ支 ʅ知	ɚ儿	i奇
	合								ei非		ui累	ui嘴	ᴇ揣 ei摔	ei吹	ei蕊	ui规
效	开	ɔ褒 u堡	ɔ刀	ɔ高	ɔ包	ɔ闹	ɔ罩	iɔ交	iɔ标	iɔ刁	iɔ燎	iɔ椒		ɔ朝	ɔ饶	iɔ骄
	合															
流	开	ɔ贸 u某	ou兜	ou勾					u谋 iu谬	iu丢	iu流	iu秋	ou愁	ou抽	ou揉	iu纠
	合															

续表

		一等			二等				三四等							
		帮系	端系	见系	帮系	泥组	知庄组	见系	帮系	端组	泥组	精组	庄组	知章组	日母	见系
咸舒	开		æ̃耽	æ̃堪			æ̃站	æ̃鹹 iæ̃减	iæ̃贬	iæ̃点	iæ̃廉			æ̃粘	æ̃染	iæ̃检
	合								æ̃帆							
深舒	开								iŋ品		iŋ林	iŋ侵	əŋ森	əŋ沉	əŋ壬	iŋ今
山舒	开		æ̃丹	æ̃干	æ̃扮		æ̃绽	iæ̃艰 æ̃闲	iæ̃鞭	iæ̃颠	iæ̃连 yæ̃联	iæ̃煎		æ̃展	æ̃然	iæ̃件
	合	æ̃般	uæ̃短 yæ̃鸾	uæ̃官				uæ̃关	æ̃翻		yæ̃恋	uæ̃全		æ̃传	æ̃软	yæ̃卷 iæ̃沿
臻舒	开		əŋ吞	əŋ跟 uŋ啃					iŋ彬		iŋ邻	iŋ津	əŋ臻	əŋ珍	əŋ人	iŋ巾
	合	əŋ奔	uŋ敦 yŋ嫩	uŋ昆 əŋ温					əŋ分		yŋ伦	uŋ遵 yŋ荀 iŋ迅		əŋ春	əŋ润	yŋ均 iŋ匀
宕舒	开	ɑŋ帮	ɑŋ当	ɑŋ刚							iɑŋ良	iɑŋ将	ɑŋ装	ɑŋ张	ɑŋ让	iɑŋ疆
	合	uɑŋ光							ɑŋ方							uɑŋ匡 ɑŋ王
江舒	开				ɑŋ邦	ɑŋ攮	ɑŋ撞	iɑŋ江 ɑŋ扛								
曾舒	开	əŋ崩	əŋ登	əŋ肯					iŋ冰		iŋ陵			əŋ征	əŋ扔	iŋ凝
	合			uŋ弘												

续表

摄	开合	一等			二等				三四等							
		帮系	端系	见系	帮系	泥组	知庄组	见系	帮系	端组	泥组	精组	庄组	知章组	日母	见系
梗舒	开				əŋ烹 ɑŋ盲	əŋ冷	əŋ澄	əŋ更 iŋ硬	iŋ饼	iŋ丁	iŋ领	iŋ精		əŋ贞		iŋ轻
	合							uɑŋ矿 uŋ轰								yŋ倾 iŋ顷
通舒	合	əŋ蒙	uŋ东 ɑŋ齉	uŋ公 əŋ翁					əŋ 风		uŋ隆	uŋ嵩	əŋ崇	əŋ中	əŋ戎	uŋ宫 yŋ穷
咸入	开		ᴀ答	ɤ磕 uo喝			ᴀ插	iᴀ夹		iɛ帖	iɛ聂			ɤ褶		iɛ业 iᴀ挟
	合								ᴀ法							
深入	开										i立	i集	ei涩	ɤ蛰 ʅ汁	ʅ入	i急
山入	开		ᴀ达	ɤ割	ᴀ八		ɑ察	ᴀ轧	iɛ灭	iɛ铁	iɛ列	iɛ薛		ɤ哲	ɤ热	iɛ杰
	合	o泼	uo掇	ɤ括 uo活				uᴀ刮	ᴀ发		yɛ劣	yɛ雪		ɤ说		yɛ悦 iɛ血
臻入	开								i毕		i栗	i七	ei瑟	ʅ侄	ɚ日	i吉
	合	u不 o没	u突	u骨					o佛		y律	y戌		ʅ出		y桔 yɛ掘

续表

		一等			二等				三四等							
		帮系	端系	见系	帮系	泥组	知庄组	见系	帮系	端组	泥组	精组	庄组	知章组	日母	见系
宕入	开	o泊 u幕	uo踱	ɤ阁 ei胳 uo鹤							yo略	yo嚼		uo着	uo若	yo脚
	合	uo郭 ɤ廓							o缚							yɛ镢
江入	开				o剥 u朴 ɔ雹		uo桌	yo觉 iɔ饺								
曾入	开	ei北	ei肋	ei刻					i逼		i力	i即	ei测	ʅ值		i极
	合			ui国												y域
梗入	开				ei伯 ᴀ打		ei拆	ei客 ᴇ核 u核果核	i壁	i笛 iɛ滴	i历	i积		ʅ掷		i益
	合							ui虢 yɛ横 uᴀ划								
通入	合	u扑	u秃	u谷					u福		iu六 u録	y肃 u足	uo 缩	ʅ竹	ʅ肉	y菊 iu嗅

表5-4 古今韵母比较表之二

	果		假		遇	蟹		止		效	流	咸	
	开	合	开	合	合	开	合	开	合	开	开	开	合
	一三	一三	二三	二	一三	一二三四	一二三四	三	三	一二三四	一三	一二三四	三
ɿ ʅ					 猪	制		紫 知			 帚		
i u y					 普庐 驴	蔽批 婿	畦	卑	遗 苇	 堡	 某否		
ɑ iɑ uɑ	那		巴 家	傻 瓜		罢	蛙 画			抓		答插 夹 挟	乏
o uo yo	 多	波 躲										 喝	
ɤ iɛ yɛ	歌 茄	戈 瘸	蛇 姐			 阶 砌		 起				磕 褶 镊帖	
ɔ iɔ										褒包朝 交标雕	贸 彪		
E uE						台埋	外歪 块乖	筛	揣				
ei ui						贝	杯拽废 堆 脆圭	披	吹 累				
ou iu											兜抽 流		
ɚ								儿					
æ̃ iæ̃ uæ̃ yæ̃												耽站沾 监贬舔 馅	凡
ɑŋ iɑŋ uɑŋ													
əŋ iŋ uŋ yŋ													

续表

	深	山		臻		宕		江	曾		梗		通
	开	开	合	开	合	开	合	开	开	合	开	合	合
	三	一二三四	一二三四	一三	一三	一三	一三	二	一三	一三	二三四	二三四	一三
ʅ ʮ	汁			侄	出				食		掷		竹
i u y	立	篾		毕	不 律	幕		朴	逼	域	碧笛 核 剧	疫	扑福 肃
ɑ iɑ uɑ		达八 辖	挖发 滑			娘						划	
o uo yo		喝	拨 脱		勃物	博 托酌 略	缚 郭	剥 桌 觉					缩
ɤ iɛ yɛ		割　哲 灭憋	括　说 穴 雪缺		掘	各	廓 镬				滴	横	
ɔ iɔ						摸焯		雹 饺					
ᴇ uᴇ											魄		
ei ui	涩			瑟		胳			墨 色	或	拍	虢	
ou iu													六
ɚ		热		日									
æ iæ uæ yæ	簪	丹扮缠 间编边 联	般顽传 缘县 端幻旋 鸾　恋悬										
ɑŋ iɑŋ uɑŋ						帮张 良	汪方 光匡	邦 江			盲蚌 映	矿	齉
əŋ iŋ uŋ yŋ	沉 品		拼	吞珍 彬 啃	奔唇 迅 墩遵 论伦				崩征 冰	弘	彭棚 硬幸瓶	颖萤 轰 兄迥	蒙风 东隆 穷

1.4 例外字表

下面将古今对应关系中不合规律的字全部列出，以便进一步研究。

1.4.1 声母例外字表

括号内注明按规律今音应读的声母。古全浊声母仄声字今塞音、塞擦音读送气不列入表中。

帮：谱ᶜpʰu ｜杯꜀pʰei ｜鄙ᶜpʰi ｜秘泌꜀mi ｜辔ᶜpʰei ｜庇ᶜpʰi ｜痹꜁pʰi ｜胞꜁pʰɔ（p）

滂：怖puᵓ（pʰ）

並：埠ᶜfu（p）

明：戊ᶜvu（m）｜谬ᶜȵiu（m）

敷：抚ᶜvu（f）

微：尾ᶜi ～巴｜尾ᶜʐei结～（v）

端：鸟ᶜȵiɔ ｜钉订ȶʰiŋᵓ（ȶ）｜断锻tʰuæ̃ᵓ（t）

泥：黏꜁ʐæ̃（ȵ）｜诺ᶜʐuo（l）｜酿꜀ʐɑŋ（ȵ）

来：稆yᵓ（l）

精：躁tsʰɔᵓ（ts）｜剿꜀tsʰɔ ｜溅tsæ̃ᵓ ｜雀ᶜtɕʰyo ｜笺꜀tsæ̃ ｜歼ᶜȶʰiæ̃（ȶ）

清：撮꜀tsuo（tsʰ）

从：蹲꜀tuŋ ｜藏꜁ȶʰiɑŋ（tsʰ）

心：梭꜀tsʰuo ｜伺tsʰʅᵓ（s）｜膝꜀ȶʰi（s）｜怂ᶜtsʰuŋ（s）

邪：穗ɕyᵓ（s）

彻：褚꜀tʂʅ姓｜侦꜀tʂəŋ（tʂʰ）｜痴꜀tsʰʅ（tʂʰ）

澄：储꜁tʂʅ ～蓄｜惩꜀tʂəŋ（tʂʰ）｜迟꜁tsʰʅ（tʂʰ）｜赚tɕiæ̃ᵓ（ts）｜痔tsʅᵓ（tʂ）

庄：阻ᶜtsu（tʂ）｜抓꜀tʂᴀ（ts）

章：帚꜀tʂʰʅ ｜肫꜀tsəŋ（tʂ）

昌：侈꜀tʂʰʅ｜嗤꜀tʂʰʅ（tsʰ）

船：盾tuŋ꜄（ʂ）

书：摄꜀ȵiɛ（ʂ）

禅：豉꜁ʂʅ（s）｜谁꜁sei｜酬仇꜁tʂʰou（文）ʂ｜植꜁tʂʰʅ（tʂ）

见：尬꜂kA｜尴꜀kæ̃｜懈ɕiɛ꜄｜劫꜀tɕʰiɛ｜讫꜀tɕʰi｜扛꜁kʰɑŋ｜港꜂kɑŋ｜脸꜂liæ̃（tɕ）｜会～计刽kʰuE꜄｜桧xui꜄｜愧꜂kʰui｜季tɕi꜄｜巩꜂kʰuŋ｜括꜀kʰɤ｜昆꜂kʰuŋ｜矿kʰuɑŋ（k）

溪：墟꜀ɕy（tɕʰ）｜楷꜂kʰE（tɕʰ）｜恢꜀xui（kʰ）｜吃꜀tʂʰʅ（tɕʰ）

疑：卧vo꜄｜硬ȵiŋ꜄｜涯꜁iɑ（ŋ）｜倪꜁ȵi（Ø）｜吟꜀zəŋ象声词（Ø）

晓：歪꜂vE（x）｜荤꜀xuŋ（ɕ）

匣：厦꜂sA～门｜洽꜂tɕʰiA｜舰꜂tɕiæ｜骇꜂xE｜肴淆꜁iɔ｜萤꜁iŋ｜迥꜂tɕyŋ｜茎tɕiŋ꜄（ɕ）｜簧꜁kʰuɑŋ｜完丸꜁væ̃｜皖꜂væ̃｜汞꜂kuŋ（x）

影：秽꜂xui（v）｜轧꜁tsʰA｜宛꜂væ̃｜扼꜀ŋei（Ø）｜轭꜂kei（Ø）

云：锐꜂ʐei｜汇xui꜄｜雄熊꜁ɕyŋ（Ø）

以：榆꜁ʐʅ（Ø）｜铅꜀tɕʰiæ̃｜捐꜂tɕyæ̃（Ø）

1.4.2　韵母例外字表

括号内注明该字的古韵（举平声以赅上去）和今音的一般读音。

假：奢꜀ʂA（麻ɤ）｜髽tsuæ̃꜄（麻uA）｜傻꜂ʂA（麻uA）

遇：露lou꜄（模u）｜错꜀tsʰuo（模u）｜庐꜁lu（鱼y）｜阻꜂tsu（鱼ʅ）｜所꜂ʂuo（鱼ʅ）｜去tɕʰi꜄（鱼y）｜铸tɔ꜄（虞ʅ）｜榆꜁ʐʅ（虞y）

蟹：砌꜂tɕʰiɛ（齐i）｜婿꜀ɕy（齐i）｜会～计刽kʰuE꜄（齐ui）｜携ɕi꜄/꜁ɕiɛ（齐ui）｜畦ɕi꜄（齐ui）

止：披꜀pʰei（支i）｜筛꜀sE（支i）｜厕꜀tsʰei（之ʅ）｜起꜂tɕʰiɛ（之i）｜遗꜁i（脂ui）

效：堡꜂pu（豪ɔ）｜毛꜁mu（豪ɔ）｜蓓pʰu꜄（豪ɔ）｜抓꜀tʂɑ（肴ɔ）｜搞꜂kɔ（肴iɔ）

流：矛꜁miɔ（尤u）｜廖꜁liɔ（尤iu）｜帚꜀tʂʰʅ（尤ou）｜彪꜀piɔ（幽iu）

咸：赚tɕiæ̃꜄（咸æ̃）｜眨꜀tsæ̃（洽ɑ）｜馅ɕyæ̃꜄（咸iæ̃）｜黏꜁ʐæ̃（盐iæ̃）｜摄꜀ȵiɛ（叶ɤ）｜挟꜀tɕiɑ（帖iɛ）｜拚꜂pʰiŋ（桓æ̃）｜攒꜂tsæ̃（桓uæ̃）

深：簪꜀tsæ̃（侵əŋ）

山：喝꜀xuo（曷ɤ）｜联꜁lyæ̃（仙iæ̃）｜溅tsæ̃꜄（仙iæ̃）｜篾꜁mi（屑iɛ）｜笺꜀tsæ̃（先iæ̃）｜还꜁xᴀ～有（删uæ̃）｜阮꜂ʐæ̃（元yæ̃）｜县ɕiæ̃꜄（先yæ̃）

臻：啃꜂kʰuŋ（痕əŋ）｜率蟀ʂᴇ꜄（术y）｜荤꜀xuŋ（文yŋ）

宕：幕mu꜄（铎o）｜摸꜀mɔ（铎o）｜胳꜂kei（铎ɤ）｜娘꜁ȵiᴀ（阳iɑŋ）｜酿꜀ʐɑŋ（阳iɑŋ）｜廓扩꜀kʰɤ（铎uo）

江：饺꜂tɕiɔ（觉yo）

梗：魄꜂pʰᴇ（陌ei）｜打꜂tᴀ（庚əŋ）｜蚌pɑŋ꜄（耕əŋ）｜核꜀xᴇ审～（麦ei）｜核꜁xu果子～（麦ei）｜映iɑŋ꜄（庚iŋ）｜剧tɕy꜄（陌i）｜滴꜀tiɛ（锡i）｜横꜁ɕyɛ（庚uŋ）｜划xuᴀ꜄（麦ui）

通：齉lɑŋ꜄（东uŋ）

1.4.3　声调例外字表

古清平

读阳平（4字）：

钯pʰᴀ｜皆tɕiɛ｜堤ȶʰi｜勋ɕyŋ

读上声（26字）：

他tʰᴀ｜颇pʰo｜差tsʰᴀ～别｜筛sᴇ｜施sʅ｜丕pʰei｜几tɕi～乎｜萎vei｜糕kɔ｜坳ȵiɔ｜歼ȶʰiæ̃｜芳fɑŋ｜犍～子tɕiæ̃｜拼pʰiŋ｜昆kʰuŋ｜昌菖tʂʰɑŋ｜夯xɑŋ｜饺tɕiɔ｜倾tɕʰyŋ｜攻kuŋ｜充tʂʰəŋ｜蝙piæ̃｜蓖～麻pi｜批pʰi｜歪vᴇ

读去声（22字）：

焯tsɔ｜过kuo｜杈tsʰᴀ｜鬘tsuæ̃｜敷fu｜兹tsʰʅ｜嵌

tɕʰiæ̃ ｜占 tʂæ̃ ｜鼾 xæ̃ ｜汆 tsʰuæ̃ ｜闩 ʂæ̃ ｜泗 iŋ ｜匡 kʰuɑŋ ｜崩 pəŋ ｜憎 tsəŋ ｜胜 ʂəŋ ｜拼姘 pʰiŋ ｜馨 ɕiŋ ｜纵 tsuŋ ｜雍痈 yŋ

古清入、古次浊入

读阳平（22字）：

卒 tsu ｜折 tʂɤ ～迭｜急 tɕi ｜别 piɛ 分～｜哲 tʂɤ ｜彻 tʂʰɤ ｜爵 tɕyo ｜酌卓琢啄涿 tʂuo ｜粒 li ｜墨 mei ｜伯 pei ｜陌 mei ｜译 i ｜嫡 ȶi ｜幅蝠 fu ｜触 tʂʅ ｜锔 tɕʰy

读上声（24字）：

恰 tɕʰiᴀ ｜撤 tʂʰɤ ｜折 tʂɤ ～断｜雀 tɕʰyo ｜朴 pʰu ｜腹 fu ｜杌 vu ｜膜寞 mo ｜诺 ʐuo ｜略掠 lyo ｜迫 pʰei ｜魄 pʰᴇ ｜轭 kei ｜僻 pʰi ｜赤斥 tʂʰʅ ｜劈 pʰi ｜卜 pʰu ｜牧 mu ｜酷 kʰu ｜辱褥 ʐʅ

读去声（20字）：

压 ȵiᴀ ｜妾 ȶʰiɛ ｜匹 pʰi ｜率蟀 ʂᴇ ｜亿忆翼 i ｜幕 mu ｜跃 iɔ ｜馍 mo ｜域 y ｜炙 tʂʅ ｜亦 i ｜觅 mi ｜剔 ȶʰi ｜筑祝 tʂʅ ｜育郁 y

古浊平

读阴平（14字）：

啰 luo ｜琶 pʰᴀ ｜杷 pʰᴀ ｜蟆 mᴀ ｜脯 pʰu 胸～｜巫 vu ｜匙 sʅ ｜帆 fæ̃ ｜裳 ʂɑŋ ｜藤腾 tʰəŋ ｜庭 ȶʰiŋ ｜获 xui ｜重 tʂʰəŋ ～复

读上声（17字）：

模 mo ～范｜摹 mo ～仿｜屠 tʰu ｜符 fu ｜诬 vu ｜隆 luŋ ｜桅违 vei ｜榴 liu ｜潜 ȶʰiæ̃ ｜犍 tɕiæ̃ ｜饨 tuŋ ｜偿 ʂɑŋ ｜扔 ʐəŋ/ɚ ｜鲸擎 tɕiŋ ｜筒 tʰuŋ

读去声（20字）：

矬 tsʰuo ｜搽 tsʰᴀ ｜模 mu ～子｜瞿 tɕʰy ｜虞娱于愉 y ｜携畦 ɕi ｜仪姨夷 i ｜垂 tʂʰei ｜筵 iæ̃ ｜闽 miŋ ｜论 lyŋ ｜楞 ləŋ ｜茎 tɕiŋ ｜洪 xuŋ

古全浊入

读阴平（13字）：

辑ȶi ｜袭si ｜粥pi ｜秩tʂʅ ｜术tʂʅ白～，苍～ ｜掘tɕyɛ ｜鹤xuo ｜帛pʰei ｜夕si ｜核xᴇ审～ ｜复fu～原 ｜熟淑ʂʅ

读上声（7字）：

洽tɕʰiᴀ ｜集ȶʰi ｜惑xuo ｜辟pʰi ｜曝pʰu ｜属蜀ʂʅ

读去声（9字）：

闸tsᴀ ｜倔tɕyɛ ｜剧tɕy ｜屐tɕʰi ｜划xuᴀ ｜瀑pʰu ｜续ɕy ｜术美～述ʂʅ

古清上、古次浊上

读阴平（37字）：

者tʂɤ ｜浒xu ｜褚tʂʅ ｜黍ʂʅ ｜举tɕy ｜紫梓滓tsɿ ｜此tsʰɿ ｜玺si ｜徙ɕi ｜企tɕʰi ｜倚i ｜始sɿ ｜杞tɕʰi ｜轨癸kui ｜剿tsʰɔ ｜悄ȶʰiɔ ｜沼tʂɔ ｜缴tɕiɔ ｜剖pʰɔ ｜帚tʂʰʅ ｜纠tɕiu ｜坎kʰæ̃ ｜盏tsæ̃ ｜垦恳kʰəŋ ｜拱kuŋ ｜诊疹tʂəŋ ｜蠢tʂʰəŋ ｜慷kʰɑŋ ｜蚁矣i ｜拥yŋ ｜苟kou

读阳平（10字）：

抿miŋ ｜姐ȶiɛ ｜傀kʰui ｜岂tɕʰi ｜埯ŋæ̃ ｜拯tʂʰəŋ ｜瘰luo ｜靡mi ｜俨iæ̃ ｜宠tʂʰəŋ

读去声（29字）：

础tʂʰʅ ｜纪tɕi ｜懊ŋɔ ｜漂pʰiɔ ｜叩kʰou ｜纂tsuæ̃ ｜转tʂæ̃ ｜忖tsʰəŋ ｜挡tɑŋ ｜宇愈与给～y ｜捧pʰəŋ ｜拟ȵi ｜已i ｜瞭liɔ ｜西莠诱iu ｜敛liæ̃ ｜染ʐæ̃ ｜朗lɑŋ ｜埂哽kəŋ ｜警境tɕiŋ ｜颈tɕiŋ ｜矿kʰuɑŋ ｜履li

古去声

读阴平（45字）：

荷xuo薄～ ｜帕pʰᴀ ｜捕pʰu ｜疏ʂʅ ｜署ʂʅ ｜输ʂʅ ｜婿ɕy ｜契tɕʰi ｜缢翳i ｜臂pi ｜豉ʂʅ ｜泌秘mi ｜弃tɕʰi ｜思饲sɿ ｜厕tsʰei ｜痱fei ｜嗽sou ｜荫iŋ ｜购勾～当kou ｜沤怄ŋou ｜复

fu～兴｜究柩tɕiu｜勘kʰæ̃｜鉴监tɕiæ̃｜浸ʈiŋ｜扮pæ̃｜间tɕiæ̃苗｜苋xæ̃｜郡tɕyŋ｜酿ʐɑŋ｜匠ʈʰiɑŋ｜瘴tʂɑŋ｜腕væ̃｜仲tʂəŋ｜凳təŋ/tʰəŋ｜蹭tsʰəŋ｜掌tsʰəŋ｜轰xuŋ

读阳平(21字)：

耙pʰA｜暇ɕiA｜蛀tʂʅ｜卫vei｜赐sɿ｜谊ȵi｜凝ȵiŋ｜痹鼻pʰi｜媚mi｜毅i｜殉ɕyŋ｜佞ȵiŋ｜遂隧sui｜疗liɔ｜邵ʂɔ姓｜疗廖liɔ｜恋lyæ̃｜眩ɕyæ̃

读上声(95字)：

假tɕiA放～｜下xA～降｜跨kʰ uA｜埠fu｜妒tu｜处tʂʰʅ｜吐tʰu｜赂lu｜虑滤ly｜恕庶薯ʂʅ｜赋赴讣附fu｜屡ly｜戍ʂʅ｜沛pʰei｜载tsE｜慨kʰE｜锐芮ʐei｜赘tʂei｜碍蔼隘ŋE｜尬kA｜佩pʰei｜晦溃xui｜逝ʂʅ｜庇pʰi｜砌ʈʰiɛ｜吠fei｜块蒯kʰuE｜秽xui｜荔li｜辔pʰei｜腻ȵi｜至tsɿ｜饵ɚ｜譬避pʰi｜伪vei｜类lui｜愧kʰui｜佃ʈiæ̃｜翡fei｜讳xui｜畏vei｜俏ʈʰiɔ｜绕ʐɔ｜稍潲sɔ｜羡siæ̃｜盗导tɔ｜戊vu｜嗅ɕiu｜邵ʂɔ北吴～,地名｜谬ȵiu｜片pʰiæ｜憾xæ̃｜缆læ̃｜陷ɕiæ̃｜钐sæ̃｜歉tɕʰiæ̃｜灿tsʰæ̃｜谏涧tɕiæ̃｜幻xuæ̃｜仅tɕiŋ｜趟tʰɑŋ｜辆liɑŋ｜竟tɕiŋ｜畅tʂʰɑŋ｜创tʂʰɑŋ｜倡tʂʰɑŋ｜饷ɕiɑŋ｜访fɑŋ｜柄piŋ｜妄vɑŋ｜巷xɑŋ｜称tʂʰəŋ相～｜控kʰuŋ｜铳tʂʰəŋ｜聘pʰiŋ｜泳咏yŋ｜诵颂讼suŋ

古全浊上

读阴平(9字)：

舵tʰuo｜陛pi｜婢pi｜氏祀巳sɿ｜臼咎tɕiu｜撰tʂæ̃

读阳平(2字)：

雉tʂʰʅ｜绍ʂɔ

读上声(22字)：

被pi｜下xA底～｜厦sA偏～,～门｜簿pʰu｜纣tʂou｜拒距巨tɕy｜蟹ɕiɛ｜恃sɿ｜稻tʰɔ｜汞kuŋ｜舰tɕiæ̃｜艇挺ʈʰiŋ｜赵兆

tʂɔ ｜釜腐辅 fu ｜负阜 fu

二　新老派差异

岐山话存在新老派的差异，主要表现在部分疑、影母字的今读音以及古全浊声母仄声字是否送气上。

1. 部分疑母、影母细音字，岐山话新派读零声母字，老派读ȵ声母。据发音合作人介绍，这些字目前七八十岁老人的口语读ȵ声母，即使五六十岁的人也很少用，发展趋势是向零声母字演化。"疟疑虐疑"老派读零声母，新派读ȵ声母，应是受普通话影响所致。

表5-6　岐山方言疑母影母新老派差异对照表

	牙	哑巴	言喘	殃打	严实	约	虐待	疟疾
新	iA^{24}	iA^{53} pA^{21}	$iæ̃^{24}$ $tʂ^hæ̃^{53}$	$iɑŋ^{31}$ tA^{21}	$iæ̃^{24}$ $ʂʅ^{21}$	yo^{31}	$ȵyo^{31}$ tE^{44}	$ȵyo^{31}$ $ȶi^{21}$
老	$ȵiA^{24}$	$ȵiA^{44}$ pA^{21}	$ȵiæ̃^{24}$ $tʂ^hæ̃^{53}$	$ȵiɑŋ^{31}$ tA^{21}	$ȵiæ̃^{24}$ $ʂʅ^{21}$	$ȵyo^{31}$	yo^{31} tE^{44}	yo^{31} $ȶi^{21}$

但疑母、影母细音字除读零声母外，仍有相当数量新老派都读ȵ声母的，如"酽 ȵiæ̃⁴⁴ ｜业 ȵiɛ³¹ ｜淹腌腌 ȵiæ̃³¹ ｜押 ȵiA³¹ ｜压 ȵiA⁴⁴ ｜眼 ȵiæ̃⁵³ ｜硬 ȵiŋ⁴⁴ ｜砑 ȵiA⁴⁴ ｜宜谊疑 ȵi²⁴ ｜咬 ȵiɔ⁵³ ｜仰 ȵiɑŋ⁵³ ｜坳 ȵiɔ⁵³ ｜窨 ȵiŋ⁴⁴ ｜饮 ȵiŋ⁴⁴ ～马｜ 堰 ȵiæ̃³¹ ｜握 ȵyo³¹ ｜抑 ȵi³¹"。

由此我们可以看到，岐山话部分疑母、影母细音字的音变是一种离散式音变，这种音变的过程大致是：部分疑母、影母细音字在岐山话音系中本来读ȵ声母，由于受到共同语音系的影响变读为零声母，这种读法由年轻人向老年人逐步扩展。这是一种词汇扩散式的语音演变模式，呈现出的三种状态，体现了不同的变化速度:变化最快的是完全读零声母的疑母、影母细音字,变化较快的是新派读零声母而老派读ȵ声母的字,变化最慢的是新老派都读ȵ声母的字。

2.岐山话全浊声母已经消失,今读塞音、塞擦音声母无论古音平仄多读送气音是岐山老派口语的特色,六十岁以下的人古全浊声母仄声字读送气音在递减,呈现出新老派的差异。例字见表5–7:

表5–7　岐山方言古全浊声母今新老派差异对照表

	电$_{定}$	蛋$_{定}$	病$_{並}$	撞$_{澄}$	巨$_{群}$	簧$_{匣}$	地$_{定}$	殿$_{定}$	寨$_{崇}$
新	ȶiæ̃^{44}	tæ̃^{44}	piŋ^{44}	tʂɑŋ^{44}	tɕy^{53}	xuɑŋ^{24}	ȶi^{44}	ȶiæ̃^{44}	tsE^{44}
老	ȶʰiæ̃^{44}	tʰæ̃^{44}	pʰiŋ^{44}	tʂʰɑŋ^{44}	tɕʰy^{44}	kʰuɑŋ^{24}	ȶʰi^{44}	ȶʰiæ̃^{44}	tsʰE^{44}
	叠$_{定}$	丈$_{澄}$	仗$_{澄}$	重$_{澄}$	并$_{並}$	定$_{定}$	锭$_{定}$	捷$_{从}$	
新	ȶiɛ^{24}	tʂɑŋ^{44}	tʂɑŋ^{44}	tʂəŋ^{44}	piŋ^{44}	ȶiŋ^{44}	ȶiŋ^{44}	ȶiɛ^{24}	
老	ȶʰiɛ^{24}	tʂʰɑŋ^{44}	tʂʰɑŋ^{44}	tʂʰəŋ^{44}	pʰiŋ^{44}	ȶʰiŋ^{44}	ȶʰiŋ^{44}	ȶʰiɛ^{24}	

从上表可知,古全浊声母仄声字读送气音是岐山话语音的重要特点。由于受到普通话和强势方言的强烈影响,目前该组音呈现出一种新老派的差异,正在逐渐演变为不送气音,由年龄较低的人群向年龄较高的人群扩散,是一种“词汇扩散”式的演变。可以预测,古全浊声母仄声字读送气音的字会继续萎缩,最终将被不送气音完全代替。

3.个别l声母字,老派音读为撮口呼,新派读为合口呼。

表5–8 岐山方言个别个别l声母字新老派比较

	暖和	卵石	毛乱
新	luæ̃^{53} xuo^{21}	luæ̃^{53} ʂʅ^{24}	mu^{24} luæ̃^{21}
老	lyæ̃^{53} xuo^{21}	lyæ̃^{53} ʂʅ^{24}	mu^{24} lyæ̃^{21}

三　从与中古音的比较看岐山话的语音特点

1. 占 46% 的中古浊塞音、塞擦音仄声字今读送气音①。中古浊塞音、浊塞擦音仄声字读为送气音在岐山话语音演变的历史上应当更加普遍，与中古浊塞音、浊塞擦音平声字读为送气音一起形成了强大的势力，甚至影响到一些全清声母字也读送气音，如“卜帮入pʰu^{53}、订端去ȶʰiŋ^{44}、拯章上tʂʰəŋ^{24}（不能排除受“丞”读音的影响，因为“拯救”这个词一般不用于人们的口语中）、凳端去tʰəŋ^{44}、断锻端去tʰuæ̃^{44}、括见入kʰɤ^{31}、劫见入tɕʰiɛ^{31}、躁精去tsʰɔ^{44}、规见平kʰui^{31}、鄙帮上pʰi^{53}、杯帮平pʰei^{31}”②。如此多的中古浊塞音、塞擦音仄声字今读送气音不符合大多数北方方言“古全浊声母清化，平声送气，仄声不送气”的古今语音演变规律，但与唐宋西北方音极为吻合，可以证明是唐五代宋西北方音的存留。龚煌城（1981:47）指出：“从对音资料观察，中古汉语的浊塞音与浊塞擦音，不分声调，均变成送气的清塞音与清塞擦音。”这组音在目前的岐山话当中表现为新老派的异读，老派读音只活跃在现今七八十岁的老人的口语里，可以预见在强势方言及推普工作的影响下全浊仄声读送气音将会越来越少。

---

① 注：本统计数字以《方言调查字表》中並定从澄床崇群母仄声字为对象，因为奉母在岐山话中已经读为擦音［f］母；船禅两母在岐山话中的今读也符合分化的规律，仄声不分化读擦音［ʂ］母；邪匣两母古为全浊擦音，在岐山话中今读擦音［ɕ］母。为更准确地计算中古浊塞音、塞擦音仄声字今读送气音的比例，有文白两读的字计为两个字，去掉《方言调查字表》有而岐山话不说的字如“殆、□tʂᴀ^{44}一种水母、簟席、柞橡树”等字，並定从澄床崇群母仄声字共292个，读送气音字134个，约占46%。

② 注：这些字读送气音的原因可能很复杂，因为其中有些字不仅在岐山话中读送气音，而且在北方话中普遍读送气音，如“括”字，将来拟对它们送气的原因进行更深入的讨论，此处不再深究。

2.岐山话属中原官话秦陇片,全浊仄声送气是整个西北方言共有的语音特点,岐山话具备这一特点并非没有理论根据。但关中方言的代表西安话却不具备这一特点,这是因为西安话受共同语影响变化较快,全浊仄声字读不送气音。虽然是强势方言,但它波及的范围毕竟有限,再加上岐山历来行政区划并不属于西安管辖,所以西安话全浊仄声不送气对岐山话的影响并不大,如果能从共时的地域间的比较去考察这一现象,对汉语语音史和西北方言史的研究应该是很有意义的。同时,全浊仄声由送气向不送气的演变中,文白异读和新老派差异不易区分,二者兼有,如“巨殿寨”等字,用在当地的地名中读送气音,属于白读层;日常生活中非地名的用词中又读不送气音,属于文读层。地名中的送气音在年轻人当中也有读不送气音的,而七八十岁老人口语里的这些地名都读送气音。这给理论上如何界定文白异读和新老差异提出了新的问题。

3.岐山话端精见组字在齐齿呼韵母前合并,与西安话不同,而与同属西府的扶风等地相同,也与远在东府的大荔等方言相同。

4.泥来母字在今细音韵母前相分,在今洪音韵母前合流。

5.知庄章组的分合问题比较复杂:庄组开口(宕江摄除外)、知组开口二等、章组止摄开口字并入精组,读舌尖前音ts、ts^h、s,“蘸、站、支”声母相同;知章组三等(止摄除外)以及知庄章全部合口字读tʂ、$tʂ^h$、ʂ,“转、撰、砖”声母相同。这属于北方地区方言分ts、tʂ类型中的昌徐型(熊正辉1990:1—10)。这也是关中方言知庄章组今读的共同特点。

6.古合口字及宕江摄舒声开口字逢tʂ、$tʂ^h$、ʂ、ʐ母今读开口呼,但宕江摄入声字和“所”字例外,反映宕江摄知庄章组入声字舒化为uo韵的时间是在其它知庄章组合口字和宕江摄舒声字已经读成开口呼之后,所以没有赶上它们变为开口呼字的步伐,这一点反映了宕江摄舒声和入声的演变是不同步的。这是北方话中宕江摄知庄章组开口字演变为合口呼和岐山话中知庄章合口字变开口呼这两条语音演变规律相错合的结果。

7. 由例外字列表可以发现,单字调受连读变调强烈影响,出现了一些不合规律的读音,尤其是去声变上声的现象较为突出,有117个按规律应读去声的字读为上声。这些例外字的成因与中和调[53]与上声调值不易区分密切相关,中和调客观上强化了[53]调值对其他调类进行类化的力量,这些本来属于共时平面上连读中的音变凝固下来,就成为一种历时的演变现象,一部分单字调类因此发生演变。

四 文白异读及其与词汇、语法的关系

岐山话文白异读种类不多,字数较少。分类列举如下:

4.1 声母有文白读的字

铸tʂʅ^{44} ~造 / 铸tɔ^{44} ~锅

"铸"白读音保留了端组的上古音,是"古无舌上音"的残留。

仇tʂʰou^{24} ~人 / 仇ʂou^{24} ~人 常tʂʰɑŋ^{24}姓 / 常ʂɑŋ^{24} ~马,地名

"仇、常"读擦音应属十四世纪以前的读音,因为禅母本是单纯的摩擦音,到十四世纪禅母仄声不分化,平声分化为擦音和送气塞擦音(在《中原音韵》和《洪武正韵》里有明显的证据),说明岐山话里"仇、常"的白读音属较早的读音,在当时的分化过程中,它们没有像其它北方官话那样演变,而是残存了下来,成为今天的白读,也只存在于老派的口语里。文读音是受普通话影响所致。发展趋势是文读音逐渐取代白读音。又如:

侧tsʰei^{31} ~面 / 侧tsei^{31} ~楞着 坞vu^{31}船~ / 坞fu^{31}尹家~,地名

尾ʐei^{53}结~ / 尾i^{53} ~巴 蝙蝠piæ̃^{53} fu^{24} / 蝙□ piɛ^{31} xu^{21}夜~

池tʂʰʅ24水～ / 池tsʰɿ24鹅家～,地名

4.2　韵母有文白读的字

纬vei53经～ / 纬y44～线　苇vei53芦～ / 苇y44～子
慰vei44安～ / 慰y44～问　携ɕiɛ24提～ / 携ɕi44～手
毛mɔ24狗～ / 毛mu24～乱　爪tsɔ53～牙 / 爪tʂɑ53爪～
扔zəŋ53～咧 / 扔ɚ53～咧　矛mɔ24～盾 / 矛miɔ24～子,红缨枪
足tsu31～够 / 足tɕy31脚　壳kʰɣ31空～～ / 壳tɕʰyo31鸡蛋～～
动tʰuŋ44～物 / 动tou44嫑～　畜tʂʰʅ31～牲 / 畜ɕy31～牲
迸pəŋ44～裂 / 迸piɛ44～咧　横xuŋ24～水 / 横ɕyɛ24～的
摸mo31掂～ / 摸mɔ31乱～　肉zou44割～ / 肉zʅ53～皮,指皮肤
绿lu31～化 / 绿liu31～豆　宿ɕy31～舍 / 宿siu31～～,星星

上述各例,白读音大多只残存在地名或固定的词语中。很多白读音同时表现为新老派的差异,呈现出叠置式音变与离散式音变相交错的局面。随着普通话的进一步推广,在共同语音系的影响下,文读音会继续扩散,将最终取代白读音。

五　岐山话声调演变中的例外现象探因

岐山方言属于中原官话秦陇片,中古声调演变的基本规律是"平分阴阳、浊上归去;清入、次浊入今归阴平,全浊入声今归阳平",共形成了四个调类。但岐山方言声调在古今声调的演变中并不完全遵循这样的规律,而是出现了一些例外现象。我们根据《方言调查字表》统计,共470个字出现了例外的变调情况,其中没有根据古今声调演变规律产生的声调例外:上声193例,占声调例外41%;阴平119例,占声调例外总数25%;去声100例,占声调例外总数21%;阳平58例,占声调例外总数12%。下文对这些例外的成因进行解释。

5.1　受普通话或权威方言影响

《方言调查字表》中有些字所表达的事物或现象在岐山是没有或者少见的；有些事物或现象虽然有，但在岐山话中用其它的词语表达，所以在方言中使用频率较低，在普通话或权威方言的影响下，当地人就把它折合成当地的读音，有的甚至直接"移植"了普通话或权威方言的读音。这些词语并不出现在人们的口语中，大多是在书面语中见到的。

5.1.1　受普通话影响

1. 受普通话调类影响，把岐山话同调类字折合成相应的调值。见下表。

表5-9 岐山方言受普通话调类影响的例外字

例外字及今音	古声母及调类	今应读调类	同调类调值折合的原因
巫 vu^{31}	明平	阳平	当地把巫术活动叫"伐神"，从事巫术活动的人称"神婆、神汉"，不用"巫"。
帆 fæ^{31}	並平	阳平	当地不行船。
慷 k^{h}ɑŋ^{31}	溪上	上声	口语不用。
拥 yŋ^{31}	影上	上声	
萎 vei^{53}	影平	阴平	口语说"蔫"。
辱 ʐʅ^{53}	日入	阴平	口语不用。
桅 vei^{53}	疑平	阴平	当地不行船，口语不用。
蜀 ʂʅ^{53}	禅入	阳平	口语不用。
茎 tɕiŋ^{44}	匣平	阳平	口语说"杆"。
酷 k^{h}u^{44}	溪入	阴平	口语不用。
妾 ȶ^{h}iɛ^{44}	清入	阴平	口语说"小老婆"。

2. 受普通话调值影响，直接"移植"普通话声调。

岐山话阳平［24］、上声［53］的调型分别和普通话的阳平［35］、去声［51］相似，所以直接"移植"了普通话的声调。见下表。

表5-10 岐山方言受普通话调值影响形成的例外字

例外字及今音	古声母及调类	今应读调类	"移植"普通话调值的原因
琶 p^hA^{31} 琵～	並平	阳平	乐器名，非当地所产。"琶"在普通话中读轻声，读音近似于岐山话的阴平。
杷 p^hA^{31} 枇～	並平	阳平	水果名，当地不产。"杷"在普通话中读轻声，读音近似于岐山话的阴平。
皆 $tɕiɛ^{24}$	见平	阴平	口语用"都 tou^{24}"，"皆"只在读书时会遇到。
折 $tʂɤ^{24}$ ～叠	章入	阴平	口语不用，比如把书折角做记号当地说"□ vo^{24}"。
蝠 fu^{24}	帮入	阴平	口语不用。当地把"蝙蝠"叫"夜蝙□ $iɛ^{44}$ $piɛ^{31}$ xu^{21}"。
酌 $tʂuo^{24}$	章入	阳平	口语不用。
卓琢涿 $tʂuo^{24}$	知入	阴平	
啄 $tʂuo^{24}$	知入	阴平	口语不用。当地把鸟、鸡等禽类用嘴啄人或物叫"鹐 $tɕ^hiæ^{31}$"，当地把啄木鸟叫"鹐暴暴 $tɕ^hiæ^{31}$ $pɔ^{44}$ $pɔ^{44}$"。
恰 $tɕ^hiA^{53}$	溪入	阴平	口语不用。
雀 $tɕ^hyo^{53}$	精入	阴平	口语不用。当地把麻雀叫"□□ $ɕy^{53}$ $ɕy^{21}$"。
寞 mo^{53}	明入	阴平	口语不用。
略掠 lyo^{53}	来入	阴平	
僻 p^hi^{53}	滂入	阴平	口语不用。当地表示"偏僻"说"背 pei^{44}、背静 pei^{44} $ȶiŋ^{44}$"。
赤斥 $tʂ^hʅ^{53}$	昌入	阴平	口语不用。
腹 fu^{53}	帮入	阴平	口语不用。当地把腹部叫"肚子 t^hu^{44} $tsɿ^{21}$"。
牧 mu^{53}	明入	阴平	当地属农耕区，每家养的大型牲畜极有限，这个字只在读书时会遇到。

续表

例外字及今音	古声母及调类	今应读调类	“移植”普通话调值的原因
洽 tɕʰiA⁵³	匣入	阳平	口语不用。
惑 xui⁵³	匣入	阳平	
魄 pʰE⁵³	滂入	阴平	
慨 kʰE⁵³	溪去	去声	
尬 kA⁵³	见去	去声	
逝 ʂʅ⁵³	禅去	去声	

5.1.2　受权威方言影响

受权威方言影响所致,直接“移植”权威方言的读音。见下表。

表 5-11 岐山方言受权威方言影响形成的例外字

例外字及今音	古声母及调类	今应读调类	“移植”权威方言读音的原因
剖 pʰɔ³¹ 解～	滂上	上声	除“解剖”外,其它表示“剖”的意义读音为pʰo⁵³。
勋 ɕyŋ²⁴	晓平	阴平	口语不用,受关中权威方言影响所致。
触 tʂʅ²⁴	昌入	阴平	

5.2　“习非成是”形成例外

由于读半边字,久而久之“习非成是”,就变成了当地人约定俗成的读音而广泛传播。比如“诺 ʐuo⁵³”,“诺言”只有在读书时才会遇到,当地口语是不说的,人们见到就会读半边字,并直接“移植”了普通话的声调;“蝙 piæ̃⁵³”,当地人把“蝙蝠”叫“夜蝙□ iɛ⁴⁴ piɛ³¹ xu²¹”,所以见到“蝙”就读成“扁”的音;“矬 tsʰuo⁴⁴”,当地人说人个子不高用“低”,不用“矬”,看到“矬”就读成“坐”的音;“蠢 tʂʰəŋ³¹”,当地人说人“愚蠢”用“笨、瓜”等,所以“蠢”应是受“春”的读音影响所致;“拯 tʂʰəŋ²⁴、谊 ȵi²⁴”是书面语词,人们口语中是不用的,所以“拯”的读音应是受“丞”

影响所致，“谊”的读音应是受“宜”影响所致；“锔tɕ^{h}y^{24}”，当地口语不用，只在读书时会遇到，应是受“局”读音影响，读了半边字所致；“眩ɕyæ̃^{24}”是一个书面语词，口语中说“昏xuŋ^{31}”，“眩”是受“玄”影响所致；“殉ɕyŋ^{24}”是一个书面语词，口语中没有相应的词对应，“殉”是受“旬”影响所致。

这类例外之所以产生的深层原因和汉语形声字的结构方式有着密切的关系，数量庞大的形声字为人们的主观判断提供了较为可靠的依据，因而形成了例外。

5.3 受共时音变连读变调影响

由于受共时音变中连读变调的影响而形成例外，是岐山话声调例外的主要成因。

1.今应读阴平（中古清平、清入、次浊入字）、阳平（中古浊平、全浊入字）、去声（中古去声、古全浊上字）读为上声。

岐山方言中，今应读阴平，变读为类似上声调值［53］的例外字52个；今应读阳平，变读为类似上声调值［53］的例外字24个；今应读去声，变读为类似上声调值［53］的例外字117个。我们认为产生这些例外字的主要原因是岐山方言的连读音变。由于这些字很少单独出现，多是在比较固定的词语中出现，所以在词语中的读音就被误认为是单字的本音了。

岐山话非中和调的连读变调中产生了两种变调模式，其中有一种变调模式是变读为上声［53］调。具体表现为：“阴平31+去声44”变读为［53+44］，也就是阴平变读为上声，如“骄傲tɕiɔ^{53} ŋɔ^{44}、设备ʂɤ^{53} pi^{44}”。因此符合这种模式的阴平就会变读为上声。

前字阴平变读为上声例证如下：

拼命p^{h}iŋ^{53} miŋ^{44}　昌盛tʂ^{h}ɑŋ^{53} ʂəŋ^{44}　夯地xɑŋ^{53} ȶ^{h}i^{44}

撤退tʂ^{h}ɤ^{53} t^{h}ui^{44}　折断tʂɤ^{53} t^{h}uæ̃^{44}　倾向tɕ^{h}yŋ^{53} ɕiɑŋ^{44}

诬告vu^{53} kɔ^{44}　违背vei^{53} pei^{44}

同时，岐山话非中和调的连读变调中还产生了一种不合规律的变调情况，即“阳平24+去声44”变读为［24+53］，也就是去声变读为上声，如“无效vu^{24} ɕiɔ^{53}、捷路ȶ^{h}iɛ^{24} lu^{53}”。这种情况大多发生在书面语中，由于普通话处于强势的地位，普通话去声是高降调［51］，与岐山话上声的调型及调值非常接近，所以导致岐山话中直接借用了普通话语音。

后字去声变读为上声例证如下：

妨碍fɑŋ^{24} ŋᴇ^{53}　　狭隘ɕiᴀ^{24} ŋᴇ^{53}　　和蔼xuo^{24} ŋᴇ^{53}

淫秽iŋ^{24} xui^{53}　　回避xui^{24} p^{h}i^{53}

岐山话的连读变调中的“中和调”，产生了类似于上声［53］的调值，这个变调值和上声调值在人们的口语中是无法区分的，从而产生了强大的合力，对其他的调类产生了强大的类化作用。

岐山方言中“阴平［31］+中和调”主要有两种变调模式：一种模式为［31+21］，即前字不变调，后字无论本调一律中和为类似于阴平［31］的［21］调值，如“医生i^{31} səŋ^{21}、月饼yɛ^{31} piŋ^{21}”。另一种模式为［53+21］，即前字从阴平变为类似于上声的调值［53］，后字中和为［21］，如“方法fɑŋ^{53} fᴀ^{21}、生活səŋ^{53} xuo^{21}、菠菜po^{53} ts^{h}ᴇ^{21}”。受这种模式的影响，下面这些词的前字都从阴平变读为上声：

筛子sᴇ^{53} tsɿ^{21}　　犍子tɕiæ̃^{53} tsɿ^{21}　　昆虫k^{h}uŋ^{53} tʂ^{h}əŋ^{21}

昆仑k^{h}uŋ^{53} lyŋ^{21}　　菖蒲tʂ^{h}ɑŋ^{53} p^{h}u^{21}　　朴实p^{h}u^{53} ʂʅ^{21}

杌子vu^{53} tsɿ^{21}　　钜头kei^{53} t^{h}ou^{21}　　褥子ʐʅ^{53} tsɿ^{21}

岐山方言中“阳平24+中和调”主要形成了一种变调模式［31+53］，即前字阳平变读为类似于阴平的［31］调，后字无论本调一律中和为类似于上声的调值，如：

白天p^{h}ei^{31} ȶ^{h}iæ̃^{53}　石头ʂʅ^{31} ȶ^{h}ou^{53}　　言喘ȵiæ̃^{31} tʂ^{h}æ̃^{53}

白菜p^{h}ei^{31} ts^{h}ᴇ^{53}

受这种变调模式的影响，后字的本调都被中和了，人们误把［53］调认为是它们的本调，例如：

实施ʂʅ^{31} sɿ^{53}　　曹丕ts^{h}ɔ^{31} p^{h}ei^{53}　　油糕iu^{31} kɔ^{53}

萝卜 luo^{31} p^{h}u^{53}　石榴 ʂʅ^{31} liu^{53}　馄饨 xuŋ^{31} tuŋ^{53}
赔偿 p^{h}ei^{31} ʂɑŋ^{53}

这种变调甚至影响到当后字正常读音为上声[53]调时，无论前字的本调如何都会变读为[31]，从而产生新的声调例外字。如：

舵手 t^{h}uo^{31} ʂou^{53}　举手 tɕy^{31} ʂou^{53}　拱手 kuŋ^{31} ʂou^{53}
诊所 tʂəŋ^{31} ʂuo^{53}　厕所 ts^{h}ei^{31} ʂuo^{53}　剿匪 ts^{h}ɔ^{31} fei^{53}

除以上原因外，上声和中和调共同形成的强势调值[53]甚至可能抑制了岐山方言声调由于音韵结构的变化而进行的连续式音变，因为在117个按照规律应读去声的上声字中，有22个为中古全浊上声字。或许我们可以设想，这些上声字也是跟着全浊上的演变规律在进行的，但是由于[53]调值的超强干扰，它们最终没能完成演变。当然，由于普通话去声和关中权威方言上声的调值都是高降，与岐山方言的高降调形相似，从某种程度上强化了[53]调值的权威性，这也加剧了去声向上声的音变。所以去声变读上声最多，是多种因素共同作用的结果。

2. 今应读阳平（中古浊平、全浊入）、上声（中古清上、次浊上）、去声（中古去声、全浊上）读为阴平。

岐山方言中产生这种例外的原因也是由于连读变调。由于"中和调"的连读变调中产生了一个类似于阴平[31]的调值[21]，使得阴平[31]和中和调[21]不易区分，所以这些常出现于中和调位置的字的本音便由于"被中和"而被人们忽视，久而久之，反倒把这种音变作为它的本音了。例如：

应读阳平而读阴平：

蟆 mA^{31} 蚧～｜脯 p^{h}u^{31} 胸～｜匙 sɿ^{31} 钥～｜裳 ʂɑŋ^{31} 衣～｜琶 p^{h}A^{31} 琵～｜杷 p^{h}A^{31} 枇～｜腾 t^{h}əŋ^{31} 闹～｜辑 ȶi^{31} 编～｜袭 ɕi^{31} 抄～｜术 tʂʅ^{31} 白～，苍～｜核 xE^{31} 审～｜庭 ȶ^{h}iŋ^{31} 前～

应读上声而读阴平：

者tʂɤ^{31} ｜浒xu^{31}水～｜滓tsɿ^{31}渣～｜梓tsɿ^{31}桑～｜玺si^{31}印～｜徙ɕi^{31}迁～｜杞tɕi^{31}枸～｜缴tɕiɔ^{31}上～｜帚tʂ^{h}ʅ^{31}扫～｜坎k^{h}æ̃^{31}门～｜蚁蚂～i^{31}

应读去声而读阴平：

荷xuo^{31}薄～｜帕pᴀ^{31}手～｜痱fei^{31}热～｜蓚ȶ^{h}iɔ^{31}灰～｜嗽sou^{31}咳～｜苋xæ̃^{31}仁～（菜）｜腕væ̃^{31} 手～｜匠ȶ^{h}iɑŋ^{31}木～｜凳təŋ^{31}/t^{h}əŋ^{31}板～

3. 今应读为阴平、去声变读为阳平。

在非中和调中，“阴平31+阴平31”会发生变调，变读为[24+31]。而有些阴平字总出现在相对固定的语言环境中，人们就会以为变调是本音从而产生例外。例如“陌mei^{24}～生、墨mei^{24}～汁、嫡ȶi^{24}～亲、幅fu^{24}～宽”。

由于受这种变调的影响，当后字读阴平时，有时前字也会发生变读而失去本调，有些去声字变读阳平应该与此有关，例如“毅i^{24}～力、卫vei^{24}～生、赐sɿ^{24}～福、雉tʂʅ^{24}～鸡”。

5.4　人称代词、父系亲属称谓词类化造成的声调例外现象

5.4.1　人称代词类化造成的声调例外现象

岐山话中“他果开一歌透平”有两读，即t^{h}ᴀ^{31}和t^{h}ᴀ^{53}，但表示的意义并不相同，t^{h}ᴀ^{31}是“我们”的意思，t^{h}ᴀ^{53}是“我”的意思。从“他”的中古音韵地位看，“他”在岐山话中符合规律的变调应读阴平，即t^{h}ᴀ^{31}，但由于受到“我果开一哿疑上ŋɤ^{53}、你止开三止泥上ȵi^{53}”读音的同化，在这个封闭的小类当中“他”被类化读t^{h}ᴀ^{53}从而形成了声调的例外。

在岐山话中复数人称代词不是通过加词缀的形式实现的，而是通过读音的变化实现的。“我们”说ŋɤ^{31}，“你们”说ȵi^{31}，“他们”说t^{h}ᴀ^{31}，应该也是类化的结果。

5.4.2　父系亲属称谓词类化造成的声调例外现象

岐山话的父系亲属称谓词也有声调类化的倾向，即用以称

呼父系亲属的称谓词无论本调是什么，一律读为阳平调，如“爷假开二麻以平 iɛ^{24}祖父、婆果合一戈并平 p^{h}o^{24}祖母、伯梗开二陌帮入 pei^{24}伯父、妈假开二麻明平 mᴀ^{24}母亲，叔母、娘宕开三阳泥平 ȵiᴀ^{24}母亲、姑遇合三模见平 ku^{24}、哥果开一歌见平 kɤ^{24}、姐假开三马精上 ȶiɛ^{24}”。

这些称谓词中，“爷、妈、娘”三字为中古次浊声母平声字，“婆”为中古全浊声母平声字，按照岐山话古今声调演变的规律应读阳平，今读阳平是其本调。其它称谓词今读阳平应是类化的结果：“姑、哥”为中古清声母平声字，按演变规律应读阴平；“伯”为中古清声母入声字，按演变规律应读阴平；“姐”为中古清声母上声字，按演变规律应读上声。以上称谓词大都用在面称时，若要用于背称则会发生变调，比如“爷 iɛ^{44}、婆 p^{h}o^{44}、伯 pei^{44}”都用于背称。同时，“伯、哥、姐”的本调只在特定的语境中出现。“伯”读阴平仅在“伯叔兄弟”中出现，读为pei^{31}。“哥、姐”在面称重叠使用时读为kɤ^{31} kɤ^{53}、ȶiɛ^{31} ȶiɛ^{53}，这种单音节重叠式名词的变调是按照“阳平＋阳平”的变调模式进行的，也就是说，是把“哥、姐”的本调看成阳平而产生的变调，可见因类化而产生的新的声调已使当地人把它们当成了这些字的本音。“姐”在“姐夫”中读本音，读为ȶiɛ^{53} fu^{21}。“姑”的本调已完全不用，在“姑夫、姑姑尼姑”等词中读ku^{53} fu^{21}、ku^{53} ku^{21}，这是按照岐山话非叠字轻声两字组和单音节重叠式名词的变调模式进行的，即“阴平＋轻声”变读为［53+21］，“A（阴平）+A（阴平）”变读为［53+21］，可见，“姑”的本调隐含在变调中。根据以上分析，我们认同王临惠（2009）“父系亲属称谓词的类化是以具有血缘关系为条件的”的观点，“姐夫、姑夫”由于不具备血缘关系，所以词中“姐、姑”被排除在类化之外，还属家庭成员中的“嫂子”的“嫂”读sɔ^{53}，也没有被类化。

岐山话的母系亲属称谓词没有类化现象，如“外爷 vei^{44} iɛ^{21}外祖父、外婆 vei^{44} p^{h}o^{21}外祖母、舅舅 tɕiu^{44} tɕiu^{21}、姨 i^{24}”等，没有表现

出类化的倾向。父系亲属中，平辈中年龄小的弟、妹及晚辈的称谓也没有类化的现象。由此可见，岐山话父系亲属称谓词的类化也和王临惠（2009）描写的临猗方言一样，是以父系亲属中地位最高的权威成员的称谓词“爷”的声调为标准的，这种现象跟中国“父权社会、夫权社会”的历史和现实应该有密切的关系，晚辈或平辈中年龄小的人在称谓长辈或平辈中的年长者时以权威成员称谓的声调来称谓或许表达了一种尊重和敬畏之情。发音合作人告诉我们，叔伯兄弟中的年幼者称年长者时背称时也不说“堂哥”，而是按叔伯兄弟之间的排行称，而姑表和姨表兄弟中即使面称也可以说“表哥”。

5.5　多音字的归并形成例外

复～原，通合三屋奉入＝复～兴，流开三宥奉去 fu^{31}

过果合一戈见平＝过果合一过见去 kuo^{44}

下底～，假开二马匣上＝下～降，假开二祃匣去 xA^{53}

轰梗合二诤晓去＝轰梗合二耕晓平 $xuŋ^{31}$

间～苗，山开二裥见去＝间空～，中～，山开二山见平 $tɕiæ̃^{31}$

幾～乎，止开三微平见＝畿～个，止开三尾上见 $tɕi^{53}$

厦偏～，假开二祃生去＝厦～门，假开二马匣上 sA^{53}

以上所举各例在中古本属不同的音韵地位，应该有不同的读音，但在今天的岐山话中这些多音字已经归并只有一读了，所以形成了例外。

5.6　为避讳而形成例外

在中国文化心理中，人们对有些事物或现象是排斥或不愿提及的，所以就通过其它的形式进行表达，这样就会形成不合规律的例外。

比如岐山方言中女阴的发音为 p^hi^{31}，为避讳该字，“僻、劈”都读 p^hi^{53}，“匹”读 p^hi^{44}。“苟”用于姓氏读 kou^{31}，这是为了避开“狗 kou^{53}”的发音。“辱、褥”在岐山话中读 $zʅ^{53}$，也是因为当地把男女交合叫ʐʅ^{31},为避讳而形成例外。

事实上很多例外并不只因某一种因素而形成,而是由于多种因素合力造成的,上面的分析以形成例外的主要原因为出发点,只是为了分析归类时的方便。另外,还有很多的例外现象我们尚且不能作出解释,有待日后更深入的研究。

第六章　分类词表

说明：

1. 本词表以《现代汉语方言大词典》调查表即《汉语方言词语调查条目表》（《方言》2003年第1期）为蓝本，由主编作了适当调整。

2. 词语按意义分为30类，各类内部再分小类。各大类列举如下：天文，地理，时令时间，农业，植物，动物，房舍，器具用品，称谓，亲属，身体，疾病医疗，衣服穿戴，饮食，红白大事，日常生活，讼事，交际，商业交通，文化教育，文体活动，动作，位置，代词等，形容词，副词、介词等，量词，附加成分，数字，干支属相等。

3. 同一条词语有多种说法的，大致按照方言中使用的频率高低排列，最常用的词在前，依此类推。

4. 具有特殊色彩或使用环境比较特殊的词语，用小字注明。如"日头 ɚ^{53} t^{h}ou^{0} 中老年常用"。

5. 有音无字或本字不明的音节用"□"代替。本表不用同音代替字。

6. 用国际音标注音，其中声调只标实际调值，轻声的调值有[21]、[1]之不同，为简明起见，本词表一律用[0]标注。少数词语读音特殊，在括号内加以说明。其它需要说明的问题，也放在括号中。

7. 例句中，用"～"代替该词语；个别难懂的方言词，用小字在音标后注释。

一 天文

（1）日、月、星

爷婆 iɛ^{24} p^{h}o^{0}

日头 ɚ^{53} t^{h}ou^{0}（中老年常用）

太阳 t^{h}ᴇ^{44} iɑŋ^{0}（青年人常用）

爷婆地 iɛ^{24} p^{h}o^{0} ȶ^{h}i^{0}

阳坡 iɑŋ^{31} p^{h}o^{53}

向阳坡 ɕiɑŋ^{44} iɑŋ^{0} p^{h}o^{31} 太阳地儿

阴坡 ȵiŋ^{31} p^{h}o^{0}

阴凉处 ȵiŋ^{53} liɑŋ^{0} tʂ^{h}ʅ^{0}

日蚀 ʐʅ^{53} ʂʅ^{0}

日圆 ʐʅ^{31} yæ̃^{24} 日晕

日圆风 ʐʅ^{31} yæ̃^{24} fəŋ^{31}

爷婆 iɛ^{24} p^{h}o^{0} 阳光

太阳 t^{h}ᴇ^{44} iɑŋ^{0}

月亮 yɛ^{31} liɑŋ^{0}

月亮地 yɛ^{31} liɑŋ^{0} ȶ^{h}i^{0}

月蚀 yɛ^{53} ʂʅ^{0}

月圆 yɛ^{31} yæ̃^{24} 月晕

宿宿 siu^{53} siu^{0}

星星 siŋ^{53} siŋ^{0}（现在年轻人多此说）

北斗星 pei^{31} tou^{53} siŋ^{31}

启明星 tɕ^{h}i^{31} miŋ^{24} siŋ^{31}

天河 ȶ^{h}iæ̃^{53} xuo^{0} 银河

贼星 ʦei^{31} siŋ^{53} 流星

扫帚星 sɔ^{44} tʂ^{h}ʅ^{0} siŋ^{31} 彗星

（2）风、云、雷、雨

漩涡风 suæ̃^{31} vo^{53} fəŋ^{31}

东风 tuŋ^{31} fəŋ^{0}

西风 si^{31} fəŋ^{0}

下山风 xᴀ^{44} sæ̃^{31} fəŋ^{0} 北风

大风 tᴀ^{44} fəŋ^{0}

狂风 k^{h}uɑŋ^{24} fəŋ^{31}

风小（得）很 fəŋ^{31} siɔː^{53} xəŋ^{53} 小风

旋风 suæ̃^{31} fəŋ^{53}

戗面风 ȶ^{h}iɑŋ^{53} miæ̃^{0} fəŋ^{31}

顶风 ȶiŋ^{53} fəŋ^{31} 迎面风

顺风 ʂəŋ^{44} fəŋ^{31}

吹风 tʂ^{h}ei^{31} fəŋ^{0} 刮风

风住俩 fəŋ^{31} tʂʅ^{44} liᴀ^{0} 风停了

棉花云 miæ̃^{31} xuᴀ^{53} yŋ^{24}

石头云 ʂʅ^{31} t^{h}ou^{53} yŋ^{24}

黑云 xei^{31} yŋ^{24}

疙瘩云 kei^{53} tᴀ^{0} yŋ^{24}

乌云 vu^{31} yŋ^{24}（年轻人常用）

上云（呢）ʂɑŋ^{44} yːŋ^{241} 指浓云上升，预示着可能要下雨

烧 ʂɔ^{44} 霞

早烧 tsɔ^{53} ʂɔ^{44} 早霞

晚烧 væ̃^{53} ʂɔ^{44} 晚霞

呼噜爷 xu^{31} lu^{0} iɛ^{0} 雷

响呼噜爷 ɕiɑŋ^{53} xu^{31} lu^{0} iɛ^{0} 打雷

　响雷 ɕiɑŋ^{53} lui^{24}

雷击啢 lui^{24} tɕi^{31} liᴀ^{0} 雷打了，如：树叫～

闪电 ʂæ̃^{53} ȶʰiæ̃^{44}（动宾）

雨 y^{53}

下雨 ɕiᴀ^{44} y^{53}

滴雨星 ȶiɛ^{31} y^{44} siŋ^{0}

　滴点儿 ȶiɛ^{31} ȶiæ̃^{53} ɚ^{0} 掉点了

小雨 siɔ^{31} y^{0}

毛毛雨 mɔ^{31} mɔ^{44} y^{53}

大雨 tᴀ^{44} y^{53}

暴雨 pɔ^{44} y^{53}

淋雨 liŋ^{44} y^{0} 下连阴雨

　淋子雨 liŋ^{44} tsɿ^{0} y^{0}

　连阴雨 liæ̃^{31} ȵiŋ^{53} y^{53}

　扯淋雨 tʂʰɤ^{53} liŋ^{44} y^{0}

白雨 pʰei^{31} y^{53} 雷阵雨

雨住啢 y^{53} tʂʅ^{44} liᴀ^{0}

　雨停啢 y^{53} ȶʰiŋ^{44} liᴀ^{0}

　不下啢 pu^{31} ɕiᴀ^{44} liᴀ^{0}

虹 tɕiɑŋ^{44}

淋雨 lyŋ^{24} y^{53}（动宾）

漂雨 pʰiɔ^{44} y^{53} 雨点儿被风吹进窗内或门内

（3）冰、雪、霜、露

冰溜 piŋ^{53} liu^{0}

　冰凌 piŋ^{53} liŋ^{0} 冰

冰溜吊吊 piŋ^{53} liu^{0} ȶiɔ^{44} ȶiɔ^{0} 挂在屋檐下的冰锥

冻啢 tuŋ^{44} liᴀ^{0} 结冰

冷子 ləŋ^{53} tsɿ^{0} 冰雹

雪 ɕyɛ^{31}

下雪 ɕiᴀ^{44} ɕyɛ^{31}

鸡□□雪 tɕi^{53} tuo^{0} luo^{0} ɕyɛ^{31} 鸡脑袋雪，即鹅毛大雪

片片雪 pʰiæ̃^{53} pʰiæ̃^{0} ɕyɛ^{31} 片状的雪

雪糁 ɕyɛ^{31} tʂəŋ^{31} 玉米糁状的雪

糁糁雪 tʂəŋ^{53} tʂəŋ^{0} ɕyɛ^{31}

雨搅雪 y^{53} tɕiɔ^{53} ɕyɛ^{31}

　雨夹雪 y^{53} tɕiᴀ^{24} ɕyɛ^{31}

稀屎雪 ɕi^{31} sɿ^{24} ɕyɛ^{31} 边降边融化的雪

雪消啢 ɕyɛ^{31} siɔ^{31} liᴀ^{0} 化雪

露水 lou^{44} ʂei^{0} 露

下露水 ɕiᴀ^{44} lou^{44} ʂei^{21} 下露

霜 ʂɑŋ^{31}

下霜 ɕiᴀ^{44} ʂɑŋ^{31}

雾 vu^{44}

拉烟雾 lᴀ^{31} iæ̃^{53} vu^{0} 下雾

（4）气候

天气 ȶʰiæ̃^{53} tɕʰi^{0}

晴天 $ȶ^hiŋ^{31}$ $ȶ^hiæ̃^{53}$

阴天 $ȵiŋ^{31}$ $ȶ^hiæ̃^{0}$

(天气)热 $ʐɤ^{31}$

(天气)冷 $ləŋ^{53}$

二阴子 $ɚ^{44}$ $iŋ^{31}$ $tsɿ^{0}$ 晴间多云

花阴子 $xuᴀ^{31}$ $iŋ^{31}$ $tsɿ^{0}$ 晴天间阴天

伏天 fu^{31} $ȶ^hiæ̃^{53}$

伏里 fu^{24} li^{53}

入伏 $ʐʅ^{31}$ fu^{24}

初伏 $tʂ^hʅ^{53}$ fu^{0}

头伏 t^hou^{31} fu^{53}

中伏 $tʂəŋ^{53}$ fu^{0}

末伏 mo^{53} fu^{0}

天旱 $ȶ^hiæ̃^{31}$ $xæ̃^{44}$

涝(了) $lɔ^{44}$

二 地理

(1)地

平原 $p^hiŋ^{24}$ $yæ̃^{24}$

旱地 $xæ̃^{44}$ $ȶ^hi^{0}$

水地 $ʂei^{53}$ $ȶ^hi^{0}$ 水田

菜地 $ts^hᴇ^{44}$ $ȶ^hi^{0}$

荒地 $xuɑŋ^{53}$ $ȶ^hi^{0}$

沙土地 $sᴀ^{31}$ t^hu^{0} $ȶ^hi^{44}$

坡地 p^ho^{53} $ȶ^hi^{0}$

坡坡地 p^ho^{53} p^ho^{0} $ȶ^hi^{0}$

坡洼地 p^ho^{53} $vᴀ^{0}$ $ȶ^hi^{0}$ 山地,山上的农业用地

盐碱地 $iæ̃^{24}$ $tɕiæ̃^{53}$ $ȶ^hi^{0}$

滩地 $t^hæ̃^{31}$ $ȶ^hi^{0}$

塄坎 $ləŋ^{44}$ $k^hæ̃^{53}$ 田边路旁高起的长条地方

畔畔儿 $p^hæ̃^{44}$ $p^hæ̃^{44}$ $ɚ^{0}$ 耕作田地时已耕作的部分和未耕作的部分的交界处,同一家的称作畔畔儿

犁沟 li^{31} kou^{53} 耕作田地时已耕作的部分和未耕作的部分的交界处,两家的称作犁沟

□坡 mo^{53} p^ho^{31} 斜坡

慢坡儿 $mæ̃^{44}$ p^ho^{31} $ɚ^{0}$ 长而坡度不大的坡

(2)山

山 $sæ̃^{31}$

半山腰 $pæ̃^{44}$ $sæ̃^{31}$ $iɔ^{53}$

山根儿 $sæ̃^{31}$ $kəŋ^{53}$ $ɚ^{0}$

川道 $tʂ^hæ̃^{53}$ $t^hɔ^{0}$ 山间沿河的平地

沟 kou^{31} 山谷

沟 kou^{31}

沟里 kou^{53} li^{0} 山涧,山间流水的沟

山坡 sæ̃^{31} p^{h}o^{0}

山头 sæ̃^{31} t^{h}ou^{24}

山崖 sæ̃^{31} ŋᴇ^{24}

（3）江、河、湖、海、水

河 xuo^{24}

河 xuoː^{241} 河里

水渠 ʂei^{53} tɕ^{h}y^{24}

渠渠 tɕ^{h}y^{31} tɕ^{h}y^{53} 小水沟

湖 xu^{24}

潭 t^{h}æ̃^{24}

涝池 lɔ^{44} tʂ^{h}ʅ^{0} 水塘

水坑 ʂei^{53} k^{h}əŋ^{31}

海 xᴇ^{53}

河岸 xuo^{24} ŋæ̃^{44}

堤 ȶ^{h}i^{24}

坝 pᴀ^{44}

河滩 xuo^{31} t^{h}æ̃^{53}

水 ʂei^{53}

清水 ȶ^{h}iŋ^{31} ʂei^{53}

浑水 xu^{44} ʂei^{53}

天水 ȶ^{h}iæ̃^{53} ʂei^{0} 用桶或盆接的雨水，澄清可以饮用

洪水 xuŋ^{44} ʂei^{53}

发大水 fᴀ^{31} tᴀ^{44} ʂei^{53}

水头 ʂei^{53} t^{h}ou^{24} 洪峰

凉水 liɑŋ^{24} ʂei^{53}

泉水 ts^{h}uæ̃^{24} ʂei^{53}

热水 ʐɤ^{31} ʂei^{53}

温水 vəŋ^{31} ʂei^{53}

　温温水 vəŋ^{53} vəŋ^{0} ʂei^{53}

煎水 ȶiæ̃^{31} ʂei^{53} 开水

（4）石沙、土块、矿物

石头 ʂʅ^{31} t^{h}ou^{53}

　大石头 tᴀ^{44} ʂʅ^{31} t^{h}ou^{53} 大石块

　碎石头 sui^{44} ʂʅ^{31} t^{h}ou^{53} 小石块

石板 ʂʅ^{24} pæ̃^{53}

　石板子 ʂʅ^{31} pæ̃^{44} tsɿ^{0}

鹅卵石 ŋɤ^{24} lyæ̃^{53} ʂʅ^{24}

沙子 sᴀ^{31} tsɿ^{0}

沙土 sᴀ^{31} t^{h}u^{0}

沙滩 sᴀ^{24} t^{h}æ̃^{31}

糊墼 xu^{31} ȶ^{h}i^{53} 土坯

砖坯 tʂæ̃^{24} p^{h}ei^{31}

砖头 tʂæ̃^{53} t^{h}ou^{0} 整砖

半截砖 pæ̃^{44} ȶ^{h}iɛ^{0} tʂæ̃^{31}

碎砖头 sui^{44} tʂæ̃^{31} t^{h}ou^{0}

瓦 vᴀ^{53}

瓦渣 vᴀ^{44} tsᴀ^{0} 碎瓦

蹚土 t^{h}ɑŋ^{31} t^{h}u^{53} 灰尘

烂泥 læ̃^{44} ȵi^{24}

蹚土 t^{h}ɑŋ^{31} t^{h}u^{53} 人脚踩起的细尘泥土

　面面土 miæ̃^{44} miᴀ^{0} t^{h}u^{53}（第二个“面”的发音比较独特，是音节弱化导致的）

金 tɕiŋ^{31}

银 iŋ^{24}
铜 tʰuŋ^{24}
铁 ȶʰiɛ^{31}
锡铁 si^{31} ȶʰiɛ^{0} 锡
　焊锡 xæ̃^{44} si^{31}
碳 tʰæ̃^{44} 煤
煤油 mei^{24} iu^{24}
汽油 tɕʰi^{44} iu^{24}
石灰 ʂʅ^{31} xui^{53}
　白石灰 pʰei^{24} ʂʅ^{31} xui^{53}
洋灰 iɑŋ^{24} xui^{31}
　水泥 ʂei^{53} ȵi^{24}（50年代后的叫法）
吸铁石 ɕi^{31} ȶʰiɛ^{31} ʂʅ^{24} 磁铁
玉石 y^{53} ʂʅ^{0} 玉
木炭 mu^{53} tʰæ̃^{0}
煤球 mei^{24} tɕʰiu^{24}
蜂窝煤 fəŋ^{31} vo^{0} mei^{24}

（5）城乡处所

地方 ȶi^{44} fɑŋ^{31} 如：他是什么～人
　啊搭 ᴀ^{24} tᴀ^{0}（只用于问句）
县里 ɕiæ̃^{44} li^{0}
　街上 tɕiɛ^{53} ʂɑŋ^{0} 城市，对乡村而言
城墙 tʂʰəŋ^{24} ȶʰiɑŋ^{24}
城壕 tʂʰəŋ^{31} xɔ^{53} 壕沟
城里 tʂʰəŋ^{24} li^{53} 城内
城外 tʂʰəŋ^{24} vᴇ^{44}
城门 tʂʰəŋ^{31} məŋ^{53}
胡同 kʰu^{31} tʰuŋ^{53}
　巷子 xɑŋ^{53} tsɿ^{0}
乡里 ɕiɑŋ^{53} li^{0} 乡村，对城市而言
坡沟崖洼 pʰo^{31} kou^{0} ŋᴇ^{24} vᴀ^{31} 山沟，偏僻的山村
老家 lɔ^{44} tɕiᴀ^{0} 家乡
跟集 kəŋ^{31} ȶʰi^{24} 赶集
背集 pei^{44} ȶʰi^{0} 城镇里没有集市的日子
街道 tɕiɛ^{53} tʰɔ^{0}
　街里 tɕiɛ^{53} li^{0}
路 lu^{44}
大路 tᴀ^{44} lu^{0}
小路 siɔ^{53} lu^{0}
官路 kuæ̃^{53} lu^{0} 公路

三　时令、时间

（1）季节

春天 tʂʰəŋ^{31} ȶʰiæ̃^{0}
夏天 ɕiᴀ^{44} ȶʰiæ̃^{0}
秋天 ȶʰiu^{31} ȶʰiæ̃^{0}
冬天 tuŋ^{31} ȶʰiæ̃^{0}
打春 tᴀ^{53} tʂʰəŋ^{31} 立春

雨水 y^{31} ʂei^{0}
惊蛰 tɕiŋ^{31} tʂɤ^{24}
春分 tʂʰəŋ^{31} fəŋ^{0}
清明 ȶʰiŋ^{53} miŋ^{0}
谷雨 ku^{31} y^{0}
立夏 li^{31} ɕiᴀ^{44}
小满 siɔ^{31} mæ̃^{0}
芒种 mɑŋ^{24} tʂəŋ^{44}
夏至 ɕiᴀ^{44} tsʅ^{44}
小暑 siɔ^{31} ʂʅ^{53}
大暑 tᴀ^{44} ʂʅ^{0}
立秋 li^{24} ȶʰiu^{31}
处暑 tʂʰʅ^{53} ʂʅ^{0}
白露 pʰei^{24} lou^{44}
秋分 ȶʰiu^{31} fəŋ^{0}
寒露 xæ̃^{24} lou^{44}
霜降 ʂɑŋ^{53} tɕiɑŋ^{0}
立冬 li^{24} tuŋ^{31}
小雪 siɔ^{53} ɕyɛ^{31}
大雪 tᴀ^{44} ɕyɛ^{31}
冬至 tuŋ^{31} tsʅ^{44}
小寒 siɔ^{53} xæ̃^{24}
大寒 tᴀ^{44} xæ̃^{24}
历头 li^{53} tʰou^{0} 历书
阴历 iŋ^{31} li^{0} 农历
阳历 iɑŋ^{24} li^{0} 公历

（2）节日

三十日黑 sæ̃^{31} ʂʅ^{24} ɚ^{53} xei^{31} 除夕
大年初一 tᴀ^{44} ȵiæ̃^{24} tʂʰʅ^{31} i^{0}
拜年 pᴇ^{44} ȵiæ̃^{24}
正月十五 tʂəŋ^{31} yɛ^{0} ʂʅ^{24} vu^{53} 元宵节
端午节 tæ̃^{31} vu^{0}
八月十五 pᴀ^{31} yɛ^{0} ʂʅ^{24} vu^{53} 中秋节
七月七 ȶʰi^{31} yɛ^{0} ȶʰi^{31} 农历七月初七
重阳 tʂʰəŋ^{24} iɑŋ^{0}

（3）年

今年 tɕi^{53} ȵiæ̃^{0}
年时 ȵiæ̃^{31} sʅ^{53} 去年
明年 miŋ^{31} ȵiæ̃^{53}
前年 ȶʰiæ̃^{31} ȵiæ̃^{53}
大前年 tᴀ^{44} ȶʰiæ̃^{31} ȵiæ̃^{53}
　上前年 ʂɑŋ^{44} ȶʰiæ̃^{31} ȵiæ̃^{53}
往年 vɑŋ^{53} ȵiæ̃^{0}
后年 xou^{44} ȵiæ̃^{0}
大后年 tᴀ^{44} xou^{44} ȵiæ̃^{0}
年年 ȵiæ̃^{31} ȵiæ̃^{53} 每年
年初 ȵiæ̃^{24} tʂʰʅ^{31}
　正二月 tʂəŋ^{44} ɚ^{44} yɛ^{31}
　二三月 ɚ^{44} sæ̃^{31} yɛ^{31}
年中 ȵiæ̃^{24} tʂəŋ^{31}
年底 ȵiæ̃^{24} ȶi^{53}
上半年 ʂɑŋ^{44} pæ̃^{0} ȵiæ̃^{24}

下半年xᴀ^{44} pæ̃^{0} ȵiæ̃^{24}

整年tʂəŋ^{53} ȵiæ̃^{24}

（4）月

正月tʂəŋ^{31} yɛ^{0}

腊月lᴀ^{31} yɛ^{0}

闰月ʐəŋ^{44} yɛ^{31}

月初yɛ^{24} tʂʰʅ^{31}

月半yɛ^{31} pæ̃^{44}

半个月pæ̃^{44} kɤ^{0} yɛ^{31}

半个月pɑŋ^{44} kɤ^{0} yɛ^{31}（"半"因逆同化，发音特殊）

月底yɛ^{31} ȶʰi^{53}

一个月i^{31} kɤ^{44} yɛ^{31}

前个月ȶʰiæ̃^{24} kɤ^{0} yɛ^{31}

上个月ʂɑŋ^{44} kɤ^{0} yɛ^{31}

这个月tʂʅ^{53} kɤ^{0} yɛ^{31}

下个月ɕiᴀ^{44} kɤ^{0} yɛ^{31}

每月mei^{53} yɛ^{31}

月月yɛ^{31} yɛ^{0}

大尽tᴀ^{44} □ʰiŋ^{0}大建，农历三十天的月份

小尽siɔ^{53} □ʰiŋ^{0}小建，农历二十九天的月份

（5）日、时

今日tɕiŋ^{31} ɚ^{0} 今天

明日miŋ^{24} ɚ^{0}

后日xou^{44} ɚ^{0}

大后天tᴀ^{44} xou^{44} ȶʰiæ̃^{31}

外后日vᴇ^{44} xou^{44} ɚ^{0}

外后天vᴇ^{44} xou^{0} ȶʰiæ̃^{31}

夜来iɛ^{44} lᴇ^{0}昨天

夜日iɛ^{44} ɚ^{0}

夜个iɛ^{44} kɤ^{0}

第二天ȶʰi^{31} ɚ^{44} ȶʰiæ̃^{31}次日

前天ȶʰiæ̃^{31} ȶʰiæ̃^{53}

前日个ȶʰiæ̃^{24} ɚ^{0} kɤ^{0}

先（一）天siæ̃^{31} ȶʰiæ̃^{31}

大前天tᴀ^{44} ȶʰiæ̃^{31} ȶʰiæ̃^{53}

上前天ʂɑŋ^{44} ȶʰiæ̃^{31} ȶʰiæ̃^{53}

前几天ȶʰiæ̃^{24} tɕi^{53} ȶʰiæ̃^{31}

礼拜天li^{53} pᴇ^{0} ȶʰiæ̃^{31}

星期天siŋ^{53} tɕʰi^{0} ȶʰiæ̃^{31}

一星期i^{31} siŋ^{53} tɕʰi^{0}

一礼拜i^{31} li^{53} pᴇ^{0}

整天tʂəŋ^{53} ȶʰiæ̃^{31}

成天tʂʰəŋ^{24} ȶʰiæ̃^{31}

一整天i^{31} tʂəŋ^{53} ȶʰiæ̃^{31}

天天ȶʰiæ̃^{31} ȶʰiæ̃^{0}每天

十几天ʂʅ^{31} tɕi^{44} ȶʰiæ̃^{0}

上半日ʂɑŋ^{44} pæ̃^{44} ɚ^{0}上午

下半日xᴀ^{44} pæ̃^{44} ɚ^{0}

后晌xou^{44} ʂɑŋ^{0}下午

半天pæ̃^{44} ȶʰiæ^{31}

大半天tᴀ^{44} pæ̃^{0} ȶʰiæ̃^{31}

多半天tuo^{53} pæ̃^{44} ȶʰiæ̃^{31}

明得 miŋ^{31} tᴇː^{53} 凌晨

麻乎乎 mᴀ^{31} xu^{44} xu^{0} 天麻麻亮的时候

早起 tsɔ^{31} tɕ^{h}iɛ^{53} 清晨

早上 tsɑŋ^{44} ʂɑŋ^{0}（“早”读音特殊，是逆同化的结果）

赶早 kæ̃^{31} tsɔ^{53}

早上 tsɔ^{44} ʂɑŋ^{0}

吃饭前 tʂ^{h}ʅ^{53} fæ̃^{0} ȶ^{h}iæ^{24} 午前

晌午 ʂɑŋ^{31} vu^{0} 中午

晌午端 ʂɑŋ^{31} vu^{0} tuæ̃^{31} 正午十二点

晌 ʂɑːŋ^{31}

后晌 xou^{44} ʂɑŋ^{0} 下午，午饭后到日落的一段时间

吃饭后 tʂ^{h}ʅ^{31} fæ̃^{44} xou^{44} 午后

白日 p^{h}ei^{31} ʐʅ^{53} 白天

黑得 xei^{53} tei^{0} 黄昏

才黑 ts^{h}ᴇ^{31} xᴇː^{531}

黑了 xei^{31} liɔ^{0} 夜晚

半夜 pæ̃^{44} iɛ^{44}

上半夜 ʂɑŋ^{44} pæ̃^{44} iɛ^{44}

下半夜 xᴀ^{44} pæ̃^{44} iɛ^{44}

一晚歇 i^{31} væ̃^{53} ɕiɛ^{31} 整夜

天天黑 ȶ^{h}iæ̃^{31} ȶ^{h}iæ̃^{0} xei^{31} 每天晚上

今日黑 tɕiŋ^{24} ɚ^{31} xei^{31} 今晚

深更半夜 ʂəŋ^{24} kəŋ^{31} pæ̃^{44} iɛ^{44} 深夜

（6）其它时间概念

年份 ȵiæ̃^{31} fəŋ^{53}

月份 yɛ^{53} fəŋ^{0}

日子 ɚ^{53} tsɿ^{0}

光景 kuɑŋ^{31} tɕiŋ^{0} 日子，生活

啥乎 ʂᴀ^{44} xu^{0}

啥会 ʂᴀ^{44} xui^{0} 什么时候，多会儿，几时

先前 siæ̃^{31} ȶ^{h}iæ̃^{24}

后接 xou^{44} ȶiɛ^{31} 后来

这乎 tʂʅ^{44} xu^{0}

当下 tɑŋ^{44} ɕiᴀ^{44} 眼下，短时间内

现面 ɕiæ̃^{44} miæ̃^{44}

这庚子 tʂʅ^{44} kəŋ^{31} tsɿ^{0} 眼下，现在

当近 tɑŋ^{31} tɕiŋ^{44} 最近

一向 i^{31} ɕiɑŋ^{44} 好些天，一段时间

四　农业（包括农林牧渔）

（1）农事

春耕 tʂ^{h}əŋ^{31} kəŋ^{0}

夏收 ɕiᴀ^{44} ʂou^{31}

秋收 ȶ^{h}iu^{24} ʂou^{31}

早秋 tsɔ^{53} ȶ^{h}iu^{31}

迟秋 tsʰʅ^{24} ȶʰiu^{31} 晚秋

整地 tʂəŋ^{53} ȶʰi^{44}

　平地 pʰiŋ^{24} ȶʰi^{44}

种麦埯秋 tʂəŋ^{44} mei^{31} ŋæ̃^{24} ȶʰiu^{31}

　种地 tʂəŋ^{44} ȶʰi^{44} 下种

务劳 vu^{44} lɔ^{0} 田间管理

转窝 tʂæ̃^{44} vo^{31} 物种变异

媷草 ʐʅ^{24} tsʰɔ^{53}

稻穗 tʰɔ^{44} ɕy^{31}

割稻子 kɤ^{31} tʰɔ^{44} tsʅ^{0}

绊稻子 pæ̃^{44} tʰɔ^{44} tsʅ^{0} 脱粒

割麦 kɤ^{24} mei^{31}

摘棉花 tsei^{31} miæ̃^{31} xuᴀ^{53}

揽豌豆 læ̃^{53} væ̃^{31} tou^{0} 收割豌豆

剁菜籽 tuo^{44} tsʰᴇ^{44} tsʅ^{0} 收割菜籽

剁芝麻 tuo^{44} tsʅ^{31} mᴀ^{0} 收割芝麻

碾场 ȵiæ̃^{53} tʂʰɑŋ^{24} 打场

摊场 tʰæ̃^{31} tʂʰɑŋ^{24}

翻场 fæ̃^{31} tʂʰɑŋ^{24}

扬场 iɑŋ^{24} tʂʰɑŋ^{24}

场 tʂʰɑŋ^{24}

　场里 tʂʰɑŋ^{24} li^{0} 场院

锄地 tʂʰʅ^{24} ȶʰi^{44} 松土

上粪 ʂɑŋ^{44} fəŋ^{44} 施农家肥

施肥 sʅ^{53} fei^{24} 施化肥

地厚 ȶʰi^{44} xou^{44} 土地肥沃

地薄 ȶʰi^{44} pʰo^{24} 土地贫瘠

浇粪 tɕiɔ^{31} fəŋ^{44}

　漾粪 iɑŋ^{44} fəŋ^{44}

粪坑 fəŋ^{44} kʰəŋ^{31}

攒粪 tsæ̃^{53} fəŋ^{44} 积肥

压粪 ȵiᴀ^{44} fəŋ^{44} 把牲口粪便一层一层用土覆盖压实，使起变化

垫圈 ȶʰiæ̃^{44} tɕʰyæ̃^{44} 在牲口圈内撒上干土以便牲口卧

起圈 tɕʰi^{53} tɕʰyæ̃^{44} 把积厚的圈肥挖起运出

拾粪 ʂʅ^{24} fəŋ^{44}

后院粪 xou^{44} yæ̃^{0} fəŋ^{44} 农家肥

炕土粪 kʰɑŋ^{44} tʰu^{0} fəŋ^{44}

牛粪 ȵiu^{24} fəŋ^{44}

尿素 ȵiɔ^{44} su^{44}

氮氨 tʰæ̃^{44} ŋæ̃^{31}

磷肥 liŋ^{24} fei^{24}

复合肥 fu^{31} xuo^{24} fei^{24}

浇地 tɕiɔ^{31} ȶʰi^{44}

　灌水 kuæ̃^{44} ʂei^{53} 灌溉

排水 pʰᴇ^{24} ʂei^{53}

担水 tæ̃^{31} ʂei^{53} 从井里或河里取水

水井 ʂei^{31} ȶiŋ^{53}

　深井 ʂəŋ^{31} ȶiŋ^{53} 浇地的水井

　大口井 tᴀ^{44} kʰou^{53} ȶiŋ^{53} 同“深井”

　井 ȶiŋ^{53} 饮用的水井

（2）农具

水桶 ʂei^{31} tʰuŋ^{53}

井绳ȶiŋ^{53} ʂəŋ^{0}

水车ʂei^{53} tʂʰɤ^{31}

大车tᴀ^{44} tʂʰɤ^{31}

推车tʰui^{31} tʂʰɤ^{0}独轮车

架子车tɕiᴀ^{44} tsɿ^{0} tʂʰɤ^{31}

三轮车sæ̃^{31} lyŋ^{24} tʂʰɤ^{31}

牛轭头ȵiu^{24} kei^{53} tʰou^{0}

牛笼嘴ȵiu^{24} luŋ^{31} tsui^{53}

牛鼻桊ȵiu^{24} pʰi^{31} tɕʰyæ̃^{53}

犁li^{24}

犁辕li^{31} yæ̃^{53}犁身

犁把li^{24} pᴀ^{53}

犁铧li^{24} xuᴀ^{24}

耱mo^{44}耙子

包pɔ^{31}用篾片编的席子，可以围起来囤粮食

　麦包mei^{24} pɔ^{31}囤，存放粮食的器具

风车fəŋ^{31} tʂʰɤ^{0}扇车，使米粒与稻壳分离的农具

碾子ȵiæ̃^{44} tsɿ^{0}石磙

磨子mo^{44} tsɿ^{0}石磨

磨盘mo^{44} pʰæ̃^{0}

磨棍mo^{44} kuŋ^{0}磨把儿

磨脐mo^{44} ȶʰi^{0}磨扇中心的铁轴

筛子sᴇ^{53} tsɿ^{0}

　筛筛sᴇ^{53} sᴇ^{0}

罗儿luo^{31} ɚ^{53}

　罗罗 luo^{24} luo^{0}

　罗 luo^{24}筛粉末状细物用的器具

连枷liæ̃^{31} tɕiᴀ^{53}

碓窝tui^{44} vo^{31}（指整体）

碓杵tui^{44} tʂʰʅ^{24}

钉钯ȶiŋ^{53} pʰᴀ^{0}

镢头tɕyɛ^{53} tʰou^{0}镐的一种，一头有刃，平的

洋镐iɑŋ^{24} kɔ^{31}镐的一种，两头有刃，一头尖一头平

尖镢ȶʰiæ̃^{31} tɕyɛ^{0}

锄tʂʰʅ^{24}

　锄锄tʂʰʅ^{31} tʂʰʅ^{53}

铡刀tsʰᴀ^{31} tɔ^{53}

镰刀liæ̃^{31} tɔ^{53}

砍刀kʰæ̃^{53} tɔ^{31}

木锨mu^{31} ɕiæ̃^{0}

铁锨ȶʰiɛ^{31} ɕiæ̃^{0}

簸箕po^{53} tɕi^{0}

撮撮tsʰuo^{53} tsʰuo^{0}撮箕，撮垃圾用

垃圾lᴀ^{31} tɕi^{0}

筐子kʰuɑŋ^{53} tsɿ^{0}

　筐筐kʰuɑŋ^{53} kʰuɑŋ^{0}

蒲篮pʰu^{31} læ̃^{53}箩

　活蒲篮xuo^{24} p□u^{31} læ^{53}妇女装针线用的箩

鋬笼pʰæ̃^{44} luŋ^{0}用竹、藤、柳条等编制成的提东西用的器具，上面有鋬

笼笼luŋ^{53} luŋ^{0}圆形竹篮，比鋬笼小而精致

食摞ʂʅ^{31} luo^{53}一种较大的盛放食用礼品

的木质器具，可以抬，用于红白大事

扁担 piæ̃^{53} tæ̃^{0} 挑货的扁担

水担 ʂei^{53} tæ̃^{0} 挑水的扁担，两头有固定的链子和钩子

担担 tæ̃^{31} tæ̃^{44} 挑担子

扫帚 sɔ^{44} tʂʰʅ^{0}

笤帚 ȶʰiɔ^{31} tʂʰʅ^{53}

五 植物

（1）农作物

庄稼 tʂɑŋ^{53} iᴀ^{0}（“稼”音节弱化，声母脱落）

粮食 liɑŋ^{31} ʂʅ^{53}

五谷 vu^{53} ku^{31}

麦 mei^{31}

　小麦 siɔ^{53} mei^{31}

　子麦 tsɿ^{53} mei^{31} 首蓿地种的麦子

　芽麦 iᴀ^{24} mei^{31} 生了芽的麦粒，其面粉黏而有甜味儿

大麦 tᴀ^{44} mei^{31}

荞麦 tɕʰiɔ^{24} mei^{31}

麦茬 mei^{53} tsʰᴀ^{0}

小米 siɔ^{31} mi^{53}

谷子 ku^{53} tsɿ^{0}

御麦 y^{44} mei^{0}

　笨御麦 pəŋ^{44} y^{44} mei^{0} 生长期长，成熟晚，但产量高的玉米

　早御米 tsɔ^{53} y^{44} mei^{0} 春播玉米

　迟御米 tsʰɿ^{24} y^{44} mei^{0} 夏播玉米

稻黍 tʰɔ^{31} ʂʅ^{0} 高粱

稻子 tʰɔ^{44} tsɿ^{0} 指水稻的植株、子实，本地渭河以南有少量种植

稗子 pᴇ^{44} tsɿ^{0}

秕□□ pi^{53} ȶʰiæ̃^{53} ȶʰiæ̃^{0} 果实不饱满

米 mi^{53}

　大米 tᴀ^{44} mi^{0}

　白米 pʰei^{31} mi^{53}

糜子米 mi^{31} tsɿ^{53} mi^{53} 糜子碾成的米

粳米 kəŋ^{44} mi^{53}

棉花 miæ̃^{31} xuᴀ^{53}

棉花骨都 miæ̃^{31} xuᴀ^{53} ku^{53} tu^{0} 棉桃

麻秆 mᴀ^{31} kæ̃^{53}

麻 mᴀ^{24} 苎麻

脂麻 tsɿ^{53} mᴀ^{0} 芝麻

望日葵 vɑŋ^{53} ɚ^{0} kʰui^{24} 向日葵

葵花子儿 kʰui^{24} xuᴀ^{31} tsɿ^{53} ɚ^{0}

　瓜子儿 kuᴀ^{31} tsɿ^{53} ɚ^{0}

红芋 xuŋ^{24} y^{44} 白薯

洋芋 iɑŋ^{24} y^{44} 马铃薯

山药 sæ̃^{31} yo^{0}

藕 ŋou^{53}

莲藕 liæ̃^{31} ŋou^{53}

莲子 liæ̃^{31} tsɿ^{53}

（2）豆类、菜蔬

白豆 p^{h}ei^{31} tou^{53} 黄豆

绿豆 liu^{53} tou^{0}

黑豆 xei^{53} tou^{0}

小豆 siɔ^{53} tou^{0} 红小豆

豌豆 væ̃^{53} tou^{0}

豇豆 tɕiaŋ^{53} tou^{0}

冰豆 piŋ^{53} tou^{0} 扁豆

蚕豆 ts^{h}æ̃^{31} tou^{53}

茄子 tɕ^{h}iɛ^{31} tsɿ^{53}

黄瓜 xuaŋ^{31} kuA^{53}

菜瓜 ts^{h}E^{44} kuA^{31}

丝瓜 sɿ^{31} kuA^{0}

苦瓜 k^{h}u^{53} kuA^{31}

南瓜 læ̃^{31} kuA^{53}

番瓜 fæ̃^{31} kuA^{0}

北瓜 pei^{31} kuA^{0}

冬瓜 tuŋ^{31} kuA^{0}

葫芦 xu^{31} lu^{53}

葱 ts^{h}uŋ^{31}

洋葱 iaŋ^{24} ts^{h}uŋ^{31}

葱叶 ts^{h}uŋ^{31} iɛ^{0}

葱白 ts^{h}uŋ^{31} p^{h}ei^{24}

蒜 suæ̃^{44}

蒜骨都 suæ̃^{44} ku^{31} tu^{0} 蒜头，蒜的鳞茎，由蒜瓣构成

蒜瓣 suæ̃^{44} p^{h}æ̃^{0}

蒜苗 suæ̃^{44} miɔ^{0}

蒜 suæ̃^{44}

蒜泥 suæ̃^{44} ȵi^{24}

韭菜 tɕiu^{44} ts^{h}E^{0}

韭黄 tɕiu^{53} xuaŋ^{24}

仁花菜 ẓəŋ^{31} xuA^{44} ts^{h}E^{0} 仁苋菜（总称）

白仁花 p^{h}ei^{24} ẓəŋ^{31} xuA^{53} 白苋菜

红仁花 xuŋ^{24} ẓəŋ^{31} xuA^{53} 红苋菜

洋柿子 iaŋ^{24} sɿ^{44} tsɿ^{0} 西红柿

洋芋 iaŋ^{24} y^{44} 土豆

生姜 səŋ^{31} tɕiaŋ^{0}

菜辣子 ts^{h}E^{44} lA^{31} tsɿ^{0} 柿子椒

辣子 lA^{31} tsɿ^{0}

线辣 siæ̃^{44} lA^{31} 当地辣椒的一种，因外型细长得名，味极辣

辣面 lA^{53} miæ̃^{0} 辣椒面儿

芥末 tɕiɛ^{44} mo^{0}

胡椒 xu^{31} ȶiɔ^{53}

芥菜 tɕiɛ^{44} ts^{h}E^{0}

菠菜 po^{53} ts^{h}E^{0}

青菜 ȶ^{h}iŋ^{53} ts^{h}E^{0}

白菜 p^{h}ei^{31} ts^{h}E^{53}

莲花白 liæ̃^{31} xuA^{53} p^{h}ei^{24}

包包白菜 pɔ^{53} pɔ^{0} p^{h}ei^{31} ts^{h}E^{53} 洋白菜，叶子卷成球状的

小白菜siɔ^{44} p^{h}ei^{31} ts^{h}E^{53}

笋子suŋ^{44} tsɿ^{0}莴笋

笋叶suŋ^{44} iɛ^{0}莴笋叶

芹菜tɕ^{h}iŋ^{31} ts^{h}E^{53}

芫荽iæ̃^{31} sui^{53}

　香菜ɕiaŋ^{31} ts^{h}E^{44}

蒿子菜xɔ^{53} tsɿ^{0} ts^{h}E^{44}蒿子秆儿

萝卜luo^{31} p^{h}u^{53}（总称）

热萝卜ʐɤ^{53} luo^{31} p^{h}u^{53}水萝卜

红萝卜xuŋ^{31} luo^{44} p^{h}u^{0}

虚心ɕy^{31} siŋ^{0}

　空心k^{h}uŋ^{31} siŋ^{0}（萝卜）糠了

萝卜缨缨luo^{31} p^{h}u^{44} iŋ^{53} iŋ^{0}

干萝卜kæ̃^{31} luo^{31} p^{h}u^{53}萝卜干儿

苤□tʂ^{h}ɤ^{53} liæ̃^{0}苤蓝

油白菜iu^{24} p^{h}ei^{31} ts^{h}E^{53}绿叶蔬菜，菜叶墨绿，表面有大小不等的泡状突起

菜籽ts^{h}E^{44} tsɿ^{0}油菜，油菜籽

油菜薹iu^{24} ts^{h}E^{44} t^{h}E^{24}

荠荠菜ȶ^{h}i^{44} ȶ^{h}i^{0} ts^{h}E^{44}

　荠儿菜ȶ^{h}i^{44} ɚ^{0} ts^{h}E^{44}

灰灰菜xui^{53} xui^{0} ts^{h}E^{44}

　灰藋菜xui^{53} ȶ^{h}iɔ^{0} ts^{h}E^{44}

（3）树木

树ʂʅ^{44}

椿树tʂ^{h}əŋ^{53} ʂʅ^{0}臭椿

姑姑等ku^{31} ku^{0} təŋ^{53}臭椿结的簇生的条形果实，因风吹发出响声得名

枣子tsɔ^{44} tsɿ^{0}①野生枣树；②野生枣树上长的刺

树林ʂʅ^{44} liŋ^{24}

树苗ʂʅ^{44} miɔ^{24}

树杆ʂʅ^{44} kæ̃^{53}树干

光梢桩kuaŋ^{31} ku^{53} tʂaŋ^{0}没有了树叶的树

树梢ʂʅ^{44} sɔ^{31}

树根ʂʅ^{44} kəŋ^{31}

树叶ʂʅ^{44} iɛ^{31}

树枝儿ʂʅ^{44} tsɿ^{53} ɚ^{0}

树股ʂʅ^{44} ku^{53}较大的树枝

树股股ʂʅ^{44} ku^{53} ku^{0}较小的树枝

冗条儿ʐəŋ^{53} ȶ^{h}iɔ^{24} ɚ^{0}细而长的树枝

种树tʂəŋ^{44} ʂʅ^{44}

　栽树tsE^{31} ʂʅ^{44}

伐树fA^{24} ʂʅ^{44}

　剁树tuo^{44} ʂʅ^{44}

松树suŋ^{53} ʂʅ^{0}

松针suŋ^{31} tʂəŋ^{0}

松塔塔suŋ^{31} t^{h}A^{31} t^{h}A^{24}①松球，松树的果实；②房檐上的瓦松

松香suŋ^{31} ɕiaŋ^{31}

桑树saŋ^{53} ʂʅ^{0}

桑仁saŋ^{53} ʐəŋ^{0}桑葚

桑叶saŋ^{31} iɛ^{0}

杨树 iɑŋ^{31} ʂʅ^{53}

白杨树 pʰei^{24} iɑŋ^{31} ʂʅ^{44}

柳树 liu^{44} ʂʅ^{0}

荆条 tɕiŋ^{53} ȶʰiɔ^{0}

条子 ȶʰiɔ^{31} tsɿ^{53} 用来编簸箕等的细长柳条

桐油树 tʰuŋ^{24} iu^{24} ʂʅ^{44}

桐子儿 tʰuŋ^{24} tsɿ^{53} ɚ^{0}

桐油 tʰuŋ^{24} iu^{24}

苦楝子 kʰu^{53} liæ̃^{44} tsɿ^{0} 苦楝树

洋槐树 iɑŋ^{24} xuᴇ^{31} ʂʅ^{44}

竹子 tʂʅ^{53} tsɿ^{0}

竹竿 tʂʅ^{31} kæ̃^{0}

竹叶 tʂʅ^{31} iɛ^{0}

篾篾 mi^{31} mi^{53} 篾片

竹瓤子 tʂʅ^{31} ʐɑŋ^{31} tsɿ^{53} 篾黄

竹皮子 tʂʅ^{31} pʰi^{24} tsɿ^{0} 篾青

（4）瓜果

水果 ʂei^{31} kuo^{53}

果木 kuo^{53} mu^{31}

干果 kæ̃^{31} kuo^{53}

桃 tʰɔ^{24}（总称）

黏核桃 ʐæ̃^{31} xu^{53} tʰɔ^{24} 果肉和果核黏在一起不易分开的桃子

离核桃 li^{44} xu^{0} tʰɔ^{24} 果肉和果核容易分开的桃子

杏 xəŋ^{44}

李子 li^{53} tsɿ^{0}

苹果 pʰiŋ^{31} kuo^{53}

沙果 sᴀ^{31} kuo^{0}

枣儿 tsɔ^{53} ɚ^{0}

梨 li^{24}

柿子 sɿ^{44} tsɿ^{0}（总称）

蛋柿 tæ̃^{44} sɿ^{0} 存放在阴凉处变软的柿子

漤柿 lyæ̃^{53} sɿ^{0} 在热水里浸泡除去了涩味的柿子

火罐儿柿子 xuo^{44} kuæ̃^{0} ɚ^{0} sɿ^{44} tsɿ^{0} 圆球形小柿子，放软后颜色很红

柿饼 sɿ^{44} piŋ^{0} 以柿子为原料加面粉做成的小饼

石榴 ʂʅ^{31} liu^{53}

柚子 iu^{44} tsɿ^{0} 当地不产，但有售卖

橘子 tɕy^{53} tsɿ^{0} 当地不产，但有售卖

金橘 tɕiŋ^{31} tɕy^{0} 当地不产，但有售卖

橙子 tʂʰəŋ^{31} tsɿ^{53} 当地不产，但有售卖

木瓜 mu^{31} kuᴀ^{0} 当地不产，但有售卖

龙眼 luŋ^{24} ȵiæ̃^{53} 当地不产，但有售卖

荔枝 li^{24} tsɿ^{53} 当地不产，但有售卖

芒果 mɑŋ^{31} kuo^{53} 当地不产，但有售卖

银杏 iŋ^{24} ɕiŋ^{44}

毛栗 mɔ^{31} li^{53} 栗子

核桃 xei^{31} tʰɔ^{53}

西瓜 si^{31} kuᴀ^{0}

沙瓤西瓜 sᴀ^{53} ʐɑŋ^{0} si^{31} kuᴀ^{0}

瓜子儿 kuᴀ^{31} tsɿ^{53} ər^{0}

梨瓜li^{31} kuᴀ^{53}甜瓜

甘蔗kæ̃^{31} tʂɤ^{24}

花生xuᴀ^{31} səŋ^{0}

花生米xuᴀ^{31} səŋ^{0} mi^{53}

瞎瞎xᴀ^{53} xᴀ^{0}坏的果实

（5）花草、菌类

桂花kui^{44} xuᴀ^{31}

菊花tɕy^{31} xuᴀ^{0}

梅花mei^{31} xuᴀ^{53}

刺玫花tsʰɿ^{44} mei^{0} xuᴀ^{31}玫瑰

指丫花tsɿ^{53} iᴀ^{0} xuᴀ^{31}（"甲"音节弱化，声母脱落）

指甲花tsɿ^{53} tɕiᴀ^{0} xuᴀ^{31}凤仙花

荷花xuo^{31} xuᴀ^{53}

荷叶xuo^{31} iɛ^{53}

莲蓬liæ̃^{24} pʰəŋ^{24}

水仙花ʂei^{53} siæ̃^{31} xuᴀ^{31}

茉莉花mo^{31} li^{44} xuᴀ^{31}

含羞草xæ̃^{24} siu^{31} tsʰɔ^{53}

牵牛花tɕʰiæ̃^{53} ȵiu^{0} xuᴀ^{31}

杜鹃花tʰu^{44} tɕyæ̃^{44} xuᴀ^{31}

芙蓉花fu^{31} yŋ^{24} xuᴀ^{31}

万年青væ̃^{44} ȵiæ̃^{24} ȶʰiŋ^{31}

仙人掌siæ̃^{31} ʐəŋ^{0} tʂɑŋ^{53}

花骨都xuᴀ^{31} ku^{53} tu^{0}花蕾

花瓣儿xuᴀ^{31} pʰæ̃^{44} ər^{0}

花蕊xuᴀ^{31} ʐei^{53}

苇子y^{44} tsɿ^{0}芦苇

香菇ɕiɑŋ^{24} ku^{31}

蘑菇mo^{31} ku^{53}

冬菇tuŋ^{31} ku^{0}

青毛ȶʰiŋ^{53} mu^{0}青苔

喇叭花lᴀ^{53} pᴀ^{0} xuᴀ^{31}牵牛花

打碗花tᴀ^{31} væ̃^{0} xuᴀ^{31}野生小花，形似喇叭

尿卷卷ȵiɔ^{44} tɕyæ̃^{31} tɕyæ̃^{0}一种粪堆旁生长的菌类

黏黏草ʐæ̃^{31} ʐæ̃^{44} tsʰɔ^{0}麦田杂草，果实叫草籽

献干粮ɕiæ̃^{44} kæ̃^{31} liɑŋ^{0}圆叶锦葵的果实，形状似小圆饼

马刺蓟mᴀ^{53} tsʰɿ^{44} tɕiɛ^{0}大蓟，有止血作用

秃疮花tʰu^{31} tʂʰɑŋ^{0} xuᴀ^{31}

秃子花tʰu^{31} tsɿ^{0} xuᴀ^{31}一种黄色野花，四瓣，可入中药

风轮儿草fəŋ^{31} lyŋ^{24} ɚ^{0} tsʰɔ^{53}夏至草，小孩子常用来做风车一样的玩具

莎草suo^{31} tsʰɔ^{0}龙须草

猫儿眼mɔ^{31} ɚ^{44} ȵiæ̃^{0}泽漆，茎有白汁，有毒

老哇枕头lɔ^{53} vᴀ^{0} tʂəŋ^{53} tʰou^{0}茜草

掐不齐tɕʰiᴀ^{31} pu^{0} ȶʰi^{24}鸡眼草，田边地头杂草，其叶子用手横着掐时总是从叶

脉处断成人字形

地苜蓿ȶ^{h}i^{44} mu^{31} ɕy^{0}一种野草，形似苜蓿

胖儿娃p^{h}ɑŋ^{44} ɚ^{0} vᴀ^{44}田间一种杂草，多生长在小麦地里。叶子浅绿色，表面较光滑

麦禾瓶mei^{53} xuo^{31} p^{h}iŋ^{53}田间一种杂草，多生长在小麦地里。叶子浅绿色，表面不光滑，开红色花

羊蹄甲iɑŋ^{31} ȶ^{h}i^{44} tɕiᴀ^{0}一种野草，花白色

驴耳朵ly^{24} ɚ^{44} tuo^{0}驴耳风毛菊，一种野草，花蓝色

地□ȶ^{h}i^{44} ʐæ̃^{0}雨后或雪后草地上生长的菌片，类似木耳，可食用

马皮泡mᴀ^{53} p^{h}i^{0} p^{h}ɔ^{44}菌类，常用来止血

六　动物

（1）动物

头牯t^{h}ou^{31} kou^{53}牲口

骟马ʂæ̃^{44} mᴀ^{0}公马

骒马k^{h}uo^{44} mᴀ^{0}母马

跑牛p^{h}ɔː^{531} ȵiu^{0}公牛

犍牛tɕiæ̃^{31} ȵiu^{24}阉过的公牛

乳牛ʐʅ^{53} ȵiu^{24}母牛

□□ts^{h}ᴇ^{53} ts^{h}ᴇ^{0}不坐胎，不下犊的母牛

黄牛xuɑŋ^{24} ȵiu^{24}

水牛ʂei^{53} ȵiu^{24}

牛犊儿ȵiu^{31} t^{h}u^{53} ɚ^{0}

驴ly^{24}

叫驴tɕiɔ^{44} ly^{0}公驴

公子驴kuŋ^{31} tsɿ^{0} ly^{24}种驴

草驴ts^{h}ɔ^{53} ly^{0}母驴

骡子luo^{31} tsɿ^{53}①总称；②马骡，驴父马母

驴骡ly^{31} luo^{53}马父驴母

骆驼luo^{53} t^{h}uo^{0}

绵羊miæ̃^{24} iɑŋ^{24}

驹骝羊tɕy^{53} liu^{0} iɑŋ^{24}

　山羊sæ̃^{31} iɑŋ^{24}

羊羔iɑŋ^{31} kɔ^{53}

狗kou^{53}

牙狗iᴀ^{31} kou^{53}公狗

草狗ts^{h}ɔ^{31} kou^{0}母狗

狗娃kou^{53} vᴀ^{0}小狗

　板凳狗娃pæ̃^{53} təŋ^{0} kou^{53} vᴀ^{0}

猫mɔ^{24}

郎猫lɑŋ^{31} mɔ^{53}公猫

咪猫mi^{44} mɔ^{0}母猫

牙猪iᴀ^{31} tʂʅ^{53}公猪

克朗猪k^{h}ei^{53} lɑŋ^{0} tʂʅ^{31}架子猪

脚猪tɕyo^{31} tʂʅ^{0}公种猪

脬子猪 $p^{h}ɔ^{31}$ $tsɿ^{0}$ $tʂʅ^{31}$

□□ $ts^{h}A^{31}$ $ts^{h}A^{53}$ 母种猪

草猪 $ts^{h}ɔ^{44}$ $tʂʅ^{0}$ 母猪

奶条 lE^{44} $ȶ^{h}iɔ^{0}$ 未生育的母猪

猪娃 $tʂʅ^{53}$ vA^{0} 猪崽

择猪 $ts^{h}ei^{24}$ $tʂʅ^{31}$ 阉猪（动宾）

择猪娃 $ts^{h}ei^{24}$ $tʂʅ^{53}$ vA^{0}

兔娃 $t^{h}u^{44}$ vA^{0} 兔子

鸡 $tɕi^{31}$

公鸡 $kuŋ^{31}$ $tɕi^{0}$ 成年打鸣的鸡

鸡娃 $tɕi^{53}$ vA^{0} 未成年的小鸡

母鸡 mu^{53} $tɕi^{31}$

罩窝鸡 $tsɔ^{44}$ vo^{31} $tɕi^{0}$ 正在孵蛋的母鸡

抱窝鸡 $pɔ^{44}$ vo^{31} $tɕi^{0}$

鸡蛋 $tɕi^{53}$ $t^{h}æ̃^{0}$

下蛋 $ɕiA^{44}$ $t^{h}æ̃^{44}$

菢 $p^{h}u^{44}$ 孵

鸡翎冠 $tɕi^{31}$ $liŋ^{0}$ $kuæ̃^{53}$ 鸡冠

鸡爪爪 $tɕi^{31}$ $tʂA^{53}$ $tʂA^{0}$ 鸡爪子

鸭 iA^{53} $tsɿ^{0}$

公鸭子 $kuŋ^{31}$ iA^{31} $tsɿ^{0}$

母鸭子 mu^{53} iA^{31} $tsɿ^{0}$

小鸭子 $siɔ^{53}$ iA^{31} $tsɿ^{0}$

鸭蛋 iA^{53} $t^{h}æ̃^{0}$

鹅 $ŋɤ^{24}$

（2）鸟、兽

野兽 $iɛ^{53}$ $ʂou^{44}$

狮子 $sɿ^{53}$ $tsɿ^{0}$

老虎 $lɔ^{31}$ xu^{0}

母老虎 mu^{53} $lɔ^{31}$ xu^{0}

猴 xou^{24} 猴子

猴娃 xou^{31} vA^{53}

熊 $ɕyŋ^{24}$

豹子 $pɔ^{44}$ $tsɿ^{0}$

夜狐 $iɛ^{44}$ xu^{0} 狐狸

鼠狼子 $ʂʅ^{44}$ $lɑŋ^{0}$ $tsɿ^{0}$ 黄鼠狼

老鼠 $lɔ^{31}$ $ʂʅ^{0}$

毛驹骝 $mɔ^{31}$ $tɕy^{44}$ liu^{44} 松鼠

长虫 $tʂ^{h}ɑŋ^{24}$ $tʂ^{h}əŋ^{53}$ 蛇

菜花蛇 $ts^{h}E^{44}$ xuA^{31} $ʂɤ^{24}$ 身体以花绿色为主，有毒

土条 $t^{h}u^{53}$ $ȶ^{h}iɔ^{31}$ 身体近似土色，体型不大，无毒

黑乌蛸 xei^{24} vu^{53} $sɔ^{0}$ 树息，以鸟、鼠为食，无毒

蛇□ $ʂɤ^{31}$ $ts^{h}ɿ^{44}$ 壁虎

雀雀 $ȶ^{h}iɔ^{53}$ $ȶ^{h}iɔ^{0}$ 鸟（总称）

算黄算割 $suæ̃^{44}$ $xuɑŋ^{24}$ $suæ̃^{44}$ $kɤ^{31}$ 四声杜鹃，一般在收麦时出现，叫声凄苦，人们听成“算黄算割，不割就落”

黄瓜鹭 $xuɑŋ^{31}$ kuA^{53} lou^{44} 黄鹂

大嘴老鸹 tA^{44} $tsui^{53}$ $lɔ^{53}$ vA^{0} 乌鸦

野鹊 $iɛ^{44}$ $ȶ^{h}iɔ^{0}$ 喜鹊

□□ $ɕy^{53}$ $ɕy^{0}$ 麻雀

燕唧唧 $iæ̃^{44}$ $ȶi^{31}$ $ȶi^{0}$ 燕子

雁 iæ̃^{44}

春咕咕 tʂʰəŋ^{31} ku^{44} ku^{44} 斑鸠

　姑姑等 ku^{44} ku^{44} təŋ^{53}

扑鸽 pʰu^{31} kɔ^{53}

　鸽子 kɔ^{53} tsɿ^{0}

鹌鹑 ŋæ̃^{31} tʂʰəŋ^{0}

鹐暴暴 tɕʰiæ̃^{31} pɔ^{44} pɔ^{44} 啄木鸟

鸱鸮 tsʰɿ^{53} ɕiɔ^{0}

　□□ ɕiŋ^{44} xou^{0} 猫头鹰

鹦鹉 iŋ^{31} vu^{53}

八哥 pA^{31} kɤ^{0}

白鹤 pʰei^{31} xuo^{53}

饿老鸷 ŋɤ^{44} lɔ^{31} tʂʰʅ^{24} 老鹰

野鸡 iɛ^{44} tɕi^{0}

夜蝙蝠 iɛ^{44} piɛ^{0}fu^{0}

　夜蝙□ iɛ^{44} piɛ^{31} xu^{0} 蝙蝠

膀子 pɑŋ^{53} tsɿ^{0} 翅膀

嘴 tsui^{53} 鸟类之嘴

鸟窝 ȵiɔ^{53} vo^{31}

（3）虫类

蚕儿 tsʰæ̃^{24} ər^{53}

蚕蛹 tsʰæ̃^{24} yŋ^{53}

蚕儿屎 tsʰæ̃^{24} ɚ^{0} sɿ^{53} 家蚕的粪便

蛛蛛 tʂʅ^{53} tʂʅ^{0} 蜘蛛

蚍蜉蚂 pʰi^{31} fəŋ^{0} mA^{0}

　蚂蚁 mA^{31} i^{0}

地蝼蝼 ȶʰi^{44} lu^{31} lu^{0} 蝼蛄

簸箕虫 po^{44} tɕi^{0} tʂʰəŋ^{0} 土鳖

蛐蟮 tʂʰʅ^{53} ʂæ̃^{0} 蚯蚓

蜗蜗牛 kuA^{53} kuA^{0} ȵiu^{24} 蜗牛

屎爬牛 sɿ^{53} pʰA^{0} ȵiu^{24} 蜣螂

毛毛虫 mɔ^{31} mɔ^{44} tʂʰəŋ^{24}

　钱串子 ȶʰiæ̃^{24} tʂʰæ̃^{44} tsɿ^{0} 蜈蚣

蝎子 ɕiɛ^{53} tsɿ^{0}

蝎虎 ɕiɛ^{31} xu^{0} 壁虎

吊线虫 ȶiɔ^{44} siæ̃^{44} tʂʰəŋ^{24} 多长在洋槐上的一种害虫，靠吐出的丝线悬吊在树上

装装虫 tʂɑŋ^{31} tʂɑŋ^{0} tʂʰəŋ^{24} 一种被触动时就装死不动的小虫

麦牛 mei^{53} ȵiu^{0} 麦子中长的黑色小虫

虫虫 tʂʰəŋ^{31} tʂʰəŋ^{53} 肉虫

腻虫 ȵi^{44} tʂʰəŋ^{0} 蚜虫

蝇子 iŋ^{31} tsɿ^{53} 苍蝇

蚊子 vəŋ^{31} tsɿ^{53}

虱 sei^{31}

　虱娃 sei^{53} vA^{0} 虱子

臭虫 tʂʰou^{44} tʂʰəŋ^{0}

　臭虱 tʂʰou^{44} sei^{0}

圪蚤 kei^{31} tsɔ^{0} 跳蚤

蚊噆 vəŋ^{31} tsæ̃^{53} 牛虻

素织 su^{44} tʂʅ^{31} 蟋蟀

土蚂蚱 tʰu^{53} mA^{53} tsA^{0} 蝗虫

猴子 xou^{31} tsɿ^{53} 螳螂

知了 tsɿ^{31} lɔ^{53} 蝉

知了壳 tsɿ^{31} lɔ^{53} tɕʰyo^{31} 蝉蜕

虫蜕 $tʂ^hәŋ^{24}$ t^hui^{44}

呜引 vu^{31} $iŋ^{53}$ 蝉的一种，体型稍小，因发出的声音而得名

纺线虫 $fɑŋ^{53}$ $siæ̃^{44}$ $tʂ^hәŋ^0$ 纺织娘

椿媳妇 $tʂ^hәŋ^{31}$ si^{31} fu^0 椿树上的一种昆虫，外层翅膀浅灰色，带黑色斑点，内层翅膀大红色带黑色斑点，十分华丽

蜜蜂 mi^{31} $fәŋ^0$

马蜂 $mᴀ^{53}$ $fәŋ^{31}$

马儿蜂 $mᴀ^{31}$ $ɚ^{44}$ $fәŋ^{31}$

蜇人 $tʂɤ^{31}$ $zʐәŋ^{24}$

蜂窝 $fәŋ^{24}$ vo^{31}

蜂蜜 $fәŋ^{31}$ mi^0

明火虫 $miŋ^{31}$ xuo^{44} $tʂ^hәŋ^0$ 萤火虫

臭斑虫 $tʂ^hou^{44}$ $pæ̃^{31}$ $tʂ^hәŋ^0$

扑灯蛾 p^hu^{31} $tәŋ^0$ $ŋɤ^{24}$

蛾儿 $ŋuo^{31}$ $ɚ^{53}$

蝴蝶 xu^{24} $ȶiɛ^{31}$

蚂螂 $mᴀ^{31}$ $lɑŋ^{53}$ 蜻蜓

瓢虫 $p^hiɔ^{24}$ $tʂ^hәŋ^{24}$

（4）鱼虾类

鱼 y^{24}

鲤鱼 li^{31} y^{24}

鲫鱼 $ȶi^{31}$ y^{24}

草鱼 $ts^hɔ^{53}$ y^{24}

黄鱼 $xuɑŋ^{24}$ y^{24}

金鱼 $tɕiŋ^{31}$ y^{24}

黄鳝 $xuɑŋ^{31}$ $ʂæ̃^{53}$ 鳝鱼

鳞 $liŋ^{24}$

鱼鳞 y^{24} $liŋ^{24}$

鱼刺 y^{24} $ts^hɿ^{53}$

鳍 $tɕ^hi^{24}$

鳃 $sᴇ^{31}$

鱼苗 y^{24} $miɔ^{24}$

钓鱼 $ȶiɔ^{44}$ y^{24}

钓鱼竿 $ȶiɔ^{44}$ y^{24} $kæ̃^{31}$

钓鱼钩 $ȶiɔ^{44}$ y^{24} kou^{31}

鱼篓 y^{24} lou^{53}

鱼网 y^{24} $vɑŋ^{53}$

虾 $ɕiᴀ^{31}$

虾仁 $ɕiᴀ^{31}$ $zʐәŋ^{24}$

虾米 $ɕiᴀ^{31}$ mi^0

龟 kui^{31}

鳖 $piɛ^{31}$

螃夹 $p^hɑŋ^{31}$ $tɕiᴀ^{53}$ 螃蟹

青蛙 $ȶ^hiŋ^{53}$ $vᴀ^0$

蛤蟆骨都 xuo^{31} $mᴀ^{44}$ ku^{31} tu^0 蝌蚪

蚧蟆突 $tɕiɛ^{44}$ $mᴀ^{31}$ t^hu^0 蟾蜍

□蟆突 $tɕyɛ^{44}$ $mᴀ^{44}$ t^hu^0

蚧蛙 $tɕiɛ^{44}$ $vᴀ^{44}$

钻子虫 $tsuæ̃^{44}$ $tsɿ^0$ $tʂ^hәŋ^0$ 水蛭

钻钻虫 $tsuæ̃^{44}$ $tsuæ̃^0$ $tʂ^hәŋ^0$

□□ k^hei^{53} p^ho^0 蛤蜊

七　房舍

（1）房子

□ vei:^{531}（“屋里”的合音）

　屋里 vu^{53} li^{0} 住宅

盖房 kE^{44} faŋ^{24} 盖房子

房子 faŋ^{31} tsɿ^{53} ①整座房子；②单间屋子

院子 yæ̃^{44} tsɿ^{53}

院墙 yæ̃^{44} ȶ^{h}iaŋ^{0}

照壁 tʂɔ^{44} pi^{31} 影壁

外间 vE^{44} tɕiæ̃^{31}

里间 li^{53} tɕiæ̃^{31}

正房 tʂəŋ^{44} faŋ^{0}

厦房 sA^{44} faŋ^{0}

　偏房 p^{h}iæ̃^{31} faŋ^{24} 厢房

厅房 ȶ^{h}iŋ^{53} faŋ^{0}

　客厅 k^{h}ei^{31} ȶ^{h}iŋ^{53}

平房 p^{h}iŋ^{24} faŋ^{24}

楼房 lou^{24} faŋ^{24}

洋楼 iaŋ^{24} lou^{24}（旧）

楼上 lou^{24} ʂaŋ^{44}

楼下 lou^{24} xA^{44}

门楼 məŋ^{31} lou^{53}

楼梯 lou^{31} ȶ^{h}i^{53}

梯子 ȶ^{h}i^{53} tsɿ^{0}

阳台 iaŋ^{24} t^{h}E^{24}

草房 ts^{h}ɔ^{44} faŋ^{0} 用茅草搭起的房子

庵子 ŋæ̃^{53} tsɿ^{0} 为看护庄稼在田间临时搭起的草棚

（2）房屋结构

房脊 faŋ^{24} ȶi^{31}

房顶 faŋ^{24} ȶiŋ^{53}

房檐 faŋ^{24} iæ̃^{24}

梁 liaŋ^{24}

檩子 liŋ^{44} tsɿ^{0}

椽 tʂ^{h}æ̃^{24}

柱子 tʂ^{h}ʅ^{44} tsɿ^{0}

柱顶石 tʂ^{h}ʅ^{44} ȶiŋ^{0} ʂʅ^{0} 柱下石

台阶 t^{h}E^{24} tɕiɛ^{31}

顶棚 ȶiŋ^{44} p^{h}əŋ^{0} 天花板

正门 tʂəŋ^{44} məŋ^{0}

后门 xou^{44} məŋ^{0}

偏门 p^{h}iæ̃^{31} məŋ^{24} 边门

门坎 məŋ^{31} k^{h}æ̃^{53}

门背后 məŋ^{31} pei^{44} xou^{0} 门扇的后面

关关 kuæ̃^{53} kuæ̃^{0} 门闩

锁子 suo^{44} tsɿ^{0}

　锁 suo^{53}

钥匙 yo^{53} sɿ^{0}

窗子 tʂ^{h}aŋ^{53} tsɿ^{0}

窗台 tʂ^{h}ɑŋ^{53} t^{h}ᴇ^{0}

过道 kuo^{44} t^{h}ɔ^{0}

　巷道 xɑŋ^{53} t^{h}ɔ^{0} 走廊

过道 kuo^{44} t^{h}ɔ^{0}

　巷巷 xɑŋ^{53} xɑŋ^{0} 两边有建筑物的走道

楼道 lou^{24} tɔ^{44}（随普通话进入当地词汇系统）

楼板 lou^{24} pæ̃^{53}

（3）其它设施

厨房 tʂ^{h}ʅ^{31} fɑŋ^{53}

锅台 kuo^{31} t^{h}ᴇ^{24} 灶

后院 xou^{44} yæ̃^{0} 厕所

磨房 mo^{44} fɑŋ^{0}

马房 mᴀ^{44} fɑŋ^{0} 马棚

牛圈 ȵiu^{24} tɕ^{h}yæ̃^{44}

猪圈 tʂʅ^{53} tɕ^{h}yæ̃^{0}

猪食槽 tʂʅ^{31} ʂʅ^{0} ts^{h}ɔ^{24}

羊圈 iɑŋ^{24} tɕ^{h}yæ̃^{44}

狗窝 kou^{53} vo^{31}

鸡窝 tɕi^{24} vo^{31}

鸡笼 tɕi^{31} luŋ^{24}

柴垛子 ts^{h}ᴇ^{24} luo^{44} tsɿ^{0} 柴草垛

八　器具、用品

（1）一般家具

家具 tɕiᴀ^{31} tɕy^{44} ①家里的摆设用具；②干农活的农具、工具

柜 k^{h}ui^{44}（总称）

衣柜 i^{31} k^{h}ui^{44}

书柜 ʂʅ^{31} k^{h}ui^{44}

橱柜 tʂ^{h}ʅ^{31} k^{h}ui^{53}

面柜 miæ̃^{44} k^{h}ui^{44}

立柜 li^{31} k^{h}ui^{44}

桌子 tʂuo^{53} tsɿ^{0}

炕桌 k^{h}ɑŋ^{44} tʂuo^{31} 放在炕上用来吃饭的矮腿桌

圆桌 yæ̃^{31} tʂuo^{53}

方桌 fɑŋ^{31} tʂuo^{0}

条桌 ȶ^{h}iɔ^{31} tʂuo^{53}

办公桌 pæ̃^{44} kuŋ^{0} tʂuo^{31}

饭桌 fæ̃^{44} tʂuo^{31}

台布 t^{h}ᴇ^{31} pu^{53}

桌围子 tʂuo^{31} vei^{31} tsɿ^{53} 挂在桌子前面的布

抽□ tʂ^{h}ou^{53} ɕiæ̃^{0} 抽屉

椅子 i^{53} tsɿ^{0}

躺椅 t^{h}ɑŋ^{53} i^{0}

　睡椅 ʂei^{44} i^{0}

椅子背 i^{53} tsɿ^{0} pei^{44}

椅子撑 i^{53} tsɿ^{0} ts^{h}əŋ^{31} 椅子腿中间的横木

板凳pæ̃^{44} təŋ^{0}（新）/pæ̃^{44} tʰəŋ^{0}（老）

杌子vu^{44} tsɿ^{0}

　方凳fɑŋ^{31} təŋ^{44}

小板凳siɔ^{53} pæ̃^{53} təŋ^{0}

圆凳yæ̃^{24} təŋ^{0}

高凳kɔ^{31} təŋ^{44}

马扎mᴀ^{53} tsᴀ^{0}

草笆tsʰɔ^{31} pᴀ^{0}蒲团

（2）卧室用具

床tʂʰɑŋ^{24}

床板tʂʰɑŋ^{24} pæ̃^{53}用来拼搭床铺的木板

棕棚tsuŋ^{31} pʰəŋ^{24}

竹床tʂʅ^{31} tʂʰɑŋ^{24}

炕kʰɑŋ^{44}

帐子tʂɑŋ^{44} tsɿ^{0}

帐钩tʂɑŋ^{44} kou^{31}

帐檐儿tʂɑŋ^{44} iæ̃^{24} ɚ^{0}

毯子tʰæ̃^{53} tsɿ^{0}

被儿pi^{44} ɚ^{0}被子

被窝pi^{44} vo^{31}

被里子pi^{44} li^{53} tsɿ^{0}被里

　被儿里子pi^{44} ɚ^{0} li^{53} tsɿ^{0}

被面子pi^{44} miæ̃^{44} tsɿ^{0}被面

　被儿面子pi^{44} ɚ^{0} miæ̃^{44} tsɿ^{0}

套子tʰɔ^{44} tsɿ^{0}棉被的胎

单子tæ̃^{53} tsɿ^{0}

　床单tʂʰɑŋ^{31} tæ̃^{53}

褥子ʐʅ^{53} tsɿ^{0}

草席tsʰɔ^{53} si^{0}

凉席liɑŋ^{31} si^{53}竹席

枕头tʂəŋ^{44} tʰou^{0}

枕套儿tʂəŋ^{53} tʰɔ^{44} ɚ^{0}

枕头瓤子tʂəŋ^{53} tʰou^{0} ʐɑŋ^{31} tsɿ^{53}枕头芯

梳妆台ʂʅ^{31} tʂɑŋ^{0} tʰᴇ^{24}

镜儿tɕiŋ^{44} ɚ^{0}镜子

箱箱siɑŋ^{31} siɑŋ^{0}

　手提箱ʂou^{53} ȶʰi^{24} siɑŋ^{31}

衣架i^{53} tɕiᴀ^{0}

晾衣架liɑŋ^{44} i^{31} tɕiᴀ^{44}

尿壶ȵiɔ^{44} xu^{0}

火炉xuo^{53} lou^{24}冬天暖手暖脚用的小陶瓷炉子，可以随身携带

火盆xuo^{44} pʰəŋ^{0}

暖壶lyæ̃^{53} xu^{24}①盛热水后放在被中取暖；②暖水瓶

电壶ȶiæ̃^{44} xu^{24}暖水瓶

（3）炊事用具

风□fəŋ^{53} ɕiæ̃^{0}

　风匣fəŋ^{53} xæ̃^{0}风箱

火箸xuo^{44} tʂʰʅ^{0}通炉子用的通条，火筷子

火钳子xuo^{53} tɕʰiæ̃^{24} tsɿ^{0}

火棍xuo^{44} kuŋ^{0}拨火棍

铲铲tsʰæ̃^{53} tsʰæ̃^{0}

煤铲 mei²⁴ tsʰæ̃⁵³

柴禾 tsʰE³¹ xuo⁵³（柴的总称）

硬柴 ȵiŋ⁴⁴ tsʰE⁰ 木柴

穰柴 ʐɑŋ⁴⁴ tsʰE⁰ 麦杆、杂草类的柴火

豆柴 tou⁴⁴ tsʰE²¹ 豆秸

火子 xuo⁵³ tsɿ⁵³ 火种，未熄灭的小火

稻草 tʰɔ³¹ tsʰɔ⁰ 稻杆

麦草 mei³¹ tsʰɔ⁰ 麦秸

稻黍杆 tʰɔ³¹ ʂʅ⁰ kæ̃⁵³ 高粱秆儿

锯末 tɕy⁴⁴ mo⁰

刨花 pɔ⁴⁴ xuA³¹

洋火 iɑŋ³¹ xuo⁵³ 火柴

烟锅 iæ̃³¹ kuo⁰

烟筒 iæ̃⁵³ tʰuŋ⁰ 烟囱

锅 kuo³¹

铝锅 ly⁵³ kuo³¹

沙锅 SA³¹ kuo⁰

大锅 tA⁴⁴ kuo³¹

小锅 siɔ⁵³ kuo³¹

锅板 kuo³¹ pæ̃⁰ 锅盖

铲铲 tsʰæ̃⁵³ tsʰæ̃⁰

铁匙 ȶʰiɛ³¹ sɿ²⁴ 锅铲

水壶 ʂei⁵³ xu²⁴

碗 væ̃⁵³ 陶碗

洋瓷碗 iɑŋ²⁴ tsʰɿ²⁴ væ̃⁵³ 搪瓷碗

满满 mæ̃⁵³ mæ̃⁰ 小孩儿吃饭用的小木碗（读音为"木碗"的合音）

海碗 XE³¹ væ̃⁰ 大碗

老碗 lɔ³¹ væ̃⁰

品 pʰiŋ⁵³ 一种盛菜、盛汤的大细瓷碗，碗口呈喇叭口状

墩子 tuŋ⁵³ tsɿ⁰ 上下直径相同的大碗

钵钵 po⁵³ po⁰ 小瓦盆

石窝 ʂʅ³¹ vo⁵³ 砸碎辣子、盐、生姜等的器具，用石头、铁等制成

石槌 ʂʅ³¹ tʂʰei⁴⁴ 在石窝中砸碎辣子等的槌，用石头、铁等制成

蒜窝 suæ̃⁴⁴ vo³¹

蒜窝子 suæ̃⁴⁴ vo³¹ tsɿ⁰ 捣蒜的器具，用木头制成

蒜槌 suæ̃⁴⁴ tʂʰei⁰ 捣蒜的槌子，用木头制成

茶杯 tsʰA³¹ pʰei⁵³

茶碗 tsʰA³¹ væ̃⁵³

碟碟 ȶʰiɛ³¹ ȶʰiɛ⁵³ 碟子

勺 ʂuo²⁴ 饭勺

勺勺 ʂuo³¹ ʂuo⁵³ 羹匙

筷子 kʰuE⁴⁴ tsɿ⁰

箸篓罐 tʂʰʅ⁴⁴ lou⁰ kuæ̃⁰ 筷笼

盖碗 kE⁴⁴ væ̃⁵³ 盖碗儿

盅盅 tʂəŋ⁵³ tʂəŋ⁰ 酒杯

酒盅 ȶiu⁵³ tʂəŋ⁵³

盘子 pʰæ̃²⁴ tsɿ⁰

酒壶 ȶiu⁵³ xu²⁴

酒坛子 ȶiu⁵³ tʰæ̃²⁴ tsɿ⁰

坛子 tʰæ̃³¹ tsɿ⁵³

坛坛 tʰæ̃³¹ tʰæ̃⁵³

罐子 kuæ̃^{44} tsɿ^{0}

马勺 mA^{44} ʂuo^{0} 瓢

笊篱 tsɔ^{44} lui^{0}

瓶子 p^{h}iŋ^{31} tsɿ^{53}

　瓶瓶 p^{h}iŋ^{31} p^{h}iŋ^{53}

瓶子盖盖 p^{h}iŋ^{31} tsɿ^{53} kE^{44} kE^{0} 瓶盖儿

礤子 ts^{h}A^{53} tsɿ^{0} 把萝卜擦成丝的用具

铡刀 tsA^{44} tɔ^{31} 菜刀

肉墩 ʐou^{44} tuŋ^{31} 砧板

案 ŋæ̃^{44}

　案板 ŋæ̃^{44} pæ̃^{53} 面板，做面食用的

桶 t^{h}uŋ^{53}

　桶桶 t^{h}uŋ^{53} t^{h}uŋ^{0} 水桶

碾槽 ȵiæ̃^{44} ts^{h}ɔ^{0} 铁制研药材用具

饭桶 fæ̃^{44} t^{h}uŋ^{53}

接口 ȶiɛ^{31} k^{h}ou^{0} 蒸笼

熥笼 t^{h}uo^{53} luŋ^{0} 笼屉，帮较低

簸笆 tsəŋ^{44} pA^{0}

　簸笆子 tsəŋ^{44} pA^{0} tsɿ^{0} 箅子

水缸 ʂei^{53} kɑŋ^{31}

恶水缸 ŋɤ^{31} ʂei^{24} kɑŋ^{31} 泔水缸

恶水 ŋɤ^{31} ʂei^{0} 泔水

抹布 mA^{53} p^{h}u^{0} 搌布

锅刷刷 kuo^{31} ʂA^{53} ʂA^{0} 刷锅用的刷子

拖把 t^{h}uo^{31} p^{h}A^{0}

（4）工匠用具

推坡 t^{h}ui^{53} p^{h}o^{0} 刨子

斧头 fu^{53} t^{h}ou^{0}

平斤 p^{h}iŋ^{31} tɕiŋ^{53} 锛子

锯 tɕy^{44}（大）

　锯锯 tɕy^{44} tɕy^{0}（小）

凿子 ts^{h}uo^{31} tsɿ^{53}

方尺 fɑŋ^{31} tʂ^{h}ʅ^{0} 曲尺

折尺 tʂɤ^{24} tʂ^{h}ʅ^{31}

卷尺 tɕyæ̃^{44} tʂ^{h}ʅ^{0}

墨斗 mei^{31} tou^{53}

墨斗线 mei^{31} tou^{53} siæ̃^{44}

钉子 ȶiŋ^{53} tsɿ^{0}

　钉钉 ȶiŋ^{53} ȶiŋ^{0}

钳子 tɕ^{h}iæ̃^{31} tsɿ^{53}

老虎钳 lɔ^{31} xu^{0} tɕ^{h}iæ̃^{24}

锤锤 tʂ^{h}ei^{31} tʂ^{h}ei^{53} 钉锤

镊子 ȵiɛ^{53} tsɿ^{0}

绳子 ʂəŋ^{31} tsɿ^{53}

合叶 xuo^{31} iɛ^{53}

瓦刀 vA^{44} tɔ^{0}

立木 li^{24} mu^{31} 盖房子时一道关键性的工序，即立起柱子，搭好屋架。立木时一般要放鞭炮以示庆祝

瓦房 vA^{53} fɑŋ^{24} 给房顶上盖瓦，瓦下坐泥

泥壁 ȵi^{44} pi^{0} 抹子

泥板 ȵi^{24} pæ̃^{53} 瓦工用来盛抹墙物的木板

麻刀 mA^{31} tɔ^{53}

灰斗 xui^{31} tou^{0}

錾子 tsE^{44} tsɿ^{0}

砧子tʂəŋ53 tsɿ0打铁时垫铁块用
剃头刀子ȶʰi44 tʰou24 tɔ53 tsɿ0剃刀
推子tʰui53 tsɿ0
理发剪li53 fA31 ȶiæ̃53 tsɿ0
木梳mu53 ʂʅ0梳子
鐾刀布pi44 tɔ31 pu44
理发椅子li53 fA0 i53 tsɿ0理发椅
缝纫机子fəŋ24 zʐəŋ44 tɕi53 tsɿ0缝纫机
剪子ȶiæ̃44 tsɿ0
尺子tʂʰʅ53 tsɿ0
熨斗yŋ44 tou0
烙铁luo31 ȶʰiɛ0
弓子kuŋ44 tsɿ0弹棉花用
纺线车子fɑŋ53 siæ̃44 tʂʰɤ53 tsɿ0纺车
织布机子tʂʅ31 pu44 tɕi53 tsɿ0织布机
梭子tsʰuo53 tsɿ0梭

(5)其它生活用品

东西tuŋ31 si0
澡盆tsɔ53 pʰəŋ24
脸盆liæ̃44 pʰəŋ0
脸盆架liæ̃53 pʰəŋ24 tɕiA44
洗脸水si31 liæ̃0 ʂei53
胰子i44 tsɿ0香皂
洋碱iɑŋ24 tɕiæ̃53肥皂
洗衣粉si53 i31 fəŋ53
擦脸手巾tsʰA31 liæ̃0 ʂou53 tɕiŋ31毛巾
洗脚盆si53 tɕyo31 pʰəŋ0脚盆
脚盆tɕyo53 pʰəŋ0尿盆
抹脚布mA24 tɕyo31 pu44擦脚布
汽灯tɕʰi44 təŋ44
电棒ȶiæ̃44 pɑŋ44日光灯
洋蜡iɑŋ24 lA31蜡烛
　蜡lA31
　蜡蜡lA53 lA0
煤油灯mei24 iou24 təŋ31(没有玻璃罩的)
罩子灯tsɔ44 tsɿ0 təŋ31有玻璃罩的煤油灯
灯眼子təŋ31 ȵiæ̃53 tsɿ0灯芯
灯罩子təŋ31 tsɔ44 tsɿ0
灯盏təŋ31 tsæ̃0
灯取təŋ31 tɕʰy0灯草
灯油təŋ31 iou24
灯笼təŋ53 ləŋ0
包包pɔ53 pɔ0手提包
钱包儿ȶʰiæ̃31 pɔ53 ɚ0
私章sɿ31 tʂɑŋ0图章
望远镜vɑŋ44 yæ̃53 tɕiŋ44
糨子tɕiɑŋ44 tsɿ0糨糊
顶针ȶiŋ44 tʂəŋ0
线绊儿siæ̃44 pʰæ̃0 ɚ0线轴
针鼻眼tʂəŋ31 pʰi44 ȵiæ̃0针鼻儿
针尖tʂəŋ31 ȶiæ̃0
针脚tʂəŋ31 tɕyo0
□针kʰuæ̃24 tʂəŋ31穿针(动宾)
锥子tʂei53 tsɿ0
耳挖子ɚ53 vA53 tsɿ0

搓板 tsʰuo^{31} pæ̃^{0} 洗衣板

棒槌 pʰɑŋ^{44} tʂʰei^{0}

鸡毛掸子 tɕi^{31} mɔ^{0} tæ̃^{53} tsɿ^{0}

甩子 ʂei^{53} tsɿ^{0} 打掉衣服上灰尘的用具，把皮条或布条固定在木柄上做成

扇子 ʂæ̃^{44} tsɿ^{0}

蒲扇 pʰu^{31} ʂæ̃^{53}

拐棍 kuæ̃^{44} kuŋ^{0} 中式的拐杖（“拐”的读音比较特殊）

　文明棍 vəŋ^{24} miŋ^{24} kuŋ^{0} 西式的手杖

手纸 ʂou^{31} tsɿ^{0}

纸纸 tsɿ^{53} tsɿ^{0} 小块儿的纸

烂纸纸 læ̃^{44} tsɿ^{53} tsɿ^{0} 废纸

接嘴 ȶiɛ^{31} tsui^{0} 漏斗

九　称谓

（1）一般称谓

男人伙 læ̃^{24} zəŋ^{0} xuo^{53} 男人

　外头人 vei^{44} tʰou^{0} zəŋ^{0}

屋里人 vuː^{531} zəŋ^{0}（“屋里”合音）

　婆娘伙 pʰo^{24} ȵiɑŋ^{0} xuo^{53}

女人 ȵy^{53} zəŋ^{0}

月娃 yɛ^{53} vᴀ^{0} 婴儿

娃娃伙 vᴀ^{24} vᴀ^{0} xuo^{53} 小孩儿

　碎娃 sui^{44} vᴀ^{44}

儿子娃 ɚ^{31} tsɿ^{53} vᴀ^{44} 男孩儿

　儿子 ɚ^{31} tsɿ^{53}

　牛牛娃 ȵiu^{24} ȵiu^{0} vᴀ^{44}

　命系系 miŋ^{44} ɕi^{44} ɕi^{0} 独生子

　崽娃 tsᴇ^{53} vᴀː^{0} 老人对小男孩的亲昵称呼，含有疼爱的意味

姐姐 ȶiɛ^{44} ȶiɛ^{0} 女孩儿

　女子 ȵy^{44} tsɿ^{0}

　女娃 ȵy^{53} vᴀ^{44}

老汉 lɔ^{44} xæ̃^{0} 老头儿

老婆 lɔ^{44} pʰo^{0} 老太婆

小伙子 siɔ^{31} xuo^{0}

　二暴脑 ɚ^{31} pɔ^{0} lɔ^{0} 半大小伙子

城里人 tʂʰəŋ^{24} li^{0} zəŋ^{0}

乡棒 ɕiɑŋ^{31} pʰɑŋ^{44} 乡巴佬，带贬义

乡里人 ɕiɑːŋ^{531} zəŋ^{24} 乡下人（“乡里”合音）

亲门 ȶʰiŋ^{53} məŋ^{0} 一家子，同宗同姓的人

　个家人 kᴀː^{31} zəŋ^{24}（“个家”合音）

　一门子 i^{31} məŋ^{31} tsɿ^{53}

　本家 pəŋ^{53} tɕiᴀ^{31}

一面人 i^{31} miæ̃^{44} zəŋ^{0} 外地人

　一□人 i^{31} miᴀː^{441} zəŋ^{24}（“面”字因弱化读音特殊）

本地人 pəŋ^{53} ȶi^{44} zəŋ^{24}

洋人iɑŋ^{24} ʐəŋ^{24}外国人

个家人kɤ^{53} ᴀ^{0} ʐəŋ^{0}自己人

外人vᴇ^{44} ʐəŋ^{0}

　旁人pʰɑŋ^{24} ʐəŋ^{0}不是自己人

客人kʰei^{53} ʐəŋ^{0}无亲属关系

　亲亲ȶʰiŋ^{53} ȶʰiŋ^{0}有亲属关系

同岁tʰuŋ^{31} sui^{53}

内行lui^{44} xɑŋ^{24}

　行家xɑŋ^{24} iᴀ^{0}（"家"音节弱化，声母脱落）

初炉炉tʂʰʅ^{53} lu^{0} lu^{0}

　外行vᴇ^{44} xɑŋ^{0}

中间人tʂəŋ^{31} tɕiæ̃^{0} ʐəŋ^{24}

光棍kuɑŋ^{53} kuŋ^{0}单身汉

姑娘ku^{53} ȵiɑŋ^{0}老姑娘

童养媳tʰuŋ^{24} iɑŋ^{53} si^{31}

寡妇kuᴀ^{44} fu^{0}

婊子piɔ^{53} tsɿ^{0}

姘头pʰiŋ^{44} tʰou^{0}

私生子sɿ^{31} səŋ^{0} tsɿ^{53}

犯人fæ̃^{44} ʐəŋ^{0}囚犯

暴发户pɔ^{44} fᴀ^{31} xu^{44}

叫花tɕiɔ^{44} xuᴀ^{31}乞丐

江湖骗子tɕiɑŋ^{31} xu^{0} pʰiæ̃^{44} tsɿ^{0}走江湖的

人贩子ʐəŋ^{24} fæ̃^{44} tsɿ^{0}专门拐带小孩的人

（2）职业称谓

工作kuŋ^{31} tsuo^{0}

工人kuŋ^{53} ʐəŋ^{0}

谝天天的pʰiæ̃^{53} ȶʰiæ̃^{53} ȶʰiæ̃^{0} ȶi^{0}专门给人做短工的人

长工tʂʰɑŋ^{31} kuŋ^{53}

短工tuæ̃^{44} kuŋ^{0}

麦客mei^{31} kʰei^{0}麦收时节从外地赶来受雇佣割麦子的人

零工liŋ^{24} kuŋ^{31}

庄稼汉tʂɑŋ^{53} ᴀ^{0} xæ̃^{0}农民（"稼"音节弱化，声母和介音均脱落）

生意人səŋ^{53} i^{0} ʐəŋ^{0}做买卖的

掌柜tʂɑŋ^{53} kʰui^{44}①老板；②东家

掌柜婆娘tʂɑŋ^{53} kʰui^{44} pʰo^{31} ȵiɑŋ^{53}老板娘

伙计xuo^{44} tɕi^{0}

　伙计娃xuo^{44} tɕi^{0} vᴀ^{0}

徒弟tʰu^{31} ȶʰi^{53}

　徒弟娃tʰu^{31} ȶʰi^{44} vᴀ^{0}

　学手匠ɕyo^{31} ʂou^{44} ȶʰiɑŋ^{0}学徒

顾客ku^{44} kʰei^{31}

小贩siɔ^{53} fæ̃^{44}摊贩

　贩子fæ̃^{44} tsɿ^{0}

　摆摊摊的pᴇ^{53} tʰæ̃^{53} tʰæ̃^{0} ȶi^{0}

先生siæ̃^{31} səŋ^{0}①教书先生；②医生

教员tɕiɔ^{44} yæ̃^{0}

学生 ɕyo^{31} səŋ^{53}
同学 tʰuŋ^{24} ɕyo^{24}
朋友 pʰəŋ^{24} iou^{53}
当兵的 taŋ^{31} piŋ^{53} ȶi^{0} 兵
　粮子 liaŋ^{31} tsɿ^{53}
警察 tɕiŋ^{44} tsʰᴀ^{0}
医生 i^{31} səŋ^{0}
　大夫 tʰᴇ^{44} fu^{0}
司机 si^{24} tɕi^{31}
手艺人 ʂou^{53} i^{0} ʐəŋ^{0}
　匠人 ȶʰiaŋ^{44} ʐəŋ^{0}
木匠 mu^{53} ȶʰiaŋ^{0}
瓦匠 vᴀ^{44} ȶʰiaŋ^{0}
锡匠 si^{53} ȶʰiaŋ^{0}
铜匠 tʰuŋ^{31} ȶʰiaŋ^{53}
铁匠 ȶʰiɛ^{53} ȶʰiaŋ^{0}
钉锅的 ȶiŋ^{44} kuo^{31} ȶi^{0} 补锅的
焊匠 xæ̃^{44} ȶʰiaŋ^{0} 焊洋铁壶的
裁缝 tsʰᴇ^{31} fəŋ^{53}
待招 tᴇ^{44} tʂɔ^{31} 理发员
杀猪的 sᴀ^{31} tʂʅ^{53} ȶi^{0}
　屠夫 tu^{44} fu^{0}
脚户 tɕyo^{53} xu^{0} 搬运夫（旧称）
挑夫 ȶʰiɔ^{53} fu^{0}
轿夫 tɕʰiɔ^{44} fu^{0}
船家娃 ʂæ̃^{31} iᴀ^{0} vᴀ^{0} 艄公，带有贬义（“家”音节弱化声母脱落）
管家 kuæ̃^{53} tɕiᴀ^{31}
伙计 xuo^{53} tɕi^{0} 合作的人
厨子 tʂʰʅ^{24} tsɿ^{0} 厨师（有一定级别技术职称的厨师）
　做饭的 tsu^{44} fæ̃^{44} ȶi^{0}（一般称）
　灶夫 tsɔ^{44} fu^{0}
饲养员 sɿ^{31} iaŋ^{53} yæ̃^{24}
　喂牲口的 vei^{44} səŋ^{31} kʰou^{0} ȶi^{0}
奶娘 lᴇ^{53} ȵiᴀ^{0} 奶妈（面称）
　奶娃婆娘 lᴇ^{53} vᴀ^{0} pʰo^{31} ȵiaŋ^{53}（背称）
奶爸 lᴇ^{44} pᴀ^{0} 奶妈之夫
仆人 pʰu^{31} ʐəŋ^{53}
上锅的 ʂaŋ^{44} kuo^{53} ȶi^{0} 女仆
丫环 iᴀ^{53} xuæ̃^{0}
老娘婆 lɔ^{53} ȵiaŋ^{0} pʰo^{0} 接生婆
和尚 xuo^{31} ʂaŋ^{53}
尼姑 ȵi^{31} ku^{53}
　姑姑 ku^{53} ku^{0}
道人 tɔ^{44} ʐəŋ^{0} 出家的道教徒

（3）人品称谓

半吊子 pæ̃^{44} ȶiɔ^{44} tsɿ^{0} 半瓶醋
二杆子 ɚ^{44} kæ̃^{53} tsɿ^{0} 鲁莽冒失的人
干板儿 kæ̃^{31} pæ̃^{53} ɚ^{0} 爱说话的人，嘴快的人
杠客 kaŋ^{44} kʰei^{0} 爱抬杠的人
是非精 sɿ^{44} fei^{31} ȶiŋ^{0} 爱搬弄是非的人
牙家 iᴀ^{31} tɕiᴀ^{53} 能说会道，言辞尖利的人
杰物 tɕiɛ^{31} vo^{53} 胆子大、无所畏惧的人

倔头 tɕyɛ^{44} tʰou^{24} 性子直，态度生硬的人

麻迷儿 mᴀ^{31} mi^{44} ɚ^{0}

麻迷子 mᴀ^{24} mi^{31} tsɿ^{53} 性格执拗，不通情理的人

七成儿 ȶʰi^{53} tʂʰəŋ^{0} ɚ^{0} 做事不考虑后果的人

白乎乎 pʰei^{31} xu^{44} xu^{0} 没有知识的人

鳖三 piɛ^{31} sæ̃^{0} 做事吃亏，受人欺负的人

大头 tᴀ^{44} tʰou^{24} 老实憨厚、总吃亏、受人欺负的人

肉头 ʐou^{44} tʰou^{24} 软弱无能的人

败家子 pʰᴇ^{44} tɕiᴀ^{31} tsɿ^{0}

骗子 pʰiæ̃^{44} tsɿ^{0}

吹三 tʂʰei^{31} sæ̃^{0} 爱吹牛皮的人

嘴儿客 tsui^{53} ɚ^{0} kʰei^{31} 常说空话，不办实事的人

尖尖钻 ȶiæ̃^{53} ȶiæ̃^{0} tsuæ̃^{44} 自私，见到有利可图的事就往里面钻的人

抠心算 kʰou^{31} siŋ^{0} suæ̃^{44} 自私自利，斤斤计较的人

热粘皮 ʐɤ^{31} tʂæ̃^{0} pʰi^{24} 爱拉关系的人

阶级眼 tɕiɛ^{31} tɕi^{0} ȵiæ̃^{53} 作风势力的人

死狗 sɿ^{31} kou^{53} 耍赖皮的人

街皮 tɕiɛ^{31} pʰi^{24} 总在街上游荡、不务正业的人

逛三 kuɑŋ^{44} sæ̃^{0} 游手好闲的人

狰三 tsəŋ^{44} sæ̃^{0} 争强好胜的人

踢三 ȶʰi^{31} sæ̃^{0} 败家子

吹三 tʂʰei^{31} sæ̃^{0} 爱吹牛的人

野路路 iɛ^{53} lu^{0} lu^{0} 野蛮、不讲理、横行霸道的人

生杀母 səŋ^{31} sᴀ^{0} mu^{0} 做事生猛，不计后果，心狠手辣的人

瞎瞎人 xᴀ^{53} xᴀ^{0} ʐəŋ^{24} 坏人

瞎怂 xᴀ^{31} suŋ^{24}

狰怂 tsəŋ^{31} suŋ^{24} 争强好胜的人

冷怂 ləŋ^{53} suŋ^{24} 待人冷漠不热情的人

瓜怂 kuᴀ^{31} suŋ^{24} 笨蛋

骨碌客 ku^{53} lu^{0} kʰei^{31} 赌博的人

老烧三 lɔ^{53} ʂɔ^{31} sæ̃^{0} 老色鬼

曳溜神 iɛ^{53} liu^{0} ʂəŋ^{0} 勾引青少年学坏的人

痴灵神 tsʰɿ^{53} liŋ^{0} ʂəŋ^{0} 性情迟缓，做事笨拙的人

翻弄神 fæ̃^{53} luŋ^{0} ʂəŋ^{0} 爱乱翻的人

兀溜神 vu^{53} liu^{0} ʂəŋ^{0} 情绪多变的人

贩弄神 fæ̃^{44} luŋ^{0} ʂəŋ^{0} 能贩卖东西或把家里的东西往外拿的人

蔫皮 ȵiæ̃^{31} pʰi^{24} 慢性子的人

□皮 tɕʰiŋ^{44} pʰi^{24} 没皮没脸的人

死皮 sɿ^{53} pʰi^{24} 不顾羞耻一味纠缠的人

啬皮 sei^{31} pʰi^{24} 吝啬鬼

细鬼 si^{44} kui^{53}

赖皮 lᴇ^{44} pʰi^{24} 无赖

流氓 liu^{24} mɑŋ^{24}

土匪 tʰu^{53} fei^{0} 土匪，强盗

贼娃(子)tsei^{31} vAː^{53}贼
小偷儿siɔ^{44} t^{h}ou^{53} ɚ^{0}
溜娃liu^{44} vA^{0}
倒灶鬼tɔ^{44} tsɔ^{0} kui^{0}倒卖、糟蹋、浪费财产的人
能豆豆ləŋ^{24} tou^{44} tou^{0}特别能干的小人物,通常指女性
鬼豆豆kui^{53} tou^{44} tou^{0}机灵鬼
死狗sɿ^{31} kou^{53}无赖
匪客fei^{44} k^{h}ei^{0}爱惹事的大人或孩子

十 亲属

(1)长辈

长辈tʂɑŋ^{53} pei^{0}
爸爷pA^{53} iɛ^{0}曾祖父
爸婆pA^{53} p^{h}o^{0}曾祖母
爷iɛ^{24}祖父(面称)
爷iɛ^{44}(背称)
婆p^{h}o^{24}祖母(面称)
婆p^{h}o^{44}(背称)
外爷vei^{44} iɛ^{0}外祖父(面称)
舅家爷tɕiu^{44} iA^{0} iɛ^{0}(背称)
舅爷tɕiu^{44} iɛ^{44}(背称)
外婆vei^{44} p^{h}o^{0}外祖母(面称)
舅家婆tɕiu^{44} iA^{0} p^{h}o^{0}(背称)
舅婆tɕiu^{44} p^{h}o^{44}(背称)
爹爹ȶiɛ^{53} ȶiɛ^{0}(面称)
爸爸pA^{44} pA^{0}(面称)
你爹ȵi^{31} ȶiɛ^{0}(背称)
你爸ȵi^{31} pA^{0}(背称)
妈mA^{24}(面称)
娘ȵiA^{24}(面称)
你娘ȵi^{31} ȵiA^{0}(背称)
他娘t^{h}A^{31} ȵiA^{0}(背称)
姨父i^{31} fu^{53}岳父(面称)
丈人tʂɑŋ^{44} zəŋ^{0}(新,背称)/tʂ^{h}ɑŋ^{44} zəŋ^{0}(老,背称)
姨i^{24}岳母(面称)
丈母姨tʂ^{h}ɑŋ^{44} mu^{0} i^{44}(背称)
阿公A^{31} kuŋ^{0}公公(背称,面称随夫)
阿家A^{31} tɕiA^{0}婆婆(背称,面称随夫)
后爸xou^{44} pA^{0}继父(背称,面称同父亲)
后妈xou^{44} mA^{24}继母(背称)
□□iɔ^{24} kuæ̃^{44}(背称,带贬义)
伯伯pei^{44} pei^{0}伯父(面称)
伯pei^{24}(面称)
你伯ȵi^{31} pei^{44}(背称)
他伯t^{h}A^{31} pei^{44}(背称)
大大tA^{44} tA^{0}伯母(面称背称相同)
爸pA^{44} 叔父(称呼时按排行)
爸爸pA^{44} pA^{44}

二爸 ɚ^{44} pᴀ^{44}

三爸 sæ̃^{31} pᴀ^{44}

碎爸 sui^{44} pᴀ^{44}

妈 mᴀ^{24} 伯母（称呼时按排行）

二妈 ɚ^{44} mᴀ^{24}

三妈 sæ̃^{31} mᴀ^{24}

碎妈 sui^{44} mᴀ^{24}

娘娘 ȵiᴀ^{44} ȵiᴀ^{0} 叔母（称呼时按排行）

二娘 ɚ^{44} ȵiᴀ^{24}

三娘 sæ̃^{31} ȵiᴀ^{24}

碎娘 sui^{44} ȵiᴀ^{24}

新娘 siŋ^{31} ȵiᴀ^{44} 新婚的叔母

舅舅 tɕiu^{44} tɕiu^{0} 舅父（面称）

你舅 ȵi^{31} tɕiu^{44}（背称）

他舅 t^{h}ᴀ^{31} tɕiu^{44}（背称）

妗子 tɕ^{h}iŋ^{44} tsɿ^{0} 舅母

姑姑 ku^{24} ku^{53} 姑母（面称）

姑 ku^{24}（面称）

你姑 ȵi^{31} ku^{24}（背称）

他姑 t^{h}ᴀ^{31} ku^{24}（背称）

姨 i^{24} 姨妈（面称）

你姨 ȵi^{31} i^{44}（背称）

他姨 t^{h}ᴀ^{31} i^{44}（背称）

姑夫 ku^{53} fu^{0}

姨夫 i^{31} fu^{53} ①母亲的姐妹的丈夫；②姻伯，弟兄的岳父，姐妹的公公

叔 ʂʅ^{24} ①姻伯，弟兄的岳父，姐妹的公公；②对比自己年长一辈的男性的泛称

姑家婆 kuᴀ^{31} p^{h}o^{44} 姑奶奶，父之姑妈（“瓜婆”是“姑家婆”的合音，“家”的声母和介音脱落，与前一个音节构成新的音节，故读音特殊）

婆 p^{h}o^{44} 姨奶奶，父之姨妈（面称）

姨家婆 i^{44} iᴀ^{0} p^{h}o^{44}（背称）

（2）平辈

平辈 p^{h}iŋ^{31} pei^{53}

两口 liɑŋ^{31} k^{h}ou^{0} 夫妻

男人 læ̃^{24} ʐəŋ^{0} 丈夫（背称）

外头人 vei^{44} t^{h}ou^{0} ʐəŋ^{0}（背称）

掌柜的 tʂɑŋ^{53} k^{h}ui^{44} ȶi^{0}（面称）

媳妇 si^{31} fu^{0}（背称）

婆娘 p^{h}o^{31} ȵiɑŋ^{53}（背称）

屋里人 veiː^{53} ʐəŋ^{0} 妻子（背称）

小婆娘 siɔ^{53} p^{h}o^{31} ȵiɑŋ^{53} 小老婆

大伯 tᴀ^{44} pei^{44} 大伯子

碎爸 sui^{44} pᴀ^{44} 小叔子

大姑 tᴀ^{44} ku^{24} 大姑子（夫之姐）

碎姑 sui^{44} ku^{24} 小姑子（夫之妹）

他舅 t^{h}ᴀ^{31} tɕiu^{44} 内兄弟，妻之兄弟（背称）

他大舅 t^{h}ᴀ^{31} tᴀ^{44} tɕiu^{44}（背称，面称随妻）

小舅 siɔ^{53} tɕ^{h}iu^{0} 内弟（背称，面称随妻）

他大姨 t^{h}ᴀ^{31} tᴀ^{44} i^{44} 大姨子（背称，面称随妻）

他碎姨 t^{h}ᴀ^{31} sui^{44} i^{44} 小姨子（背称，面

称随妻）

弟兄们ȶi^{44} ɕyŋ^{31} mu^{0}弟兄（“们”读音特殊）

姊妹们tsɿ^{53} mei^{0} mei^{0}（既可指姊妹又可指兄弟姐妹，“们”的发音特殊，可能是受顺同化导致的）

哥kɤ^{24}（面称）

　哥哥kɤ^{53} kɤ^{0}/kɤ^{31} kɤ^{53}（面称）

　你哥ȵi^{31} kɤ^{24}（背称）

　他哥tʰA^{31} kɤ^{24}（背称）

嫂子sɔ^{53} tsɿ^{0}（面称）

　嫂嫂sɔ^{31} sɔ^{53}（面称）

　你嫂子ȵi^{31} sɔ^{44} tsɿ^{0}（背称）

　他嫂子tʰA^{31} sɔ^{44} tsɿ^{0}（背称）

兄弟ɕyŋ^{53} ȶʰi^{0}弟弟

兄弟媳妇ɕyŋ^{53} ȶʰi^{0} si^{53} fu^{0}弟媳（背称，面称呼名）

姐姐ȶiɛ^{31} ȶiɛ^{53}（面称）

　姐ȶiɛ^{24}（面称）

　你姐ȵi^{31} ȶiɛ^{24}（背称）

　他姐tʰA^{31} ȶiɛ^{24}（背称）

姐夫ȶiɛ^{44} fu^{0}

妹妹mei^{44} mei^{0}（背称）

　妹子mei^{44} tsɿ^{0}（背称，面称呼名）

妹夫 mei^{44} fu^{31}（背称，面称呼名）

伯叔弟兄pei^{31} ʂɿ^{0} ȶi^{44} ɕyŋ^{0}堂兄弟

哥kɤ^{24}（堂兄、表兄面称时跟亲兄长一样，背称时说明“我伯家哥、我姨家哥、我姑家哥”等）

伯叔姊妹pei^{31} ʂɿ^{0} tsɿ^{53} mei^{0}堂姊妹

姐姐ȶiɛ^{31} ȶiɛ^{53}

　姐ȶiɛ^{24}亲姐姐，堂姐，表姐

表兄弟piɔ^{53} ɕyŋ^{31} ȶi^{44}

　姑表弟兄ku^{31} piɔ^{0} ȶi^{44} ɕyŋ^{0}

表姊妹piɔ^{53} tsɿ^{53} mei^{0}

（3）晚辈

晚辈væ̃^{44} pei^{0}

儿和女ɚ^{31} xuo^{44} ȵy^{0}子女

儿子ɚ^{31} tsɿ^{53}

　儿ɚ^{24}

大儿tA^{44} ɚ^{24}

　大娃tA^{44} vA^{44}（“娃”专指儿子）

碎儿sui^{44} ɚ^{24}

　碎娃sui^{44} vA^{44}小儿子

经管下的tɕiŋ^{31} kuæ̃^{0} xA^{0} ȶi^{0}养子（背称）

儿媳妇ɚ^{31} si^{44} fu^{0}

女ȵy^{53}

　姐姐ȶiɛ^{31} ȶiɛ^{53}女儿

女婿ȵy^{44} ɕy^{0}

孙子suŋ^{53} tsɿ^{0}

　孙娃suŋ^{53} vA^{0}（包括孙女）

孙子媳妇suŋ^{53} tsɿ^{0} si^{53} fu^{0}孙媳妇

孙女suŋ^{31} ȵy^{53}

孙子女婿 $\mathrm{su\eta^{53}\ ts\gamma^{0}\ \eta y^{44}\ \c{c}y^{0}}$ 孙女婿

重孙子 $\mathrm{t\c{s}^{h}\partial\eta^{31}\ su\eta^{53}\ ts\gamma^{0}}$ 重孙（包括男女）

外孙子 $\mathrm{vei^{44}\ su\eta^{31}\ ts\gamma^{0}}$

□孙子 $\mathrm{v\tilde{æ}^{44}\ su\eta^{31}\ ts\gamma^{0}}$（包括男女）

□孙女 $\mathrm{v\tilde{æ}^{44}\ su\eta^{44}\ \eta y^{53}}$

□甥 $\mathrm{v\tilde{æ}^{44}\ s\partial\eta^{31}}$

外甥 $\mathrm{vei^{44}\ s\partial\eta^{31}}$

□甥女 $\mathrm{v\tilde{æ}^{44}\ s\partial\eta^{31}\ \eta y^{53}}$

侄儿 $\mathrm{t\c{s}^{h}\iota^{24}\ \partial^{0}}$（包括丈夫的兄弟之子和妻子的兄弟之子）

侄女 $\mathrm{t\c{s}^{h}\iota^{24}\ \eta y^{53}}$（包括丈夫的兄弟之女和妻子的兄弟之女）

（4）其它

挑担 $\mathrm{t^{h}i\text{ɔ}^{53}\ t\tilde{æ}^{0}}$

两挑子 $\mathrm{li\alpha\eta^{31}\ t^{h}i\text{ɔ}^{53}\ ts\gamma^{0}}$ 连襟

亲家 $\mathrm{t^{h}i\eta^{31}\ iA^{0}}$（“家”音节弱化，声母脱落）

亲家母 $\mathrm{t^{h}i\eta^{44}\ A^{0}\ mu^{0}}$（“家”音节弱化，声母、介音脱落）

亲家 $\mathrm{t^{h}i\eta^{31}\ A^{0}}$ 亲家翁（“家”音节弱化，声母、介音脱落）

亲亲 $\mathrm{t^{h}i\eta^{31}\ t^{h}i\eta^{0}}$ 亲戚

带犊 $\mathrm{tE^{44}\ tu^{0}}$ 妇女改嫁带的儿女

男人伙 $\mathrm{l\tilde{æ}^{24}\ z\partial\eta^{0}\ xuo^{53}}$ 男子通称

婆娘伙 $\mathrm{p^{h}o^{24}\ \eta i\alpha\eta^{0}\ xuo^{53}}$ 妇女通称

娘家 $\mathrm{\eta i\alpha\eta^{31}\ iA^{53}}$

我屋里 $\mathrm{\eta\gamma^{31}\ vu^{53}\ li^{0}}$ 婆家

婆家 $\mathrm{p^{h}o^{24}\ iA^{31}}$ 从外人角度说婚姻关系中的男方

娘家 $\mathrm{\eta i\alpha\eta^{24}\ iA^{31}}$ 从外人角度说婚姻关系中的女方

舅院 $\mathrm{t\c{c}iu^{44}\ y\tilde{æ}^{0}}$ 姥姥家

舅□ $\mathrm{t\c{c}iu^{44}\ yA^{0}}$（此处“院”的发音很特殊，应该是弱化造成的）

我姨家 $\mathrm{\eta\gamma^{31}\ i^{44}\ iA^{0}}$ 丈人家

我姨父家 $\mathrm{\eta\gamma^{31}\ i^{31}\ fu^{53}\ iA^{0}}$

我姨家屋里 $\mathrm{\eta\gamma^{31}\ i^{44}\ iA^{0}\ vei\text{ː}^{31}}$（“屋里”合音）

十一　身体

（1）五官

身体 $\mathrm{\c{s}\partial\eta^{31}\ t^{h}i^{53}}$

身材 $\mathrm{\c{s}\partial\eta^{53}\ ts^{h}E^{0}}$

身坯 $\mathrm{\c{s}\partial\eta^{31}\ p^{h}ei^{0}}$

坯挂 $\mathrm{p^{h}ei^{31}\ kuA^{0}}$

精溜溜 $\mathrm{ti\eta^{31}\ liu^{44}\ liu^{44}}$

光溜溜 $\mathrm{kua\eta^{31}\ liu^{44}\ liu^{44}}$ 光身子（不同于“精溜溜 $\mathrm{ti\eta^{31}\ liu^{31}\ liu^{21}}$、光溜溜 $\mathrm{ku\alpha\eta^{31}\ liu^{31}\ liu^{21}}$”，①形容光滑；②

形容地面、物体、身体没有遮盖的样子）

发变 fA^{53} piæ̃^{0} 指女子身体因发育而变得丰满

头 t^{h}ou^{24}

多脑 tuo^{31} lɔ^{53}

奔颅 pəŋ^{53} lou^{0} 突出的前额

□棍颡 kɔ^{44} kuŋ^{0} sA^{24}

□□头 kɔ^{44} kɔ^{44} t^{h}ou^{24} 奔儿头

电光颡 ȶiæ̃^{44} kuɑŋ^{31} sA^{24} 秃头

歇顶 siɛ^{31} ȶiŋ^{0} 秃顶

头顶 t^{h}ou^{24} ȶiŋ^{53}

脑瓜盖 lɔ^{53} kuA^{0} kE^{44}

后脑勺 xou^{44} lɔ^{53} ʂuo^{0}

后马勺 xou^{44} mA^{44} ʂuo^{0}

脖浪□ p^{h}u^{31} lɑŋ^{44} kuo^{0} 颈

脖浪骨 p^{h}u^{31} lɑŋ^{44} ku^{0}

后脑窝 xou^{44} lɔ^{53} vo^{31}

头发 t^{h}ou^{24} fA^{53}

冒盖 mɔ^{44} kE^{0} 指女性的头发

洋楼 iɑŋ^{24} lou^{24} 男子的新式发型

天白子 ȶ^{h}iæ̃^{44} p^{h}ei^{0} tsɿ^{0} 少白头

掉头发 ȶiɔ^{44} t^{h}ou^{31} fA^{53}

脱头发 t^{h}uo^{31} t^{h}ou^{31} fA^{53}

额颅 ŋei^{53} lou^{0} 额

囟门口 siŋ^{44} məŋ^{0} k^{h}ou^{0} 囟门

鬓间 piŋ^{44} tɕiæ̃^{31} 鬓角

辫子 p^{h}iæ̃^{44} tsɿ^{0}

冒辫子 mɔ^{44} p^{h}iæ̃^{44} tsɿ^{0}

纂纂 tsuæ̃^{44} tsuæ̃^{0} 中老年盘在脑后的发髻

燕絮儿 iæ̃^{44} ɕy^{44} ɚ^{44}

刘海 liu^{24} xE^{53}

脸 liæ̃^{53}

脸蛋子 liæ̃^{53} t^{h}æ̃^{0} tsɿ^{0} 两颊

胭脂骨 iæ̃^{31} tsɿ^{0} ku^{0} 颧骨

笑窝窝 siɔ^{44} vo^{31} vo^{0}

酒窝 ȶiu^{53} vo^{31}

鼻根 p^{h}i^{31} kəŋ^{53} 人中

哭腮 k^{h}u^{31} sE^{0} 腮帮子

眼睛 ȵiæ̃^{44} ȶiŋ^{0}

眼窝 ȵiæ̃^{44} vo^{0}

眼眶骨 ȵiæ̃^{53} k^{h}uɑŋ^{31} ku^{0} 眼眶

眼珠子 ȵiæ̃^{53} tʂʅ^{53} tsɿ^{0}

白眼珠子 p^{h}ei^{31} ȵiæ̃^{53} tʂʅ^{53} tsɿ^{0}

白眼仁子 p^{h}ei^{31} ȵiæ̃^{53} ʐəŋ^{24} tsɿ^{53}

黑眼珠子 xei^{31} ȵiæ̃^{53} tʂʅ^{53} tsɿ^{0}

眼睛仁仁 ȵiæ̃^{44} ȶiŋ^{0} ʐəŋ^{24} ʐəŋ^{0} 瞳仁儿

眼角 ȵiæ̃^{44} tɕyo^{0}

大眼角 tA^{44} ȵiæ̃^{44} tɕyo^{0} 眼角靠近鼻子的部位

眼圈儿 ȵiæ̃^{53} tɕ^{h}yæ̃^{53} ɚ^{0}

眼泪 ȵiæ̃^{44} lui^{0}

眼角眵 ȵiæ̃^{44} tɕyo^{0} ts^{h}ɿ^{0} 眼睛屎

眼皮 ȵiæ̃^{53} p^{h}i^{24}

单眼皮儿 tæ̃^{31} ȵiæ̃^{53} p^{h}i^{24} ɚ^{0}

双眼皮儿 ʂɑŋ^{31} ȵiæ̃^{53} p^{h}i^{24} ɚ^{0}

眼眨毛 ȵiæ̃^{53} tsA^{31} mu^{0} 眼睫毛

眉眉 mi³¹ mi⁵³ 眉毛

皱眉眉 tsou⁴⁴ mi³¹ mi⁵³ 皱眉头

鼻子 pʰi³¹ tsɿ⁵³

清鼻 ȶʰiŋ⁵³ pʰi⁰ 鼻涕

鼻窟窿 pʰi³¹ kʰu⁵³ luŋ⁰ 鼻孔

鼻毛 pʰi²⁴ mɔ²⁴

鼻子尖尖 pʰi³¹ tsɿ⁵³ ȶiæ̃⁵³ ȶiæ̃⁰ 鼻头

鼻子尖 pʰi³¹ tsɿ⁵³ ȶiæ̃³¹ 嗅觉灵敏

鼻梁桄 pʰi³¹ liɑŋ⁵³ kuɑŋ⁴⁴ 鼻梁

红鼻子 xuŋ²⁴ pʰi³¹ tsɿ⁵³

酒糟鼻子 ȶiu⁵³ tsɔ⁰ pʰi³¹ tsɿ⁵³

嘴 tsui⁵³

嘴唇 tsui⁵³ ʂəŋ²⁴

唾沫 tʰuo⁴⁴ mo³¹

唾沫星 tʰuo⁴⁴ mo³¹ siŋ³¹

涎水 xæ̃³¹ ʂei⁰

舌头 ʂɤ³¹ tʰou⁵³

咽舌 iæ̃⁴⁴ ʂʅ⁵³ 小舌

舌苔 ʂɤ³¹ tʰE⁵³

粘粘嘴 ʐæ̃²⁴ ʐæ̃²⁴ tsui⁵³ 大舌头，口齿不清

牙 ȵiA²⁴（老）/ iA²⁴（新）

门牙 məŋ²⁴ iA⁰

大牙 tA⁴⁴ iA⁰

老牙 lɔ⁴⁴ iA⁰ 智齿

虎牙 xu⁵³ iA⁰

牙胎 iA²⁴ tʰE⁴⁴ 牙床

虫牙 tʂʰəŋ²⁴ iA⁰

耳朵 ɚ⁴⁴ tuo⁰

耳朵蛋蛋 ɚ⁴⁴ tuo⁰ tʰæ̃⁴⁴ tʰæ̃⁰ 耳垂

耳朵窟窿 ɚ⁴⁴ tuo⁰ kʰu³¹ luŋ⁰ 耳朵眼儿

耳塞 ɚ⁵³ sei³¹ 耳屎

耳背 ɚ⁵³ pei⁴⁴

下巴 xA⁴⁴ pA⁰

牙岔骨 iA³¹ tsʰA⁴⁴ ku⁰ 颌骨

喉咙 xou³¹ luŋ⁵³ / xu³¹ luŋ⁵³

喉结 xou²⁴ tɕiɛ³¹

胡子 xu³¹ tsɿ⁵³

圈联胡子 tɕʰyæ̃⁴⁴ liæ̃⁰ xu³¹ tsɿ⁵³ 络腮胡子

八字胡 pA³¹ tsʰɿ⁰ xu²⁴

（2）手、脚、胸、背

胛□ tɕiA⁵³ kuo⁰ 肩膀

锁子骨 suo⁵³ tsɿ⁰ ku³¹ 肩胛骨

溜溜胛 liu⁴⁴ liu⁴⁴ tɕiA³¹ 溜肩膀

胳膊 kei⁵³ pʰo⁰

胳膊拐拐 kei³¹ pʰo⁰ kuE⁴⁴ kuE⁰

胳膊肘 kei⁵³ pʰo⁰ tʂou⁵³

胳肢窝 kei⁵³ tsɿ²⁴ vo³¹

手腕 ʂou⁴⁴ væ̃⁰

左手 tsuo⁴⁴ ʂou⁵³（也指左边）

右手 iou⁴⁴ ʂou⁵³（也指右边）

手指头 ʂou⁵³ tsɿ⁵³ tʰou⁰

骨节 ku³¹ ȶiɛ⁰ 指头关节

指头缝缝tsɿ^{53} tʰou^{0} fəŋ^{44} fəŋ^{0}手指缝儿
疔甲ȶiŋ^{31} tɕiᴀ^{0}手趼子，也叫老茧子
大拇指头tᴀ^{44} mu^{0} tsɿ^{53} tʰou^{0}
二拇指头ɚ^{44} mu^{21} tsɿ^{53} tʰou^{0}食指
中指tʂəŋ^{31} tsɿ^{0}
无名指vu^{24} miŋ^{24} tsɿ^{0}
小拇指头siɔ^{53} mu^{0} tsɿ^{53} tʰou^{0}
指甲tsɿ^{53} tɕiᴀ^{0}
指头蛋蛋tsɿ^{53} tʰou^{0} tʰæ̃^{44} tʰæ̃^{0}手指肚
捶头tʂʰei^{31} tʰou^{53}拳头
　捶头子tʂʰei^{31} tʰou^{53} tsɿ^{0}
手ʂou^{53}手掌
梢把sɔ^{31} pᴀ^{0}手臂
巴掌pᴀ^{31} tʂɑŋ^{0}如：打一～
手心ʂou^{53} siŋ^{31}
手背ʂou^{53} pei^{44}
腿tʰui^{53}整条腿
大腿tᴀ^{44} tʰui^{53}
大腿根tᴀ^{44} tʰui^{53} kəŋ^{31}
干腿kæ̃^{31} tʰui^{0}小腿
腿猪娃tʰui^{53} tʂʅ^{53} vᴀ^{0}腿肚子
□□盖pɔ^{53} lɔ^{0} kᴇ^{44}膝盖
胯骨kʰuᴀ^{44} ku^{0}
裆里tɑŋ^{53} li^{0}裆，两腿之间
尻子kou^{53} tsɿ^{0}屁股
尻门子kou^{31} məŋ^{24} tsɿ^{0}肛门
尻子蛋蛋kou^{53} tsɿ^{0} tʰæ̃^{44} tʰæ̃^{0}屁股蛋
尻渠子kou^{31} tɕʰy^{24} tsɿ^{0}屁股沟儿
尾巴骨i^{53} pʰᴀ^{0} ku^{0}
鸡鸡tɕi^{53} tɕi^{0}赤子阴
　牛牛ȵiu^{31} ȵiu^{53}
卵子lyæ̃^{44} tsɿ^{0}阴囊
屄pʰi^{31}女阴
肏zʅ^{31}交合
倯suŋ^{24}精液
脚腕tɕyo^{53} væ̃^{0}
核桃疙瘩xei^{24} tʰɔ^{0} kei^{31} tᴀ^{0}踝子骨
脚tɕyo^{31}
精脚ȶiŋ^{24} tɕyo^{31}赤脚
脚背tɕyo^{31} pei^{44}
脚掌子tɕyo^{31} tʂɑŋ^{53} tsɿ^{0}
脚心tɕyo^{24} siŋ^{31}
脚尖tɕyo^{31} ȶiæ̃^{53}
脚尖尖tɕyo^{31} ȶiæ̃^{53} ȶiæ̃^{0}
脚指头tɕyo^{31} tsɿ^{53} tʰou^{0}
脚趾甲tɕyo^{31} tsɿ^{53} iᴀ^{0}
脚后跟tɕyo^{31} xou^{44} kəŋ^{31}脚跟
脚印tɕyo^{53} iŋ^{0}
鸡眼tɕi^{31} ȵiæ̃^{0}一种脚病
心口siŋ^{31} kʰou^{0}
胸脯ɕyŋ^{53} pʰu^{0}
肋子骨lei^{31} tsɿ^{0} ku^{0}
奶头lᴇ^{44} tʰou^{0}乳房
奶lᴇ^{53}奶汁
肚子tʰu^{44} tsɿ^{0}

小肚子 siɔ^{53} tʰu^{44} tsɿ^{0} 小腹

暴暴 pɔ^{44} pɔ^{44} 肚脐眼

腰 iɔ^{31}

脊背 ȶi^{53} pei^{0}

脊梁杆子 ȶi^{31} liɑŋ^{0} kæ̃^{53} tsɿ^{0} 脊梁骨

（3）其它

旋 suæ̃^{24} 头发旋儿

双旋 ʂɑŋ^{31} suæ̃^{24}

指纹 tsɿ^{31} vəŋ^{24}

斗 tou^{53} 圆形的指纹

簸箕 po^{44} tɕi^{0} 箕，簸箕形的指纹

黄毛 xuɑŋ^{31} mɔ^{53} 寒毛

毛眼 mɔ^{31} ȵiæ̃^{53} 寒毛眼

黡子 iæ̃^{53} tsɿ^{0} 痣

骨都 ku^{53} tu^{0} 骨

筋 tɕiŋ^{31}

血 ɕiɛ^{31}

血管子 ɕiɛ^{31} kuæ̃^{53} tsɿ^{0}

脉 mei^{31}

五脏 vu^{53} tsɑŋ^{44}

心 siŋ^{31}

肝 kæ̃^{31}

肺 fei^{44}

胆 tæ̃^{53}

　苦胆 kʰu^{31} tæ̃^{0}（多指动物）

脾 pʰi^{24}

胃 vei^{44}

肾 ʂəŋ^{44}

　腰子 iɔ^{53} tsɿ^{0}（多指动物）

肠子 tʂʰɑŋ^{31} tsɿ^{53}

大肠 tᴀ^{44} tʂʰɑŋ^{0}

小肠 siɔ^{44} tʂʰɑŋ^{0}

盲肠 mɑŋ^{31} tʂʰɑŋ^{53}

十二 疾病、医疗

（1）一般用语

病咧 piŋ^{44} liᴀ^{0} 生病

　不好 pu^{31} xɔ^{53}

小病 siɔ^{53} piŋ^{44}

重病 tʂəŋ^{44} piŋ^{44}

病轻咧 piŋ^{44} tɕʰiŋ^{31} liᴀ^{0} 病轻了

　病好咧 piŋ^{44} xɔ^{31} liᴀ^{0}

　对咧 tui^{44} liᴀ^{0} 病好了

请医生 ȶʰiŋ^{53} i^{31} səŋ^{0}

看（病）kʰæ̃^{44} piŋ^{44}

号脉 xɔ^{44} mei^{31}

开单子 kʰᴇ^{31} tæ̃^{53} tsɿ^{0} 开（西药）方子

　打单子 tᴀ^{53} tæ̃^{53} tsɿ^{0} 指中医开药方

偏方 pʰiæ̃^{31} fɑŋ^{0}

抓药tʂᴀ^{24} yo^{31}（中医）

买药mᴇ^{53} yo^{31}（西药）

药铺yo^{53} pʰu^{0}

药房yo^{31} fɑŋ^{24}（西药）

药引子yo^{31} iŋ^{44} tsɿ^{0}

药罐yo^{53} kuæ̃^{0}药罐子

煎药ȶiæ̃^{24} yo^{31}

药膏yo^{31} kɔ^{53}

膏药kɔ^{31} yo^{0}中药

药面面yo^{31} miæ̃^{44} miæ̃^{0}

搽药膏tɕʰᴀ^{31} yo^{31} kɔ^{53}

上药ʂɑŋ^{44} yo^{31}（动宾）

发汗fᴀ^{31} xæ̃^{44}

祛风tɕʰy^{53} fəŋ^{31}

祛火tɕʰy^{53} xuo^{53}

祛湿tɕʰy^{53} ʂʅ^{31}

败毒pʰᴇ^{44} tʰu^{24}祛毒

克食kʰei^{31} ʂʅ^{24}消食

扎针tsᴀ^{24} tʂəŋ^{31}

拔火罐pʰᴀ^{24} xuo^{44} kuæ̃^{0}

（2）内科

拉稀屎lᴀ^{24} ɕi^{31} sɿ^{0}泻肚

　滑肠xuᴀ^{31} tʂʰɑŋ^{53}因油腻食物摄取过多而引起的腹泻

　跑后pʰɔ^{53} xou^{44}

发烧fᴀ^{24} ʂɔ^{31}

发冷fᴀ^{31} ləŋ^{53}

起鸡皮疙瘩tɕʰi^{53} tɕi^{31} pʰi^{24} kei^{31} tᴀ^{0}

着凉tʂʰuo^{24} liɑŋ^{24}伤风

　凉唡liɑŋ^{31} liᴀ^{53}

咳嗽kʰɤ^{31} sou^{0}

气喘tɕʰi^{44} tʂʰæ̃^{53}

气管炎tɕʰi^{44} kuæ̃^{53} iæ̃^{44}

中暑tʂəŋ^{44} ʂʅ^{53}

上火ʂɑŋ^{44} xuo^{53}

填实ȶʰiæ̃^{24} ʂʅ^{24}积滞

肚子疼tʰu^{44} tsɿ^{0} tʰəŋ^{24}

胸口疼ɕyŋ^{53} kʰou^{0} tʰəŋ^{24}

头晕tʰou^{24} yŋ^{44}

晕车yŋ^{44} tʂʰɤ^{31}

晕船yŋ^{44} ʂæ̃^{24}

头疼tʰou^{24} tʰəŋ^{24}

心潮siŋ^{53} tʂʰɔ^{24}恶心

吐唡tʰu^{31} liᴀ^{0}吐了

想吐siɑŋ^{53} tʰu^{53}干哕

气卵子tɕʰi^{44} lyæ̃^{31} tsɿ^{0}疝气

子宫脱垂tsɿ^{53} kuŋ^{31} tʰuo^{31} tʂʰei^{44}

发摆伤fᴀ^{31} pæ̃^{44} ʂɑŋ^{0}发疟子

霍乱xuo^{53} lyæ̃^{0}

　□□□□□tʂæ̃^{44} ȶiŋ^{0} xu^{31} luŋ^{0} ɕiɛ^{44}

出风□tʂʰʅ^{24} fəŋ^{31} sɿ^{0}出麻疹

出豆症tʂʰʅ^{31} tou^{44} tʂəŋ^{0}出水痘

　水痘ʂei^{53} tou^{44}

　（出）天花ȶʰiæ̃^{53} xuᴀ^{0}

种牛痘tʂəŋ^{44} ȵiu^{24} tou^{44}
伤寒ʂɑŋ^{53} xæ̃^{0}
黄疸xuɑŋ^{24} tæ̃^{53}
肝炎kæ̃^{31} iæ̃^{44}
肺炎fei^{44} iæ̃^{44}
心疼siŋ^{53} tʰəŋ^{0}胃病
盲肠炎mɑŋ^{24} tʂʰɑŋ^{0} iæ̃^{44}
瞎瞎病xA^{53} xA^{0} piŋ^{44}指结核病

（3）外科

跌伤ȶiɛ^{31} ʂɑŋ^{0}
碰伤pʰəŋ^{44} ʂɑŋ^{31}
蹭破皮tsʰʅ^{53} pʰo^{0} pʰi^{24}
划了个口子xuA^{44} liɔ^{0} kɤ^{0} kʰou^{53} tsʅ^{0}刺个口子
淌血tʰɑŋ^{53} ɕiɛ^{31}出血
淤血y^{24} ɕiɛ^{31}
红肿xuŋ^{24} tʂəŋ^{53}
溃脓xui^{44} luŋ^{24}
结痂痂tɕiɛ^{31} tɕiA^{53} tɕiA^{0}
疤疤pA^{53} pA^{0}
腮腺炎sæ̃^{31} ɕiæ̃^{44} iæ̃^{44}
生疮səŋ^{24} tʂʰɑŋ^{31}长疮
疴疴kʰuo^{53} kʰuo^{0}
　疔疴ȶiŋ^{31} kʰuo^{0}疔疮
老鼠疮lɔ^{31} ʂʅ^{0} tʂʰɑŋ^{31}瘰疬
长疔tʂɑŋ^{53} ȶiŋ^{31}
痔疮tsʅ^{44} tʂʰɑŋ^{0}
疥疮tɕiɛ^{44} tʂʰɑŋ^{31}
癣坨siæ̃^{53} tʰuo^{0}癣
热痱zʅɤ^{53} fei^{0}痱子
汗坨xæ̃^{44} tʰuo^{0}汗斑
　汗坨坨儿xæ̃^{44} tuo^{31} tuo^{44} ə^{0}
瘊子xou^{24} tsʅ^{0}
痦子vu^{44} tsʅ^{0}
雀斑tɕʰyo^{31} pæ̃^{0}
粉刺fəŋ^{53} tsʰʅ^{44}
臭根tʂʰou^{44} kəŋ^{31}狐臭
口臭kʰou^{53} tʂʰou^{44}
瘿瓜瓜iŋ^{44} kuA^{31} kuA^{0}甲状腺肿
鼻子不灵pʰi^{31} tsʅ^{53} pu^{31} liŋ^{24}嗅觉不灵
囔囔鼻子lɑŋ^{44} lɑŋ^{0} pʰi^{31} tsʅ^{53}鼻子不通气，发音不清晰
水蛇腰ʂei^{53} ʂɤ^{24} iɔ^{31}
公鸭嗓kuŋ^{31} iA^{0} sɑŋ^{53}
单眼tæ̃^{31} ȵiæ̃^{0}一只眼是瞎的
近看眼ȶʰiŋ^{44} kʰæ̃^{0} ȵiæ̃^{0}近视眼
远视眼yæ̃^{53} sʅ^{0} ȵiæ̃^{0}
老花眼lɔ^{53} xuA^{31} ȵiæ̃^{0}
肿眼泡儿tʂəŋ^{53} ȵiæ̃^{53} pʰɔ^{53} ɚ^{0}鼓眼泡儿
对眼子tui^{44} ȵiæ̃^{0} tsʅ^{0}内斜视
鸡暮眼tɕi^{31} mu^{44} ȵiæ̃^{53}夜盲
当差tɑŋ^{24} tsʰE^{31}患麻疹

（4）残疾等

羊羔疯 iɑŋ^{31} kɔ^{53} fəŋ^{31} 癫痫

抽风 tʂʰou^{24} fəŋ^{31}

中风 tʂəŋ^{31} fəŋ^{0}

瘫瘫 tʰæ̃^{53} tʰæ̃^{0} 瘫痪

瘸子 tɕʰyɛ^{31} tsɿ^{53}

背锅 pei^{31} kuo^{0} 罗锅儿

　弯弯腰 væ̃^{53} væ̃^{24} iɔ^{31}

　□背子 ʂæ̃^{24} pei^{31} tsɿ^{0}

聋子 luŋ^{31} tsɿ^{53}

瓜子 kuᴀ^{53} tsɿ^{0} 哑巴

结结 tɕiɛ^{53} tɕiɛ^{0} 结巴

咬舌子 ȵiɔ^{44} ʂɤ^{0} tsɿ^{0} 口吃的人

瞎子 xᴀ^{53} tsɿ^{0}

豹子眼 pɔ^{44} tsɿ^{0} ȵiæ̃^{53} 大而眼球突出的眼睛

瓜子 kuᴀ^{53} tsɿ^{0} 傻子

　瓜娃 kuᴀ^{31} vᴀ^{44}（也包含哑巴）

　凉娃 liɑŋ^{24} vᴀ^{44}

秃痂头 tʰu^{31} tɕiᴀ^{0} tʰou^{24} 秃子

麻子 mᴀ^{31} tsɿ^{53} ①人出天花后留下的疤痕；②脸上有麻子的人

豁豁嘴 xuo^{53} xuo^{0} tsui^{53} 兔唇

豁豁牙 xuo^{53} xuo^{0} iᴀ^{24}

老婆嘴 lɔ^{44} pʰo^{0} tsui^{53} 不长胡子的中老年男人的嘴

老婆脸 lɔ^{44} pʰo^{0} liæ̃^{53} 不长胡子的中老年男人的脸

六指 liu^{31} tsʰɿ^{0}

左瓜子 tsuo^{44} kuᴀ^{53} tsɿ^{0}

　左撇子 tsuo^{53} pʰiɛ^{53} tsɿ^{0}

塌塌鼻子 tʰᴀ^{31} tʰᴀ^{0} pʰi^{31} tsɿ^{53}

歪歪嘴 vᴇ^{53} vᴇ^{0} tsui^{53}

狗屎牙 kou^{31} sɿ^{0} iᴀ^{24} 表面呈黑褐色或黄色的牙

扳呲牙 pæ̃^{31} tsʰɿ^{0} iᴀ^{24} 向外伸长的牙

牵牵头 tɕʰiæ̃^{31} tɕʰiæ̃^{0} tʰou^{24} 因疾病抬不起的头

望天虫 vɑŋ^{44} ȶʰiæ̃^{53} tʂʰəŋ^{0} 头向后仰着的人

十三　衣服、穿戴

（1）服装

穿戴 tʂʰæ̃^{31} tᴇ^{44}

打扮 tᴀ^{44} pæ̃^{0}

衣服 i^{31} fu^{0}

制服 tʂʅ^{44} fu^{24}

中式（服装）tʂəŋ^{31} ʂʅ^{0}

西服si^{31} fu^{24}

　西装si^{31} tʂɑŋ^{0}

长衫子tʂ^{h}ɑŋ^{24} sæ̃^{53} tsɿ^{0}长衫

马褂mA^{53} kuA^{44}

旗袍tɕ^{h}i^{24} p^{h}ɔ^{24}

棉衣miæ̃^{31} i^{53}

棉袄miæ̃^{31} ŋɔ^{53}

　褂褂kuA^{44} kuA^{53}比棉袄薄一些的棉上衣

　袄袄ŋɔ^{53} ŋɔ^{0}

　袄儿ŋɔ^{53} ɚ^{0}妇女穿的用绸缎做面子的上衣

皮袄p^{h}i^{24} ŋɔ^{53}

大衣tA^{44} i^{31}

　大氅tA^{44} tʂ^{h}ɑŋ^{53}

短大衣tuæ̃^{53} tA^{44} i^{31}

衬衫ts^{h}əŋ^{44} sæ̃^{31}

外衣vE^{44} i^{31}罩衣

　罩衫tsɔ^{44} sæ̃^{31}

内衣lui^{44} i^{31}

领甲liŋ^{44} tɕiA^{31}坎肩

汗衫xæ̃^{44} sæ̃^{31}针织圆领衫

背心pei^{44} siŋ^{31}

　架架tɕiA^{44} tɕiA^{53}夹背心或棉背心

撩撩liɔ^{31} liɔ^{53}衣襟儿

大襟tA^{44} tɕiŋ^{31}

小襟siɔ^{53} tɕiŋ^{31}

对襟tui^{44} tɕiŋ^{31}

下摆ɕiA^{44} pE^{53}

领子liŋ^{53} tsɿ^{0}

袖子siu^{44} tsɿ^{0}

长袖tʂ^{h}ɑŋ^{31} siu^{53}

短袖tuæ̃^{53} siu^{44}

贴边ȶ^{h}iɛ^{31} piæ̃^{0}

裙子tɕ^{h}yŋ^{24} tsɿ^{0}

衬裙ts^{h}əŋ^{44} tɕ^{h}yŋ^{0}

裤儿k^{h}u^{53} ɚ^{0}裤子

单裤儿 tæ̃^{31} k^{h}u^{53} ɚ^{0}

　夹裤儿 tɕiA^{31} k^{h}u^{53} ɚ^{0}

裤衩儿k^{h}u^{44} ts^{h}A^{53} ɚ^{0}

短裤儿tuæ̃^{53} k^{h}u^{53} ɚ^{0}（穿在外面的）

裤儿k^{h}u^{53} ɚ^{0}（中式的）

连脚裤儿liæ̃^{31} tɕyo^{53} k^{h}u^{44} ɚ^{0}

开裆裤k^{h}E^{31} tɑŋ^{0} k^{h}u^{53} ɚ^{0}

浑裆裤xuŋ^{24} tɑŋ^{53} k^{h}u^{53} ɚ^{0}死裆裤（相对开裆裤而言）

裤裆k^{h}u^{44} tɑŋ^{31}

裤腰k^{h}u^{44} iɔ^{31}

裤带k^{h}u^{44} tE^{0}裤腰带

裤腿k^{h}u^{44} t^{h}ui^{0}裤腿儿

纽门ȵiu^{44} məŋ^{0}①纽扣,中式的;②扣眼儿,西式的

纽环ȵiu^{44} xuæ̃^{0}扣襻,中式的

纽子ȵiu^{44} tsɿ^{0}西式的

（2）鞋帽

鞋 xᴇ^{24}

麻鞋 mᴀ^{31} xᴇ^{53} 用麻编制的鞋

拖鞋 t^{h}uo^{31} xᴇ^{24}

棉鞋 miæ̃^{24} xᴇ^{24}

　窝窝 vo^{53} vo^{0}

　棉窝窝 miæ̃^{24} vo^{53} vo^{0}

皮鞋 p^{h}i^{24} xᴇ^{24}

毡鞋 tʂæ̃^{31} xᴇ^{24}

布鞋 pu^{44} xᴇ^{24}

鞋底 xᴇ^{31} ȶi^{53}

鞋帮 xᴇ^{31} pɑŋ^{53} 鞋帮子

鞋楦楦 xᴇ^{24} ɕyæ̃^{44} ɕyæ̃^{0}

　鞋楦头 xᴇ^{24} ɕyæ̃^{44} t^{h}ou^{0} 鞋楦子

鞋镏子 xᴇ^{24} liu^{44} tsɿ^{0} 鞋拔子

泥鞋 ȵi^{24} xᴇ^{24} 雨鞋

泥屐子 ȵi^{31} tɕ^{h}i^{44} tsɿ^{0} 老式雨鞋

鞋带 xᴇ^{31} tᴇ^{44}

袜子 vᴀ^{53} tsɿ^{0}

线袜 siæ̃^{44} vᴀ^{31}

丝袜 sɿ^{31} vᴀ^{0}

长袜 tʂ^{h}ɑŋ^{24} vᴀ^{53} tsɿ^{0}

　长靿袜子 tʂ^{h}ɑŋ^{31} iɔ^{44} vᴀ^{53} tsɿ^{0}

短靿袜子 tuæ̃^{53} iɔ^{44} vᴀ^{53} tsɿ^{0} 短袜

袜子带带 vᴀ^{53} tsɿ^{0} tᴇ^{44} tᴇ^{0} 袜带

裹脚 kuo^{53} tɕyo^{31} 旧时妇女的裹脚布

裹腿 kuo^{53} t^{h}ui^{0}（军人用的）

帽子 mɔ^{44} tsɿ^{0}

　暖暖帽子 lyæ̃^{53} lyæ̃^{0} mɔ^{44} tsɿ^{0} 棉帽

　雨帽 y^{44} mɔ^{0} 遮雨的帽子，有很宽的边

　皮帽子 p^{h}i^{24} mɔ^{44} tsɿ^{0}

　礼帽 li^{53} mɔ^{44}

　瓜皮帽 kuᴀ^{53} p^{h}i^{24} mɔ^{44} tsɿ^{0}

　军帽 tɕyŋ^{31} mɔ^{44}

　草帽 ts^{h}ɔ^{44} mɔ^{0}

帽檐儿 mɔ^{44} iæ̃^{24} ɚ^{0}

（3）装饰品

首饰 ʂou^{44} ʂɿ^{0}

镯子 ts^{h}uo^{31} tsɿ^{53}

项链儿 xɑŋ^{44} liæ̃^{44} ɚ^{0}

项圈儿 xɑŋ^{44} tɕ^{h}yæ̃^{31} ɚ^{0}

百家锁 pei^{31} tɕiᴀ^{0} suo^{53}（小儿佩带的）

别针儿 p^{h}iɛ^{31} tʂəŋ^{53}

　扣针 k^{h}ou^{44} tʂəŋ^{31}

簪子 tsæ̃^{53} tsɿ^{0}

耳环 ɚ^{44} xuæ̃^{0}

胭脂 iæ̃^{31} tsɿ^{0}

粉 fəŋ^{53}

（4）其它穿戴用品

遮腰 tʂɤ^{31} iɔ^{0} 围裙

啖甲 tæ̃^{44} tɕiᴀ^{31} 围嘴儿

褯子 ȶ^{h}iɛ^{44} tsɿ^{0} 尿布

　褯片 ȶ^{h}iɛ^{44} p^{h}iæ̃^{0}

手帕ʂou^{53} p^{h}ᴀ^{0}

围巾vei^{31} tɕiŋ^{53}（长条的）

手套儿ʂou^{53} t^{h}ɔ^{53} ər^{0}

眼镜ȵiæ̃^{53} tɕiŋ^{44}

伞sæ̃^{53}

蓑衣suo^{31} i^{0}

雨衣y^{44} i^{0}（新式的）

手表ʂou^{31} piɔ^{53}

络络luo^{53} luo^{0}妇女网络盘结在头后面的网状物

耳挂子ɚ^{53} kuᴀ^{44} tsɿ^{53}耳套

帕帕子p^{h}ᴀ^{53} p^{h}ᴀ^{0} tsɿ^{0}手帕

火草xuo^{31} ts^{h}ɔ^{0}火绒

褡褡tᴀ^{53} tᴀ^{0}布制的袋子，可提可挎

囊囊lɑŋ^{53} lɑŋ^{0}口袋

兜兜tou^{53} tou^{0}①同“褡褡”；②同“囊囊”

插手ts^{h}ᴀ^{31} ʂou^{0}衣服口袋

臊马sɔ^{44} mᴀ^{0}褡裢

行程ɕiŋ^{31} tʂ^{h}əŋ^{53}行李

大布tᴀ^{44} pu^{44}粗布

洋布iɑŋ^{24} pu^{44}

破破p^{h}o^{44} p^{h}o^{0}碎布（旧称）

布絮脑pu^{44} ɕy^{0} lɔ^{53}

　铺衬p^{h}u^{53} ts^{h}əŋ^{0}碎布条

褙子pei^{44} tsɿ^{0}袼褙

垢甲kou^{44} tɕiᴀ^{0}污垢

扎花tsᴀ^{24} xuᴀ^{31}刺绣

脱絮t^{h} uo^{53} ɕy^{0}布边上的线脱落

锈siu^{44}许多根线交织纠缠在一起，无法解开

花花绳xuᴀ^{53} xuᴀ^{0} ʂəŋ^{0}端午节时戴的用各种颜色的丝线拧成的花绳子

臭蛋儿tʂ^{h}ou^{44} tæ̃^{44} ɚ^{0}卫生球

十四　饮食

（1）伙食

吃饭tʂ^{h}ʅ^{31} fæ̃^{44}

　家常便饭tɕiᴀ^{53} tʂ^{h}ɑŋ^{0} piæ̃^{44} fæ̃^{44}

早饭tsɔ^{53} fæ̃^{44}

　早上饭tsɑŋ^{53} ᴀ^{0} fæ̃^{44}

午饭vu^{53} fæ̃^{44}

　晌午饭ʂɑŋ^{31} vu^{0} fæ̃^{44}

晚饭væ̃^{53} fæ̃^{44}

　黑阿饭xei^{31} ᴀ^{0} fæ̃^{44}

　喝汤xuo^{24} t^{h}ɑŋ^{31}

打尖tᴀ^{53} ȶiæ̃^{31}途中吃点东西

食物ʂʅ^{31} vo^{53}食品

　吃食tʂ^{h}ʅ^{53} ʂʅ^{0}

零食liŋ^{24} ʂʅ^{24}

　吃嘴tʂ^{h}ʅ^{31} tsui^{53}

点心ȶiæ̃^{44} siŋ^{0}

锅灶kuo^{53} tsɔ^{0}指烹饪技术

（2）米食

米饭mi^{53} fæ̃^{0}

干饭kæ̃^{53} fæ̃^{0}用大米、小米蒸的饭

剩饭ʂəŋ^{44} fæ̃^{0}

着哂tʂʰuo^{24} liᴀ^{0}饭糊了

死气哂sɿ^{31} tɕʰi^{0} liᴀ^{0}饭馊了

刮刮kuᴀ^{53} kuᴀ^{0}锅巴

白米米汤pʰei^{24} mi^{53} mi^{44} tʰɑŋ^{0}大米稀饭

米汤mi^{44} tʰɑŋ^{0}煮饭滗出来的汤水

粽子tsuŋ^{44} tsɿ^{0}

（3）面食

面miæ̃^{44} 面粉

白面pʰei^{31} miæ̃^{53} 小麦磨成的细面粉

黑面 xei^{31} miæ̃^{44}小麦磨成的粗面粉

面miæ̃^{44}面条（总称）

挂面 kuᴀ^{44} miæ̃^{0}

干切面kæ̃^{24} ȶʰiɛ^{31} miæ̃^{44}机制的宽的干面条

汤面 tʰɑŋ^{53} miæ̃^{0}

片片面pʰiæ̃^{53} pʰiæ̃^{0} miæ̃^{44}面片儿

连锅儿面liæ̃^{31} kuo^{53} ɚ^{0} miæ̃^{44}一种汤面，把面条放入开水中煮熟后直接加作料吃

出盆面tʂʰʅ^{53} pʰəŋ^{0} miæ̃^{44}一种汤面，把面条煮熟后捞出来放入另做的汤中吃

糊汤面xu^{44} tʰɑŋ^{31} miæ̃^{44}一种汤面，把面条放入烧开的稀面糊中煮熟加作料吃

米儿面mi^{53} ɚ^{0} miæ̃^{44}一种汤面，把面条放入小米稀粥里煮熟后加作料吃

麦仁面mei^{53} ʐəŋ^{0} miæ̃^{44}一种汤面，把面条放入麦仁稀粥里煮熟后加作料吃

糁子面tʂəŋ^{53} tsɿ^{0} miæ̃^{44}一种汤面，把面条放入稀玉米糁子稀粥里煮熟后加作料吃

冰豆面piŋ^{53} tou^{0} miæ̃^{44}一种汤面，把面条放入煮好的扁豆汤里煮熟后加作料吃

浇汤面tɕiɔ^{31} tʰɑŋ^{0} miæ̃^{44}一种汤面，先把面条捞在碗里，然后浇上调好的汤

臊子面sɔ^{44} tsɿ^{0} miæ̃^{44}所浇的汤里加上肉臊子的一种浇汤面

辣子面lᴀ^{31} tsɿ^{0} miæ̃^{44}所浇的汤里主要是油泼辣子而无臊子的浇汤面

浆水面ȶiɑŋ^{31} ʂei^{0} miæ̃^{44}将焯过的水芹菜放入煮面后的面汤，使其发酵，即成浆水，用浆水作汤的面条

蘸水面tsæ̃^{44} ʂei^{53} miæ̃^{44}一种面食，把宽面片煮熟后蘸水水吃

干面kæ̃^{53} miæ̃^{0} 将面条煮熟后捞出过凉水或不过凉水直接拌上作料和菜的不带汤汁的面条

黏窝面ʐæ̃^{31} vo^{53} miæ̃^{44}将面条煮熟后捞出不过凉水直接拌上作料和菜的不带

汤汁的面条

□□面 $pia\eta^{31}$ $pia\eta^{53}$ $mi\tilde{æ}^{44}$ 浇汤吃的宽面条

绿面 liu^{31} $mi\tilde{æ}^{44}$ 用煮熟的绿菜和的面擀成的面条，因面条呈绿色得名

扯面 $tʂ^{h}ɤ^{53}$ $mi\tilde{æ}^{0}$（名词）

浆水 $ȶia\eta^{31}$ $ʂei^{0}$ 用面汤或开水中加入芹菜使发酵而成的一种带酸味儿的汁儿

水水 $ʂei^{53}$ $ʂei^{0}$ 盐、醋、辣子、蒜泥等作料的混合物，用来拌菜、拌面或蘸着吃

蒜水 $su\tilde{æ}^{44}$ $ʂei^{0}$ 用蒜泥做主要原料的水水

麻什 mA^{31} $ʂʅ^{53}$ 一种类似猫耳朵的面食，把和好的较硬的面放在案板上搓成小卷放在锅内煮熟，然后和预先炒好的菜烩在一起

擀面皮儿 $k\tilde{æ}^{53}$ $mi\tilde{æ}^{44}$ $p^{h}i^{24}$ $ɚ^{0}$ 一种夏日常见的面食，将一定量的面糊盛入特制的薄铁皮器具中摊匀，将其置于沸腾的水中蒸熟，晾凉后切成条状凉拌着吃

搅团 $tɕiɔ^{53}$ $t^{h}u\tilde{æ}^{0}$ 一种搅制成的粘稠糊状面食，可热食，也可放凉后食用，浇汤和蘸水均可，一般用玉米面制成

拌汤 $p^{h}\tilde{æ}^{44}$ $t^{h}a\eta^{31}$ 把面拌成小疙瘩或絮状放入开水中煮熟，再加入预先炒好的菜搅拌而成

喝的 xuo^{31} $ȶi^{0}$ 开水加盐、辣子、醋等作料调制成的一种汤，又叫两面光，是困难时期人们生活艰辛的写照

糁子 $tʂəŋ^{31}$ $tsʅ^{0}$ ①玉米糁子；②用玉米糁煮成的粥

麦仁 mei^{53} $zʐəŋ^{0}$ ①脱了皮的麦粒；②用脱了皮的麦粒煮成的粥

臊子 $sɔ^{44}$ $tsʅ^{0}$ 用肉末烹制成的肉酱

蒸馍馍 $tʂəŋ^{53}$ mo^{0} mo^{0}

　蒸馍 $tʂəŋ^{53}$ mo^{0}

　馍 mo^{44} 馒头、饼等的统称

　馍馍 mo^{31} mo^{53}

油乎旋 iu^{31} xu^{44} $su\tilde{æ}^{0}$

　油饼 iu^{31} $piŋ^{53}$ 加多量油烙制的成层状的饼子

煎饼 $ȶi\tilde{æ}^{31}$ $piŋ^{0}$ 将面粉加水搅成糊状在锅内摊匀烙熟的软饼，卷菜或蘸汁食用更美味

合合 xuo^{31} xuo^{53} 中间夹有韭菜或菠菜等蔬菜的烙饼

粑粑 pA^{53} pA^{0} 发糕

甜面饦饦 $ȶ^{h}i\tilde{æ}^{24}$ $mi\tilde{æ}^{44}$ $t^{h}uo^{31}$ $t^{h}uo^{53}$ 用芽麦面做的小饼，味道很甜

熥馍馍 $t^{h}uo^{31}$ mo^{31} mo^{53} 馏馒头

熔 $tɕ^{h}yŋ^{53}$ 焖

燩 $ɕiɛ^{31}$ 直接靠近火烤

麻糖 mA^{31} $t^{h}a\eta^{53}$ 麻花

油糕 iu^{31} $kɔ^{53}$ 有糖馅儿的扁圆形油炸面食，端午的必备食品

起面 $tɕ^{h}i^{53}$ $mi\tilde{æ}^{0}$ 发面，发酵过的面（名词）

死面 $sʅ^{53}$ $mi\tilde{æ}^{0}$ 不经发酵的面（名词）

酵子 tɕiɔ44 tsɿ0 含有酵母的面团

甑糕 tsəŋ44 kɔ53 用糯米加红枣蒸成的一种黏糕，切块后插在木棒上即可食用

冻冻肉 tuŋ44 tuŋ44 ʐou44 肉冻儿

冻冻 tuŋ44 tuŋ0

冻冻子 tuŋ44 tuŋ0 tsɿ0

包子 pɔ53 tsɿ0（有馅）

油条 iu24 ȶhiɔ24

烧饼 ʂɔ31 piŋ0

干粮 kæ̃53 liɑŋ0 比烧饼厚些硬些

锅盔 kuo53 khui0 烙饼

花卷子 xuᴀ31 tɕyæ̃53 tsɿ0 花卷

饺子 tɕiɔ44 tsɿ0

饺子馅馅 tɕiɔ53 tsɿ0 ɕyæ̃44 ɕyæ̃0 饺子馅

馄饨 xuŋ31 tuŋ53

蛋糕 tæ̃44 kɔ53

元宵 iæ̃24 siɔ44 用干粉淋水反复多次摇成，有馅

汤圆 thɑŋ31 yæ̃24 用湿粉团搓成，有馅

月饼 yɛ31 piŋ0

饼干 piŋ53 kæ̃31

酵子 tɕiɔ44 tsɿ0

（4）肉、蛋

肉丁 ʐou44 ȶiŋ31

肉片儿 ʐou44 phiæ̃44 ɚ0

肉丝 ʐou44 sɿ31

肉末 ʐou44 mo31

肉皮 ʐou44 phi24

肉松 ʐou44 suŋ31

肘子 tʂou53 tsɿ0

猪蹄 tʂʅ31 ȶhi24

里脊 li44 ȶhi0

蹄筋 ȶhi31 tɕiŋ53

牛舌头 ȵiu24 ʂɤ31 thou53

口条 khou44 ȶhiɔ0 猪、牛舌头

头首 thou24 ʂou0 指猪牛羊的内脏

下水 ɕiᴀ44 ʂei0

肺 fei44（猪的）

肠子 tʂhɑŋ31 tsɿ53（猪的）

腔骨 tɕhiɑŋ31 ku0（猪的）

排骨 phᴇ31 ku53（猪的）

牛肚 ȵiu24 tu:441 牛肚儿，带毛状物的那种

牛百叶 ȵiu24 pei31 iɛ0 牛肚儿，光滑的那种

肝子 kæ̃53 tsɿ0（猪的）

腰子 iɔ53 tsɿ0（猪的）

鸡肫 tɕi24 tʂəŋ31 鸡的胃

血斑斑 ɕiɛ31 pæ̃31 pæ̃0 猪血块

鸡血 tɕi31 ɕiɛ0

炒鸡蛋 tshɔ53 tɕi53 thæ̃0

煎蛋 ȶiæ̃31 thæ̃44 油炸的

白水鸡蛋 phei24 ʂei53 tɕi53 thæ̃0 荷包蛋

煮鸡蛋 tʂʅ53 tɕi53 thæ̃0 连壳煮的鸡蛋

炖鸡蛋 tuŋ44 tɕi53 thæ̃0 鸡蛋羹

松花蛋suŋ^{53} xuᴀ^{0} t^{h}æ̃^{44}（学名）

变蛋piæ̃^{44} t^{h}æ̃^{0}（当地称）

咸鸡蛋ɕiæ̃^{24} tɕi^{53} t^{h}æ̃^{0}

咸鸭蛋ɕiæ̃^{24} iᴀ^{53} t^{h}æ̃^{0}

香肠ɕiɑŋ^{31} tʂ^{h}ɑŋ^{24}

鸡蛋汤tɕi^{31} t^{h}æ̃^{24} t^{h}ɑŋ^{31}

割肉kɤ^{31} zou^{44}买肉

（5）菜

就菜ȶ^{h}iu^{44} ts^{h}ᴇ^{0}下饭的菜

下锅菜ɕiᴀ^{44} ku^{0} ts^{h}ᴇ^{44}炒的大葱、蒜苗等用来调味的菜（"锅"语音弱化，发音特殊）

素菜su^{44} ts^{h}ᴇ^{44}

荤菜xuŋ^{31} ts^{h}ᴇ^{44}

豆腐tou^{44} fu^{0}

点豆腐ȶiæ̃^{53} tou^{44} fu^{0}把盐卤点入豆浆，使豆浆凝结成豆腐

豆腐皮tou^{44} fu^{0} p^{h}i^{24}

腐竹fu^{53} tʂʅ^{31}

豆腐干儿tou^{44} fu^{0} kæ̃^{53} ɚ^{0}

豆花tou^{44} xuᴀ^{31}豆腐脑儿

豆浆tou^{44} ȶiɑŋ^{31}

豆腐乳tou^{44} fu^{0} zʅ^{53}

臭豆腐tʂ^{h}ou^{44} tou^{44} fu^{0}

粉丝fəŋ^{53} sɿ^{31}绿豆做的，细丝状的

片粉p^{h}iæ̃^{44} fəŋ^{0}粉条，白薯做的，粗条的

粉皮fəŋ^{53} p^{h}i^{24}绿豆做的，片状的

面筋miæ̃^{44} tɕiŋ^{31}

面丝miæ̃^{44} sɿ^{31}

凉粉liɑŋ^{31} fəŋ^{53}绿豆做的，凝冻状的

藕粉ŋou^{31} fəŋ^{0}

豆豉tou^{44} ʂʅ^{0}

粉面fəŋ^{53} miæ̃^{0}芡粉

木耳mu^{31} ɚ^{0}

银耳iŋ^{24} ɚ^{53}

针金tʂəŋ^{31} tɕiŋ^{0}黄花菜

海参xᴇ^{53} səŋ^{31}

海带xᴇ^{53} tᴇ^{44}

海蜇xᴇ^{53} tʂɤ^{24}

（6）油盐作料

味道vei^{44} tɔ^{0}吃的滋味

味味vei^{44} vei^{0}闻的气味

颜色iæ̃^{31} sei^{53}

色气sei^{31} tɕ^{h}i^{44}

荤油xuŋ^{31} iu^{24}

脂油tsɿ^{31} iu^{24}

大油tᴀ^{44} iu^{24}猪油

炸油tsᴀ^{44} iu^{24}用加热的方法把动物油分离出来

菜籽油ts^{h}ᴇ^{44} tsɿ^{0} iu^{24}素油

清油ȶ^{h}iŋ^{31} iu^{24}

花生油xuᴀ^{31} səŋ^{0} iu^{24}

香油 çiaŋ^{31} iu^{24} 芝麻油

盐 iæ̃^{24}

大颗盐 tA^{44} k^{h}uo^{31} iæ̃^{24} 粗盐

细盐 si^{44} iæ̃^{24} 精盐

酱油 ȶiaŋ^{44} iu^{24}

脂麻酱 tsɿ^{31} mA^{0} ȶiaŋ^{44}

面酱 miæ̃^{44} ȶiaŋ^{44} 甜面酱

豆瓣酱 tou^{44} pæ̃^{0} ȶiaŋ^{44}

辣子酱 lA^{53} tsɿ^{0} ȶiaŋ^{44}

醋 ts^{h}u^{44}

白花 p^{h}ei^{31} xuA^{53} 醋、酱油表面长的白色的霉

毛子 mu^{31} tsɿ^{53} 因发霉而长出的细毛，如馍馍上长的细毛

料酒 liɔ^{44} ȶiu^{53}

黑糖 xei^{31} t^{h}aŋ^{24} 红糖

白糖 p^{h}ei^{24} t^{h}aŋ^{24}

冰糖 piŋ^{53} t^{h}aŋ^{0}

洋糖 iaŋ^{24} t^{h}aŋ^{24} 一块块用纸包装好的糖块

花生糖 xuA^{31} səŋ^{0} t^{h}aŋ^{24}

干糖 kæ̃^{31} t^{h}aŋ^{24} 麦芽糖

调和 ȶ^{h}iɔ^{31} xuo^{53} 作料

八角 pA^{53} tɕyo^{0}

椒 ȶiɔ^{31}

　花椒 xuA^{31} ȶiɔ^{0}

桂皮 kui^{44} p^{h}i^{24}

胡椒粉 xu^{24} ȶiɔ^{31} fəŋ^{0}

（7）烟、茶、酒

烟 iæ̃^{31}

烟叶子 iæ̃^{31} iɛ^{53} tsɿ^{0} 烟叶

烟丝儿 iæ̃^{31} sɿ^{53} ɚ^{0}

纸烟 tsɿ^{53} iæ̃^{31} 香烟

旱烟 xæ̃^{44} iæ̃^{31}

烤烟 k^{h}ɔ^{44} iæ̃^{0}

水烟锅 ʂei^{53} iæ̃^{31} kuo^{0} 铜制的烟具

烟锅 iæ̃^{31} kuo^{0} 细竹杆儿做的烟具

烟盒子 iæ̃^{31} xuo^{24} tsɿ^{0} 装香烟的金属盒，有的还带打火机

　烟盒儿 iæ̃^{31} xuo^{24} ɚ^{0}

　烟盒 iæ̃^{53} xuo^{0} 装旱烟叶子称

烟丝 iæ̃^{31} sɿ^{0} 烟油子

烟灰 iæ̃^{24} xui^{31}

火镰 xuo^{44} liæ̃^{0} 旧时取火用具

火石 xuo^{44} ʂɿ^{0} 用火镰打的那种石头

火约 xuo^{53} iɔ^{31} 纸媒儿

茶 ts^{h}A^{24}

茶叶 ts^{h}A^{31} iɛ^{53}

　叶子 iɛ^{53} tsɿ^{0}

煎水 ȶiæ̃^{31} ʂei^{53} 开水

泡茶 p^{h}ɔ^{44} ts^{h}A^{24} 沏茶（动宾）

　泼茶 p^{h}o^{31} ts^{h}A^{24}

倒茶 tɔ^{44} ts^{h}A^{24}

白酒 p^{h}ei^{24} ȶiu^{53}

江米酒 tɕiaŋ^{31} mi^{0} ȶiu^{53}

黄酒 xuaŋ^{31} ȶiu^{53}

十五 红白大事

（1）婚姻、生育

喜事 ɕi^{53} sɿ^{44} 亲事

订媳妇 ȶiŋ^{44} si^{53} fu^{0}

占媳妇 tʂæ̃^{44} si^{53} fu^{0}（从男方的角度）

寻主 siŋ^{24} tʂʅ^{531}（从女方的角度）

说媒 ʂɤ^{31} mei^{24}

媒人 mei^{31} zəŋ^{53}

见面 tɕiæ̃^{44} miæ̃^{44}

遇面 y^{44} miæ̃^{44} 相亲，男女双方见面，看是否合意

看媳妇 $\text{k}^{h}\text{æ̃}^{44}$ si^{53} fu^{0}（指男方）

背见 pei^{44} tɕiæ̃^{44} 男女双方不直接见面，背地里看对方的情况

瞅对象 $\text{ts}^{h}\text{ou}^{53}$ tui^{44} siaŋ^{44} 男女青年找对象

相貌 siaŋ^{44} mɔ^{44}

年龄 ȵiæ̃^{24} liŋ^{44}

订婚 ȶiŋ^{44} xuŋ^{31}

定礼 ȶiŋ^{44} li^{53}

送财礼 suŋ^{44} $\text{ts}^{h}\text{E}^{24}$ li^{53} 男方给女方送钱财，表示已订婚

定日子 ȶiŋ^{44} ɚ^{53} tsɿ^{0} 确定结婚的日子

喜酒 ɕi^{53} ȶiu^{53}

添箱 $\text{ȶ}^{h}\text{iæ̃}^{31}$ siaŋ^{0}

娘家陪的 ȵiaŋ^{24} A^{0} $\text{p}^{h}\text{ei}^{24}$ ȶi^{0} 过嫁妆，娘家及亲友的礼物

封封 fəŋ^{53} fəŋ^{0} 包着钱的红纸包，娶亲时送给来宾中的孩子或故意刁难的成年人，使婚礼更热闹有趣

送女客 suŋ^{44} ȵy^{0} $\text{k}^{h}\text{ei}^{31}$ 把出嫁的姑娘送到男方家的少妇

接女客 ȶiɛ^{31} ȵy^{53} $\text{k}^{h}\text{ei}^{31}$ 娶亲时迎接新娘的少妇

娶媳妇 $\text{tɕ}^{h}\text{y}^{53}$ si^{53} fu^{0}

赍发 $\text{tɕ}^{h}\text{i}^{44}$ fA^{0}

出门 $\text{tʂ}^{h}\text{ʅ}^{31}$ məŋ^{24} 女子出嫁

赍发女子 $\text{tɕ}^{h}\text{i}^{44}$ fA^{0} ȵy^{53} tsɿ^{0} 嫁闺女

结婚 tɕiɛ^{31} xuŋ^{0}

轿 $\text{tɕ}^{h}\text{iɔ}^{44}$ 花轿

拜堂 pE^{44} $\text{t}^{h}\text{aŋ}^{24}$

拜天地 pE^{44} $\text{ȶ}^{h}\text{iæ̃}^{53}$ ȶi^{0}

新女婿 siŋ^{44} ȵy^{53} ɕy^{0} 新郎

新媳妇 siŋ^{31} si^{31} fu^{0}

新人房子 siŋ^{53} zəŋ^{0} faŋ^{24} tsɿ^{0} 新房

交杯酒 tɕiɔ^{31} $\text{p}^{h}\text{ei}^{31}$ ȶiu^{53}

耍房 ʂA^{53} faŋ^{24} 结婚当天男方亲友在新房里拿新婚夫妇取乐，以增加喜庆的气氛

暖房 luæ̃^{53} faŋ^{24} 结婚前一晚，男方亲友在新房彻夜玩耍

听房ȶʰiŋ^{31} fɑŋ^{24}男方亲友在新婚夫妇的卧房外偷听的恶作剧，通常是善意的

回门xui^{24} məŋ^{24}

走啢tsou^{31} liᴀ^{0}寡妇再嫁

二婚ɚ^{44} xuŋ^{31}妇女再婚

后婚xou^{44} xuŋ^{31}男子再婚

办二房pʰæ̃^{44} ɚ^{44} fɑŋ^{0}从男方说再婚

顶头ȶiŋ^{53} tʰou^{0}从女方说再婚

害娃xᴇ^{44} vᴀ^{44}怀孕了

有啥啢iu^{53} ʂᴀ^{0} liᴀ^{0}

有啢iu^{31} liᴀ^{0}

择饭tsʰei^{24} fæ̃^{44}

怀娃婆娘xuᴇ^{24} vᴀ^{44} pʰo^{31} ȵiɑŋ^{0}孕妇

月婆yɛ^{53} pʰo^{0}坐月子的妇女

小月siɔ^{53} yɛ^{31}小产

抓娃tʂᴀ^{31} vᴀ^{44} 生孩子，坐月子

□娃ʂʅ^{44} vᴀ^{44}

坐月tsʰuo^{44} yɛ^{53}

到炕上啢tɔ^{44} kʰɑŋ^{44} ʂɑŋ^{0} liᴀ^{0}

拾娃娃ʂʅ^{24} vᴀ^{31} vᴀ^{53}接生

老娘婆lɔ^{53} ȵiɑŋ^{0} pʰo^{0}接生婆

衣ȵi^{31} 胎盘

衣胞ȵi^{31} pɔ^{0}

出月tʂʰʅ^{31} yɛ^{0}满月

头月子tʰou^{31} yɛ^{44} tsɿ^{0}头胎

双生ʂɑŋ^{44} səŋ^{0}双胞胎

打啢去tᴀ^{31} liᴀ^{0} tɕʰi^{0}打胎

身影生的ʂəŋ^{31} ȵiŋ^{0} səŋ^{31} ȶi^{0}遗腹子，父死后出生的

吃奶tʂʰʅ^{31} lᴇ^{53}

摘奶tsei^{31} lᴇ^{53}断奶

奶头lᴇ^{53} tʰou^{21}

奶奶lᴇ^{53} lᴇ^{0}

（小孩子）尿床ȵiɔ^{44} tʂʰɑŋ^{24}

遗尿i^{24} ȵiɔ^{44}

挪窝窝luo^{24} vo^{53} vo^{0}

挪臭窝luo^{24} tʂʰou^{44} vo^{31}婴儿满月后到姥姥家小住

挪脚脚luo^{24} tɕyo^{53} tɕyo^{0}婴儿学习走路

（2）寿辰、丧礼

好日子xɔ^{53} ɚ^{31} tsɿ^{0}生日

过好日子kuo^{44} xɔ^{53} ɚ^{31} tsɿ^{0}

做好日子tsu^{44} xɔ^{53} ɚ^{31} tsɿ^{0}

做好天tsu^{44} xɔ^{53} ȶʰiæ̃^{31}给老人做生日，年轻人没有过生日的习惯

老寿星lɔ^{53} ʂou^{44} siŋ^{31}

白事pʰei^{24} sɿ^{44}丧事

过事kuo^{44} sɿ^{44}办理红白大事

吊丧ȶiɔ^{44} sɑŋ^{31}奔丧

没啢mo^{31} liᴀ^{0}

倒折tɔ^{44} ʂɤ^{0}（含贬义）

老百年啢lɔ^{44} pei^{31}ȵiæ̃^{0} liᴀ^{0} 死了

出门牌tʂʰʅ^{31} məŋ^{31} pʰᴇ^{53}人死后在死者的大门口挂出讣告

开七单k^hE^{31} $ȶ^hi^{31}$ $tæ̃^0$人死后七天祭奠一次,直到第四十九天为止。用纸把每"七"的日期写下来贴在墙上

老衣$lɔ^{44}$ i^0寿衣

散白$sæ̃^{44}$ p^hei^{24}死者家属给亲友送白布,表示通知他们前来吊唁

麻冠mA^{31} $kuæ̃^{53}$孝子戴的用纸条和麻糊的帽子

暖丧$lyæ̃^{53}$ $sɑŋ^{31}$死者下葬的前一天晚上,死者家属请人通宵在灵前玩耍吃喝

升材$ʂəŋ^{31}$ ts^hE^{24}

移材i^{24} ts^hE^{24}由暖丧的人在天亮前把灵柩逐步升到凳子上

灵床$liŋ^{31}$ $tʂ^hɑŋ^{53}$

棺材$kuæ̃^{53}$ ts^hE^0

棺子$kuæ̃^{53}$ $tsɿ^0$

寿材$ʂou^{44}$ ts^hE^0生前预制的棺材

成殓$tʂ^həŋ^{24}$ $liæ̃^{44}$入殓

灵堂$liŋ^{31}$ $t^hɑŋ^{53}$

佛堂fo^{31} $t^hɑŋ^{53}$

守灵$ʂou^{53}$ $liŋ^{24}$

做七tsu^{44} $ȶ^hi^{31}$

守孝$ʂou^{53}$ $ɕiɔ^{44}$

戴孝tE^{44} $ɕiɔ^{44}$

除孝$tʂ^hʅ^{24}$ $ɕiɔ^{44}$

孝子$ɕiɔ^{44}$ $tsɿ^0$

孝孙$ɕiɔ^{44}$ $suŋ^{31}$

起丧$tɕ^hi^{53}$ $sɑŋ^{31}$出殡

送葬$suŋ^{44}$ $tsɑŋ^{44}$

送埋$suŋ^{44}$ mE^{24}

柳棍liu^{44} $kuŋ^0$哭丧棒

纸扎$tsɿ^{53}$ tsA^{31}用纸扎的人、马等

纸钱$tsɿ^{53}$ $ȶ^hiæ̃^{24}$

坟地$fəŋ^{31}$ $ȶ^hi^{53}$

阙里$tɕ^hyo^{53}$ li^0坟墓所在的地方

乱糟坟$lyæ̃^{44}$ $tsɔ^{31}$ $fəŋ^{24}$无人管理任人埋葬尸首的坟地

老阙$lɔ^{44}$ $tɕ^hyo^0$老坟

墓子mu^{44} $tsɿ^0$

墓骨堆mu^{44} ku^{31} tui^0坟墓

冢疙瘩$tʂəŋ^{53}$ kei^{31} tA^0

冢子$tʂəŋ^{53}$ $tsɿ^0$大的坟墓,多为名人墓葬

(坟墓)明庭$miŋ^{31}$ $ȶ^hiŋ^{53}$墓穴

黑堂xei^{53} $t^hɑŋ^0$墓室

箍墓ku^{31} mu^{44}用砖砌墓

下葬$ɕiA^{44}$ $tsɑŋ^{44}$棺材落入墓穴

墓壳朗mu^{44} k^huo^{31} $lɑŋ^0$坟墓塌陷的坑

碑子pi^{53} $tsɿ^0$指墓碑或一般的石碑

上坟$ʂɑŋ^{44}$ $fəŋ^{24}$

寻回避$siŋ^{24}$ xui^{31} p^hi^{53}自杀

寻短见$siŋ^{24}$ $tuæ̃^{44}$ $tɕiæ̃^0$

跳水$ȶ^hiɔ^{24}$ $ʂei^{53}$

跳河$ȶ^hiɔ^{24}$ xuo^{24}

跳井$ȶ^hiɔ^{24}$ $ȶiŋ^{53}$投水自尽

上吊$ʂɑŋ^{44}$ $ȶiɔ^{44}$

尸骨$sɿ^{24}$ ku^{31}

骨灰坛子ku^{24} xui^{31} t^{h}æ̃^{24} tsɿ^{0}

劳客lɔ^{31} k^{h}ei^{53}请办理红白大事时帮忙的人吃饭

谢劳ɕiɛ^{44} lɔ^{0} 红白大事办完后，设酒席酬谢帮忙的人

毕pi^{31}生命完结

　毕毕儿的pi^{31} pi^{24} ɚ^{0} ȶi^{0}

（3）迷信

天爷ȶ^{h}iæ̃^{53} iɛ^{0}老天爷

灶爷tsɔ^{44} iɛ^{0}灶王爷

佛爷fo^{31} iɛ^{53}

菩萨p^{h}u^{31} sᴀ^{53}

观音kuæ̃^{31} iŋ^{0}

土地爷t^{h}u^{53} ȶ^{h}iɛ^{31} iɛ^{0}（"地"发音独特，是受"爷"逆同化所致）

关老爷庙kuæ̃^{31} lɔ^{53} iɛ^{0} miɔ^{44}关帝庙

城隍庙tʂ^{h}əŋ^{31} xuɑŋ^{53} miɔ^{44}

阎王爷iæ̃^{31} vɑŋ^{44} iɛ^{0}

祠堂ts^{h}ɿ^{31} t^{h}ɑŋ^{53}

神堂ʂəŋ^{31} t^{h}ɑŋ^{53}佛龛

香案ɕiɑŋ^{53} ŋæ̃^{0}

上供ʂɑŋ^{44} kuŋ^{44}

烛台tʂʅ^{31} t^{h}ᴇ^{24}

蜡烛lᴀ^{31} tʂʅ^{0}（敬神用的）

　蜡蜡lᴀ^{53} lᴀ^{0}（普通民用的）

香ɕiɑŋ^{31}敬神的线香

香炉ɕiɑŋ^{53} lou^{0}

烧香动宾ʂɔ^{24} ɕiɑŋ^{31}

签ȶ^{h}iæ̃^{31}印有谈吉凶的诗文的纸条

抽签tʂ^{h}ou^{24} ȶ^{h}iæ̃^{31}求签

算卦suæ̃^{44} kuᴀ^{44}

会xui^{44}

　面上会miæ̃^{44} ʂɑŋ^{0} xui^{44}庙会

念经ȵiæ̃^{44} tɕiŋ^{31}①做道场；②念经

测字ts^{h}ei^{31} ts^{h}ɿ^{44}

看风水k^{h}æ̃^{44} fəŋ^{31} ʂei^{0}

算卦suæ̃^{44} kuᴀ^{44}算命

算卦先生 suæ̃^{44} kuᴀ^{44} siæ̃^{31} səŋ^{0}

　阴阳iŋ^{53} iɑŋ^{0}

相面的siɑŋ^{44} miæ̃^{44} ȶi^{0}看相的

伐神的fᴀ^{24} ʂəŋ^{24} ȶi^{0}

　神婆ʂəŋ^{24} p^{h}o^{44}巫婆

伐神fᴀ^{24} ʂəŋ^{24}

许愿ɕy^{53} yæ̃^{44}

还愿xuæ̃^{24} yæ̃^{44}

踩脚子ts^{h}ᴇ^{53} tɕyo^{53} tsɿ^{0}一种装神弄鬼的迷信活动，为祈求神灵降雨解疑等使神灵附在某人身上说话指点

献的ɕiæ̃^{44} ȶi^{0}做供品的馒头

献饭ɕiæ̃^{44} fæ̃^{0}做供品的饭菜

表piɔ^{53}

　钱粮ȶ^{h}iæ̃^{31} liɑŋ^{53}敬神祭祖烧的又薄又软的黄纸

看香k^{h}æ̃^{44} ɕiɑŋ^{31}烧香，把香点着插在香炉里

爷 $\mathrm{i\varepsilon^{44}}$ 神

请神 $\mathrm{t\!\!\!/^{h}i\eta^{53}}$ $\mathrm{\c{s}\partial\eta^{24}}$ 阴历年前，农家买家宅六神的像

服侍 $\mathrm{fu^{31}}$ $\mathrm{s\eta^{53}}$ 张贴神像或摆放祖先牌位

灶干粮 $\mathrm{ts\mathfrak{o}^{44}}$ $\mathrm{k\tilde{æ}^{53}}$ $\mathrm{li\alpha\eta^{0}}$ 为祭灶而烙的饼

灶糖 $\mathrm{ts\mathfrak{o}^{44}}$ $\mathrm{t^{h}\alpha\eta^{0}}$ 祭灶用的糖，用糜子做成，白色圆团，很黏

老哇婆 $\mathrm{l\mathfrak{o}^{53}}$ $\mathrm{v\textsc{a}^{0}}$ $\mathrm{p^{h}o^{0}}$ 敬神拜佛的成群的老太婆，因都穿黑衣服，像乌鸦一样而得名

十六 日常生活

（1）衣

穿衣服 $\mathrm{t\c{s}^{h}\tilde{æ}^{24}}$ $\mathrm{i^{31}}$ $\mathrm{fu^{0}}$

脱衣服 $\mathrm{t^{h}uo^{24}}$ $\mathrm{i^{31}}$ $\mathrm{fu^{0}}$

脱鞋 $\mathrm{t^{h}uo^{31}}$ $\mathrm{x\textsc{e}^{24}}$

量衣服 $\mathrm{li\alpha\eta^{24}}$ $\mathrm{i^{31}}$ $\mathrm{fu^{0}}$

做衣服 $\mathrm{tsu^{44}}$ $\mathrm{i^{31}}$ $\mathrm{fu^{0}}$

贴边 $\mathrm{t\!\!\!/^{h}i\varepsilon^{31}}$ $\mathrm{pi\tilde{æ}^{0}}$ 缝在衣服里子边上的窄条

鞋口 $\mathrm{x\textsc{e}^{31}}$ $\mathrm{k^{h}o\!:\!u^{531}}$ 滚边，在衣服、布鞋等的边缘特别缝制的一种圆棱的边儿

缲边 $\mathrm{t\!\!\!/^{h}i\mathfrak{o}^{31}}$ $\mathrm{pi\tilde{æ}^{0}}$ 缲边儿

缉鞋口 $\mathrm{t\!\!\!/^{h}i^{31}}$ $\mathrm{x\textsc{e}^{31}}$ $\mathrm{k^{h}ou^{53}}$ 鞔鞋帮儿

纳鞋底 $\mathrm{l\textsc{a}^{31}}$ $\mathrm{x\textsc{e}^{24}}$ $\mathrm{t\!\!\!/i^{53}}$

□纽子 $\mathrm{ts\tilde{æ}^{44}}$ $\mathrm{\eta\!\!\!\!,iu^{53}}$ $\mathrm{ts\eta^{0}}$ 钉扣子

扎花 $\mathrm{ts\textsc{a}^{24}}$ $\mathrm{xu\textsc{a}^{31}}$ 绣花儿

打补丁 $\mathrm{t\textsc{a}^{53}}$ $\mathrm{pu^{53}}$ $\mathrm{t\!\!\!/i\eta^{31}}$

缝被儿 $\mathrm{f\partial\eta^{24}}$ $\mathrm{pi\partial^{53}}$ 做被卧

洗啊一水 $\mathrm{si^{53}}$ $\mathrm{li\textsc{a}^{0}}$ $\mathrm{i^{31}}$ $\mathrm{\c{s}ei^{53}}$ 洗了一次

投 $\mathrm{t^{h}ou^{44}}$ 用清水漂洗

摆 $\mathrm{p\textsc{e}^{53}}$ 用水轻洗衣物，如：这衣服不脏，～嘎子就对啊

晒衣服 $\mathrm{s\textsc{e}^{44}}$ $\mathrm{i^{31}}$ $\mathrm{fu^{0}}$

晾衣服 $\mathrm{li\alpha\eta^{44}}$ $\mathrm{i^{31}}$ $\mathrm{fu^{0}}$

浆衣服 $\mathrm{t\!\!\!/i\alpha\eta^{44}}$ $\mathrm{i^{31}}$ $\mathrm{fu^{0}}$

熨衣服 $\mathrm{y\eta^{44}}$ $\mathrm{i^{31}}$ $\mathrm{fu^{0}}$

（2）食

生火 $\mathrm{s\partial\eta^{31}}$ $\mathrm{xuo^{53}}$

做饭 $\mathrm{tsu^{44}}$ $\mathrm{f\tilde{æ}^{44}}$（总称）

淘米 $\mathrm{t^{h}\mathfrak{o}^{24}}$ $\mathrm{mi^{53}}$

起面 $\mathrm{t\c{c}^{h}i^{53}}$ $\mathrm{mi\tilde{æ}^{44}}$ 发面（动宾，使面发酵）

搋面 $\mathrm{ts^{h}\textsc{e}^{31}}$ $\mathrm{mi\tilde{æ}^{44}}$ 和面

揉面 $\mathrm{z\!\!\!,ou^{24}}$ $\mathrm{mi\tilde{æ}^{44}}$

擀面 $\mathrm{k\tilde{æ}^{53}}$ $\mathrm{mi\tilde{æ}^{44}}$

扯面 $\mathrm{t\c{s}^{h}\gamma^{53}}$ $\mathrm{mi\tilde{æ}^{44}}$（动宾）

蒸馍馍 $\mathrm{t\c{s}\partial\eta^{31}}$ $\mathrm{mo^{31}}$ $\mathrm{mo^{53}}$

择菜 $\mathrm{ts^{h}ei^{24}}$ $\mathrm{ts^{h}\textsc{e}^{44}}$

做菜 $\mathrm{tsu^{44}}$ $\mathrm{ts^{h}\textsc{e}^{44}}$（总称）

烧汤 $\mathrm{\c{s}\mathfrak{o}^{24}}$ $\mathrm{t^{h}\alpha\eta^{31}}$ 做汤

饭对啊 $\mathrm{f\tilde{æ}^{44}}$ $\mathrm{tui^{44}}$ $\mathrm{li\textsc{a}^{0}}$ 饭好了，包括饭菜

□生饭ȶʰi^{31} səŋ^{31} fæ̃^{44}饭生

开饭kʰᴇ^{31} fæ̃^{44}

　吃饭哂tʂʰʅ^{31} fæ̃^{44} liᴀ^{0}

舀饭iɔ^{53} fæ̃^{44}盛饭

吃饭tʂʰʅ^{31} fæ̃^{44}

　咥饭ȶiɛ^{24} fæ̃^{44} 大口吃饭

　□tsʰæ̃^{44}吃（含贬义或戏谑义）

操菜tsʰɔ^{31} tsʰᴇ^{44}

　挟菜tɕiᴀ^{31} tsʰᴇ^{44}

舀汤iɔ^{53} tʰɑŋ^{31}

吃早上饭tʂʰʅ^{31} tsɑŋ^{53} fæ̃^{44}吃早饭（“早上”合音）

吃晌午饭tʂʰʅ^{31} ʂɑŋ^{31} vu^{0} fæ̃^{44}吃午饭

吃黑儿饭tʂʰʅ^{31} xei^{31} ɚ^{0} fæ̃^{44}

　喝汤xuo^{31} tʰɑŋ^{0}吃晚饭

吃零食tʂʰʅ^{31} liŋ^{24} ʂʅ^{24}

　吃零嘴tʂʰʅ^{31} liŋ^{24} tsui^{53}

用筷子yŋ^{44} kʰuᴇ^{44} tsʅ^{0}

肉不烂ʐou^{44} pu^{0} læ̃^{44}

咬不下ȵiɔ^{53} pu^{0} xᴀ^{44}嚼不动

（吃饭）噎住哂iɛ^{53} tʂʰʅ^{0} liᴀ^{0}

打够tᴀ^{53} kou^{44}吃饱后打嗝

咥的多哂ȶiɛ^{24} ȶi^{0} tuo^{31} liᴀ^{0}吃的太多了

喝茶xuo^{31} tsʰᴀ^{24}

喝酒xuo^{31} ȶiu^{53}

吃烟tʂʰʅ^{31} iæ̃^{31}抽烟

饥哂tɕi^{31} liᴀ^{0}饿了

（3）住

起tɕʰiɛ^{53}起床

　起来tɕʰiɛ^{53} lᴇ^{0}

洗手si^{53} ʂou^{53}

洗脸si^{53} liæ̃^{53}

涮口ʂæ̃^{44} kʰou^{53}漱口

刷牙ʂᴀ^{31} iᴀ^{24}

梳头ʂʅ^{31} tʰou^{24}

梳冒盖ʂʅ^{31} mɔ^{44} kᴇ^{0}①梳辫子；②梳髻

铰指甲tɕiɔ^{53} tsʅ^{53} iᴀ^{0}剪指甲

掏耳朵tʰɔ^{31} ɚ^{53} tuo^{0}

洗澡si^{53} tsɔ^{53}

擦澡tsʰᴀ^{31} tsɔ^{53}

尿尿ȵiɔ^{44} ȵiɔ^{44}动词

㞎屎pᴀ^{31} sʅ^{53} 动词

水火ʂei^{31} xuo^{0}大小便的合称

歇凉ɕiɛ^{31} liɑŋ^{24}乘凉

晒暖暖sᴇ^{44} luæ̃^{53} luæ̃^{0}晒太阳

歇火ɕiɛ^{31} xuo^{53}烤火取暖

点灯ȶiæ̃^{53} təŋ^{31}

吹灯tʂʰei^{31} təŋ^{0}熄灯

歇嘎ɕiɛ^{53} kᴀ^{0}休息一会儿

□盹ȶiu^{31} tuŋ^{53} 打盹儿

　打个木楞tᴀ^{53} kɤ^{0} mu^{31} ləŋ^{0}小睡一会儿

打呵欠tᴀ^{53} xuo^{31} ɕiæ̃^{0}（“欠”声母音变）

乏哂fᴀ^{24} liᴀ^{0}困了

铺炕 pʰu^{31} kʰɑŋ^{44} 铺床

把被儿暖开 pᴀ^{31} pi^{53} ɚ^{0} luæ̃^{53} kʰᴇ^{0}

睡下 ʂei^{44} xᴀ^{0}

趄下 ȶʰiɛ^{44} xᴀ^{0}

失睡咧 ʂʅ^{53} ʂei^{0} liᴀ^{0} 睡过了时间

长明觉 tʂʰɑŋ^{31} miŋ^{53} tɕiɔ^{44} 一觉睡到大天亮

浑影子睡 xuŋ^{31} ȵiːŋ^{531} ʂei^{44} 不脱衣服睡觉

睡着咧 ʂei^{44} tʂʰuo^{0} liᴀ^{0}

扯颔水 tʂʰɤ^{53} xæ̃^{44} ʂei^{0} 打呼

睡不着 ʂei^{44} pu^{0} tʂʰuo^{24}

睡晌午觉 ʂei^{44} ʂɑŋ^{31} vu^{0} tɕiɔ^{44}

仰躺睡 ȵiɑŋ^{53} tʰɑŋ^{0} ʂei^{44} 仰面睡

仰仰睡 ȵiɑŋ^{53} ȵiɑŋ^{0} ʂei^{44}

仰帮睡 ȵiɑŋ^{53} pɑŋ^{0} ʂei^{44}

侧楞睡 tsei^{53} ləŋ^{0} ʂei^{44} 侧面睡

趴下睡 pʰᴀ^{24} xᴀ^{0} ʂei^{44}

落枕咧 luo^{31} tʂəŋ^{0} liᴀ^{0}

踒枕咧 vo^{31} tʂəŋ^{0} liᴀ^{0}

蹴筋咧 ȶiu^{44} tɕiŋ^{31} liᴀ^{0} 抽筋了

做睡梦 tsu^{44} ʂei^{44} məŋ^{0} 做梦

说胡话 ʂɤ^{31} xu^{31} xuᴀ^{53} 说梦话

魇住咧 iæ̃^{44} tʂʰʅ^{0} liᴀ^{0}

熬眼 ŋɔ^{24} ȵiæ̃^{53} ①熬夜;②开夜车

（4）行

去地咧 tɕʰi^{44} ȶʰi^{0} liᴀ^{0} 下地,去地里干活

上地 ʂɑŋ^{44} ȶi^{44}

上工 ʂɑŋ^{44} kuŋ^{31}

收工 ʂou^{31} kuŋ^{0}

出去咧 tʂʰʅ^{53} tɕʰi^{0} liᴀ^{0} 出去了

回去咧 xui^{31} tɕʰi^{53} liᴀ^{0} 回家了

逛街 kuɑŋ^{44} tɕiɛ^{31}

出去转嘎 tʂʰʅ^{53} tɕʰi^{0} tʂæ̃^{44} kᴀ^{0} 散步

起手 tɕʰi^{31} ʂou^{0} 习惯

走手 tsou^{44} ʂou^{0} 走路的姿势

十七 讼事

（注:本节词语大都不是口语中使用的,为比较方便记录下来）

打官司 tᴀ^{53} kuæ̃^{31} sɿ^{0}

告状 kɔ^{44} tʂɑŋ^{44}（动宾）

原告 yæ̃^{24} kɔ^{44}

被告 pi^{44} kɔ^{44}

状子 tʂɑŋ^{44} tsɿ^{0}

坐堂 tsʰuo^{44} tʰɑŋ^{24}

退堂 tʰui^{44} tʰɑŋ^{24}

问案 vəŋ^{44} ŋæ̃^{44}

过堂 kuo^{44} tʰɑŋ^{24}

证人 tʂəŋ^{44} ʐəŋ^{0}

人证ʐəŋ^{24} tʂəŋ^{44}
物证vo^{31} tʂəŋ^{44}
对质tui^{44} tʂʅ^{0}
刑事ɕiŋ^{24} sɿ^{44}
民事miŋ^{24} sɿ^{44}
家务事tɕiᴀ^{31} vo^{0} sɿ^{44}如：清官难断～
律师ly^{31} sɿ^{0}
写状子的siɛ^{53} tʂɑŋ^{44} tsɿ^{0} ȶi^{0}代人写状子的
服fu^{24}
不服pu^{31} fu^{24}
上诉ʂɑŋ^{44} su^{44}
宣判suæ̃^{31} p^{h}æ̃^{44}
招认tʂɔ^{31} ʐəŋ^{44}
口供k^{h}ou^{53} kuŋ^{0}
供出kuŋ^{44} tʂ^{h}ʅ^{31}如：～同谋
同谋t^{h}uŋ^{24} mu^{24}
故犯ku^{44} fæ̃^{44}
误犯vu^{44} fæ̃^{44}
犯法fæ̃^{44} fᴀ^{31}
犯罪fæ̃^{44} tsui^{44}
诬告vu^{53} kɔ^{44}
连坐liæ̃^{24} ts^{h}uo^{44}
保释pɔ^{53} ʂʅ^{0}
取保tɕ^{h}y^{53} pɔ^{53}
法办哂fᴀ^{31} pæ̃^{44} liᴀ^{0}逮捕
押解ȵiᴀ^{31} tɕiɛ^{44}
囚车siu^{24} tʂ^{h}ɤ^{31}

青天老爷ȶ^{h}iŋ^{31} ȶ^{h}iæ̃^{0} lɔ^{53} iɛ^{0}
赃官tsɑŋ^{31} kuæ̃^{0}
受贿ʂou^{44} xui^{44}
行贿ɕiŋ^{24} xui^{44}
罚款fᴀ^{24} k^{h}uæ̃^{53}
斩首tsæ̃^{53} ʂou^{53}
枪毙ȶ^{h}iɑŋ^{31} pi^{44}
拷打k^{h}ɔ^{53} tᴀ^{53}
打尻板tᴀ^{53} kou^{31} pæ̃^{0}打屁股，旧时刑罚
戴枷tᴇ^{44} tɕiᴀ^{31}
手铐ʂou^{53} k^{h}ɔ^{44}
脚镣tɕyo^{31} liɔ^{44}
绑哂pɑŋ^{31} liᴀ^{0}绑起来
收了监哂ʂou^{31} liɔ^{0} tɕiæ̃^{31} liᴀ^{0}囚禁起来
　坐牢ts^{h}uo^{44} lɔ^{24}
　坐监狱ts^{h}uo^{44} tɕiæ̃^{24} y^{31}
探监t^{h}æ̃^{44} tɕiæ̃^{31}
越狱yɛ^{24} y^{31}
立字据li^{44} ts^{h}ɿ^{44} tɕy^{53}
画押xuᴀ^{44} ȵiᴀ^{31}
按指印ŋæ̃^{44} tsɿ^{31} iŋ^{44}
捐税tɕyæ̃^{44} ʂei^{44}
租子tɕy^{53} tsɿ^{0}地租
约yo^{31}①地契；②税契，持契交税盖印，使契有效
纳税lᴀ^{31} ʂei^{44}
执照tʂʅ^{31} tʂɔ^{44}

告示kɔ44 sɿ0

通知tʰuŋ24 tʂʅ31

路条lu44 ȶʰiɔ0

命令miŋ44 liŋ44

印iŋ44官方图章

　官印kuæ̃31 iŋ44

私访sɿ31 fɑŋ53

交代tɕiɔ53 tᴇ0把经手的事务移交给接替的人

上任ʂɑŋ44 zʅəŋ44

卸任siɛ44 zʅəŋ44

罢免pᴀ44 miæ̃53

案卷ŋæ̃44 tɕyæ̃44

传票tʂʰæ̃24 pʰiɔ44

十八 交际

应酬iŋ44 tʂʰou0

来往lᴇ24 vɑŋ53

看望kʰæ̃44 vɑŋ0如:去～人

　看kʰæ̃44

拜访pᴇ44 fɑŋ53

回拜xui24 pᴇ44

回盘xui31 pʰæ̃53回赠的礼品

客人kʰei53 zʅəŋ0

请客ȶʰiŋ53 kʰei31

招待tʂɔ53 tᴇ0

男客læ̃24 kʰei31

女客ȵy53 kʰei31

送礼suŋ44 li53订媳妇或下级给上级的礼品

纳礼lᴀ31 li53过节时走亲戚拿的礼物

□□xᴀ53 ȶi0礼物

　礼当li53 tɑŋ0走亲访友时带的礼品,多是糖、点心、挂面之类的食品

人情zʅəŋ24 ȶʰiŋ24

当客tɑŋ24 kʰei31做客

待客tᴇ44 kʰei31

陪客pʰei24 kʰei31(动宾)

送客suŋ44 kʰei31

不送咧pu31 suŋ44 liᴀ0主人说的客气话

谢谢siɛ44 siɛ0

不客气pu24 kʰei31 tɕʰi44

茶点tsʰᴀ24 ȶiæ̃53

倒茶tɔ44 tsʰᴀ24

摆酒席pᴇ53 ȶiu53 si0

一桌酒席i31 tʂuo0 ȶiu53 si0

请贴ȶʰiŋ53 ȶʰiɛ31

下请贴ɕiᴀ44 ȶʰiŋ53 ȶʰiɛ31

入席zʅ31 si24

　坐席tsuo44 si24

上菜ʂɑŋ44 tsʰᴇ44

端菜 tuæ̃^{31} ts^{h}ᴇ^{44}

斟酒 tʂəŋ^{31} ȶiu^{53}

倒酒 tɔ^{44} ȶiu^{53}

劝酒 tɕ^{h}yæ̃^{44} ȶiu^{53}

干杯 kæ̃^{24} p^{h}ei^{31}

划拳 xuᴀ^{31} tɕ^{h}yæ̃^{24} 行酒令

弄不□ luŋ^{44} pu^{24} tsᴀ^{31} 俩人不和

冤家 yæ̃^{53} tɕiᴀ^{21}

仇人 ʂou^{31} ʐəŋ^{53}(70岁左右的老人说)

不平 pu^{31} p^{h}iŋ^{24} 如：路见～

冤枉 yæ̃^{31} vɑŋ^{0}

插嘴 ts^{h}ᴀ^{31} tsui^{53}

做作 tsu^{44} tsuo^{31}

摆架子 pᴇ^{53} tɕiᴀ^{44} tsɿ^{0}

拿架子 lᴀ^{24} tɕiᴀ^{44} tsɿ^{0}

装人 tʂɑŋ^{31} ʐəŋ^{24}

出洋相 tʂ^{h}ʅ^{31} iɑŋ^{35} ɕiɑŋ^{44}

丢人 ȶiu^{31} ʐəŋ^{24}

巴结 pᴀ^{31} ȶiɛ^{31}

舔尻子 ȶ^{h}iæ̃^{53} kou^{53} tsɿ^{0}

往上青 vɑŋ^{44} ʂɑŋ^{44} ȶ^{h}iŋ^{31}

串门 tʂ^{h}æ̃^{44} məŋ^{24}

套近乎 t^{h}ɔ^{44} tɕ^{h}iŋ^{44} xu^{0} 拉近乎

看承起 k^{h}æ̃^{44} tʂ^{h}əŋ^{0} tɕ^{h}iɛ^{53} 看得起

看不起 k^{h}æ̃^{44} pu^{0} tɕ^{h}iɛ^{53}

一伙 i^{31} xuo^{53} 合伙儿

应承 iŋ^{53} tʂ^{h}əŋ^{0} 答应

不应承 pu^{31} iŋ^{53} tʂ^{h}əŋ^{0} 不答应

断了 tuæ̃^{44} liɔ^{0} 撵出去

卖牌 mᴇ^{44} p^{h}ᴇ^{0} 吹，吹嘘，夸耀

禁断 tɕiŋ^{44} tuæ̃^{0} 批评、责备

发刮 fᴀ^{31} kuᴀ^{0} 发脾气，训人

骂□ mᴀ^{44} kuᴀ^{0} 骂人

砸□ tsᴀ^{24} kuᴀ^{0} 冷嘲热讽

挡□ tɑŋ^{44} kuᴀ^{0} 抵挡

肏噘 ʐʅ^{53} tɕyɛ^{0} 辱骂，训斥

禁短 tɕiŋ^{44} tuæ̃^{0} 训斥

敲打 tɕ^{h}iɔ^{31} tᴀ^{0} 批评，训斥

墩打 tuŋ^{31} tᴀ^{0}

闪面 ʂæ̃^{53} miæ̃^{44} 露面

面情 miæ̃^{44} ȶ^{h}iŋ^{0} 情面

鼻子不利 p^{h}i^{31} tsɿ^{53} pu^{31} li^{44} 感情不和，有隔阂

弹嫌 t^{h}æ̃^{24} ɕiæ̃^{0} 不满意

糟蹋 tsɔ^{53} t^{h}ᴀ^{0} 讥讽嘲笑别人

搅包 tɕiɔ^{44} pɔ^{0} 搅和，捣乱

肏弄 ʐʅ^{53} luŋ^{0} ①捣鬼；②唆使

肏鬼 ʐʅ^{31} kui^{53} ①捣鬼；②凑合

戳弄 tʂ^{h}uo^{53} luŋ^{0} 搬弄是非，挑拨，唆使

上汤 ʂɑŋ^{44} t^{h}ɑŋ^{31} 用甜言蜜语奉承迷惑人

点眼药 ȶiæ̃^{53} ȵiæ̃^{44} yo^{0} 用言语和行动讨人喜欢

眼光雾 ȵiæ̃^{53} kuɑŋ^{31} vu^{44} 障眼法

择不是 ts^{h}ei^{24} pu^{53} sɿ^{0} 挑毛病

寻缝缝 siŋ^{24} fəŋ^{44} fəŋ^{0}

寻麻搭 siŋ^{24} mᴀ^{31} tᴀ^{53} 找茬

瞅欺头 ts^hou^{53} $tɕ^hi^{53}$ t^hou^0 寻找欺负人的借口和机会

捏搐搐 ȵiɛ^{31} $tʂ^hʅ^{53}$ $tʂ^hʅ^0$ 捏造事实，使伎俩整人

干蘸 kæ̃^{31} tsæ̃^{44} 不掏本钱捞取利益

要死狗 ʂA^{53} sɿ^{31} kou^{53} 耍赖皮

挨不起 ŋE^{24} pu^0 $tɕ^hiɛ^{53}$ 不守信用，说话不算数

下软蛋 ɕiA^{44} ʐæ̃^{44} tæ̃^{0} 说话不算数，答应了的事不兑现

骚情 sɔ^{24} $ȶ^hiŋ^{31}$ ①谄媚；②骂人的话，用于反感、讨厌某些动作行为时

塞黑拐 sei^{31} xei^{31} kuE^{53} 行贿

吃黑食 $tʂ^hʅ^{31}$ xei^{53} ʂʅ^0 受贿

抱腿 pɔ^{44} t^hui^{53} 巴结依靠有权势的人

耍弄 ʂA^{44} luŋ^0 嘲弄、摆布

作弄 tsuo^{53} luŋ^0 戏弄、摆布

糊弄 xu^{44} luŋ^0 欺骗、蒙混

指拨 tsɿ^{31} po^0 指派、支使

打发 tA^{44} fA^0

摆拨 pE^{53} po^0 摆布、拨弄

撂治 liɔ^{44} tʂʅ^0 暗地里使手段整治人

低搭 ȶi^{31} tA^0 降低身份

伤脸 ʂɑŋ^{31} liæ̃^{53} 丢脸

掬乎 ts^hou^{53} xu^0 抬举

缭联 liɔ^{31} lyæ̃^{53} 串联，联合

圆成 yæ̃^{31} $tʂ^həŋ^{53}$ 说和

零干 liŋ^{31} kæ̃^{53} 脱离关系

趄才 ɕyɛ^{31} ts^hE^{53} 奇怪的才能

烂子 læ̃^{44} tsɿ^0 乱子

□烂子 tuŋ^{53} læ̃^{44} tsɿ^0 闯祸

摊场 $t^hæ̃^{31}$ $tʂ^hɑŋ^{53}$ 场面

茬口 ts^hA^{31} k^hou^{53} 时机、机会

眉眼 mi^{31} ȵiæ̃^{53} 事情的头绪

十九 商业、交通

（1）经商行业

字号 tsɿ^{44} xɔ^0

招牌 tʂɔ^{53} p^hE^0

望子 vɑŋ^{44} tsɿ^0

广告 kuɑŋ^{53} kɔ^{44}

开铺子 k^hE^{31} p^hu^{44} tsɿ^0

开门面 k^hE^{31} məŋ^{31} miæ̃^{53}

铺面 p^hu^{44} miæ̃^{0}

门面房 məŋ^{24} miæ̃^{0} fɑŋ^{24} 商店房屋临街的部分

摆摊摊 pE^{53} $t^hæ̃^{53}$ $t^hæ̃^0$

跑单帮 $p^hɔ^{53}$ tæ̃^{31} pɑŋ^0

做生意 tsu^{44} səŋ^{53} i^0

旅馆ly^{31} kuæ̃^{53}

馆子kuæ̃^{44} tsɿ^{0}饭馆

下馆子ɕiᴀ^{44} kuæ̃^{44} tsɿ^{0}

　进馆子ȶiŋ^{44} kuæ̃^{44} tsɿ^{0}

伙计娃xuo^{53} tɕi^{0} vᴀ^{44}堂倌儿

布店pu^{44} ȶiæ̃^{44}

精货铺ȶiŋ^{53} xuo^{0} pʰu^{44}百货店

杂货铺tsᴀ^{31} xuo^{53} pʰu^{44}

油盐店iu^{24} iæ̃^{24} ȶiæ̃^{44}

　酱菜店ȶiɑŋ^{44} tsʰᴇ^{44} ȶiæ̃^{44}

粮店liɑŋ^{24} ȶʰiæ̃^{44}

瓷货店tsʰɿ^{31} xuo^{53} ȶiæ̃^{44}瓷器店

文具店vəŋ^{24} tɕy^{44} ȶiæ̃^{44}

茶馆tsʰᴀ^{24} kuæ̃^{53}

待招铺tᴇ^{44} tʂɔ^{31} pʰu^{44}

　待招铺子tᴇ^{44} tʂɔ^{31} pʰu^{44} tsɿ^{0}理发店

剃头ȶʰi^{44} tʰou^{24}理发

刮脸kuᴀ^{31} liæ̃^{53}

刮胡子kuᴀ^{31} xu^{24} tsɿ^{53}

架子上tɕiᴀ^{44} tsɿ^{0} ʂɑŋ^{0}

　肉铺ʐou^{44} pʰu^{44}

杀猪sᴀ^{24} tʂʅ^{31}

油坊iu^{31} fɑŋ^{53}

当铺tɑŋ^{44} pʰu^{0}

租房子tsu^{31} fɑŋ^{31} tsɿ^{53}

典房子ȶiæ̃^{53} fɑŋ^{31} tsɿ^{53}

炭铺tʰæ̃^{44} pʰu^{0}煤铺

烧锅ʂɔ^{31} kuo^{0}酒坊

　烧坊ʂɔ^{53} fɑŋ^{0}

醋坊tsʰu^{44} fɑŋ^{0}酿醋的作坊

豆腐坊tou^{44} fu^{0} fɑŋ^{0}做豆腐的作坊

裁缝铺tsʰᴇ^{31} fəŋ^{53} pʰu^{44}裁剪、缝纫衣服的铺子

按子ŋæ̃^{44} tsɿ^{0}模子

呼郎xu^{53} lɑŋ^{0}货郎

钉锅的ȶiŋ^{44} kuo^{53} ȶi^{0}钉补锅的手艺人

箍瓮的ku^{31} vəŋ^{44} ȶi^{0}箍瓮的手艺人

接铧尖的ȶiɛ^{31} xuᴀ^{24} ȶiæ̃^{53} ȶi^{0}补铸铧尖的手艺人

钉掌的ȶiŋ^{44} tʂɑŋ^{53} ȶi^{0}给牲口钉掌的手艺人

篾篾匠mi^{31} mi^{44} ȶʰiŋ^{0}编制背篓、竹筛子等竹器的手艺人

（2）经营、交易

开业kʰᴇ^{24} ȵiɛ^{31}

　开张kʰᴇ^{24} tʂɑŋ^{31}

停业ȶʰiŋ^{44} ȵiɛ^{31}

盘店pʰæ̃^{24} ȶiæ̃^{44}

铺柜pʰu^{31} kʰui^{53}柜台

开价kʰᴇ^{53} tɕiᴀ^{44}

还价xuæ̃^{24} tɕiᴀ^{44}

（价钱）便宜pʰiæ̃^{24} i^{0}

　贱ȶiæ̃^{44}

（价钱）贵kui^{44}

　价大tɕiᴀ^{44} tᴀ^{44}

（价钱）公道 kuŋ⁵³ tɔ⁰

合适 xuo²⁴ tʂʰʅ⁰

趸下 tuŋ⁵³ xᴀ⁰ 剩下的全部买了

生意红火 səŋ³¹ i⁰ xuŋ²⁴ xuo⁵³ 买卖好

生意不好 səŋ³¹ i⁰ pu³¹ xɔ⁵³ 买卖清淡

工钱 kuŋ⁵³ ȶʰiæ̃⁰

本钱 pəŋ⁵³ ȶʰiæ̃⁰

保本 pɔ³¹ pəŋ⁵³

摊本 tʰæ̃³¹ pəŋ⁵³ 经商先拿出钱做本钱

赚钱 tɕiæ̃⁴⁴ ȶʰiæ̃⁰

贴赔咧 ȶʰiɛ⁵³ pʰei⁰ liᴀ⁰ 亏本

盘缠 pʰæ̃³¹ tʂʰæ̃⁵³ 路费

利钱 li⁴⁴ ȶʰiæ̃⁰ 利息

运气好 yŋ⁴⁴ tɕʰi⁰ xɔ⁵³

交运 tɕiɔ³¹ yŋ⁴⁴

欠 tɕʰiæ̃⁴⁴ 如：～他三元钱

该 kᴇ⁵³

差 tsʰᴀ³¹ 如：～五角十元（即九元五角）

错 tsʰuo⁴⁴

押金 ȵiᴀ³¹ tɕiŋ⁰

罢罢子 pᴀ⁴⁴ pᴀ⁰ tsɿ⁰

罢罢 pᴀ⁴⁴ pᴀː⁰ 挑选后剩下的东西

（3）账目、度量衡

账房 tʂɑŋ⁴⁴ fɑŋ⁰

算账 suæ̃⁴⁴ tʂɑŋ⁴⁴

结账 tɕiɛ³¹ tʂɑŋ⁴⁴

进账 ȶiŋ⁴⁴ tʂɑŋ⁴⁴ 记收入的帐

出账 tʂʰʅ⁵³ tʂɑŋ⁴⁴ 记付出的帐

欠账 tɕʰiæ̃⁴⁴ tʂɑŋ⁰（名词）

tɕʰiæ̃⁴⁴ tʂɑŋ⁴⁴（动词）

塌账 tʰᴀ³¹ tʂɑŋ⁴⁴

要账 iɔ⁴⁴ tʂɑŋ⁴⁴

收账 ʂou³¹ tʂɑŋ⁴⁴

讨账 tʰɔ⁵³ tʂɑŋ⁴⁴

烂账 læ̃⁴⁴ tʂɑŋ⁰ 要不来的账

发票 fᴀ³¹ pʰiɔ⁴⁴

收据 ʂou³¹ tɕy⁵³

存款 tsʰuŋ²⁴ kʰuæ̃⁵³ 积蓄的钱（名词）

存钱 tsʰuŋ²⁴ ȶʰiæ̃²⁴（动词）

零钱 liŋ²⁴ ȶʰiæ̃²⁴

票子 pʰiɔ⁴⁴ tsɿ⁰ 钞票

□ kᴀ²⁴

分分洋 fəŋ⁵³ fəŋ⁰ iɑŋ²⁴ 硬币

铜元 tʰuŋ²⁴ yæ̃²⁴ 铜板儿

麻钱儿 mᴀ³¹ ȶʰiæ̃⁵³ ɚ⁰

字儿 tsɿ⁴⁴ ɚ⁰ 铜钱有字的一面

漫儿 mæ̃⁴⁴ ɚ⁰ 铜钱无字的一面

大板 tᴀ⁴⁴ pæ̃⁵³ 大的铜元

小子儿 siɔ³¹ tsɿ⁵³ ɚ⁰ 小的铜元

银元 iŋ²⁴ yæ̃²⁴

响圆 ɕiɑŋ⁵³ yæ̃²⁴

一块钱 i³¹ kʰuᴇ⁵³ ȶʰiæ̃²⁴

一角钱 i²⁴ tɕyo³¹ ȶʰiæ̃²⁴

一分钱 i²⁴ fəŋ³¹ ȶʰiæ̃²⁴

十块钱 ʂʅ²⁴ kʰuᴇ⁵³ ȶʰiæ̃²⁴

一张大团结 i^{24} tʂɑŋ^{31} tᴀ^{44} t^{h}uæ̃^{24} tɕiɛ^{31}

一个铜元 i^{31} kɤ^{0} t^{h}uŋ^{24} yæ̃^{24} 铜板儿

一百块钱 i^{31} pei^{0} k^{h}uᴇ^{53} ȶ^{h}iæ̃^{24}

一张么洞洞 i^{24} tʂɑŋ^{31} iɔ^{31} tuŋ^{44} tuŋ^{44}

算盘 suæ̃^{44} p^{h}æ̃^{0}

盘子 p^{h}æ̃^{31} tsɿ^{53}

天平 ȶ^{h}iæ̃^{53} p^{h}iŋ^{0}

戥子 təŋ^{44} tsɿ^{0}

秤 tʂ^{h}əŋ^{44}

志 tsɿ^{44} 用秤称东西

磅秤 pɑŋ^{44} tʂ^{h}əŋ^{44}

秤盘 tʂ^{h}əŋ^{44} p^{h}æ̃^{0}

秤盘星 tʂ^{h}əŋ^{44} p^{h}æ̃^{0} siŋ^{31}

秤杆 tʂ^{h}əŋ^{44} kæ̃^{53}

秤钩搭 tʂ^{h}əŋ^{44} kou^{31} tᴀ^{0}

秤砣 tʂ^{h}əŋ^{44} t^{h}uo^{24} 磅秤的秤锤

秤锤 tʂ^{h}əŋ^{44} tʂ^{h}ei^{24} 杆秤的秤锤

旺的 vɑŋ^{44} ȶi^{0} 称物时称尾高

旺旺的 vɑŋ^{44} vɑŋ^{53} ȶi^{0}

孱的 ʂæ̃^{24} ȶi^{0} 称物时称尾低

孱孱的 ʂæ̃^{24} ʂæ̃^{24} ȶi^{0}

刮板 kuᴀ^{31} pæ̃^{0} 平斗斛的木片

（4）交通

铁路 ȶ^{h}iɛ^{31} lu^{44}

铁轨 ȶ^{h}iɛ^{31} kui^{0}

火车 xuo^{44} tʂ^{h}ɤ^{0}

火车站 xuo^{53} tʂ^{h}ɤ^{31} tsæ̃^{44}

官路 kuæ̃^{53} lu^{0}

公路 kuŋ^{31} lu^{44}

汽车 tɕ^{h}i^{44} tʂ^{h}ɤ^{31}

客车 k^{h}ei^{31} tʂ^{h}ɤ^{0}

班车 pæ̃^{31} tʂ^{h}ɤ^{0}

货车 xuo^{44} tʂ^{h}ɤ^{31} 运货的汽车

公共汽车 kuŋ^{31} kuŋ^{44} tɕ^{h}i^{44} tʂ^{h}ɤ^{31}

小卧车 siɔ^{53} vo^{44} tʂ^{h}ɤ^{31} 小轿车

屎爬牛车 sɿ^{53} p^{h}ᴀ^{0} ȵiu^{24} tʂ^{h}ɤ^{31}

摩托车 mo^{31} t^{h}uo^{24} tʂ^{h}ɤ^{31}

摩托 mo^{31} t^{h}uo^{0}

三轮车 sæ̃^{31} lyŋ^{24} tʂ^{h}ɤ^{31}（载人的）

平板车 p^{h}iŋ^{24} pæ̃^{53} tʂ^{h}ɤ^{31} 拉货的平板三轮车

自行车 ts^{h}ɿ^{44} ɕiŋ^{24} tʂ^{h}ɤ^{31}

车子 tʂ^{h}ɤ^{31} tsɿ^{0}

驴 ly^{24}

大车 tᴀ^{44} tʂ^{h}ɤ^{31} 骡马拉的运货的车，北方多用

皮拉拉车 p^{h}i^{24} lᴀ^{53} lᴀ^{0} tʂ^{h}ɤ^{31} 胶轮大车

车辕 tʂ^{h}ɤ^{31} yæ̃^{24}

车厢 tʂ^{h}ɤ^{24} siɑŋ^{31}

车轮子 tʂ^{h}ɤ^{31} lyŋ^{24} tsɿ^{0}

辐条 fu^{53} ȶ^{h}iɔ^{0}

船 ʂæ̃^{24}（总称）

帆 fæ̃^{31}

舵 t^{h}uo^{31}

橹 lu^{53}

桨 ȶiɑŋ^{31}

篙 kɔ^{31}

跳板 ȶ^{h}iɔ^{44} pæ̃^{0} 上下船用

帆船 fæ̃^{31} ʂæ̃^{24}

渡船 tu^{44} ʂæ̃^{24}

轮船 lyŋ^{24} ʂæ̃^{24}

摆渡 pᴇ^{53} tu^{44} 坐船过河

渡口 tu^{44} k^{h}ou^{0}

二十 文化教育

（1）学校

学校 ɕyo^{24} ɕiɔ^{44}

　学堂 ɕyo^{31} t^{h}ɑŋ^{53}

念书 ȵiæ̃^{44} ʂʅ^{31} 开始上小学

　上学 ʂɑŋ^{44} ɕyo^{24} ①开始上小学；②去学校上课

放学 fɑŋ^{44} ɕyo^{24} 上完课回家

□学 tʂ^{h}ᴀ^{44} ɕyo^{24} 逃学

幼儿园 iu^{44} ɚ^{0} yæ̃^{44} 年龄较大的幼童接受教育的地方

托儿所 t^{h}uo^{31} ɚ^{0} ʂuo^{53} 年龄较小的幼童接受教育的地方

义学 i^{44} ɕyo^{0}

私塾 sɿ^{31} ʂʅ^{0}

学费 ɕyo^{24} fei^{44}

放假 fɑŋ^{44} tɕiᴀ^{53}

暑假 ʂʅ^{53} tɕiᴀ^{53}

忙假 mɑŋ^{24} tɕiᴀ^{53} 为收麦放的假

秋假 ȶ^{h}iu^{31} tɕiᴀ^{53} 为秋收放的假

寒假 xæ̃^{24} tɕiᴀ^{53}

请假 ȶ^{h}iŋ^{53} tɕiᴀ^{53}

（2）教室、文具

教室 tɕiɔ^{44} ʂʅ^{31}

上课 ʂɑŋ^{44} k^{h}uo^{44}

　上堂 ʂɑŋ^{44} t^{h}ɑŋ^{24}

下课 ɕiᴀ^{44} k^{h}uo^{44}

　下堂 ɕiᴀ^{44} t^{h}ɑŋ^{24}

讲台 tɕiɑŋ^{44} t^{h}ᴇ^{0}

黑板 xei^{31} pæ̃^{53}

粉锭儿 fəŋ^{53} ȶ^{h}iŋ^{44} ɚ^{0} 粉笔

排刷 p^{h}ᴇ^{31} ʂᴀ^{53} 板擦

名册 miŋ^{31} ts^{h}ei^{53} 点名册

板子 pæ̃^{53} tsɿ^{0} 戒尺

笔记本儿 pi^{31} tɕi^{44} pəŋ^{53} ɚ^{0}

课本 k^{h}uo^{44} pəŋ^{0}

铅笔 tɕ^{h}iæ̃^{24} pi^{31}

橡皮siɑŋ^{44} p^{h}i^{24}

　□□ts^{h}ɔ^{44} ts^{h}ɔ^{0}

旋旋suæ̃^{44} suæ̃^{0}铅笔刀，指旋着削的那种

圆规yæ̃^{24} k^{h}ui^{31}

三角板sæ̃^{31} tɕyo^{0} pæ̃^{53}

字条ts^{h}ʅ^{44} ȶ^{h}iɔ^{0}镇纸

作文本子tsuo^{31} vəŋ^{24} pəŋ^{53} tsʅ^{0}

大字本子tᴀ^{44} ts^{h}ʅ^{44} pəŋ^{53} tsʅ^{0}

影格iŋ^{53} kei^{31}红模子

钢笔kɑŋ^{24} pi^{31}

　水笔ʂei^{53} pi^{31}

毛笔mɔ^{24} pi^{31}

　小字笔siɔ^{53} tsʅ^{44} pi^{31}写小楷用的毛笔

　大字笔tᴀ^{44} tsʅ^{44} pi^{31}写大字用的毛笔

笔帽帽pi^{31} mɔ^{44} mɔ^{0}保护毛笔头的套子

笔罐pi^{53} kuæ̃^{0}笔筒

砚台iæ̃^{44} t^{h}ᴇ^{0}

研墨iæ̃^{24} mei^{24}（动宾）

墨盒mei^{31} xuo^{44}

墨汁mei^{24} tʂʅ^{31}

膏笔kɔ^{44} pi^{31}掭笔（动宾）

墨水mei^{24} ʂei^{53}钢笔用的

书包ʂʅ^{31} pɔ^{0}

（3）读书识字

念书人ȵiæ̃^{44} ʂʅ^{31} ʐəŋ^{0}读书人

识字的ʂʅ^{31} ts^{h}ʅ^{44} ȶi^{0}

不识字的pu^{31} ʂʅ^{31} ts^{h}ʅ^{44} ȶi^{0}

　睁眼瞎子tsəŋ^{31} ȵiæ̃^{0} xᴀ^{53} tsʅ^{0}

念书ȵiæ̃^{44} ʂʅ^{31}读书

温习vəŋ^{31} si^{24}温书

背书p^{h}ei^{44} ʂʅ^{31}

报考pɔ^{44} k^{h}ɔ^{53}

考场k^{h}ɔ^{53} tʂ^{h}ɑŋ^{0}

进考场ȶiŋ^{44} k^{h}ɔ^{53} tʂ^{h}ɑŋ^{0}

考试k^{h}ɔ^{53} sʅ^{44}

卷子tɕyæ̃^{44} tsʅ^{0}考卷

满分mæ̃^{53} fəŋ^{31}

零分liŋ^{31} fəŋ^{53}

　白卷子p^{h}ei^{24} tɕyæ̃^{44} tsʅ^{0}

发榜fᴀ^{31} pɑŋ^{53}

头名t^{h}ou^{31} miŋ^{53}

　第一名ȶi^{44} i^{31} miŋ^{24}

末名mo^{53} miŋ^{0}

　末末名mo^{53} mo^{0} miŋ^{0}

毕业pi^{24} ȵiɛ^{31}

肄业i^{44} ȵiɛ^{31}

文凭vəŋ^{24} p^{h}iŋ^{24}

（4）写字

大楷tᴀ^{44} k^{h}ᴇ^{53}

小楷siɔ^{31} k^{h}ᴇ^{53}

字帖ts^{h}ʅ^{44} ȶ^{h}iɛ^{31}

临帖liŋ^{24} ȶ^{h}iɛ^{31}照着字帖模仿

影格iŋ^{44} kei^{0} 旧时学生初学写毛笔字时，用薄纸蒙在已写好的范式上摹写

涂了t^{h}u^{24} liɔ^{0}

写白字siɛ^{53} p^{h}ei^{24} ts^{h}ɿ^{44}

掉字ȶiɔ^{44} ts^{h}ɿ^{44}

草稿ts^{h}ɔ^{31} kɔ^{0}

打草稿tᴀ^{53} ts^{h}ɔ^{31} kɔ^{0} 起稿子

誊清t^{h}əŋ^{24} ȶ^{h}iŋ^{31}

一点i^{31} ȶiæ̃^{53}

一横i^{31} xuŋ^{44}

一竖i^{31} ʂʅ^{53}

一撇i^{24} p^{h}iɛ^{31}

一捺i^{24} lᴀ^{31}

一勾i^{24} kou^{31}

一挑i^{31} ȶ^{h}iɔ^{53}

一画i^{31} xuᴀ^{44} 汉字的笔画，如：王字是四画

字腿腿tsɿ^{44} t^{h}ui^{53} t^{h}ui^{0} 字的笔划

偏旁p^{h}iæ̃^{53} p^{h}ɑŋ^{0}

立人li^{53} ʐəŋ^{0}

　单立人tæ̃^{31} li^{53} ʐəŋ^{0}

双立人ʂɑŋ^{31} li^{53} ʐəŋ^{0}

弓长张kuŋ^{31} tʂ^{h}ɑŋ^{24} tʂɑŋ^{31}

立早章li^{31} tsɔ^{53} tʂɑŋ^{31}

禾旁程xuo^{31} p^{h}ɑŋ^{0} tʂ^{h}əŋ^{24}

四框栏sɿ^{44} k^{h}uɑŋ^{31} læ̃^{24}

宝盖pɔ^{44} kᴇ^{0}

秃宝盖t^{h}u^{31} pɔ^{44} kᴇ^{0}

竖心（旁）tʂ^{h}ʅ^{44} siŋ^{31}

反犬（旁）fæ̃^{31} tɕ^{h}yæ̃^{0}

单耳朵tæ̃^{31} ɚ^{0} tuo^{0}

双耳朵ʂɑŋ^{31} ɚ^{0} tuo^{0}

反文旁fæ̃^{53} vəŋ^{0} p^{h}ɑŋ^{24}

斜玉旁siɛ^{24} y^{0} p^{h}ɑŋ^{24}

提土旁ȶ^{h}i^{24} t^{h}u^{53} p^{h}ɑŋ^{24}

竹头tʂʅ^{53} t^{h}ou^{0}

火字旁xuo^{53} ts^{h}ɿ^{0} p^{h}ɑŋ^{24}

四点底sɿ^{44} ȶiæ̃^{53} ȶi^{53}

三点水sæ̃^{31} ȶiæ̃^{53} ʂei^{53}

两点水liɑŋ^{31} ȶiæ̃^{0} ʂei^{53}

病框儿piŋ^{44} k^{h}uɑ̃r^{31}

走之旁tsou^{53} ts^{h}ɿ^{31} p^{h}ɑŋ^{24}

　坐车车ts^{h}uo^{44} tʂ^{h}ɤ^{53} tʂ^{h}ɤ^{0}

绞丝旁tɕiɔ^{31} sɿ^{0} p^{h}ɑŋ^{24}

　捩丝旁liɛ^{31} sɿ^{0} p^{h}ɑŋ^{24}

提手旁ȶ^{h}i^{24} ʂou^{53} p^{h}ɑŋ^{24}

草头ts^{h}ɔ^{53} t^{h}ou^{0}

二十一　文体活动

（1）游戏、玩具

风筝 fəŋ^{31} təŋ^{0}

藏马□ tɕʰiaŋ^{24} mᴀ^{31} vu^{44} 捉迷藏

踢毽子 ȶʰi^{31} tɕiæ̃^{44} tsɿ^{0}

抓洋儿 tʂᴀ^{31} iaŋ^{24} ɚ^{0} 抓子儿，用几个小沙包或石子儿，扔起其一，做规定动作后再接住

弹球 tʰæ̃^{24} tɕʰiu^{24}

打水飘 tᴀ^{53} ʂei^{53} pʰiɔ^{31}

　撇瓦渣 pʰiɛ^{31} vᴀ^{44} tsᴀ^{0} 往水面上撇瓦片，使瓦片贴着水面前进，看谁撇得远

踢房 ȶʰi^{31} faŋ^{24}

　跳房 ȶʰiɔ^{24} faŋ^{24}

翻搅搅 fæ̃^{31} tɕiɔ^{53} tɕiɔ^{0} 两人轮换翻动手指头上的细绳，变出各种花样

划拳 xuᴀ^{31} tɕʰyæ̃^{24}

　猜拳 tsʰᴇ^{53} tɕʰyæ̃^{24}

说古今 ʂɤ^{31} ku^{53} tɕiŋ^{31} 出谜语

猜古今 tsʰᴇ^{31} ku^{53} tɕiŋ^{31} 猜谜

拨不倒 po^{31} pu^{31} tɔ^{53} 不倒翁

花花 xuᴀ^{53} xuᴀ^{0} 牌九

麻将 mᴀ^{24} ȶiaŋ^{44}

　耍钱 ʂᴀ^{53} ȶʰiæ̃^{24} 以麻将赌博

掷色子 tʂʅ^{31} sei^{53} tsɿ^{0}

押宝 ȵiᴀ^{31} pɔ^{53}

炮 pʰɔ^{44} 爆竹，尤指鞭炮

放鞭炮 faŋ^{44} piæ̃^{53} pʰɔ^{0}

二踢脚 ɚ^{44} ȶʰi^{31} tɕyo^{0}

花 xuᴀ^{31} 烟火

放花 faŋ^{44} xuᴀ^{31} 放花炮

缚秋 fu^{24} ȶʰiu^{31} 立起秋千架，绑好秋千绳

打秋 tᴀ^{53} ȶʰiu^{31} 荡秋千

送秋 suŋ^{44} ȶʰiu^{31} 从后面推坐在或站在秋千板上的人使秋千荡起

打毛蛋 tᴀ^{53} mɔ^{24} tæ̃^{44} 拍打用棉絮扎绑成的棉球

溜西瓜皮 liu^{44} si^{31} kuᴀ^{0} pʰi^{24} 把西瓜皮踩在脚下向前滑动

打猴 tᴀ^{53} xou^{24} 用鞭子抽打陀螺使不停地转动

打尜 tᴀ^{53} kᴀ^{44} 用木板打尜的一头使弹起，紧接着用木板扇击，打得远者获胜

碰钱 pʰəŋ^{44} ȶʰiæ̃^{24} 把大的铜钱或铜圆扔到较远的地方，另一个人再扔出大的铜圆或铜钱去碰击，击中者获胜

斗击 tou^{44} tɕi^{31} 双方一条腿支撑身体，用手扳住另一条腿的小腿和脚，并用这条腿的膝盖相撞击，撞倒对方或使对方双脚着地者获胜

斗鸡tou^{44} tɕi^{31}使公鸡相斗

斗蛐蛐tou^{44} tɕʰy^{31} tɕʰy^{0}使蟋蟀相斗

弥河mi^{24} xuo^{24}天下大雨时，小孩儿用泥巴堵住大路上的流水玩耍

耐耍lᴇ^{44} ʂᴀ^{53}玩耍时经得起失败，开玩笑时受得住别人的话

风车轮儿fəŋ^{31} tʂʰɤ^{0} lyŋ^{24} ɚ^{0}用纸或草做成的风车玩具，可以吹动旋转

（2）体育

象棋siɑŋ^{44} tɕʰi^{24}

下棋ɕiᴀ^{44} tɕʰi^{24}

将ȶʰiɑŋ^{44}

帅ʂᴇ^{44}

士sɿ^{44}

象siɑŋ^{44}

相siɑŋ^{44}

车tɕy^{31}

马mᴀ^{53}

炮pʰɔ^{44}

卒tsu^{24}象棋中的兵、卒

拱卒kuŋ^{53} tsu^{24}

上士ʂɑŋ^{44} sɿ^{44}士走上去

落士luo^{31} sɿ^{44}士走下来

飞象fei^{31} siɑŋ^{44}

落象luo^{31} siɑŋ^{44}

要将iɔ^{44} ȶiɑŋ^{44}将军

围棋vei^{24} tɕʰi^{24}

黑子xei^{31} tsɿ^{0}

白子pʰei^{24} tsɿ^{0}

和棋xuo^{24} tɕʰi^{24}

拔河pʰᴀ^{24} xuo^{24}

游泳iu^{24} yŋ^{53}

仰泳ȵiɑŋ^{53} yŋ^{53}

蛙泳vᴀ^{31} yŋ^{53}

自由泳tsʰɿ^{44} iu^{24} yŋ^{53}

钻猛淹tsuæ̃^{31} məŋ^{44} ȵiæ̃^{0}

钻猫淹tsuæ̃^{31} mɔ^{44} ȵiæ̃^{0}潜水

打球tᴀ^{53} tɕʰiu^{0}

赛球sᴇ^{44} tɕʰiu^{0}

乒乓球piŋ^{53} pɑŋ^{0} tɕʰiu^{0}

篮球læ̃^{24} tɕʰiu^{0}

排球pʰᴇ^{24} tɕʰiu^{0}

足球tɕy^{31} tɕʰiu^{0}（老）/tsu^{31} tɕʰiu^{0}（新）

羽毛球y^{44} mɔ^{24} tɕʰiu^{0}

跳远ȶʰiɔ^{24} yæ̃^{53}

跳高ȶʰiɔ^{24} kɔ^{31}

（3）武术、舞蹈

翻跟头fæ̃^{31} kəŋ^{31} tʰou^{0}翻一个跟头

打车轱轮tᴀ^{53} tʂʰɤ^{31} ku^{31} lyŋ^{24}连续翻好几个跟头

倒立tɔ^{44} li^{0}

耍狮子ʂᴀ^{53} sɿ^{53} tsɿ^{0}舞狮子

跑旱船pʰɔ^{53} xæ̃^{44} ʂæ̃^{24}

柳木腿liu^{53} mu^{31} tʰui^{53}高跷

对刀tui^{44} tɔ^{31}

耍刀ʂᴀ^{53} tɔ^{31}

对枪tui^{44} ȶ^{h}iɑŋ^{31}

耍枪ʂᴀ^{53} ȶ^{h}iɑŋ^{31}

耍流星锤ʂᴀ^{53} liu^{31} siŋ^{53} tʂ^{h}ei^{24}

扭秧歌ȵiu^{53} iɑŋ^{31} kɤ^{0}

打腰鼓tᴀ^{53} iɔ^{31} ku^{0}

跳舞ȶ^{h}iɔ^{24} vu^{53}

（4）戏剧

□娃娃tʂou^{53} vᴀ^{31} vᴀ^{0}木偶戏

牛皮人人ȵiu^{31} p^{h}i^{44} ʐəŋ^{31} ʐəŋ^{53}

　小戏siɔ^{53} ɕi^{0}皮影戏

大戏tᴀ^{44} ɕi^{0}大型戏曲，角色多、乐器多、演唱内容复杂

戏园子ɕi^{44} yæ̃^{31} tsɿ^{53}

戏台子ɕi^{44} t^{h}ᴇ^{31} tsɿ^{53}戏台

演员iæ̃^{53} yæ̃^{24}

　戏子ɕi^{44} tsɿ^{0}（贬称）

　把式pᴀ^{44} ʂɿ^{0}技艺高的名演员

耍把戏ʂᴀ^{31} pᴀ^{53} ɕi^{0}变戏法，魔术

说书ʂɤ^{24} ʂɿ^{31}

花脸xuᴀ^{31} liæ̃^{0}

　大净tᴀ^{44} ȶiŋ^{44}大花脸

　毛净mɔ^{24} ȶiŋ^{44}二花脸

丑角tʂ^{h}ou^{44} tɕyo^{0}小丑

胡子生xu^{24} tsɿ^{0} səŋ^{31}老生

小生siɔ^{53} səŋ^{31}

武生vu^{53} səŋ^{31}

武旦vu^{53} tæ̃^{44}刀马旦

老旦lɔ^{53} tæ̃^{44}

青衣ȶ^{h}iŋ^{31} i^{0}

花旦xuᴀ^{53} tæ̃^{0}

小旦siɔ^{53} tæ̃^{0}

吼噢的xou^{53} o^{24} ȶi^{53}跑龙套的

□钹ȶ^{h}iᴀ^{53} p^{h}o^{24}

自乐班tsɿ^{44} luo^{31} pæ̃^{31}自发组织的业余唱戏班子，以自娱自乐为目的

弹胭脂tæ̃^{44} iæ̃^{31} tsɿ^{0}抹胭脂

弹口红tæ̃^{44} k^{h}ou^{53} xuŋ^{24}涂口红

二十二　动作

（1）一般动作

立lei^{31}站

蹴ȶiu^{44}①蹲；②缩，如：个布一下～一搭了

跌倒俩ȶiɛ^{31} tɔ^{0} liᴀ^{0}

起来tɕ^{h}iɛ^{53} lᴇ^{0}爬起来

摇头iɔ^{24} t^{h}ou^{24}

点头ȶiæ̃^{53} t^{h}ou^{24}

抬头t^{h}E^{24} t^{h}ou^{24}

低头ȶi^{31} t^{h}ou^{24}

回头xui^{24} t^{h}ou^{24}

迈过脸mE^{44} kuo^{44} liæ̃^{53}脸转过去

睁眼睛tsəŋ^{31} ȵiæ̃^{53} ȶiŋ^{0}睁眼

瞪眼睛təŋ^{44} ȵiæ̃^{53} ȶiŋ^{0}瞪眼

闭眼睛pi^{44} ȵiæ̃^{53} ȶiŋ^{0}闭眼

睇睇眼ȶi^{44} ȶi^{0} ȵiæ̃^{53}挤眼儿

眯眯眼mi^{44} mi^{0} ȵiæ̃^{53}

眨眼tsE^{31} ȵiæ̃^{53}

挤眼ȶi^{44} ȵiæ̃^{53}使眼色

隔夹kei^{53} tɕiA^{0}眨，如：个人眼睛一个劲儿～呢

碰上p^{h}əŋ^{44} ʂɑŋ^{0}遇见

看kæ̃^{44}

照识tʂɔ^{44} ʂʅ^{0}（新）/zɔ^{44} ʂʅ^{0}（老）在近处仔细看

照zɔ^{44}向远处大概地看

盯识ȶiŋ^{53} ʂʅ^{0}集中精力地看

瞅ts^{h}ou^{53}

扫sɔ^{24}瞥

剜væ̃^{31}含恨而视

相端siɑŋ^{44} tuæ̃^{0}端详，仔细地看

看着k^{h}æ̃^{44} $tʂ^{h}$uo^{53}看见

看来k^{h}æ̃^{44} lE^{0}看清

看不来k^{h}æ̃^{44} pu^{0} lE^{24}看不清

鳖瞅蛋piɛ^{31} ts^{h}ou^{53} tæ̃^{44}两个人目不转睛地对视，含贬义

眼睛乱转ȵiæ̃^{53} ȶiŋ^{0} luæ̃^{44} tʂæ̃^{44}

淌眼泪t^{h}ɑŋ^{53} ȵiæ̃^{44} lui^{0}流眼泪

张嘴tʂɑŋ^{31} tsui^{53}

闭嘴pi^{44} tsui^{53}

努嘴lu^{53} tsui^{53}

噘嘴tɕyɛ^{44} tsui^{53}

举手tɕy^{53} ʂou^{53}

奓tsA^{44}①举手；②伸手；③毛发竖起，如：牛尾巴～起了，吓得头发都～起了

掮tʂou^{53}托举

摇手iɔ^{24} ʂou^{53}招手

摆手pE^{53} ʂou^{53}

撒手sA^{31} ʂou^{53}

伸手ʂəŋ^{31} ʂou^{53}

摛手ts^{h}ʅ^{31} ʂou^{53}

动手tuŋ^{44} ʂou^{53}/（新）t^{h}uŋ^{44} ʂou^{53}（老）如：只许动口，不许～

拍手p^{h}ei^{31} ʂou^{53}

背手pei^{44} ʂou^{53}背着手儿

叉手ts^{h}A^{31} ʂou^{53}叉着手儿，两手交叉在胸前

抄手ts^{h}ɔ^{31} ʂou^{53}双手交叉伸到袖筒里

卜拉pu^{53} lA^{0}

捂住vu^{53} $tʂ^{h}$ʅ^{0}

□□p^{h}o^{31} luo^{53}摩挲，如：用手～猫背

搊ts^{h}ou^{31}用手托着向上

掇脚tuo^{53} tɕyo^{0}

掇掇tuo^{53} tuo^{0}把持小儿双腿，哄大、

小便

扶住 fu^{31} tʂ^{h}ʅ^{53} 扶着

弹□脑 t^{h}æ̃^{24} pɔ^{31} lɔ^{53} 弹指头

攥锤头 tsuæ̃^{44} tʂ^{h}ei^{31} t^{h}ou^{53} 攥起拳头

　握捶头 ȵyo^{31} tʂ^{h}ei^{31} t^{h}ou^{53}

□脚 pæ̃^{44} tɕyo^{31} 跺脚

打跕跕脚 tA^{53} ȶiæ̃^{53} ȶiæ̃^{24} tɕyo^{31} 踮脚

翘二郎腿 tɕ^{h}iɔ^{44} ɚ^{44} lɑŋ^{0} t^{h}ui^{53}

蜷腿 tɕ^{h}yæ̃^{24} t^{h}ui^{53}

抖腿 t^{h}ou^{53} t^{h}ui^{53}

　摇腿 iɔ^{24} t^{h}ui^{53}

踢腿 ȶ^{h}i^{31} t^{h}ui^{53}

弯腰 væ̃^{24} iɔ^{31}

　腰猫下 iɔ^{31} mɔ^{31} xA^{53}

　腰圈下 iɔ^{31} tɕ^{h}yæ̃^{31} xA^{53}

展腰 tsæ̃^{53} iɔ^{31} 伸腰

撑腰 ts^{h}əŋ^{24} iɔ^{31} 支持

撅尻子 tɕyo^{24} kou^{53} tsɿ^{0} 撅屁股

捶脊背 tʂ^{h}ei^{24} ȶ^{h}i^{53} pei^{0} 捶背

擤鼻 siŋ^{53} p^{h}i^{24}

吸鼻 ɕi^{24} p^{h}i^{24} 吸流鼻涕

打喷嚏 tA^{53} p^{h}əŋ^{44} ȶ^{h}i^{0}

闻 vəŋ^{24} 用鼻子闻

嫌弃 ɕiæ̃^{31} tɕ^{h}i^{53}

　多嫌 tuo^{53} ɕiæ̃^{0}

　见不得 tɕiæ̃^{44} pu^{0} tei^{0}

哭 k^{h}u^{31}

　叫唤 tɕiɔ^{44} xuæ̃^{53}（一般用于小孩的哭闹）

□□ ɚ^{31} liu^{0} 扔，如：把没用的东西～

说 ʂɤ^{31}

跑 pɔ^{53}

　挖脱 vA^{31} t^{h}uo^{0} 逃跑，如：我拿上书包～了

走 tsou^{53}

　跑 pɔ^{53} 走，如：你～一天路了，赶紧歇嘎

　蹿 ts^{h}uæ̃^{31} 很快地轻捷地走

放 fɑŋ^{44} 如：～在桌上

　撂 liɔ^{44}

　搁 kɤ^{44}

　卧 vo^{44} 把睡在怀里的孩子轻轻放在炕上使继续安睡

搀 ts^{h}æ̃^{31} 如：酒里～水

拾掇 ʂʅ^{31} tuo^{53} 收拾东西

挑 ȶ^{h}iɔ^{31} 选择

提起（东西）ȶ^{h}i^{31} tɕ^{h}iɛ^{53}

拾起 ʂʅ^{31} tɕ^{h}iɛ^{53} 捡起来

擦了 ts^{h}A^{31} liɔ^{0} 擦掉

　擦咧 ts^{h}A^{31} liA^{0}（已擦过）

遗咧 i^{24} liA^{0} 丢失

　丢咧 ȶiu^{31} liA^{0}

遗 i^{24} 因忘而把东西遗放在某处

　忘 vɑŋ^{44}

寻着咧 siŋ^{31} tʂ^{h}ɔ^{53} liA^{0} 找着了

寻不着 siŋ^{24} pu^{0} tʂuo^{24} 找不到

藏了 ȶ^{h}iɑŋ^{24} liɔ^{0} 把东西藏起来

藏咧ȶʰiɑŋ²⁴ liᴀ⁰已经藏好了

（人）藏（起来）ȶʰiɑŋ²⁴

摞起luo⁴⁴ tɕʰiɛ⁰码起来

奔pəŋ⁴⁴用手等伸到不易达到的地方去接触或拿来，够，如：他打的尖尖脚摘个桃呢，还没～着

抃tɕʰiᴀ⁴⁴抱，如：～娃、～柴

撴tuŋ⁴⁴揪住，拽

划xuᴀ³¹劈，分

挖vᴀ⁵³舀取米面等

敨tʰou⁵³振动衣服等，使附着在上面的东西落下来

佴ɚ⁵³放、置，如：把书～桌子上

撇pʰiɛ³¹掷、扔

丢剥ȶiu³¹ po⁰脱掉，如：个锄地锄着锄着把衣服都～了

等təŋ⁵³比长短，量长短，如：～鞋样子

等搭təŋ⁴⁴ tᴀ⁰比划

弥mi²⁴接，如：给杆子上再～一截就够长了

攮lɑŋ⁵³用刀刺、扎

别pʰiɛ²⁴撬

□tʰou⁴⁴用工具戳，以解除堵塞

□tsᴀ⁵³①劈，如：～硬柴；②剁，如：～辣子

片pʰiæ̃⁵³砍，如：～了一刀、～了一斧头

□lyɛ⁵³割

拆tsʰei³¹铲，如：～土

挑ȶʰiɔ³¹挖，如：～荠儿菜

搧ʂæ̃³¹打（耳光）

搧撇耳子ʂæ̃³¹ pʰiɛ³¹ ɚ⁰ tsɿ⁰打耳光

袭si³¹打（一捶）

掀ɕiæ̃³¹推

捶tʂʰei²⁴打，揍

□tsʰæ̃⁴⁴

□ȶiɛ²⁴

拽tʂʰei⁴⁴牢牢地拉住

撕sɿ³¹揪住，如：他～住人家的衣服不放

挖vᴀ³¹抓，人用指甲或动物用爪在物体上划过

撕挖sɿ³¹ vᴀ⁰打架时两人相互揪抓对方

拉lᴀ³¹抓、捉，如：猫～鸡

刁ȶiɔ³¹从别人手中抢夺

□kʰuᴀ⁵³使树皮、庄稼的枝叶等离开原物体，如：～稻黍叶叶

□tʂʰᴀ⁴⁴①使树皮、庄稼的枝叶等离开原物体；②免除或撤销职务

□剥tʂʰᴀ⁴⁴ po³¹①因赌博被迫脱光衣服；②免除或撤销职务

攫tɕyɛ³¹采，摘，如：～苜蓿

绽tsʰæ̃⁴⁴把缠绕的线、绳等拉开

□piᴀ³¹贴

擩zʅ⁵³插，塞

揽læ̃⁵³把分散的东西收拢到盛东西的器物中，如：把漾地上的麦颗～到簸箕黑头

揣tʂʰᴇ⁵³摸，如：你～嘎子，看娃烧啊不

动tou⁴⁴用手接触，如：甭乱～人家的东西

□tou⁴⁴用碎布拼合，如：用碎布～啊个兜兜

抿 miŋ^{53} 用手指压住摩擦

跐 tsʰɿ^{53} ①用手、脚或其它东西压住摩擦，如：把虫～死；②一个物体贴着另一个物体过去，如：～了一身土

偎 vei^{31} 身体的某一部分和其它物体相摩擦，如：～一身土

拖 tʰuo^{31} 用手拉着别人的手表示关照或亲热，如：俩人手～手逛县去了

胳喽 kei^{53} lou^{0} 在别人身上抓挠，使发痒发笑

按 ŋæ̃^{44} 量，如：把这个麦斗～嘎子，看有多少

□ iᴀ^{24} 怕锅内煮的食物溢出，不把锅盖盖严而是留一点儿缝，如：把锅盖～开

□ ly^{31} 用鞭子抽打

搕 kʰuo^{31} 用竹竿、棍子等打，如：你拿竹竿把外几个杏～下来

踏 tʰᴀ^{24} ①捣、砸，如：～蒜、～辣子；②用湿土打墙、打土坯，如：～墙

抬 tʰᴇ^{24} 用罗除去面粉中的杂质

试活 sɿ^{44} xuo^{0} 尝试

塑 su^{44} 堵、塞，如：水笔～住了，不下水

酥 su^{31} 浸泡使变酥变软

溇 vo^{31} 长时间浸泡，使起变化

丸 væ̃^{24} 团，如：～丸子

缯 tsəŋ^{44} 绑、扎，如：～冒盖

弹 tæ̃^{44} 振动物体使上面附着的灰尘脱落，如：把脚～嘎子

跷 tɕʰiɔ^{31} 抬起腿越过，跨

□ pʰiᴀ^{53} 两腿左右分开

墩（蒜）tuŋ^{31} suæ̃^{44} 捣（蒜泥）

杀瓜 sᴀ^{24} kuᴀ^{31} 切西瓜

噆 tsæ̃^{31} 蚊子叮人

擞 sou^{53} ①虫子咬、钻；②虱子在人皮肤上爬

走亲亲 tsou^{53} ȶʰiŋ^{31} ȶʰiŋ^{0} 走亲戚

熬娘家 ŋɔ^{24} ȵiaŋ^{24} iᴀ^{31} 长时间在娘家居住

扁（袖子）piæ̃^{53} 向上卷或挽袖子

蹲 tuŋ^{31} 光吃不动地长，如：个猪一下～肥了

幂 mi^{44} 堵、塞，如：水眼～住了

渗 səŋ^{44} 慢慢地沉入水底

荫 ȵiŋ^{44} 动植物繁殖，如：蝇子～的快得很、个树～了一大片

洇 iŋ^{44} 蔓延，如：火越～越大

□ kaŋ^{44} 烟往上冒，尘土飞扬，如：烟筒里～烟呢；你扫院不潲水，土～得满来回都是

蹚 tʰaŋ^{24} 灰尘落下，如：桌子上～了一层土

跌 ȶiɛ^{31} 掉，如：笔～地了

泪 lui^{44} ①土、土块等滑下来或掉下来；②熔化后的蜡从蜡烛上流下来

衍 iæ̃^{53} 溢

扑衍 pʰu^{53} iæ̃^{0} 晃动着向外溢

漾 iaŋ^{44} 洒，散落

争 tsəŋ^{31} 差、短、少，如：～人钱呢

壳 tɕʰyo^{31} 皮干皱，如：个人瘦得皮都～咗手上了

蚀ʂʅ^{24}腐蚀

生腻səŋ^{53} ȵi^{0}生锈

（2）心理活动

知道tʂʅ^{31} tɔ^{0}

懂哂tuŋ^{44} liᴀ^{0}

会哂xui^{44} liᴀ^{0}

认得ʐəŋ^{44} tei^{0}

不认得pu^{31} ʐəŋ^{44} tei^{0}

认不得ʐəŋ^{44} pu^{0} tei^{0}

识字ʂʅ^{31} tsʰɿ^{44}

想嘎siɑŋ^{53} kᴀ^{0}

揆摸kʰui^{31} mu^{0}揣测、估计（“摸”发音弱化，故读音特殊）

想主意siɑŋ^{53} tʂʅ^{53} i^{0}

估ku^{53}猜想

料定liɔ^{44} ȶiŋ^{44}

主张tʂʅ^{53} tʂɑŋ^{31}

相信siɑŋ^{31} siŋ^{44}

怀疑xuᴇ^{24} ȵi^{24}

疑惑ȵi^{31} xui^{53}

沉思tʂʰəŋ^{24} sɿ^{31}

上心下心ʂɑŋ^{44} siŋ^{31} xᴀ^{44} siŋ^{31}犹疑

留神liu^{24} ʂəŋ^{24}

害怕xᴇ^{44} pʰᴀ^{44}

吓哂xᴀ^{44} liᴀ^{0}吓着了

发急fᴀ^{31} tɕi^{24}着急

操心tsʰɔ^{31} siŋ^{0}挂念

放心fɑŋ^{44} siŋ^{31}

盼望pʰæ̃^{53} vɑŋ^{0}

巴不得pᴀ^{31} pu^{0} tei^{0}

记住tɕi^{44} tʂʰʅ^{0}不要忘

忘哂vɑŋ^{44} liᴀ^{0}忘记了

想起哂siɑŋ^{31} tɕʰiɛ^{0} liᴀ^{0}想起来了

受风不得ʂou^{44} fəŋ^{31} pu^{0} tei^{0}眼红，嫉妒

眼黑ȵiæ̃^{53} xei^{31}讨厌

见不得tɕiæ̃^{44} pu^{0} tei^{0}

恨xəŋ^{44}

眼热ȵiæ̃^{53} ʐɤ^{31}羡慕

偏心利己pʰiæ̃^{31} siŋ^{0} li^{44} tɕi^{53}偏心

眼热ȵiæ̃^{53} ʐɤ^{31}嫉妒

着气tʂʰuo^{24} tɕʰi^{44} ①怄气；②生气

怄ŋou^{31}使人生气

抱怨pɔ^{44} yæ̃^{0}

憋气piɛ^{31} tɕʰi^{44}

着气tʂʰuo^{24} tɕʰi^{44}

细得很si^{44} ȶi^{31} xəŋ^{53}对物爱惜

爱ŋᴇ^{44}用脸接触人或物，表示喜爱、亲昵，如：来，爷把你～嘎子

欢喜xuᴇ^{31} ɕi^{0}喜欢

感谢kæ̃^{53} siɛ^{44}

娇惯tɕiɔ^{53} kuæ̃^{0}

宠爱tʂəŋ^{53} ŋᴇ^{44}

迁就ȶʰiæ̃^{31} ȶiu^{0}

打征tᴀ^{44} tʂəŋ^{0}打算

徐顾ɕy^{31} ku^{53}留心、注意

情愿ȶ^{h}iŋ^{31} yæ̃^{44}愿意

理当li^{44} tɑŋ^{0}应当

（3）语言动作

说话ʂɤ^{31} xuA^{44}

谝p^{h}iæ̃^{53}聊天

　谝闲传p^{h}iæ̃^{53} xæ̃^{24} tʂ^{h}æ̃^{24}

打茬tA^{53} ts^{h}A^{44}

不言传pu^{31} ȵiæ̃^{31} tʂ^{h}æ̃^{53}/po^{31}ȵiæ̃^{31} tʂ^{h}æ̃^{53}不做声

哄xuŋ^{53}骗，如：我～你玩的，不是真的

给他说kei^{53} t^{h}A^{53} ʂɤ^{31}告诉

抬杠t^{h}E^{24} kɑŋ^{44}

　开趄车k^{h}E^{31} ɕyɛ^{31} tʂ^{h}ɤ^{53}

顶嘴ȶiŋ^{31} tsui^{53}

骂仗mA^{44} tʂɑŋ^{44}吵架

打捶tA^{53} tʂ^{h}ei^{24}打架

肏噘ʐʅ^{31} tɕyɛ^{0}破口骂

挨骂ŋE^{24} mA^{44}

嘱咐tʂʅ^{53} fu^{0}

挨批评ŋE^{24} p^{h}i^{53} p^{h}iŋ^{0}

叨叨tɔ^{53} tɔ^{0}唠叨

叫tɕiɔ^{44}喊，如：～他来

打听tA^{44} ȶ^{h}iŋ^{0}

　打问tA^{53} vəŋ^{44}

搭声tA^{24} ʂəŋ^{31}应声

招嘴tʂɔ^{31} tsui^{53}交谈

不嗫pu^{31} ȵiɛ^{0}嘟囔

接嘴ȶiɛ^{31} tsui^{53}不合时宜地接话头

回话xui^{24} xuA^{44}说好话求饶

下话ɕiA^{44} xuA^{44}低声下气求人

打折tA^{53} tʂɤ^{24}争辩

抬趄杠t^{h}E^{24} ɕyɛ^{31} kɑŋ^{53}无理争辩

争竞tsəŋ^{53} tɕiŋ^{0}计较，争论

白话p^{h}ei^{31} xuA^{53}谎话

淡话tæ̃^{44} xuA^{44}没有意思，没有作用的话

光面话kuɑŋ^{53} miæ̃^{0} xuA^{44}好听的话

拉家常lA^{31} tɕiA^{53} tʂ^{h}ɑŋ^{0}闲谈家庭日常生活琐事

丢凉腔ȶiu^{31} liɑŋ^{31} ȶ^{h}iɑŋ^{53}说无知可笑的话

嘴长tsui^{53} tʂ^{h}ɑŋ^{24}爱传播小道消息

嘴碎tsui^{53} sui^{44}爱叨叨

嘴臊tsui^{53} sɔ^{44}爱骂人

屄长p^{h}i^{31} tʂ^{h}ɑŋ^{24}骂人的话，指人爱说话

屄干p^{h}i^{24} kæ̃^{31}骂人的话，指人爱说话

屄臊p^{h}i^{31} sɔ^{44}骂人的话，指人爱骂人

圆泛yæ̃^{31} fæ̃^{53}圆满，没有欠缺、遗漏

圆溜yæ̃^{31} liu^{53}说话、做事没有破绽

吃栗子tʂ^{h}ʅ^{31} li^{53} tsʅ^{0}唱戏、说快板、演讲等因忘词而停顿

说不来ʂɤ^{31} pu^{0} lE^{24}①表达不出来，不会说；②摸不透，看不准

听不来ȶ^{h}iŋ^{31} pu^{0} lE^{24}①距离太远听不清；②听不懂

论起lyŋ^{44} tɕ^{h}i^{0}说起来

听着ȶ^{h}iŋ^{53} tʂ^{h}uo^{0}听见

耳识ɚ^{53} ʂʅ^{0}理睬

耳朵蛋蛋下ɚ^{53} tuo^{0} tæ̃^{44} tæ̃^{44} xᴀ^{0}集中注意力听的样子

围vei^{24}坐着挪动身子

蹍ʐɑŋ^{53}踩

研iæ̃^{24}脚前掌踩物

蹦跳piɛ^{44} ȶ^{h}iɔ^{0}①蹦蹦跳跳；②挣扎

跳团ȶ^{h}iɔ^{31} t^{h}uæ̃^{53}①小孩儿蹦蹦跳跳；②因大怒而暴跳

扛k^{h}ɑŋ^{31}用身体推

掮tɕ^{h}iɛ^{24}用肩扛

爽ʂɑŋ^{53}缩

射ʂʅ^{24}扑

拾硬棍ʂʅ^{24} ȵiŋ^{44} kuŋ^{44}婴儿使性子，身体突然挺直，不听大人哄劝

撵ȵiæ̃^{53}追赶

吆iɔ^{31}驱赶，如：～牛

断tuæ̃^{44}驱赶，如：～狼

趔liɛ^{44}闪、躲

□翻ʂʅ^{44} fæ̃^{0}小孩儿不安稳，乱翻动东西

起去tɕ^{h}iɛ^{53} tɕ^{h}i^{0}说话人让听话的人由躺着或坐着变成坐着或站着

抓tʂᴀ^{31}养活，如：～娃

搞kɔ^{53}敷衍，应付

奈合lᴇ^{44} xuo^{0}凑合，将就

抬t^{h}ᴇ^{24}悄悄地存放

丢ȶiu^{31}①留存；②剩余

□tuŋ^{53}搞脏、搞乱，弄脏、弄乱

闹活lɔ^{44} xuo^{0}闹腾，吆喝

绝灭tɕyɛ^{31} miɛ^{53}灭绝

捻弄ȵiæ̃^{44} luŋ^{0}①修理；②土法治病；③用迷信的方法整治

捏摸ȵiɛ^{31} mo^{0}摸索着干

经管tɕiŋ^{31} kuæ̃^{0}照料，管理

打摭tᴀ^{53} tʂɤ^{0}①收拾，整理房间；②收摊，结束

肏塌zʅ^{53} t^{h}ᴀ^{0}损坏，毁坏

□扎ku^{44} tsᴀ^{0}支撑，坚持

掫扎tʂou^{44} tsᴀ^{0}支撑

吊膀ȶiɔ^{44} pɑŋ^{44}调情

支tsɿ^{31}担当角色，如：～丑角

□ts^{h}ɿ^{31}借故使人离开

远yæ̃^{44}绕着走

远圈圈yæ̃^{44} tɕ^{h}yæ̃^{53} tɕ^{h}yæ̃^{0}绕圈圈

踅摸ɕyɛ^{24} mo^{31}来回寻找

腰iɔ^{31}唱戏念书时越过一段或按照次序进行某项工作时越过某些人或事

捂□vu^{53} kuᴀ^{0}控制，掌握，如：外几个人他～不住

架□tɕiᴀ^{44} kuᴀ^{0}把物品随便架在高处，含有不牢不稳的意思

挡□tɑŋ^{44} kuᴀ^{0}阻止，回绝

搭□tᴀ^{31} kuᴀ^{0}点缀，装饰，如：门帘上的絮絮外是～一个

倒灶tɔ^{44} tsɔ^{0}倒卖、糟蹋、浪费

翻弄fæ̃^{44} luŋ^{0}到处翻动

玩弄væ̃^{44} luŋ^{0}想方设法安装修理

倒腾tɔ^{44} tʰəŋ^{0}①翻腾，移动；②买进卖出，贩卖；③变卖

搜腾sou^{53} tʰəŋ^{0}搜寻

掏腾tʰɔ^{53} tʰəŋ^{0}翻弄，搜寻

调腾ȶʰiɔ^{44} tʰəŋ^{0}调动，调整

忙活mɑŋ^{31} xuo^{53}忙碌地做事干活

绊命pæ̃^{44} miŋ^{44}拼命

鼓劲ku^{53} ʨiŋ^{44}使劲

混达xuŋ^{44} tᴀ^{0}鬼混

逛达kuɑŋ^{44} tᴀ^{0}闲逛，溜达

卖呆mᴇ^{44} tᴇ^{31}发愣，多用于妇女

卖茶mᴇ^{44} ȵiɛ^{24}注意力不集中，走神

志验tsɿ^{44} iæ̃^{44}验证

蹬脱təŋ^{31} tʰuo^{0}甩掉、抛弃妻子

踢踏ȶʰi^{31} tʰᴀ^{0}胡乱花钱，挥霍

疼省tʰəŋ^{31} səŋ^{53}爱惜，节省

惜护si^{53} xu^{0}爱惜保护

抠掐kʰou^{31} ʨʰiᴀ^{0}俭省，节约

打抢tᴀ^{31} ȶʰiɑŋ^{0}抢劫

打动tᴀ^{44} tuŋ^{0}动

亮宝liɑŋ^{44} pɔ^{53}展示宝物

夯xɑŋ^{31}靠充足的物质或资金等支撑、扶持，含贬义，如：拿钱～

打七起tᴀ^{53} ȶʰi^{31} ʨʰi^{53}天还没亮就起床

使别子sɿ^{53} pʰiɛ^{31} tsɿ^{53}使绊子，暗中用脚阻挡行路的人，使其跌倒以娱乐众人，也比喻暗中阻挡、破坏别人做事

听墙根ȶʰiŋ^{31} ȶʰiɑŋ^{31} kəŋ^{53}在屋外偷听

跷尿骚ʨʰiɔ^{31} ȵiɔ^{44} sɔ^{31}抬起一条腿从别人的头上跨过，是侮辱人的行为

打捷路tᴀ^{53} ȶʰiɛ^{31} lu^{53}走近路

拉下手lᴀ^{31} xᴀ^{44} ʂou^{53}当助手

拉长工lᴀ^{31} tʂʰɑŋ^{31} kuŋ^{53}当长工

定弦索ȶiŋ^{44} ɕiæ̃^{31} suo^{53}定点子，拿主意

抓壳儿tʂᴀ^{31} ʨʰyo^{53} ɚ^{0}抓阄

烘摊子xuŋ^{31} tʰæ̃^{53} tsɿ^{0}助兴、捧场

打转转tᴀ^{53} tʂæ̃^{44} tʂæ̃^{0}团团转

打旋旋tᴀ^{53} ɕyæ̃^{44} ɕyæ̃^{0}绕圈子

打洋杂tᴀ^{53} iɑŋ^{24} tsᴀ^{24}有意干扰别人的行动

□过手ɚ^{53} kuo^{44} ʂou^{53}

撂过手liɔ^{44} kuo^{44} ʂou^{53}

揭过手ʨiɛ^{53} kuo^{0} ʂou^{53}

咥实活ȶiɛ^{24} ʂʅ^{31} xuo^{53}不是嘴上说说而已，而是真的干了某事，但这件事属不该做的事

到tɔ^{44}叫、让，如：～他甭去了

盯空儿ȶiŋ^{31} kʰuŋ^{44} ɚ^{0}瞅空闲时间

到tɔ^{44}在，如：他～屋里呢没有（他在家没有）

没到mo^{31} tɔ^{44}不在，如：他～屋里（他不在家）

□ɕyɛ^{44}妨碍

绊缠pæ̃^{44} tʂʰæ̃^{53}牵扯，妨碍

带拐tᴇ^{44} kuᴇ^{0}连累

肯 kʰəŋ^{53}用在动词前，表示容易发生某种情况

出 tʂʰʅ^{31}用在形容词、动词后，相当于“成”，如：你看把娃打～啥了

投 tʰou^{24}等到，如：～你做完就黑了

塌活 tʰᴀ^{31} xuo^{0}失败

散活 sæ̃^{44} xuo^{0}分离

二十三　位置

上头 ʂɑŋ^{44} tʰou^{0}上面

下头 xᴀ^{44} tʰou^{0}下面

地下 ȶʰi^{44} xᴀ^{0}如：当心！别掉～了

地下 ȶʰi^{44} xᴀ^{0}地上，如：～脏极了

天上 ȶʰiæ̃^{53} ʂɑŋ^{0}

山上 sæ̃^{53} ʂɑŋ^{0}

路上 lu^{44} ʂɑŋ^{0}

街上 tɕiɛ^{53} ʂɑŋ^{0}

墙上 ȶʰiɑŋ^{31} ʂɑŋ^{53}

门上 məŋ^{31} ʂɑŋ^{53}

桌子上 tʂuo^{53} tsɿ^{0} ʂɑŋ^{0}

椅子上 i^{53} tsɿ^{0} ʂɑŋ^{0}

边边上 piæ̃^{53} piæ̃^{0} ʂɑŋ^{0}边儿上

里头 li^{53} tʰou^{0}里面

外头 vᴇ^{44} tʰou^{0}外面

手里 ʂou^{53} li^{0}

心里 siŋ^{53} li^{0}

水里 ʂei^{53} li^{0}

乡里 ɕiɑŋ^{53} li^{0}

镇里 tʂəŋ^{44} li^{0}

野地 iɛ^{53} ȶʰiː^{44}野外

头门外 tʰou^{24} məŋ^{53} vᴇ^{0}大门外

门外前 məŋ^{24} vᴇ^{44} ȶʰiæ̃^{0}门儿外

墙外前 ȶʰiɑŋ^{24} vᴇ^{44} ȶʰiæ̃^{0}墙外

窗子外前 tʂʰɑŋ^{53} tsɿ^{0} vᴇ^{44} ȶʰiæ̃^{0}窗户外头

车上 tʂʰɤ^{53} ʂɑŋ^{0}

车外前 tʂʰɤ^{31} vᴇ^{44} ȶʰiæ̃^{0}车外

前头 ȶʰiæ̃^{31} tʰou^{53}前边

后头 xou^{44} tʰou^{0}后边

山前头 sæ̃^{31} ȶʰiæ̃^{31} tʰou^{53}山前

山后头 sæ̃^{31} xou^{44} tʰou^{0}山后

车前头 tʂʰɤ^{31} ȶʰiæ̃^{31} tʰou^{53}车前

车后头 tʂʰɤ^{31} xou^{44} tʰou^{0}车后

房背后 fɑŋ^{24} pei^{44} xou^{0}房后

背后 pei^{44} xou^{0}

以前 i^{31} ȶʰiæ̃^{24} 先前，原来

　已先 i^{53} siæ̃^{0}

　老 lɔː^{531}

以后 i^{31} xou^{44}

以上 i^{31} ʂɑŋ^{44}

以下 i^{31} ɕiᴀ^{44}

后来 xou^{44} lᴇ^{0} 指过去某事之后

从今往后 tsʰuŋ^{24} tɕiŋ^{31} vɑŋ^{44} xou^{44} 将来

打□ tᴀ^{53} vᴀ^{44} 从此以后，不拘过去将来

东面 tuŋ^{53} miæ̃^{0} 东边

西面 si^{53} miæ̃^{0} 西边

南面 læ̃^{31} miæ̃^{53} 南边

北面 pei^{53} miæ̃^{0} 北边

东南 tuŋ^{31} læ̃^{24}

东北 tuŋ^{24} pei^{31}

西南 si^{31} læ̃^{24}

西北 si^{24} pei^{31}

东头 tuŋ^{53} tʰou^{0}

西头 si^{53} tʰou^{0}

南头 læ̃^{31} tʰou^{53}

北头 pei^{53} tʰou^{0}

路边 lu^{44} piæ̃^{31}

中间 tʂəŋ^{31} tɕiæ̃^{24} 当间

床底下 tʂʰɑŋ^{24} ȶi^{0} xᴀ^{0}

楼底下 lou^{24} ȶi^{0} xᴀ^{0}

脚底下 tɕyo^{31} ȶi^{0} xᴀ^{0}

（以下3条指器物底部）

碗底 væ̃^{31} ȶi^{0}

　碗底底 væ̃^{53} ȶi^{53} ȶi^{0}

锅底 kuo^{31} ȶi^{53}

　锅底底 kuo^{31} ȶi^{53} ȶi^{0}

缸底底 kɑŋ^{31} ȶi^{53} ȶi^{0}

给先 kei^{53} siæ̃^{0} 旁边，附近，跟前儿

啥地方 ʂᴀ^{44} ȶi^{44} fɑŋ^{31} 什么地方

左边 tsuo^{44} piæ̃^{31}

　左手 tsuo^{44} ʂou^{0}

右边 iu^{44} piæ̃^{31}

　右手 iu^{44} ʂou^{0}

望黑头走 vɑŋ^{44} xei^{53} tʰou^{0} tsou^{53} 往里走

望外前走 vɑŋ^{44} vᴇ^{44} ȶʰiæ̃^{0} tsou^{53} 往外走

望东走 vɑŋ^{44} tuŋ^{31} tsou^{53}

望西走 vɑŋ^{44} si^{31} tsou^{53}

望回走 vɑŋ^{44} xui^{24} tsou^{53}

望前走 vɑŋ^{44} ȶʰiæ̃^{24} tsou^{53}

以东 i^{24} tuŋ^{31}

以西 i^{24} si^{31}

以南 i^{31} læ̃^{24}

以北 i^{24} pei^{31}

以内 i^{31} lui^{44}

以外 i^{31} vᴇ^{44}

以来 i^{31} lᴇ^{24}

之后 tsɿ^{31} xou^{44}

之前 tsɿ^{31} ȶʰiæ̃^{24}

之外 tsɿ^{31} vᴇ^{44}

之内 tsɿ^{31} lui^{44}

之间 tsɿ^{24} tɕiæ̃^{31}

之上 tsɿ^{31} ʂɑŋ^{44}

之下 tsɿ^{31} ɕiᴀ^{44}

二十四 代词等

我 ŋɤ^{53}

你 ȵi^{53}

他 t^{h}A^{53}

我 ŋɤ^{31} 我们

沓的 t^{h}A^{31} ȶi^{53} 咱们

你 ȵi^{31} 你们

他 t^{h}A^{31} 他们

我的 ŋɤ^{53} ȶi^{0}

我的 ŋɤ^{31} ȶi^{0} 我们的

□ kuæ̃ː^{31} 自己

人家 ʐəŋ^{24} iA^{53}/ȵiA^{53}

大家 tA^{44} iA^{0}

谁 sei^{24}

这个 tʂei^{44} kɤ^{0}/tʂʅ^{44} kɤ^{0}

兀一个 vei^{44} kɤ^{0} 那个

□ kE^{53}

外 vE^{53}

兀个 vu^{44} kɤ^{0}

哪个 lA^{31} kɤ^{0}/A^{31} kɤ^{0}

这些 tʂʅ^{44} siɛ^{31}

兀些 vu^{44} siɛ^{31} 那些

外些 vE^{44} siɛ^{31}

阿些 A^{31} siɛ^{31} 哪些

这搭 tʂʅ^{31} tA^{53} 这里

兀搭 vu^{31} tA^{53} 那里

阿搭 A^{24} tA^{31} 哪里

这么（高、做）tʂʅ^{44} mo^{0}

兀么（高、做）vu^{44} mo^{0} 那么

咋么（做）tʂA^{31} mo^{0}

咋 tʂA^{31} 怎么

咋办 tʂA^{31} pæ̃^{44} 怎么办

咋处呀 tʂA^{31} tʂ^{h}ʅ^{53} iA^{0} 怎么办呢

为啥 vei^{44} ʂA^{44} 为什么

可咋么 k^{h}ɤ^{31} tʂA^{31} mu^{0}

啥 ʂA^{44} 什么

多上 tuo^{31} ʂaŋ^{0} 多少（钱）

多（久、高、大、厚、重）tuo^{31}

我两个 ŋɤ^{31} liaŋ^{44} kɤ^{0} 我们俩

沓两个 t^{h}A^{24} liaŋ^{44} kɤ^{0} 咱们俩

你两个 ȵi^{31} liaŋ^{44} kɤ^{0} 你们俩

他两个 t^{h}A^{31} liaŋ^{44} kɤ^{0}

伢两个 ȵiA^{31} liaŋ^{44} kɤ^{0} 他们俩（“伢”是“人家”的合音）

两口 liaŋ^{31} k^{h}ou^{0} 夫妻俩

娘母两个 ȵiaŋ^{31} mu^{53} liaŋ^{44} kɤ^{0} ①娘儿俩，母亲和子女；②婆媳俩；③姑侄俩

爷父两个 iɛ^{31} fu^{53} liaŋ^{44} kɤ^{0} ①爷儿俩，父亲和子女；②叔侄俩

爷爷孙子 iɛ^{24} iɛ^{0} suŋ^{53} tsʅ^{0} 爷孙俩

先后两个 siæ̃^{44} xou^{0} liaŋ^{44} kɤ^{0} 妯娌俩

姑嫂两个ku^{31} sɔ^{53} liɑŋ^{44} kɤ^{0}

姊妹两个tsɿ^{53} mei^{0} liɑŋ^{44} kɤ^{0}

弟兄两个ȶi^{44} ɕyŋ^{31} liɑŋ^{44} kɤ^{0}兄弟俩，哥儿俩

姊妹两个tsɿ^{53} mei^{0} liɑŋ^{44} kɤ^{0}姐妹俩，姐儿俩

兄妹两个ɕyŋ^{31} mei^{44} liɑŋ^{44} kɤ^{0}兄妹俩

姐弟两个ȶiɛ^{53} ȶi^{44} liɑŋ^{44} kɤ^{0}姐弟俩

舅舅外甥tɕiu^{44} tɕiu^{0} vᴇ^{44} sәŋ^{31}舅甥俩

姑姑侄女ku^{53} ku^{0} tʂʰʅ^{31} ȵy^{53}姑侄俩

师傅徒弟sɿ^{31} fu^{0} tʰu^{31} ȶʰi^{53}师徒俩

先后们siæ̃^{44} xou^{0} mu^{0}妯娌们（mu^{0}是后缀“们”语音弱化产生的新读音）

姊妹们tsɿ^{44} mei^{0} mei^{0}姑嫂们（mei^{0}本字可能是“们”，可能是后缀“们”因顺同化失去读音的结果，暂未确证）

师徒sɿ^{31} tʰu^{24}师徒们

再的tsᴇ^{44} ȶi^{0}其它的，其余的

这帮tʂʅ^{44} paːŋ^{31}这边

兀边vu^{44} piæ̃^{31}那边

兀面vu^{44} miæ̃^{0}

兀帮vu^{44} paːŋ^{31}

这阵tʂʅː^{441} tʂәŋ^{0}这会儿，这时，现在

这会tʂʅ^{44} xui^{0}

这乎tʂʅ^{44} xu^{0}

那阵lᴀː^{441} tʂәŋ^{0}那会儿，那时，过去

那会lᴀ^{44} xui^{0}

那乎lᴀ^{44} xu^{0}

这□tʂʅ^{44} ɕiɛ^{0}

这嘛tʂʅ^{44} mᴀ^{0}现在，用于做完某件事或经历了某件事之后，相当于普通话的“这下、这一次”，如：活做完了，～你走

么会mo^{44} xui^{0}那时候，如：～沓的都老了

么乎mo^{44} xu^{0}

么mo^{53}那么，那样，如：来了～多人

么个mo^{53} kɤ^{0}那样的，那个样子，如：个人咋是～

么些mo^{53} siɛ^{31}那么些，如：一共就～

咋么个向tʂᴀ^{31} mo^{0} kɤ^{0} ɕiɑŋ^{44}怎么样

咋样tʂᴀ^{31} iɑŋ^{44}

咋向tʂᴀ^{31} ɕiɑŋ^{44}

一□i^{31} tɕiᴀ^{44}每人，每样，如：沓啊的～一个、萝卜白菜种子～二两

性啥siŋ^{44} ʂᴀ^{0}统指一切事物

□□□□kᴀ^{31} tᴀ^{44} mᴀ^{31} ɕi^{0}泛指那些叫不上名字的事物，含贬义

二十五　形容词

好 xɔ^{53}

不错 pu^{24} tsʰuo^{31} 颇好之意

嫽 liɔ^{24}

嫽暴暴 liɔ^{24} pɔ^{44} pɔ^{44} 好极了

挑梢子 ȶʰiɔ^{53} sɔ^{53} tsɿ^{0} 数第一

□□ pɑŋ^{24} tɕiæ̃^{31} ①不错，可以，如：个小伙～吆呢；②差不多，如：等活做得～了再走

差不多 tsʰᴀ^{31} pu^{24} tuo^{31}

不咋样 pu^{31} tʂᴀ^{53} iɑŋ^{44} 不算太好，很一般

罢俩 pᴀ^{44} liᴀ^{0}

不咋的 pu^{31} tʂᴀ^{53} ȶi^{0} ①不怎么样，如：个人工作～；②不要紧，如：你的病～，吃几服药就好了

不顶事 pu^{31} ȶiŋ^{53} sɿ^{44}

瞎 xᴀ^{31}

次 tsʰɿ^{44} ①（东西）不好；②（人品）坏

肏□□ ʐʅ^{31} pᴀ^{31} tʂʰᴀ^{53} 人品能力不行

次得很 tsʰɿ^{44} ȶi^{0} xəŋ^{53} 东西质量差

使不得 sɿ^{53} pu^{31} tei^{0} 指人表现不好，不争气

奈合 lᴇ^{44} xuo^{0} 凑合

俊 tsuŋ^{44} 人长得漂亮、美（男女皆可）

乖 kuᴇ^{31}（形容女性）

体面 ȶʰi^{53} miæ̃^{0}（形容女性）

排场 pʰᴇ^{31} tʂʰɑŋ^{53}（形容男性）

蛮 mæ̃^{24}（小孩儿漂亮、可爱）

丑 tʂʰou^{53}

怪首 kuᴇ^{44} ʂou^{0} 奇怪，难看

丑差 tʂʰou^{44} tsʰᴀ^{0} 人长得难看

要紧 iɔ^{44} tɕiŋ^{53} 事情紧急

紧火 tɕiŋ^{31} xuo^{0}

热闹 ʐɤ^{31} lɔ^{0}

结实 tɕiɛ^{53} ʂʅ^{0} 坚固

牢 lɔ^{24}

硬 ȵiŋ^{44}

软 ʐæ̃^{53}

软和 ʐæ̃^{53} xuo^{0}

干净 kæ̃^{53} ȶʰiŋ^{0}

脏 tsɑŋ^{31}

肏脏 ʐʅ^{31} tsɑŋ^{31}

□□ lᴇ^{31} ɕi^{0}

咸 xæ̃^{24}

甜 ȶʰiæ̃^{24} ①不咸或未加调料的；②像糖或蜜的味道

香 ɕiɑŋ^{31}

爨 tsʰuæ̃^{44} 指食品刺鼻的香味

臭 tʂʰou^{44}

酸 suæ̃^{31}

痨 lɔ^{44} 苦

辣 lA^{31}

稀 ɕi^{31} ①含水多，稀薄，如：粥太～了；②庄稼不密

稠 tʂʰou^{24} ①液体中含水量少，与“稀”相对，如：粥太～了；②庄稼密

□ pʰA^{31} 织布的纱排列稀疏，不结实

密 mi^{31}

肥 fei^{24} 指动物，如：鸡很～

胖 pʰɑŋ^{44} 指人

　海实 xE^{53} ʂʅ^{0} 指小孩、年青人身体胖壮

瘦 sou^{44} 指人身材不肥，不胖

　埆 tɕʰyɛ^{44} 指小孩、年青人身体瘦小

瘦（肉）sou^{44}

□活 tɕʰiæ̃^{44} xuo^{0} 舒服

　□活 tE^{44} xuo^{0}

　善活 tʂʰæ̃^{53} xuo^{0}

　□□ vo^{31} iɛ^{53} 日子过得舒服

　受活 ʂou^{44} xuo^{0} 感到舒服，如：个鞋穿上脚～得很

　滋润 tsʅ^{31} ʐəŋ^{44}

　酥心 su^{31} siŋ^{0} 心里安然、舒坦

难受 læ̃^{24} ʂou^{44}

　不□活 pu^{31} tɕʰiæ̃^{44} xuo^{0}

　不□活 pu^{31} tE^{44} xuo^{0}

　不善活 pu^{31} tʂʰæ̃^{53} xuo^{0}

　把做 pA^{53} tsuo^{0} 感觉受拘束而难受

腼腆 miæ̃^{31} ȶʰiæ̃^{53}

　诧人 tsʰA^{44} ʐəŋ^{24} 认生

乖 kuE^{31} 听话，懂事，如：小孩儿真～

　乖间 kuE^{53} tɕiæ̃^{0} 听话，懂道理

刺 tsʰʅ^{44} 顽皮

绵 miæ̃^{24} 小孩儿性情绵软

匪事 fei^{53} sʅ^{0}

　匪劣 fei^{31} lyɛ^{0} 喜欢爬高走险，一般用于小孩儿

□ lyɛ^{31} 别扭，不随和

猴 xou^{24} 好动，调皮，多用于女孩儿

猴脚毛手 xou^{31} tɕyo^{44} mɔ^{31} ʂou^{0} 不稳重，毛手毛脚

（那个家伙）不行 pu^{31} ɕiŋ^{24}

缺德 tɕʰyɛ^{24} tei^{31}

　损德 suŋ^{53} tei^{31}

　丧德 sɑŋ^{44} tei^{31}

机灵 tɕi^{53} liŋ^{0}

　机钻 tɕi^{31} tsuæ̃^{0}

灵巧 liŋ^{24} tɕʰiɔ^{53} 如：她有一双～的手

　能得很 ləŋ^{24} ȶi^{0} xəŋ^{53}

胡涂 xu^{31} tu^{53}

　黏头 ʐæ̃^{24} tʰou^{24}

死锭儿 sʅ^{53} ȶiŋ^{24} ɚ^{0} 死心眼儿

瞎㞞 xA^{31} suŋ^{24} 孬种

挤缝箱 ȶi^{44} fəŋ^{44} siɑŋ^{31} 小气

大方 tA^{44} fɑŋ^{31}

　泰海 tʰE^{31} xE^{0}

浑浑的 xuŋ^{24} xuŋ^{24} ȶi^{0} 整，如：鸡蛋

吃～的

浑 xuŋ^{24} 如：～身是汗

凸 tʰu^{31}

凹 vᴀ^{31}

凉□ liɑŋ^{31} kʰuæ̃^{53} 凉快

凉□ liɑŋ^{31} sei^{53}

背 pʰei^{44} 背静，僻静，偏僻

呼噜 xu^{53} lu^{0} 活络，活动的，不稳固

地道 ȶi^{44} tɔ^{0} 如：～四川风味

整齐 tʂəŋ^{53} ȶʰi^{0}

齐整 ȶʰi^{31} tʂəŋ^{53}

齐齐整整 ȶʰi^{31} ȶʰi^{0} tʂəŋ^{0} tʂəŋ^{0}

心惬活 siŋ^{31} tɕʰiɛ^{44} xuo^{0} 称心

迟 tsʰʅ^{24} 晚，如：来～哂

多 tuo^{31}

少 ʂɔ^{53}

大 tᴀ^{44}

大侉拉 tᴀ^{44} kʰuᴀ^{53} lᴀ^{0} 衣服鞋帽过大，不合身

小 siɔ^{53}

长 tʂʰɑŋ^{24}

窵 ȶiɔ^{44}

长拉拉 tʂʰɑŋ^{24} lᴀ^{44} lᴀ^{44} 衣服过长，不合身

短 tuæ̃^{53}

曲 tɕʰy^{31}

短休休 tuæ̃^{53} siu^{31} siu^{0} 衣服显得很短，不合身

宽 kʰuæ̃^{31}

窄 tsei^{31}

厚 xou^{44}

薄 pʰo^{24}

深 ʂəŋ^{31}

浅 ȶʰiæ̃^{53}

高 kɔ^{31}

低 ȶi^{31} ①与“高”相对；②矮

端 tuæ̃^{31} 正，直

斜 siɛ^{24} 歪

横 ɕyɛ^{24} 不顺

红 xuŋ^{24}

大红 tᴀ^{44} xuŋ^{24} 朱红

粉红 fəŋ^{53} xuŋ^{24}

深红 ʂəŋ^{31} xuŋ^{24}

淡红 tʰæ̃^{44} xuŋ^{0} 浅红

蓝 læ̃^{24}

淡蓝 tʰæ̃^{53} læ̃^{24} 浅蓝

深蓝 ʂəŋ^{31} læ̃^{24}

亮蓝 liɑŋ^{44} læ̃^{24} 天蓝

绿 liu^{31}

翠绿 tsʰui^{44} liu^{31} 葱心儿绿

草绿 tsʰɔ^{53} liu^{31}

水绿 ʂei^{53} liu^{31}

茶色 tsʰᴀ^{31} sei^{53} 浅绿

白 pʰei^{24}

煞白 sᴀ^{53} pʰei^{24} 苍白

漂白 pʰiɔ^{53} pʰei^{24}

深灰 ʂəŋ^{24} xui^{31}

灰 xui^{31} 灰白

浅灰 ȶ^{h}iæ̃^{53} xui^{31}

银灰 iŋ^{24} xui^{31}

黄 xuɑŋ^{24}

杏黄 xəŋ^{44} xuɑŋ^{0}

深黄 ʂəŋ^{31} xuɑŋ^{24}

浅黄 ȶ^{h}iæ̃^{53} xuɑŋ^{0}

　金黄 tɕiŋ^{53} xuɑŋ^{0}

青 ȶ^{h}iŋ^{31}

豆青 tou^{44} ȶ^{h}iŋ^{31}

　绿豆青 liu^{53} tou^{0} ȶ^{h}iŋ^{31}

藏青 tsɑŋ^{44} ȶ^{h}iŋ^{31}

鸭蛋青 iᴀ^{53} t^{h}æ̃^{0} ȶ^{h}iŋ^{31}

□紫 tʂəŋ^{31} tsɿ^{31} 紫

桐花紫 t^{h}uŋ^{31} xuᴀ^{53} tsɿ^{31} 浅紫色

雪青 ɕyɛ^{31} ȶ^{h}iŋ^{0} 藕荷色

香色 ɕiɑŋ^{31} sei^{0} 古铜色

黑 xei^{31}

暮 mu^{44} 因年老视力差的状态

　雾 vu^{44} 视力模糊的状态

尝着 ʂɑŋ^{31} tʂ^{h}uo^{53} 调料味道刚好，不浓也不淡

不搁味 pu^{31} kɤ^{31} vei^{44} 调料味道不协调

重 tʂ^{h}əŋ^{44} 盐醋加得多了

口重 k^{h}ou^{53} tʂ^{h}əŋ^{44} 指人喜食盐醋加得较多的饭食，即口味重

口轻 k^{h}ou^{53} tɕ^{h}iŋ^{31} 指人喜食味道淡一些的食物

□气啢 sɿ^{53} tɕ^{h}i^{0} liᴀ^{0} 食物馊了

扑气啢 p^{h}u^{53} tɕ^{h}i^{0} liᴀ^{0} 面粉、玉米糁儿因变质而发出的不好的气味儿

少欠 ʂɔ^{53} tɕ^{h}iæ̃^{44} 短缺

绑人 pɑŋ^{53} ʐəŋ^{0} 因太小的衣服束缚身体的不舒服的感觉

夹人 tɕiᴀ^{53} ʐəŋ^{0} 因空间狭小受到挤压而产生的不舒服的感觉，比如鞋小夹脚的感觉

挤人 tɕi^{53} ʐəŋ^{0} 因空间狭小受到挤压而产生的不舒服的感觉，比如公交车内拥挤的感觉

垫人 ȶ^{h}iæ̃^{44} ʐəŋ^{0} 因硌产生的不舒服的感觉

烘人 xuŋ^{53} ʐəŋ^{0} 火烘烤的不舒服的感觉

弹人 tæ̃^{44} ʐəŋ^{0} 车行在不平的路上时，坐车的不舒服的感觉

晒人 sᴇ^{44} ʐəŋ^{0} 强烈的阳光照射在身体上的不舒服的感觉

照人 ʐɔ^{44} ʐəŋ^{0} 强烈的光线刺眼的感觉

激人 tɕi^{53} ʐəŋ^{0} 暴雨打在身上的感觉

憋人 piɛ^{53} ʐəŋ^{0} 因吃亏而感到内心不平，委屈，如：个事我越思量越～

架人 tɕiᴀ^{44} ʐəŋ^{0} 担忧不安，放心不下，如：娃单位上出了事，我心里～得很

聒噪噪 kuo^{31} tsɔ^{0} tsɔ^{0} 形容小声说话的声音

泼烦 p^{h}o^{53} fæ̃^{0} 心情不好，体力不佳，不耐烦

毛躁 mɔ^{31} ts^{h}ɔ^{53} 烦躁

毛乱 mu^{31} $ly\tilde{æ}^{53}$ 烦乱

鳖 $pi\varepsilon^{44}$ 做事吃亏，受人欺负

疙里疙瘩 kei^{31} li^{44} kei^{31} $t\text{A}^{0}$ 心里想不开，不舒服

厉害 li^{44} $x\text{E}^{0}$ ①难以对付，不好惹；②很能干

镵活 $ts^{h}\tilde{æ}^{31}$ xuo^{53} ①形容工具质量好，效率高，如：个刃片～得很；②形容人工作能力强，工作效率高

争 $tsəŋ^{31}$ 形容人在某一方面表现突出，使人惊讶

足劲 $tɕy^{31}$ $tɕiŋ^{44}$

攒劲 $ts\tilde{æ}^{53}$ $tɕiŋ^{44}$ 得力

能成 $ləŋ^{24}$ $tʂ^{h}əŋ^{24}$ ①行，可以；②能干，有本事

能成得很 $ləŋ^{24}$ $tʂ^{h}əŋ^{24}$ $ȶi^{0}$ $xəŋ^{53}$（这小伙子）真行

才□ $ts^{h}\text{E}^{24}$ su^{31} 才思敏捷

格子亮 kei^{53} $tsɿ^{0}$ $liɑŋ^{44}$ 头脑聪明，思路敏捷

硬棒 $ȵiŋ^{44}$ $pɑŋ^{0}$ 结实有力

硬气 $ȵiŋ^{44}$ $tɕ^{h}i^{44}$ ①有本事，如：外几个～得很；②腰杆儿硬，理直气壮，如：个说话～得很，啥都不害怕

手硬 $ʂou^{44}$ $ȵiŋ^{44}$ 做事果断坚决，不留情面

有眼色 iu^{53} $ȵi\tilde{æ}^{44}$ sei^{0} 形容人办事灵活，懂得随机应变

完 $v\tilde{æ}^{24}$ 形容人能力差、体质差，物品质量差

清白失眼 $ȶ^{h}iŋ^{31}$ $p^{h}ei^{44}$ $ʂʅ^{31}$ $ȵi\tilde{æ}^{0}$ ①没有什么本事，我看他～的，啥也做不成；②没有什么意义，如：你说下的个话～的

□ $iɑŋ^{31}$ ①智力不健全，或头脑胡涂，不明事理；②做事笨拙，不得法；③东西质量不好，有毛病

二 $ɚ^{44}$ 行事鲁莽

没肠肚 mo^{31} $tʂ^{h}ɑŋ^{31}$ tu^{53} 没头脑

没掂□ mo^{24} $ȶi\tilde{æ}^{31}$ $tɕi\tilde{æ}^{0}$ 不能正确分析问题，估计自己

痴笨 $ts^{h}ʅ^{31}$ pei^{0}（此处“笨”发音独特，应是受轻声影响发生音变的结果）

懵 $məŋ^{44}$ 不聪明，想不清事理

笨 $p^{h}əŋ^{44}$

心浑 $siŋ^{31}$ $xuŋ^{44}$ 理解力和记忆力差

黏 $ʐ\tilde{æ}^{24}$ 头脑胡涂，说话思路不清楚

忘昏大 $vɑŋ^{44}$ $xuŋ^{31}$ $t\text{A}^{44}$ 容易忘事

颠懂 $ȶi\tilde{æ}^{31}$ $tuŋ^{0}$ 颠三倒四

糊里颠懂 xu^{31} li^{44} $ȶi\tilde{æ}^{31}$ $tuŋ^{0}$ 胡涂，神智不清

一昏一昏 i^{31} $xuŋ^{0}$ i^{31} $xuŋ^{0}$ 形容年老健忘

瓜 $ku\text{A}^{31}$ ①傻，如：这娃～得很，啥都不知道；②哑，你甭看他～着呢，心呢可亮清得很

瓜头瓜脑 $ku\text{A}^{31}$ $t^{h}ou^{24}$ $ku\text{A}^{31}$ $lɔ^{53}$ 傻头傻脑

凉 $liɑŋ^{24}$ 傻

鬼大 kui^{53} $t\text{A}^{44}$ 聪明懂事

灵醒liŋ^{31} siŋ^{53}①聪明、机灵，反应敏捷；②睡觉睡得不深，容易清醒

知道啥tʂʅ^{53} tɔ^{0} ʂA^{0}懂事，如：个娃～得很

尖ȶiæ̃^{31}机灵，有心眼，不吃亏

实诚ʂʅ^{31} tʂ^{h}əŋ^{53}诚实，老实，待人真诚

老实巴交lɔ^{53} ʂʅ^{0} pA^{24} tɕiɔ^{31}形容人老实本分

乱惶惶lyæ̃^{44} xuɑŋ^{53} xuɑŋ^{0}说话办事没有主见，对人对事从不计较，和谁都合得来

正儿八经tʂəŋ^{44} ɚ^{0} pA^{31} tɕiŋ^{0}正经，严肃而认真

人ʐəŋ^{24}像个人样子，如：个说话～得很

心大siŋ^{31} tA^{44}心宽，遇事想得开

老嘴失脸lɔ^{31} tsui^{44} ʂʅ^{31} liæ̃^{0}形容老年人说话办事不讲信用

心长siŋ^{31} tʂ^{h}ɑŋ^{24}心肠好，能想到关心体贴别人

□长tɕi^{44} tʂ^{h}ɑŋ^{0}亲切，热情

心瓷siŋ^{31} ts^{h}ɿ^{24}心硬，不易动感情

心重siŋ^{31} tʂ^{h}əŋ^{44}私心重，贪心

□心tɕ^{h}i^{31} siŋ^{0}贪心

　没足尽mo^{31} tɕy^{53} tɕiŋ^{0}不知道满足，贪得无厌，含贬义

生分səŋ^{53} fəŋ^{0}计较个人利益，不肯吃亏

啬sei^{31}吝啬

不贵气pu^{31} kui^{44} tɕ^{h}i^{44}小气

细si^{44}节约，节俭

手大ʂou^{53} tA^{44}花钱大手大脚，没有节制

骚sɔ^{31}调皮，爱惹是生非

□tsɑŋ^{44}爱开玩笑

贵气kui^{44} tɕ^{h}i^{44}娇气

孱ʂæ̃^{24}小孩儿体质差，容易生病

皮实p^{h}i^{31} ʂʅ^{53}人身体结实，不易生病，不娇气；物品坚固，不易损坏

痴蹑ts^{h}ɿ^{53} ȵiɛ^{0}

　痴畏ts^{h}ɿ^{53} vei^{0}畏畏缩缩，怕出头露面

　痴痴蹑蹑ts^{h}ɿ^{31} ts^{h}ɿ^{44} ȵiɛ^{31} ȵiɛ^{0}

　痴痴畏畏ts^{h}ɿ^{31} ts^{h}ɿ^{44} vei^{31} vei^{0}

皮薄p^{h}i^{24} po^{24}脸皮薄，容易害羞

可惜k^{h}uo^{53} siɛ^{0}（“惜”读音特殊）

轻狂tɕ^{h}iŋ^{53} k^{h}uɑŋ^{0}小孩儿任性

少教ʂɔ^{44} tɕiɔ^{0}缺乏教育，没有礼貌

劳捣lɔ^{31} tɔ^{53}①小孩儿爱哭爱闹，不好哄；②大人不好说话

黏缠ʐæ̃^{24} tʂ^{h}æ̃^{24}不好说话，难对付

　搅夹tɕiɔ^{44} tɕiA^{0}（一般用于女人）

牛ȵiu^{24}①脾气执拗；②趾高气扬

　牛气ȵiu^{24} tɕ^{h}i^{44}

张tʂɑŋ^{24}傲慢，狂妄

势旺ʂʅ^{31} vɑŋ^{44}气势高

歪vE^{31}①厉害，凶狠；②植物生长茂盛

刁决ȶiɔ^{24} tɕyɛ^{31}胆大妄为，如：个娃～得很，骂开大人了

难肏næ̃^{24} ʐʅ^{31}难打交道

疯张捣鬼fəŋ^{31} tʂɑŋ^{44} tɔ^{31} kui^{0}鲁莽

冒失，言语行动十分轻狂

蹭tsʰəŋ^{53}形容说话生硬，不和气

□piɛ^{31}形容人脾气暴躁

杠kɑŋ^{44}形容人刚直

刚kɑŋ^{31}

刚强kɑŋ^{53} tɕʰiɑŋ^{0}指老年人身体健康、精力充沛

呆ŋᴇ^{24}死板

死呆呆sɿ^{53} ŋᴇ^{31} ŋᴇ^{53}

死踏板sɿ^{53} tʰᴀ^{24} pæ̃^{53}

活泛xuo^{31} fæ̃^{53}①灵活；②手头宽裕

腻ȵi^{44}架子大，不愿理睬别人

蔫不叽叽ȵiæ̃^{31} pu^{0} ȶi^{0} ȶi^{0}①形容人不多说话；②形容人说话少，慢而又幽默

艳炸iæ̃^{44} tsᴀ^{44}爱出风头，让人讨厌

贱ȶiæ̃^{44}轻佻，爱惹事

□长iᴀ^{24} tʂʰɑŋ^{24}做事说话让人看不惯，让人讨厌

训眼ɕyŋ^{44} ȵiæ̃^{53}不顺眼

奸tɕiæ̃^{31}①形容人耍滑偷懒；②形容牲口懒，不从驱使

死人sɿ^{53} ʐəŋ^{0}懒惰，不想动弹

肉重ʐou^{44} tʂʰəŋ^{44}

漂pʰiɔ^{31}过分讲究打扮

排pʰᴇ^{24}阔气，排场

品麻pʰiŋ^{53} mᴀ^{24}舒服，会享受

短tuæ̃^{53}心眼不好

短见tuæ̃^{53} tɕiæ̃^{44}

心瞎siŋ^{24} xᴀ^{31}心眼坏

瞎得实眉实眼xᴀ^{44} ȶi^{0} ʂʅ^{31} mi^{44} ʂʅ^{31} ȵiæ̃^{0}形容坏透了，坏到了极点

惹不下ʐɤ^{53} pu^{0} xᴀ^{44}形容人脾气大不好惹

贼心鬼气tsei^{31} siŋ^{44} kui^{31} tɕʰi^{0}心术不正，疑神疑鬼

现世ɕiæ̃^{44} ʂʅ^{44}丢人

不像啥pu^{31} siɑŋ^{44} ʂᴀ^{0}不象话，不象样子

□ʂəŋ^{24}①害羞，不好意思，如：个女子在生人面前嫌～不说话；②衣服不好看，不顺眼，如：个衣服穿上看去～得很

泼pʰo^{31}干活泼辣，有干劲

泼势pʰo^{53} ʂʅ^{0}

不识闲儿pu^{24} ʂʅ^{31} xæ̃^{24} ɚ^{0}①闲不住；②形容小孩儿好动，一刻不停

熟踏板ʂʅ^{24} tʰᴀ^{24} pæ̃^{53}轻车熟路，熟悉而又容易

乖双kuᴇ^{31} ʂɑŋ^{0}手巧

暴翘pɔ^{44} tɕʰiɔ^{53}僵，不灵活，如：今日冷得很，手都冻～了

细法si^{44} fᴀ^{0}

谨细tɕiŋ^{53} si^{44}仔细，节俭

邋乎lᴀ^{44} xu^{0}不细心，丢三落四

大而化之tᴀ^{44} ɚ^{53} xuᴀ^{44} tsɿ^{0}随随便便，满不在乎

糊里麻塌xu^{31} li^{44} mᴀ^{31} tʰᴀ^{0}马马虎虎，稀里胡涂，不认真

耍儿不叽ʂA^{53} ɚ^{0} pu^{31} ȶi^{0}①做事不专心不仔细，边做边玩；②说话不认真，不严肃，半开玩笑

毛mɔ^{24}①技术不稳定，不老练，如：个吆车～得很，坐他的车不放心；②性子烈，不好驾驭，如：个骡子～得很，捂□不住

看不来kʰæ̃^{44} pu^{31} lE^{24}辨不清形势

合尺xuo^{31} tʂʰʅ^{53}合适

亮清liɑŋ^{44} ȶʰiŋ^{31}

　真慨tʂəŋ^{31} kʰE^{53}

　清楚ȶʰiŋ^{31} tʂʰʅ^{53}

顺劲ʂəŋ^{44} tɕiŋ^{44}顺当

　利当li^{44} tɑŋ^{0}

臊气sɔ^{31} tɕʰi^{44}不顺利

麻搭mA^{31} tA^{44}麻烦

　麻缠mA^{24} tʂʰæ̃^{24}

　麻眼mA^{31} ȵiæ̃^{53}事情出了岔子或难办

没麻搭mo^{31} mA^{31} tA^{53}没问题

背不咋pei^{31} pu^{0} tʂA^{53}不要紧

背咋pei^{31} tʂA^{53}要紧、严重（只用于问句，如：他的病～啊不？回答时说“背不咋”或“病得不轻”，不说“背咋”）

对tui^{44}行，可以，如：一下下就～了，甭急下

亭ȶʰiŋ^{24}公平，均等

□□ʂəŋ^{31} ʂʅ^{53}①现成，如：外是吃～饭的人；②舒服，省事，如：你～得很，一到屋里就吃饭

官账kuæ̃^{53} tʂɑŋ^{0}公共的

瞎账xA^{53} tʂɑŋ^{0}不付出代价的，白得的，如：吃～饭、看～戏、拿～东西

没向mo^{31} ɕiɑŋ^{44}没希望

没边边mo^{31} piæ̃^{53} piæ̃^{0}没有根据，不着边际

　没沿沿mo^{31} iæ̃^{31} iæ̃^{53}

　没底底mo^{31} ȶi^{53} ȶi^{0}

鳖头鳖脑piɛ^{31} tʰou^{24} piɛ^{31} lɔ^{53}形容做事总是吃亏

没谱儿mo^{31} pʰu^{44} ɚ^{0}做事无计划，心中无数

隔膜kei^{31} mei^{53}技术不行，如：个外～吆呢

轻省tɕʰiŋ^{31} səŋ^{0}轻松

闲得呻唤xæ̃ː^{241} ʂəŋ^{53} xuæ̃^{0}形容闲极无聊，无事可做

严窝ȵiæ̃^{31} vo^{53}隐蔽，隐秘

凉□□liɑŋ^{31} piA^{44} piA^{0}形容食物不热或人态度冷淡

温出出vəŋ^{31} tʂʰʅ^{0} tʂʰʅ^{0}形容温而不凉，水温恰到好处

冰piŋ^{31}凉

□səŋ^{44}冷

熰热ŋou^{44} ʐɣ^{31}天气闷热

　焲tɕʰyŋ^{53}闷热，不透气

　焲人tɕʰyŋ^{53} ʐəŋ^{0}因闷热使人难受的感觉

热刚刚ʐɣ^{31} kɑŋ^{0} kɑŋ^{0}形容天气、环境热

面 $mi\tilde{æ}^{44}$ ①某些食物纤维少而柔软，如：蒸下的红芋～得很；②事情容易办，如：收拾他是～的

酥 su^{31} 容易，轻松

瓤 $ʐɑŋ^{24}$ 柔软

瓤和 $ʐɑŋ^{31}$ xuo^{53}

瓷 $ts^hɿ^{24}$ 坚硬，紧密

瓷实 $ts^hɿ^{31}$ $ʂʅ^{53}$

结实 $tɕiɛ^{53}$ $ʂʅ^{0}$

虚 $ɕy^{31}$ 松软

虚泡泡 $ɕy^{31}$ $p^hɔ^{0}$ $p^hɔ^{0}$

泡 $p^hɔ^{44}$ 质地松软，不坚硬

枵 $ɕiɔ^{31}$ 东西不结实

枵薄 $ɕiɔ^{53}$ po^{0} ①东西不结实；②人身体单薄

顽 $v\tilde{æ}^{24}$ 韧性大

筋腾腾 $tɕiŋ^{31}$ $t^həŋ^{0}$ $t^həŋ^{0}$ 形容有韧性，有弹性，不松软

隉 $ȵiɛ^{31}$ 腐朽

耐脏 $lᴇ^{44}$ $tsɑŋ^{31}$ 不易脏或不易显出脏

把滑 $pᴀ^{44}$ $xuᴀ^{24}$ 防滑

□贵 $tɕi^{53}$ kui^{0} 珍贵

翠 ts^hui^{44} ①喜欢漂亮；②爱打扮，打扮得漂亮

心疼 $siŋ^{31}$ $t^həŋ^{24}$ 长得可爱漂亮

耐看 $lᴇ^{44}$ $k^h\tilde{æ}^{44}$

受看 $ʂou^{44}$ $k^h\tilde{æ}^{44}$ 看着舒服

平妥 $p^hiŋ^{31}$ t^huo^{53} ①长相一般，不难看；②平稳，平安

扑火火 p^hu^{31} xuo^{0} xuo^{0} 形容年轻人皮肤白嫩，漂亮好看

体统 $ȶ^hi^{53}$ $t^huŋ^{0}$ 年轻小伙长得标致，帅

体面 $ȶ^hi^{53}$ $mi\tilde{æ}^{0}$

扯曳 $tʂ^hɤ^{53}$ $iɛ^{0}$ 身材高而匀称

苗条 $miɔ^{31}$ $ȶ^hiɔ^{53}$ 女子身材苗条匀称

律直 ly^{44} $tʂ^hʅ^{0}$ 青年男子身材匀称好看

黑丢丢 xei^{31} $ȶiu^{0}$ $ȶiu^{0}$ 形容皮肤黑而不难看

棱 $ləŋ^{24}$ 形容鼻梁高，好看

棱争 $ləŋ^{31}$ $tsəŋ^{53}$

□人 $liŋ^{44}$ $ʐəŋ^{0}$ 人畜受伤后惨不忍睹的情景给人的感受

络连人 luo^{53} $li\tilde{æ}^{0}$ $ʐəŋ^{0}$ 不精神，不利索

烂蛋 $l\tilde{æ}^{44}$ $t^h\tilde{æ}^{53}$ 邋遢

尪羸 $vɑŋ^{53}$ lui^{0} 老年人健康状况差，精神不好

死气摆呆 $sɿ^{53}$ $tɕ^hi^{0}$ $pᴇ^{53}$ $tᴇ^{0}$ 形容没精打采，死气沉沉的样子

□气 $miɛ^{44}$ $tɕ^hi^{44}$ 小孩儿瘦弱，精神差

憨实 $x\tilde{æ}^{53}$ $ʂʅ^{0}$ 小孩儿长得胖而健康

泡梢 $p^hɔ^{44}$ $sɔ^{31}$ 女子发育后，身体丰满

胖壮 $p^hɑŋ^{31}$ $tʂɑŋ^{44}$ 胖而壮实

福乃乃 fu^{31} $lᴇ^{0}$ $lᴇ^{0}$ 婉转的说法，胖乎乎

肥突突 fei^{31} t^hu^{44} t^hu^{0}

肥棱棱 fei^{31} $ləŋ^{44}$ $ləŋ^{0}$ 形容肥胖的样子，用于人时含贬义

瘦卡卡 sou^{44} tɕʰiA^{0} tɕʰiA^{0}很瘦的样子

兴 ɕiŋ^{31}高兴

躁乎乎 tsʰɔ^{44} xu^{0} xu^{0}形容生气的样子

瓷 tsʰɿ^{24}迟钝，发呆

瓷呆呆 tsʰɿ^{31} tE^{44} tE^{0}

蹿火 tsʰuæ̃^{44} xuo^{0}机灵敏捷

利洒 li^{44} sA^{0}干脆利落

□□ liɛ^{31} tʂɤ^{53}干脆利落，简捷

撇脱 pʰiɛ^{31} tʰuo^{0}简便，利索

消停 siɔ^{31} ȶʰiŋ^{0}清净，清闲，安静

松活 suŋ^{53} xuo^{0}宽松、舒缓

松泛 suŋ^{53} fæ̃^{0}

紧扎 tɕiŋ^{53} tsA^{0}①经济不宽裕，拮据；②时间不宽裕，紧迫

紧张 tɕiŋ^{44} tʂaŋ^{0}

紧紧扎扎 tɕiŋ^{31} tɕiŋ^{44} tsA^{31} tsA^{0}

点扎 ȶiæ̃^{44} tsA^{0}手脚敏捷

紧火 tɕiŋ^{31} xuo^{0}紧张，急迫

忙迫 maŋ^{31} pei^{53}忙碌

展脱 tʂæ̃^{44} tʰuo^{0}①神情举止自然大方，不拘束；②内心舒坦，无忧无虑

坦 tʰæ̃^{53} 缓慢

坦慢 tʰæ̃^{44} mæ̃^{0}

蔫 ȵiæ̃^{31}

木囊 mu^{44} laŋ^{0}动作迟缓，不利索

熟惯 ʂʅ^{31} kuæ̃^{53}熟悉，习惯

兀溜兀溜 vu^{31} liu^{0} vu^{31} liu^{0}形容走路很快的样子，多用于女人

肏急慌三 zʅ^{31} tɕi^{44} xuaŋ^{31} sæ̃^{0}急急忙忙，慌慌张张

跐畏 tsʰɿ^{53} vei^{0}犹豫不前

面面斯委 miæ̃^{44} miæ̃^{0} sɿ^{31} vei^{0}碍于情面

平踏斯委 pʰiŋ^{31} tʰA^{44} sɿ^{31} vei^{0}不慌不忙

鸡刨狗挖 tɕi^{31} pʰɔ^{24} kou^{53} vA^{31}形容做活不细心

奓脚舞手 tsA^{44} tɕyo^{31} vu^{31} ʂou^{53}形容手足乱动的样子，含贬义

笨 脚 笨 手 pʰəŋ^{44} tɕyo^{31} pʰəŋ^{44} ʂou^{53}

懒腰超胯 læ̃^{53} iɔ^{31} ȶʰiɛ^{44} kʰuA^{53}懒洋洋的样子

鼓头鼓脑 ku^{53} tʰou^{0} ku^{53} lɔ^{53}直着脖子，昂着头，形容生气或固执、不随和的样子

扭头捩项 ȵiu^{53} tʰou^{24} liɛ^{31} xaŋ^{44}形容别扭，不随和的样子

端出端进 tuæ̃^{24} tʂʰʅ^{31} tuæ̃^{31} ȶiŋ^{44}直出直入，形容不理睬别人的样子

硬头鼓爪 ȵiŋ^{44} tʰou^{0} ku^{31} tʂA^{0}形容态度生硬，不随和

绺眉垮眼 liu^{31} mi^{44} kʰuA^{31}ȵiæ̃^{0}形容面容衰老的样子

瓷皮滑脸 tsʰɿ^{31} pʰi^{44} xuA^{31} liæ̃^{0}脸皮厚，对别人的批评劝告满不在乎

黑不溜秋 xei^{31} pu^{0} liu^{31} tɕʰiu^{0}形容

皮肤黑得难看

红膛挂水 xuŋ31 tʰɑŋ44 kuA31 ʂei0 形容脸色健康红润

精光溜吹 ȶiŋ31 kuɑŋ44 liu31 tʂʰei0 形容赤身裸体，一丝未挂的样子

没觉没拉 mo31 tɕyo0 mo31 lA0 感到空虚、寂寞

欢 xuæ̃31 起劲，活跃

没蛮命 mo31 mæ̃31 miŋ53 拼命

背不住 pei31 pu0 tʂʅ44 撑不住，支持不住，受不了

行不动 xəŋ24 pu0 tuŋ44 指挥不动，施展不开

等不得 təŋ53 pu0 tei0 等不及

等得 təŋ53 tei0 等得及

翻不来交 fæ̃31 pu31 lE24 tɕiɔ31 想不清楚

侧棱麻垮 tsei31 ləŋ44 mA31 kʰuA0 形容东西放置得杂乱、不整齐

七长八短 ȶʰi31 tʂʰɑŋ24 pA31 tuæ̃53 形容东西长短不齐

冰锅冷灶 piŋ24 kuo31 ləŋ53 tsɔ44 原意为没有烧火做饭，比喻事情还未着手办

三锤两梆 sæ̃31 tʂʰei24 liɑŋ53 pɑŋ53 形容干脆利落，速度快

古而怪样 ku53 ɚ0 kuE44 iɑŋ44 样子稀奇古怪

搐 tʂʰʅ31 皱，抽

浑 xuŋ24 完整，囫囵

浑全 xuŋ31 tsʰuæ̃53

一抹逛子 i31 mA0 kuɑŋ44 tsɿ0 模糊一团

暮乎乎 mu44 xu0 xu0 形容远而模糊

背 pei44 偏僻，冷清

干 kæ̃44 冷清，寂寞

干寞寞的 kæ̃44 mo0 mo0 ȶi0

空 kʰuŋ44 空旷而使人害怕

宽展 kʰuæ̃31 tʂæ̃0 ①地方宽敞；②心里舒畅；③宽裕

区卡 tɕʰy31 tɕʰiA53 地方狭小

眼宽 ȵiæ̃53 kʰuæ̃31 视野宽阔

黑大模糊 xei31 tA0 mo44 xu0 漆黑一片

悬乎 ɕyæ̃31 xu53 危险，不牢靠

惹眼 zɣ53 ȵiæ̃53 显眼

索闹闹 suo31 lɔ0 lɔ0 形容开的花结的果或附着的东西很多，呈絮状，或结成团，如：桃花开得～的

严实 ȵiæ̃31 ʂʅ53 严密，没有空隙

紧沉 tɕiŋ44 tʂʰəŋ0 ①不松散；②紧凑，严密

方亭 fɑŋ53 ȶʰiŋ0 方正

齐茬茬 ȶʰi31 tsʰA44 tsʰA0 形容庄稼出苗、生长整齐或东西的断裂面整齐

一顺顺 i31 ʂəŋ44 ʂəŋ0 顺着一个方向

一向向 i31 ɕiɑŋ44 ɕiɑŋ0

扑衍衍 pʰu31 iæ̃0 iæ̃0 形容液体很满的样子

实腾腾 ʂʅ31 tʰəŋ44 tʰəŋ0 形容内部完全填满，没有空隙

蔫□□ȵiæ̃^{31} piᴀ^{0} piᴀ^{0}上下肚皮贴在一起

瘦□□sou^{44} piᴀ^{0} piᴀ^{0}很瘦很瘦

豁海xuo^{31} xᴇ^{0}办事大方,舍得,不吝啬

新锃锃siŋ^{31} tsəŋ^{0} tsəŋ^{0}形容衣服崭新的样子

净拉拉ȶiŋ^{44} lᴀ^{0} lᴀ^{0}形容干净整洁

起明发亮tɕʰi^{53} miŋ^{24} fᴀ^{31} liɑŋ^{44}形容物体光亮的样子

密呀呀mi^{31} iᴀ^{0} iᴀ^{0}形容很密的样子

样样式式iɑŋ^{44} iɑŋ^{0} ʂʅ^{31} ʂʅ^{0}各种各样

烟山雾罩iæ̃^{31} sæ̃^{31} vu^{44} tsɔ^{44}形容尘土飞扬

五麻六怪vu^{53} mᴀ^{0} liu^{31} kuᴇ^{44}颜色杂乱的样子

屁红子pʰi^{44} xuŋ^{0} tsʅ^{0}不鲜艳,颜色不正的红色

黄□□xuɑŋ^{31} piᴀ^{44} piᴀ^{0}形容黄得很难看

白□□pʰei^{31} pʰiᴀ^{44} pʰiᴀ^{0}形容白得很难看

二百五ɚ^{44} pei^{31} vu^{53}指做事莽撞

　半吊子pæ̃^{44} ȶiɔ^{44} tsʅ^{0}

二十六　副词、介词等

刚tɕʰiɑŋ^{24}如:我～来,没赶上

刚好kɑŋ^{24} xɔ^{53}如:～十块钱

刚kɑŋ^{24}如:不大不小,～合适

刚巧kɑŋ^{24} tɕʰiɔ^{53}如:～我在那儿

光kuɑŋ^{24}如:～吃米,不吃面

有点iu^{31} ȶiæ̃^{0}如:天～冷

怕pʰᴀ^{44}也许,如:～要下雨

瞧不住ȶʰiɔ^{31} pu^{31} tʂʰʅ^{44}也许,如:明天～要下雨

险乎儿ɕiɛ^{44} xu^{53} ɚ^{0}差点儿,如:～摔了

非……不fei^{31}……pu^{24}非到九点不开会

麻利mᴀ^{24} li^{44}马上,如:～就来

趁早tʂʰəŋ^{44} tsɔ^{53}如:～走吧

啥乎ʂᴀ^{44} xu^{0}随时,如:～来都行

眼看ȵiæ̃^{53} kʰæ̃^{44}如:～就到期了

幸亏ɕiŋ^{44} kʰui^{31}如:～你来了,要不然我们就走错了

　亏当kʰui^{31} tɑŋ^{0}

　紧亏tɕiŋ^{44} kʰui^{0}

　多亏tuo^{31} kʰui^{0}

当面tɑŋ^{31} miæ̃^{44}如:有话～说

背后地pei^{44} xou^{0} ȶʰi^{0}背地,如:不要～说

一搭i^{53} tᴀ^{0}一块儿,如:咱们～去

个家kɤ^{53} iᴀ^{0}自己,如:他～去("家"语

音弱化，声母脱落）

顺便ʂəŋ⁴⁴ piæ̃⁴⁴如：请他～给我买本书

□□li⁴⁴ kuo³¹故意，如：～捣乱

到底tɔ⁴⁴ ȶi⁰如：他～走了没有，你要问清楚

到底tɔ⁴⁴ ȶi⁰压根儿，确实，的确，如：他～不知道

真个tʂəŋ³¹ kɤ²⁴

到底tɔ⁴⁴ ȶi⁰实在，确实，如：这人～好

快kʰuæ̃⁴⁴接近四十，如：这人已经～四十了（"快"语音特殊）

一共i³¹ kuŋ⁴⁴全部

一满 i³¹ mæ̃⁵³如：～才十个人

笼总luŋ³¹ tsuŋ⁵³

一划i³¹ tsʰæ̃⁵³全部，清一色

□po³¹"不要"的合音。如：慢慢走，～跑

白pʰei²⁴ tʂʰʅ³¹不要钱，如：～吃

吃瞎账 tʂʰʅ³¹ xᴀ⁵³ tʂɑŋ⁰

白pʰei²⁴空，如：～跑一趟

偏pʰiæ̃³¹你不叫我去，如：我～去

偏偏 pʰiæ̃³¹ pʰiæ̃²⁴

胡xu²⁴如：～搞；～说

胡球 xu³¹ tɕʰiu⁵³

先siæ̃³¹如：你～走，我随后就来

前头 ȶʰiæ̃³¹ tʰou⁵³

先siæ̃³¹如：他～不知道，后来才听人说的

先头 siæ̃³¹ tʰou²⁴

先ɕiæ̃ː³¹¹已经

单另 tæ̃³¹ liŋ⁴⁴另外，如：～还有一个人

叫tɕiɔ⁴⁴如：～狗咬了一口

把pᴀ³¹如：～门关上

对tui⁴⁴如：你～他好，他就～你好

望着vɑŋ⁴⁴ tʂɤ⁰如：他～我直笑

到tɔ⁴⁴如：～哪儿去？～哪天为止？

头tʰou²⁴在……之前，如：吃饭～，先洗手

在阿搭tsᴇ⁴⁴ ᴀ²⁴ tᴀ⁰在哪儿，如：～住？

打tᴀ⁵³ 如：～哪儿走？～他走后我一直不放心

照tʂɔ⁴⁴如：～这样做就好

叫tɕiɔ⁴⁴①动词，让，如：～我看不算错；②介词，被，如：你哥～人打咧

用yŋ⁴⁴如：你～毛笔写

顺ʂəŋ⁴⁴①顺着，如：～这条大路一直走；②沿着，如：～河边走

望vɑŋ⁴⁴如：～后头看看

替ȶʰi⁴⁴如：你～我写封信

给kei⁴⁴如：～大家办事

给kei³¹如：他把门～关上了

给我kei⁴⁴虚用，如重语气，如：你～吃了这碗饭

□tei⁴⁴如：这个～哪个一样

向ɕiɑŋ⁴⁴如：～他打听一下

问vəŋ⁴⁴如：～他借一本书

把……叫pᴀ³¹……tɕiɔ⁴⁴如：有些地方把白薯叫山药

把……当pᴀ³¹……tɑŋ⁴⁴有如：些地方把麦秸当柴烧

自碎碎tsɿ^{53} sui^{44} sui^{0}从小，如：他～就能吃苦

往出vɑŋ^{44} tʂʰʅ^{31}老王钱多，如：不～拿

赶kæ̃^{53}如：～天黑以前你得到

□□□ŋæ̃^{44} mu^{0} tʂʰʅ^{0}万一，一旦

大模儿tA^{44} mu^{44} ɚ^{0}大概

端端儿tuæ̃^{31} tuæ̃^{24} ɚ^{0}恰巧，正好

满保mæ̃^{44} pɔ^{0}一定，肯定

定在ȶiŋ^{44} tsE^{44}一定

□□□□kʰɤ^{31} li^{44} mA^{0} tsʰA^{0}很快地

浑xuŋ^{24}都

浑都xuŋ^{24} tu^{31}/xuŋ^{24} tou^{31}

满共mæ̃^{53} kuŋ^{44}总共

一满i^{31} mæ̃^{53}一味，总是

打常tA^{53} tʂʰɑŋ^{24}经常，常常

彻满tʂʰɤ^{31} mæ̃^{53}经常

光kuɑŋ^{31}老是，经常

一老i^{31} lɔ^{53}经常，总是，一直

一总i^{31} tsuŋ^{53}永远、一直

常满tʂʰɑŋ^{31} mæ̃^{53}经常

净净ȶiŋ^{44} ȶiŋ^{44}再三，不停地

才tsʰE^{24}原来

老满lɔ^{31} mæ̃^{53}本来就

也A^{31}如：他～是陕西人（"也"音变独特）

□mæ̃^{24}仅仅，只，如：我囊囊～两块钱

从tsʰuŋ^{24}重复，再

别pʰiɛ^{24}如：我没记下，你～说一遍

忽儿xu^{31} ɚ^{0}忽然，一下子

面面儿地miæ̃^{44} miæ̃^{44} ɚ^{0} ȶi^{0}很容易地，如：几百块钱叫人家～骗上走了

活活儿地xuo^{24} xuo^{24} ɚ^{0} ȶi^{0}轻轻地，如：你把个～放下

下茬ɕiA^{44} tsʰA^{24}下功夫，花力气

大码花tA^{31} mA^{31} xuA^{0}大概，粗略地

扎齐齐儿的tsA^{31} ȶʰi^{31} ȶʰi^{24} ɚ^{0} ȶi^{0}逐个儿的，逐一的

怪当kuE^{44} tɑŋ^{31}怪不得，难怪

先siæ̃^{31}竟然，如：个路～兀么远

贵贱kui^{44} ȶiæ̃^{44}千万，无论如何

长短tʂʰɑŋ^{31} tuæ̃^{53}

高低kɔ^{31} ȶi^{53}用于否定式动词短语前，强调持续不变，相当于"总"，如：活～做不完

横顺ɕyɛ^{24} ʂəŋ^{44}反正，不管你咋么说，如：～他不情愿

瞎好xA^{31} xɔ^{53}用于否定式动词短语前，相当于"不管怎样、无论如何"

甚ʂəŋ^{44}用在否定式动词短语前，表示比较起来的意思，如：他～不到他舅院去

美美儿地mei^{53} mei^{24} ɚ^{0} ȶi^{0}使劲，狠狠地，如：他把娃～捶了一顿

美mei^{53}用在动词后做补语，表示程度深，如：他把娃捶～了

扎tsA^{31}做补语，表示程度深，如：个麦嫽～了

没向mo^{31} ɕiɑŋ^{44}用在形容词后做补语，

表示程度很深,相当于"很、极",如:他俩好得～

到 tɔ^{44} ①介词,在,如:他～房子里看书呢;②介词,被,如:土匪～人打死俩

齐 ȶʰi^{24} ①介词,从,如:你～啊搭来的;②介词,跟

赶 kæ̃^{31}

由 iu^{24}

自 tsʰɿ^{44} 介词,从,如:我两个～碎儿没红过脸

自打 tsʰɿ^{44} tᴀ^{0}

赶 kæ̃^{53} 比

□ tei^{31}/tei^{44}

连 liæ̃^{24}

□ kᴇ^{31} 介词,和,跟,如:这个～兀个不一样

二十七 量词

一把(椅子) i^{31} pᴀ^{0}

一个(奖章) i^{31} kɤ^{0}

一本(书) i^{31} pəŋ^{0}

一笔(款) i^{31} pi^{0}

一匹(马) i^{31} pʰi^{0}

一个(牛) i^{31} kɤ^{0}

一封(信) i^{31} fəŋ^{0}

一服(药) i^{31} fu^{24}

一帖(药) i^{31} ȶʰiɛ^{0}

一味(药) i^{31} vei^{44}

一道(河) i^{31} tʰɔ^{44}

一个(帽子) i^{31} kɤ^{0}

一锭(墨) i^{31} ȶʰiŋ^{44}

一件(事) i^{31} tɕʰiæ̃^{44}

一朵(花儿) i^{31} tuo^{53}

一顿(饭) i^{31} tuŋ^{44}

一个(手巾) i^{31} kɤ^{0}

一辆(车) i^{31} liɑŋ^{53}

一炷(香) i^{31} tʂʰʅ^{24}

一枝(花儿) i^{31} tsɿ^{24}

一只(手) i^{31} tʂʅ^{0}

一盏(灯) i^{31} tsæ̃^{24}

一张(桌子) i^{31} tʂɑŋ^{0}

一桌(酒席) i^{31} tʂuo^{0}

一场(雨) i^{31} tʂʰɑŋ^{0}

一出(戏) i^{31} tʂʰʅ^{0}

一床(被子) i^{31} tʂʰɑŋ^{0}

一身(棉衣) i^{31} ʂəŋ^{0}

一杆(枪) i^{31} kæ̃^{24}

一枝(笔) i^{31} tsɿ^{0}

一根(头发) i^{31} kəŋ^{0}

一棵(树) i^{31} kʰuo^{0}

一颗(米) i^{31} kʰuo^{0}

一块(砖) i^{31} kʰuæ̃^{44}

一个（猪）i^{31} kɤ^{0}

一个（人）i^{31} kɤ^{0}

两口 liɑŋ^{31} k^{h}ou^{0} 夫妻俩

　两口子 liɑŋ^{31} k^{h}ou^{0} tsʅ^{0}

一家（铺子）i^{31} tɕiᴀ^{0}

一个（飞机）i^{31} kɤ^{0}

一间（屋子）i^{31} tɕiæ̃^{0}

一座（房子）i^{31} ts^{h}uo^{44}

一件（衣裳）i^{31} tɕ^{h}iæ̃^{44}

一行（字）i^{53} xɑŋ^{0}/i^{31} xɑŋ^{44}

一篇（文章）i^{31} p^{h}iæ̃^{53}

一页（书）i^{31} iɛ^{24}

一节（文章）i^{31} ȶiɛ^{0}

一段（文章）i^{31} tuæ̃^{44}

一片（好心）i^{31} p^{h}iæ̃^{53}

一片（肉）i^{31} p^{h}iæ̃^{0}

一面（旗）i^{31} miæ̃^{44}

一层（纸）i^{31} ts^{h}əŋ^{0}

一股（香味儿）i^{31} ku^{53}

一座（桥）i^{31} ts^{h}uo^{44}

一盘（棋）i^{31} p^{h}æ̃^{24}

一门（亲事）i^{31} məŋ^{24}

一刀（纸）i^{24} tɔ^{31}

一沓（纸）i^{31} t^{h}ᴀ^{24}

一件（事情）i^{31} tɕ^{h}iæ̃^{44}

一缸（水）i^{24} kɑŋ^{31}

一碗（饭）i^{31} væ̃^{53}

一杯（茶）i^{31} p^{h}ei^{0}

一把（米）i^{31} pᴀ^{53}

一把（萝卜）i^{31} pᴀ^{0}

一包（花生）i^{31} pɔ^{24}

一卷（纸）i^{31} tɕyæ̃^{53}

一捆（行李）i^{31} k^{h}uŋ^{0}

一担（米）i^{31} tæ̃^{44}

一担（水）i^{31} tæ̃^{44}

一排（桌子）i^{31} p^{h}ᴇ^{24}

一个（院子）i^{31} kɤ^{0}

一挂（鞭炮）i^{31} kuᴀ^{44}

一犋 i^{31} tɕ^{h}y^{0} 牛两头叫一犋

一句（话）i^{31} tɕy^{44}

一个（客人）i^{53} kɤ^{0}

一双（鞋）i^{24} ʂɑŋ^{31}

一对（花瓶）i^{31} tui^{44}

一副（眼镜）i^{31} fu^{0}

一套（书）i^{31} t^{h}ɔ^{44}

一种（虫子）i^{31} tʂəŋ^{53}

一伙（人）i^{31} xuo^{53}

一帮（人）i^{31} pɑŋ^{53}

一批（货）i^{31} p^{h}i^{53}

一泼 i^{31} p^{h}o^{53}

一个 i^{53} kɤ^{0}

一起 i^{31} tɕ^{h}i^{53}

　一同 i^{31} t^{h}uŋ^{24}

　一搭儿 i^{31} tᴀ^{24} ɚ^{0}

　一块儿 i^{31} k^{h}uᴇ^{53} ɚ^{0}

　一搭 i^{53} tᴀ^{0}

一窝（蜂）i^{24} vo^{31}

一嘟噜（葡萄）i^{31} tu^{53} lu^{0}

一拃 i^{31} tsᴀ^{53} 大拇指与中指张开的长度

一虎拃 i^{24} xu^{31} tsᴀ^{53} 大拇指与食指张开的长度

一庹 i^{24} t^{h}uo^{31} 两臂平伸两手伸直的长度

一指（长）i^{31} tsɿ^{53}

一停 i^{53} ȶ^{h}iŋ^{0}

一成儿 i^{53} tʂ^{h}əŋ^{0} ɚ^{0}

一脸（土）i^{31} liæ̃^{53}

一身上（土）i^{31} ʂʅ^{53} ʂɑŋ^{0}

一肚子（气）i^{31} t^{h}u^{44} tsɿ^{0}

（吃）一顿 i^{31} tuŋ^{44}

（走）一趟 i^{31} t^{h}ɑŋ^{53}

（打）一下 i^{53} xᴀ^{0}

（看）一眼 i^{31} ȵiæ̃^{53}

（吃）一口 i^{31} k^{h}ou^{53}

（谈）一会会 i^{31} xui^{44} xui^{0}

一下下 i^{31} xᴀ^{44} xᴀ^{0}

（下）一阵（雨）i^{31} tʂəŋ^{44}

（闹）一场 i^{31} tʂ^{h}ɑŋ^{0}

（见）一面 i^{31} miæ̃^{44}

一尊（佛像）i^{31} tsuŋ^{0}

一扇（门）i^{31} ʂæ̃^{44}

一幅（画儿）i^{31} fu^{0}

一堵（墙）i^{31} tu^{53}

一瓣（花瓣）i^{31} p^{h}æ̃^{44}

一处（地方）i^{31} tʂ^{h}ʅ^{0}

一部（书）i^{31} p^{h}u^{44}

一班（车）i^{31} pæ̃^{24}

（洗）一水（衣裳）i^{31} ʂei^{53}

（烧）一炉（陶器）i^{31} lou^{24}

一打子（鸡蛋）i^{31} tᴀ^{53} tsɿ^{0}

一疙瘩（泥）i^{31} kei^{53} tᴀ^{0}

一堆（雪）i^{31} tui^{24}

一槽（牙）i^{31} ts^{h}ɔ^{24}

一列（火车）i^{31} liɛ^{0}

一连串（问题）i^{31} liæ̃^{31} tʂ^{h}æ̃^{44}

一路（公共汽车）i^{31} lu^{44}

一师（兵）i^{31} sɿ^{0}

一旅（兵）i^{31} ly^{0}

一团（兵）i^{31} t^{h}uæ̃^{24}

一营（兵）i^{31} iŋ^{24}

一连（兵）i^{31} liæ̃^{24}

一排（兵）i^{31} p^{h}ᴇ^{24}

一班（兵）i^{24} pæ̃^{31}

一组 i^{31} tsu^{53}

一撮（毛）i^{31} tsuo^{0}

一轱轮（线）i^{31} ku^{53} lyŋ^{0}

一绺（头发）i^{31} liu^{53}

（写）一手（好字）i^{31} ʂou^{53}

（写）一笔（好字）i^{24} pi^{31}

（开）一届（会议）i^{31} tɕiɛ^{44}

（做）一任（官）i^{31} ʐəŋ^{44}

（下）一盘（棋）i^{31} p^{h}æ̃^{24}

（请）一席（客）i^{31} si^{24}

(打)一圈(麻将) i^{24} tɕ^{h}yæ̃^{31}

(唱)一台(戏) i^{31} t^{h}ᴇ^{24}

一丝(肉) i^{24} sɿ^{31}

一点点(面粉) i^{31} ȶiæ̃^{53} ȶiæ̃^{0}

一点(雨) i^{31} ȶiæ̃^{0}

一盒(火柴) i^{31} xuo^{24}

一匣子(首饰) i^{31} ɕiᴀ^{24} tsɿ^{0}

一箱子(衣裳) i^{31} siɑŋ^{53} tsɿ^{0}

一架子(小说) i^{31} tɕiᴀ^{44} tsɿ^{0}

一橱(书) i^{31} tʂ^{h}ʅ^{24}

一抽屉(文件) i^{31} tʂ^{h}ou^{53} ȶ^{h}i^{0}

　一抽□ i^{31} tʂ^{h}ou^{53} ɕiæ̃^{0}

一筐子(菠菜) i^{31} k^{h}uɑŋ^{53} tsɿ^{0}

一笼笼(梨) i^{31} luŋ^{53} luŋ^{0}

一篓子(炭) i^{31} lou^{24} tsɿ^{0}

一炉子(灰) i^{31} lou^{24} tsɿ^{0}

一包(书) i^{31} pɔ^{0}

一口袋(干粮) i^{31} k^{h}ou^{53} tᴇ^{0}

一池子(水) i^{31} tʂ^{h}ʅ^{24} tsɿ^{0}

一缸(金鱼) i^{24} kɑŋ^{31}

一瓶子(醋) i^{31} p^{h}iŋ^{24} tsɿ^{0}

一罐子(荔枝) i^{31} kuæ̃^{44} tsɿ^{0}

一坛子(酒) i^{31} t^{h}æ̃^{24} tsɿ^{0}

一桶(汽油) i^{31} t^{h}uŋ^{53}

一盆(洗澡水) i^{31} p^{h}əŋ^{24}

一壶(茶) i^{31} xu^{24}

一锅(饭) i^{24} kuo^{31}

一笼(包子) i^{31} luŋ^{24}

一盘(水果) i^{31} p^{h}æ̃^{24}

一碟(小菜) i^{31} ȶ^{h}iɛ^{24}

一碗(饭) i^{31} væ̃^{53}

一杯(茶) i^{24} p^{h}ei^{31}

一盅(烧酒) i^{31} tʂəŋ^{0}

　一盅盅 i^{31} tʂəŋ^{53} tʂəŋ^{0} 指量很少

一勺(汤) i^{31}ʂuo^{24}

　一马勺 i^{31} mᴀ^{53} ʂuo^{0}

一勺子 i^{31} ʂuo^{24} tsɿ^{0}

一勺(酱油) i^{31} ʂuo^{24}

一两个 i^{31} liɑŋ^{31} kɤ^{0}

百十来个 pei^{53} ʂʅ^{0} lᴇ^{31} kɤ^{0}

千十来个(人) ȶ^{h}iæ̃^{53} ʂʅ^{0} lᴇ^{31} kɤ^{0}

万把块钱 væ̃^{44} pᴀ^{0} k^{h}uæ̃^{0} ȶ^{h}iæ̃^{0}

一里来路 i^{31} li^{53} lᴇ^{0} lu^{44}

一二里路 i^{31} ɚ^{44} li^{53} lu^{44}

一二亩 i^{31} ɚ^{44} mu^{53}

一沓子(纸) i^{31} t^{h}ᴀ^{24} tsɿ^{0}

一摞子(砖头) i^{31} luo^{44} tsɿ^{0}

一溜子(地) i^{31} liu^{44} tsɿ^{0}

一坨子(地方) i^{31} t^{h}uo^{24} tsɿ^{0}

一畦子(麦) i^{31} ɕi^{44} tsɿ^{0}

一畛子(地) i^{31} tʂəŋ^{53} tsɿ^{0}

一疙瘩(棉花、面) i^{31} kei^{53} tᴀ^{0}

一鼓爪(葡萄) i^{31} ku^{53} tʂᴀ^{0}

一嘟啦(红芋) i^{31} tu^{53} lᴀ^{0}

一匣(洋火) i^{31} ɕiᴀ^{24}

一轱轮(线) i^{31} ku^{53} lyŋ^{0}

一泼子（人）i^{31} p^{h}o^{31} tsɿ^{0} 一批人

一蒲棱（树）i^{31} p^{h}u^{31} ləŋ^{53} 一簇树

头□ t^{h}ou^{31} ts^{h}æ̃^{53} 第一遍

一□ i^{53} ts^{h}æ̃^{0} 一遍

半个 pɑŋ^{44} kɤ^{0}（“半”受“个”音节声母的影响发生了逆同化，故读音特殊）

□碗 pɔ^{44} væ̃^{0} 半碗（“半”发生了音变，读音特殊）

一点点儿 i^{31} ȶiæ̃^{44} ȶiæ̃^{0} ɚ^{0} 数量很小或很少

多的 tuo^{31} ȶi^{0} 大多数

这一码 tʂɿ^{44} i^{31} mᴀ^{0} 这一回，这一次

二十八　附加成分

（1）后加成分

-的很 ȶi^{31} xəŋ^{53}

-要命 iɔ^{44} miŋ^{44}

-不行 pu^{31} ɕiŋ^{24}

-死哂 sɿ^{31} liᴀ^{0} 表示到极限

　-扎哂 tʂᴀ^{31} liᴀ^{0}

-不了 pu^{31} liɔ^{53}

　-不得了 pu^{31} tei^{31} liɔ^{53}

-不楞登的 pu^{0} ləŋ^{44} təŋ^{44}

-不哜的（不哜哜的）pu^{0} ȶi^{31} ȶi^{0}

吃头 tʂ^{h}ʅ^{53} t^{h}ou^{0} 如：这个菜没～

喝头 xuo^{53} t^{h}ou^{0} 如：那个酒没～

看头 k^{h}æ̃^{44} t^{h}ou^{0} 如：这出戏有～

干头 kæ̃^{44} t^{h}ou^{0}

奔头 pəŋ^{31} t^{h}ou^{0}

苦头 k^{h}u^{53} t^{h}ou^{0}

甜头 ȶ^{h}iæ̃^{31} t^{h}ou^{53}

（2）前加成分

精-ȶiŋ^{31} 光着，露着，如：～溜溜、～光光

怪-kuᴇ^{44} 表示程度加深，如：～冷、～热、～硬、～甜

（3）虚字

哂 liᴀ^{31} 了，动态助词，语气助词

吃（饭）tʂ^{h}ʅː^{53} fæ̃^{44} 用拖音表示正在进行，不用“着”字

冷（得）很 ləːŋ^{53} xəŋ^{53}

好（得）很 xɔː^{53} xəŋ^{53} 核心词音节中的韵母拖音表示普通话的中补，语义上程度加深，不用“得”。偏正、状中结构也相同

么 mo^{31} 连词，表示顺着上文的语义，申说应有的结果，如：都说不好，～就不买哂

慢说 mæ̃^{53} ʂɤ^{31} 别说，连词，表示条件关系，如：～你一个人，就是再来两个我也不怕

再 tsᴇ^{44} 如果，连词，表假设关系，如：我～是

他哥，我就说他两句

么了 mo³¹ liɔ⁰连词，用在因果复句中表示结果的分句前头，含商量的口气，如：下雨呢，～你甭去俩

不了 pu³¹ liɔ⁰不然的话，连词，如：走快干子，～就迟到了（走快些，不然就迟到了）

的 ʈi³¹ ①用在修饰语和中心语，中心语和补语之间，相当于"的、地、得"，如：外是他～书、你慢慢～说、他跑～快～很；②用在动词、形容词后，"的"后的话不说出来，有无法形容的意味，有时也说成"的□ʈi³¹ sia⁰"，相当于"得"，如：看把你气～、看你歹～；③用在动词和宾语之间，相当于"着"，如：他提～笼笼回来了；④用在指人的名词后面，表示多数，相当于"们"，如：娃娃～、亲亲～

的来 ʈi³¹ lE⁰用在句子末尾，表示原因，如：个眼睛都肿了，外是哭～

给下 kei³¹ xA⁰相当于"一下、了一下"，如：他来看～没说啥走了

呢□ ȵi³¹ siA⁰表示疑问语气，相当于"呢"，如：做啥～？

□ siA⁰①表示祈使语气，相当于"啊"，如：快走～！②表示感叹语气，相当于"啊"，如：你这人咋这么黏～！

呢么 ȵi³¹ mo⁰用在陈述句末表示肯定的语气，带夸张的意味，相当于"呢"，如：他有事～

呢吗 ȵi³¹ mA⁰相当于疑问语气词"吗"，如：你后日去～？你去～我去？

呢些 ȵi³¹ siɛ⁰用在前分句末，表示前后分句在时间上紧相承接，相当于"呢"，如：我刚打虑走～，你回来了

吗 mA³¹用在正反问句或选择问句中表疑问语气，如：你去～不去？他长得高～低？

么 mo³¹用在陈述句末表示强调的语气，如：他情愿～

哩开 li³¹ kʰE⁰相当于"呀"，句末语气词，如：谁～？我～！

得了 tei³¹ liɔ⁰相当于"的时候、快……的时候"，如：你说～不要急，黑～把牛拉回来

得 tei³¹用在动词和宾语之间，表示事情、变化快要发生，宾语后必须带"俩"，如：下～雨俩，快把衣服收回来

去 tɕʰi³¹相当于"的时候、离……的时候"，如：个唱～不鼓劲（他唱的时候不卖力）；割麦～还没呢（离割麦的时候还早着呢）

啊 A³¹ ①相当于"的时候"，如：他走～没拿棉袄；②用在正反问句中表疑问语气，如：你去～不？③用在句中或词中表示舒缓语气，强调前面的成分，如：春～天天长，冬～天天短

些 siɛ⁰用在假设小句的句末，相当于"的话"，如：他不去～我就去俩

啊罢 A³¹ pA⁰也罢，如：你去～，不去～，我不管

不希的pu^{31} çi^{0} ȶi^{0}相当于“什么的、等等”，如：你来就来里么，还拿啊罐头～

嘛mᴀ^{0}表示感叹语气，如：人家的房子多大～

□ɑŋ^{24}表示商量，征求对方的意见，相当于“是吧、是不是”，如：这个字就干这么写呢，～？

欸ei^{53}表示惊叹，相当于“啊”，如：～，这个麦长得这么好！

欸ei^{24}表示诧异，如：～，钱咋不见俩

二十九　数字等

（1）数字

一号i^{31} xɔ^{44}指日期，下同

二号ɚ^{44} xɔ^{0}

十号ʂʅ^{24} xɔ^{53}

初一tʂ^{h}ʅ^{31} i^{0}

初二tʂ^{h}ʅ^{31} ɚ^{44}

初十tʂ^{h}ʅ^{31} ʂʅ^{24}

老大lɔ^{53} tᴀ^{44}

老二lɔ^{53} ɚ^{44}

老三lɔ^{53} sæ̃^{31}

老四lɔ^{53} sɿ^{44}

老五lɔ^{31} vu^{53}

老六lɔ^{53} liu^{31}

老碎lɔ^{53} sui^{44}老小

大哥tᴀ^{44} kɤ^{24}

二哥ɚ^{44} kɤ^{24}

一个i^{53} kɤ^{0}

两个liɑŋ^{53} kɤ^{0}

三个sæ̃^{53} kɤ^{0}

十个ʂʅ^{31} kɤ^{44}

第一ȶi^{44} i^{31}

第二ȶi^{44} ɚ^{44}

第三ȶi^{44} sæ̃^{31}

第十ȶi^{44} ʂʅ^{24}

第一个ȶi^{44} i^{53} kɤ^{0}

第二个ȶi^{44} ɚ^{44} kɤ^{0}

第三个ȶi^{44} sæ̃^{53} kɤ^{0}

第十个ȶi^{44} ʂʅ^{31} kɤ^{44}

一i^{31}

二ɚ^{44}

三sæ̃^{31}

四sɿ^{44}

五vu^{53}

六liu^{31}

七ȶ^{h}i^{31}

八pᴀ^{31}

九tɕiu^{53}

十ʂʅ^{24}

十一 ʂʅ^{44} i^{31}

二十 ɚ^{44} ʂʅ^{0}

二十一 ɚ^{44} ʂʅ^{0} i^{31}

三十 sæ̃^{53} ʂʅ^{0}

三十一 sæ̃^{53} ʂʅ^{24} i^{31}

一百 i^{24} pei^{31}

一千 i^{24} ȶʰiæ̃^{31}

一百一十 i^{24} pei^{31} i^{53} ʂʅ^{0}

一百一十个 i^{24} pei^{31} i^{53} ʂʅ^{0} kɤ^{0}

一百一十一 i^{24} pei^{31} i^{53} ʂʅ^{24} i^{31}

一百一十二 i^{24} pei^{31} i^{53} ʂʅ^{0} ɚ^{44}

一百二十 i^{24} pei^{31} ɚ^{44} ʂʅ^{0}

　一百二 i^{24} pei^{31} ɚ^{44}

　百二 pei^{31} ɚ^{44}

一百三十 i^{24} pei^{31} sæ̃^{53} ʂʅ^{0}

　一百三 i^{24} pei^{31} sæ̃^{31}

　百三 pei^{24} sæ̃^{31}

一百五十 i^{24} pei^{31} vu^{53} ʂʅ^{0}

　一百五 i^{24} pei^{31} vu^{53}

　百五 pei^{31} vu^{53}

一百五十个 i^{24} pei^{31} vu^{53} ʂʅ^{0} kɤ^{0}

二百五十 ɚ^{44} pei^{31} vu^{53} ʂʅ^{0}

　二百五 ɚ^{44} pei^{31} vu^{53}

二百五十个 ɚ^{44} pei^{31} vu^{53} ʂʅ^{0} kɤ^{0}

三百一十 sæ̃^{31} pei^{0} i^{53} ʂʅ^{0}

　三百一 sæ̃^{31} pei^{24} i^{31}

三百三十 sæ̃^{31} pei^{0} sæ̃^{53} ʂʅ^{0}

　三百三 sæ̃^{31} pei^{24} sæ̃^{31}

三百六十 sæ̃^{31} pei^{0} liu^{53} ʂʅ^{0}

　三百六 sæ̃^{31} pei^{24} liu^{31}

三百八十 sæ̃^{31} pei^{0} pᴀ^{53} ʂʅ^{0}

　三百八 sæ̃^{31} pei^{24} pᴀ^{31}

一千一百 i^{24} ȶʰiæ̃^{24} i^{31} pei^{0}

　一千一 i^{24} ȶʰiæ̃^{24} i^{31}

　千一 ȶʰiæ̃^{24} i^{31}

一千一百个 i^{24} ȶʰiæ̃^{24} i^{31} pei^{0} kɤ^{0}

一千九百 i^{24} ȶʰiæ̃^{31} tɕiu^{53} pei^{31}

　一千九 i^{24} ȶʰiæ̃^{31} tɕiu^{53}

　千九 tɕʰiæ̃^{31} tɕiu^{53}

一千九百个 i^{24} ȶʰiæ̃^{31} tɕiu^{53} pei^{31} kɤ^{0}

三千 sæ̃^{31} ȶʰiæ̃^{0}

五千 vu^{53} ȶʰiæ̃^{31}

八千 pᴀ^{31} ȶʰiæ̃^{0}

一万 i^{31} væ̃^{44}

一万二千 i^{31} væ̃^{44} ɚ^{44} ȶʰiæ̃^{31}

　一万二 i^{31} væ̃^{44} ɚ^{44}

一万二千个 i^{31} væ̃^{44} ɚ^{44} ȶʰiæ̃^{31} kɤ^{0}

三万五千 sæ̃^{53} væ̃^{44} vu^{53} ȶʰiæ̃^{31}

　三万五 sæ̃^{53} væ̃^{44} vu^{53}

三万五千个 sæ̃^{53} væ̃^{44} vu^{53} ȶʰiæ̃^{31} kɤ^{0}

零 liŋ^{24}

二斤 ɚ^{44} tɕiŋ^{31}

二两 ɚ^{44} liɑŋ^{0}

二钱 ɚ^{44} ȶʰiæ̃^{0}

两钱liɑŋ^{53} ȶʰiæ̃^{0}
二分ɚ^{44} fəŋ^{31}
两分liɑŋ^{53} fəŋ^{31}
二厘ɚ^{44} li^{0}
两丈liɑŋ^{53} tʂʰɑŋ^{0}
二丈ɚ^{44} tʂʰɑŋ^{0}
二尺ɚ^{44} tʂʰʅ^{31}
二寸ɚ^{44} tsʰuŋ^{0}
两寸liɑŋ^{53} tsʰuŋ^{0}
二分ɚ^{44} fəŋ^{31}
两分liɑŋ^{53} fəŋ^{31}
二里ɚ^{44} li^{0}
两担liɑŋ^{53} tæ̃^{0}
二斗ɚ^{44} tou^{0}
二升ɚ^{44} ʂəŋ^{31}
两顷liɑŋ^{31} tɕʰiŋ^{53}
二亩ɚ^{44} mu^{0}
几个tɕi^{53} kɤ^{0}
多上tuo^{31} ʂɑŋ^{0}多少个
多大点tuo^{31} tᴀ^{0} ȶiæ̃^{0}多少，指不多的数量、面积、体积、年龄
好几个xɔ^{53} tɕi^{53} kɤ^{44}
么些mo^{44} siɛ^{31}好些个
好些xɔ^{53} siɛ^{31}（多用于比较）
大些tᴀ^{44} siɛ^{31}（多用于比较）
一点i^{31} ȶiæ̃^{53}
一点点i^{31} ȶiæ̃^{53} ȶiæ̃^{0}/i^{31} ȶiæ̃^{53} ȶiæ̃^{24}
大些tᴀ^{44} siɛ^{0}大点儿
十几个ʂʅ^{31} tɕi^{53} kɤ^{0}十多个
百十个pei^{53} ʂʅ^{0} kɤ^{0}一百多个
八九个pᴀ^{31} tɕiu^{53} kɤ^{0}不到十个
千十个ȶʰiæ̃^{53} ʂʅ^{0} kɤ^{0}
半个pɑŋ^{44} kɤ^{0}
一半儿i^{31} pæ̃r^{53}
两半儿liɑŋ^{44} pɑŋ^{0} kɤ^{0}
多半个tuo^{53} pɑŋ^{0} kɤ^{0}一大半儿
一个半i^{31} kɤ^{0} pæ̃^{44}
……上下ʂɑŋ^{44} ɕiᴀ^{44}
……左右tsuo^{53} iu^{44}

（2）干支、属相

甲tɕiᴀ^{31}
乙i^{31}
丙piŋ^{53}
丁ȶiŋ^{31}
戊vu^{53}
己tɕi^{53}
庚kəŋ^{24}
辛siŋ^{31}
壬ʐəŋ^{24}
癸kʰui^{31}
子tsʅ^{31}
丑tʂʰou^{53}
寅iŋ^{24}
卯mɔ^{53}

辰 ʂəŋ^{24}
巳 sɿ^{53}
午 vu^{53}
未 vei^{44}
申 ʂəŋ^{31}
酉 iu^{53}
戌 xu^{31}
亥 xᴇ^{44}

第七章　词法手段

一　附加

附加这种语法手段，在岐山话中有两种不同的类型：一种是普通话及汉语诸方言都存在的类型，如“阿公、阿家、桌子、石头”中的“阿、子、头”，通常是用来构词的，姑且称为一般性附加；另一种是岐山话中一个特殊的附加形式，即为了构词或构形的需要在前一音节韵母基础上将其韵腹和韵尾随机重叠一下，生成一个轻声音节，后附其上来表示各种词汇意义与语法意义。韩宝育（2006a）将这种语法现象称之为韵母局部重叠。这种特殊的附加成分，可以表示各种词法意义，也可以表示各种句法意义。

1.1　加词缀

1.1.1　前缀

主要有：

阿：阿公公公｜阿家婆婆

洋：洋火火柴｜洋糖水果糖｜洋碱肥皂｜洋蜡｜洋布｜洋芋土豆｜洋楼｜洋槐树｜洋柿子西红柿

打：打征打算｜打动｜打摭收拾｜打发｜打捶打架｜打通通鼓串通一气

㞞:㞞人|㞞事|㞞东西|㞞天气

老:老婆|老汉丈夫|老实|老牙智齿|老阙老坟

侖[①]:侖蹋损坏|侖鬼|侖弄|侖囊闹腾、乱动|侖眼讨厌|侖脏|侖巴岔无用的人

1.1.2　后缀

主要有:

X子:嫂子|妗子舅母|女子|肚子|面子|卵子阴囊|冷子冰雹|辣子|房子|炉子

XX子:咬舌子口吃的人|麻食子|小肚子|尻渠子臀缝|身坯子身体|半干子技艺不精的人|背锅子驼背|眼仁子|奓耳子耳轮竖起的人|两挑子连襟|龇牙子①牙齿外露;②人前逞凶|捶头子拳头|六指子长六个指头的人|半狰子易于冲动的人|左瓜子左撇子|斜斜子|橛橛子|水窝子|二阴子晴间多云|花阴子晴天间阴天|面影子面像|知庚子现在|后锅子安置在灶台后面的锅|风嘴子风箱的出风口|簸笆子笼箅|火棍子|蒜窝子捣蒜工具|炕塞子|炕耙子烧炕通火的耙子|炕桌子|方桌子|课桌子|脸盆子|脚盆子尿盆子

匠:吃匠特别能吃的人|刁儿匠爱抢别人东西的人|学手匠学徒

三:狰三争强好胜的人|逛三|蹋三|吹三|鳖三|家活三

儿:枣儿|小儿小时候|错儿|老儿老人|独苗儿独生子女|碎鬼儿小机灵鬼|裤儿|被儿|险乎儿差点儿|数儿|罗儿筛子|今儿|明儿|后儿|慢上儿慢上坡|慢下儿慢下坡|七成儿|人样儿|软缠儿死赖磨的人|老好儿老好人|麻糜儿不讲

---

① “侖”这个词缀,关中话里有不同的读法和写法,主要读音有ʐʅ^{31}(岐山、扶风、凤翔)、ʂʅ^{31}(西安、长安、临潼等)两种。有人也写成“日ʐʅ^{31}、失ʂʅ^{31}”(兰宾汉2011)。由于“日”在关中话里还有一个读音ɚ^{31},如“日子、日头”等,此时的“日”是词根,故本文没有用“日”。

理的人｜拨鱼儿｜镜儿｜四吊儿画屏的一种｜主儿｜蛾儿｜家底儿

人zəŋ[21]：夹人夹的感觉｜顶ȶiŋ[24]人食物顶在胃中的感觉｜沤人天闷热的感觉｜呛人气味刺的感觉｜噌人于心不忍的感觉｜架人内疚、不能释怀的感觉｜绑人穿太小衣服上身的感觉｜羞人眼睛怕光而睁不开的感觉｜渗人寒冷的感觉｜弹人上下颠簸的感觉｜熇人房间热闷的感觉｜ 碜人米、面里面吃着砂子的感觉｜噪人｜激人冷水对人突然刺激的感觉｜拘人胀的感觉｜重人悔恨的感觉｜蜇人伤口受药水或汗水刺激的感觉｜垫人走路时石头咯脚的感觉｜憋人心里或肚子胀的感觉｜咬人痒的感觉｜死人懒散、不想动弹的感觉｜烘人被烘烤的感觉｜淹人糖吃多后胃里的感觉｜劙人吃太硬的东西后，胃里像刀划的感觉｜周扎人规规矩矩让人拘束的感觉｜毛乱人事情将人搅得心神不宁的感觉

气：死气食物变馊的气味｜烟熏气｜生油气｜死蒜气蒜泥放久的味道｜土腥气泥土的气味｜汗腥气｜布烟臭气棉布烧着的气味｜奶腥气

头：大头｜肉头｜费头｜杠头｜酵头｜黑头里头｜嚼头｜镢头｜日头太阳｜历头历书｜捶头拳头｜指头｜看头｜石头｜砖头｜舌头｜甜头｜没来头｜炕顶头炕的两头｜炕角头炕四角

手：走手｜起手｜扯手嚼子辫，握在骑手手里便于驾驭｜插手衣服口袋｜扶手｜吹手吹鼓手｜帮手｜一伙手一起作事｜下手次要的、后面的｜左手左面｜右手右面

汉：老汉｜穷汉｜富汉｜好汉｜硬汉｜红脸汉直性子人｜庄稼汉农民

客：麦客｜杠客｜绺客｜费客｜谝传客｜嘴儿客｜尻子客｜水烟客

虫：佯相虫缺乏独立意识，专爱模仿别人｜独活虫性情孤僻，与人合不来

鬼：细死鬼仔细人｜扑神鬼沾霉运的人｜僫郎鬼无用的人

呀①：舅呀舅家｜娘呀娘家｜姐姐呀姑娘｜娃娃呀孩子｜婆娘呀婆娘｜老汉呀老汉｜老二呀老二

神：翻弄神爱乱翻的人｜兀溜神情绪多变的人｜贩弄神喜欢倒腾东西的人｜引溜神勾引青少年学坏的人

皮②：蔫皮慢性子的人｜□ tɕʰiŋ^{44}皮没皮没脸的人｜死皮皮赖脸的人｜啬皮｜赖皮

㞞：狰㞞｜冷㞞｜瞎㞞｜瓜㞞

物：怪物｜杰物｜恶物

弄：戳弄｜肏弄｜玩弄｜捻弄｜翻弄

腾：倒腾｜掏腾｜调腾

□ kuᴀ^{31}：骂□｜砸□｜挡□

活 xuo^{21}：受活｜试活｜善活刚合适

豆豆：能豆豆特别能干的小人物，通常指女性｜鬼豆豆机灵鬼

□□ piᴀ^{31} piᴀ^{21}：凉□□饭菜冰凉的样子，亦可引申为对人冷淡③

希希：甜希希甜｜凉希希傻

筋筋：顽筋筋筋道

突突：肥突突胖

休休：短休休

锃锃：新锃锃崭新的样子

衍衍：扑衍衍容器中的液体要溢出来的样子

寞寞：干寞寞清冷、寂寞

蛋蛋：蛮蛋蛋长得可爱的孩子

暴暴：嫽暴暴很好，极好

丢丢：黑丢丢｜红丢丢

巴即：老实巴即

---

① 岐山话“家”的音变形式。

② “皮”是一种带有避讳性质的写法，本字当为“屄”或“牝”。

③ 又音 pʰiᴀ^{44} pʰiᴀ^{21}。

来海：扑气来海不干净，晦气

老哇：疙瘩老哇疙里疙瘩

末却：土而末却人身上或其他地方有尘土

不兮：脸脸不兮给人脸色看｜串串不兮枝蔓，藕断丝连状

垮姹：烂眼垮姹破烂的样子

拉姹：光股拉姹①裸体；②空间大而无物

咕吃吃：蔫咕吃吃①话少；②话少而幽默

哇失道：凉哇失道形容人傻

不即即：酸不即即｜寡不即即

不茨茨：虚不茨茨松软的样子

1.2　加词尾

这是岐山话中一种非常普遍的附加成分，其基本特征是将前一音节的韵腹和韵尾拷贝一次，随机生成一个依附性很强的轻声的音节，附加在前一音节之上，以此来表示各种各样的语法意义。

1.2.1　附加的形式

韵母局部重叠的基本形式可以用下列公式加以表达：

$$CX=((S+d+f+w)+(f+w))$$

其中，CX为韵母局部重叠后得到的词形，(S+d+f+w)为一个具有声母S、韵头d、韵腹f和韵尾w的音节，(f+w)为将(S+d+f+w)的韵腹f和韵尾w复写（重叠）后得到的轻声音节，例如“早昂早上→tsɑŋ^{44} ɑŋ^{21} ｜头欧头里→t^{h}ou^{31} ou^{53} ｜冬恩冬天→tuŋ^{53} əŋ^{21}”[①]。

鉴于岐山话中有些音节的韵母中并没有韵尾，故上面的公式也可以改写为如下形式：

$$CX=((S+d+f+(w))+(f+(w)))$$

此时，所谓韵母局部重叠，实际上只是将前一音节的韵腹复写（重叠）一下，例如“先安已经→ɕiæ̃^{31} æ̃^{53} ｜支吁支着→tsɿ^{53}

① 高元音u在轻声中弱化为ə。

ɿ^{21} ｜遇吁遇上→y^{44} y^{53}"。

不难看出,通过重叠前一音节韵母的某些部分得到的轻声音节很特殊,通常并不脱离前一音节独立出现。它既可以是词法手段,也可是句法手段。作为词法手段,可以用以构词,也可以用以构形;作为句法手段,其可以表示时、体及各种语法意义。

也许由于语言韵律的关系,这个附加成分在口语中有时听起来很清楚,有时比较含混,加上含义的多样性和抽象性,在岐山及周边语言的描写中,由于找不到合适的汉字来转写,常常不是在汉字记录中有意舍弃(因为在许多情况下,无法用汉字转写或记录),就是在分析中被人遗忘[①]。然而,鉴于这种语法成分使用的广泛性及其意义和功能的多种性,它无疑在岐山及其周边方言中占有不容忽视的地位,故此,我们将在这里对这种语法成分作穷尽性描写。

1.2.2　附加的标记

由于岐山话中每个音节的韵母都有可能被局部复写,这样岐山话中的35个韵母局部被复写(只拷贝韵腹和韵尾)后,便可形成17个附加成分。其读音方式、转写形式和生成条件见表7-1。

表7-1　17个附加成分与35个韵母对应表

序号	汉字转写	读音	出现条件	合并韵母	附注
1	吁	ɿ^{21}	ɿ后	1	可进一步央化为ə^{21}
2	日	ʅ^{21}	ʅ后	1	可进一步央化为ə^{21}
3	衣	i^{21}	i后	1	
4	唔	u^{21}	u后	1	
5	吁	y^{21}	y后	1	

① 关于这一点,毋效智先生(2005：224)在描写扶风方言词汇时也多次注意到了,但并没有深入分析。

续表

序号	汉字转写	读音	出现条件	合并韵母	附注
6	呃	ɤ^{21}	ɤ后	1	可进一步央化为ə^{21}
7	尔	ɚ^{21}	ɚ后	1	
8	阿	ᴀ^{21}	ᴀ、iᴀ、uᴀ后	3	
9	窝	o^{21}	o、uo、yo后	3	可进一步央化为ə^{21}
10	唉	ɛ^{21}	ɛ、iɛ、yɛ后	3	
11	奥	ɔ^{21}	ɔ、iɔ后	2	
12	艾	ᴇ^{21}	ᴇ、uᴇ后	2	
13	欸	ei^{21}	ei、ui后	2	
14	欧	ou^{21}	ou、iu后	2	
15	安	æ̃^{21}	æ̃、iæ̃、uæ̃、yæ̃后	4	
16	昂	ɑŋ^{21}	ɑŋ、iɑŋ、uɑŋ后	3	
17	恩	əŋ^{21}	iŋ、əŋ、uŋ、yŋ后	4	可进一步央化为ə^{21}

现就上表举例如下：

-ɿ^{21}：由韵母ɿ局部重叠后生成，汉字标记为“吚”。如：

你把锅支吚tsɿ^{53}ɿ^{21}达阿哪里去咧。

-ʅ^{21}：由韵母ʅ局部重叠后生成，汉字标记为“日”。如：

今儿你吃日tʂʰʅ^{53} ʅ^{21}啥一开？

-i^{21}：由韵母i局部重叠后生成，汉字记为“衣”。如：

你娘去衣tɕʰi^{44} i^{53}时节大咧。

-u^{21}：由韵母u局部重叠后生成，汉字标记为“唔”。如：

肚子疼要捂哩，捂唔u^{44} u^{21}捂就好咧。

-y^{21}：由韵母y局部重叠后生成，汉字标记为“吁”。如：

你今儿遇吁 y^{44} y^{21}好人哂。

-ɤ^{21}：由韵母ɤ局部重叠后生成，汉字标记为“呃”。如：

说呃 ʂɤ^{53} ɤ^{21}啥会去呀，不走吗？

-ɚ^{21}：由韵母ɚ局部重叠后生成，汉字标记为“尔”。如：

阿你把书扔尔ɚ^{44} ɚ^{21}达阿去哂？

-ᴀ^{21}：由韵母ᴀ、iᴀ、uᴀ分别局部重叠后生成，汉字标记为“阿”。如：

（1）东西拿阿 lᴀ^{31} ᴀ^{53}达去哂？

（2）你看树上先安已经有欧有了芽芽阿 iᴀ^{31} iᴀ^{44} ᴀ^{21}哂。

（3）娃娃阿 uᴀ^{31} uᴀ^{44} ᴀ^{21}一开孩子们嘛，要 pɔ^{31}计较。

-o^{21}：由韵母o、uo、yo分别局部重叠后生成，汉字标记为“窝”。如：

坡窝 po^{53} o^{21}麦长昂 tsɑŋ^{44} ɑŋ^{21}好奥 xɔ^{44} ɔ^{21}很。

-ɛ^{21}：由韵母ɛ、iɛ、yɛ分别局部重叠后生成，标记为“唉”。如：

（1）夜唉 iɛ^{44} ɛ^{21}才说了的，今儿就忘哂？

（2）谁到扎阿这里跌唉 tiɛ^{31} ɛ^{21}一跤。

（3）该到阙唉 tɕʰyɛ^{53} ɛ^{21}给他娘烧纸去哂。

-ɔ^{21}：由韵母ɔ、iɔ分别局部重叠后生成，标记为“奥”。如：

（1）你去把知该水到奥 tɔ^{44} ɔ^{21}河 xuo^{24} o^{21}去。

（2）钱先安已经到人伢 ʐəŋ^{31} ȵiᴀ^{53}要奥 iɔ^{44} ɔ^{53}去哂。

-ᴇ^{21}：由韵母ᴇ、uᴇ分别局部重叠后生成，标记为“艾”。如：

（1）阿你几时来的，先安来艾 lᴇ^{31} ᴇ^{53}几天哂。

（2）娃娃乖艾 kuᴇ^{53} ᴇ^{21}哩没？乖艾 kuᴇ^{53} ᴇ^{21}很。

-ei^{21}：由韵母ei、ui分别局部重叠后生成，标记为“欸”。如：

（1）你把你娘背欸pei^{53} ei^{21}达阿去哂？

（2）对欸tui^{44} ei^{21}哩，不到知目不得成哂。

-ou^{21}：由韵母ou、iu分别局部重叠后生成，标记为“欧”。如：

（1）阿衣服先安泡洼哂哈还不洗，沤欧ŋou^{44} ou^{53}哈会去呀？

（2）我手油欧iu^{24} ou^{53}很，嫑到跟安跟前来！

-æ̃^{21}：由韵母æ̃、iæ̃、uæ̃、yæ̃分别局部重叠后生成，汉字标记为“安”。如：

（1）人闲安xæ̃^{31} æ̃^{53}哩，叫嘎就走哂。

（2）阿你腌安ȵiæ̃^{53} æ̃^{21}点菜，冬恩tuŋ^{53} uŋ^{21}就能吃哂么。

（3）娃娃不敢惯孩子不能惯，惯安kuæ̃^{44} æ̃^{53}惯安kuæ^{44} æ^{53}就惯侴蹋哂惯着惯着就惯坏了。

-ɑŋ^{21}：由韵母ɑŋ、iɑŋ、uɑŋ分别局部重叠后生成，汉字标记为“昂”。如：

（1）雨把人挡住不得走么，先安已经挡昂tɑŋ^{44} ɑŋ^{53}挡了几天哂。

（2）麻阿mᴀ^{31}ᴀ^{53}藏下赶快藏起来，小心到让人抢昂ʨʰiɑŋ^{44} ɑŋ^{21}去哂。

（3）收麦呀，怪伢把场光昂kuɑŋ^{53} ɑŋ^{21}光昂kuɑŋ^{53} ɑŋ^{21}很那个人人家把麦场碾得很光。

-əŋ^{21}：由韵母iŋ、əŋ、uŋ、yŋ分别局部重叠后生成，汉字标记为“恩”。如：

（1）你引恩iŋ^{44} əŋ^{21}谁一开？

（2）水深恩ʂəŋ^{53} əŋ^{21}很，小心噢。

（3）你给我动恩tuŋ^{44} əŋ^{21}一锅，叫我扎目怎么办呀？

（4）外阿人穷恩tɕyŋ^{31} əŋ^{53}很，你给接济两个哂么。

需要注意的是,ɿ、ʅ、ɤ、o和iŋ、əŋ、uŋ、yŋ等韵母在语流中读音会发生变化,其中ɿ、ʅ、ɤ、o四个音素会央化为ə,而在iŋ、əŋ、uŋ、yŋ等韵母中,鼻音ŋ脱落,i、u、y继续央化,最终使以上五种类型的附加成分在轻读或快读时,常常合并一个附加成分ə²¹。用汉字记录这个附加成分时,书写为“呃”。例如:

(1)怪他才乃火刚才来,到让我支呃tsɿ⁵³ ə²¹打发走咧。

(2)知该这个地方,我先安已经住呃tʂʅ⁴⁴ ə⁵³几年咧。

(3)你把水泼呃pʰo⁵³ ə²¹达阿哪里咧?

(4)知该这个鸡娃小鸡才活呃xuɤ³¹ ə⁵³几天。

(5)你娘把娃娃引呃iŋ⁴⁴ ə²¹达阿哪里去咧?

1.2.3 附加的作用

岐山话通过韵母局部重叠得到附加成分后,可以附加在词干上表示各种词法和句法意义。这里主要讨论韵母局部重叠后的词法意义。句法意义,将放在句法中讨论。

1.2.3.1 用以构词

扎阿tʂᴀ⁴⁴ᴀ²¹:代词,表示这里。例如:

(1)你到扎阿候嘎,我一下阿就回来咧你在这里等一下,我一会儿就回来了。

(2)扎阿有啥哩,你离不开?

(3)你看扎阿有虫虫哩你看这里有个小虫。

门昂mɑŋ³¹ ɑŋ⁵³:名词,即门前,通常表示大门外。例如:

(1)赶紧出去看嘎,门昂热闹奥很赶快出去看看,大门外热闹得很。

(2)你哥先安到门昂咧,你去接嘎。

(3)娃娃伙都到门昂要哩。

干安kæ⁵³ æ²¹:名词,表示旁边、跟前。例如:

(1)到爷干安来,到我看嘎到爷爷跟前来,让我看看。

（2）洼阿打捶哩，覅到干安去那儿打架呢，不要到跟前去。

（3）事到干安了再说。

头欧 $t^{h}ou^{31}$ ou^{53}：名词，表示前头。例如：

（1）你头欧走，我后头就来哂。

（2）你看头欧立欹站的谁一开？

（3）朝头欧走，覅朝后看。

先安 $ɕiæ^{31}$ $æ^{53}$：副词，表示已经。例如：

（1）你爹先安走哂，麻利跟上。

（2）我先安吃哂，你扎目怎么办呀？

（3）你看，今儿月亮先安圆哂，就十五呀。

1.2.3.2 用以构形

1.2.3.2.1 表示复数

我 $ŋuo^{53}$ / 我窝 $ŋuo^{31}$ o^{21}

我：代词，单数，作主语。例如：

（1）我不叫你来，你偏偏安要来我不让你来，你偏偏要来。

（2）你叫我，我就来哂你叫我，我就来了。

（3）再覅说哂，我知道哂。

我窝：代词，复数，作主语。例如：

（1）我窝先安想好哂，就到知目做我们已经想好了，就按这么做。

（2）把你衣的拿阿走，把我窝的剩下把你们的拿上走，把我们的留下。

（3）你再骂我窝，我窝就打你呀你再骂我们，我们就打你。

你 $ȵi^{53}$ / 你衣 $ȵi^{31}$ i^{21}

你：代词，单数，作主语。例如：

（1）你说你想做啥你说你想干什么？

（2）阿你做下知目开事，不打你打谁呀你干的这种事，不打你打谁？

（3）阿你说阿一句话嗄！

你衣：代词，复数，作主语。例如：

（1）你衣都说俩，我阿说两句你们都说了，我也说两句。

（2）不是我叫些，你衣先安都迟俩不是我叫的话，你们已经都迟了。

（3）你衣今年收成扎目哩你们今年收成怎么样？

他t^hA^{53} / 他阿t^hA^{31} A^{21}

他：代词，单数，作主语。例如：

（1）他有他阿说法，我有我呃做法他有他的说法，我有我的干法。

（2）他来俩，我就走俩他来了，我就走了。

（3）你看，在是他给我阿的东些。你看，这是她给我拿的东西。

他阿：代词，复数，作主语。例如：

（1）他阿到达阿去，我不管，你把你管好他们到什么地方去，我不管，你把你管好。

（2）知该事先安说好俩，他阿今儿要管饭哩这件事已经说好了，他们今天要管人吃饭呢。

（3）他阿做下知该事不对，到人笑话哩他们做的这件事不对，叫人笑话呢。

1.2.3.2.2 改变词性

黄黄xuaŋ[24] xuaŋ[24] / 黄黄昂xuaŋ[31] xuaŋ[53] aŋ[21]

黄黄：形容词，表示淡黄颜色。例如：

（1）你看知该这个鸡娃世阿身上毛黄黄的。

（2）麦先安黄黄的俩，离开镰快俩。

（3）知该这草黄黄的，好看安很。

黄黄昂：名词。表示鸡蛋或鸟蛋的蛋黄。例如：

(1)你看你把鸡蛋黄黄昂都打破咧。

(2)你吃,这是鸡蛋黄黄昂,营养大得很。

(3)鸡蛋黑欸里面有鸡蛋清恩、鸡蛋黄黄昂。

空空 $k^hu\eta^{53}$ $k^hu\eta^{21}$/空空恩 $k^hu\eta^{44}$ $k^hu\eta^{31}$ $ə\eta^{21}$

空空:形容词,表示物件中空的状态。例如:

(1)你看知该这个空空树先安已经陧腐朽咧。

(2)在这是空空钱包,黑欸里面没钱。

(3)你拿空空书包做啥呀?

空空恩:名词,表时间或空间中的"空子"。例如:

(1)扎阿这里有个空空恩,你坐下。

(2)候我有空空恩了,给你打毛衣呀。

(3)把人一天忙得没一点空空恩么。

1.2.3.2.3 表示小貌

娃娃 uA^{31} uA^{53}/娃娃阿 uA^{31} uA^{53} A^{21}

娃娃:名词,意为孩子,可以指大孩子,也可以指小孩子。例如:

(1)你衣娃娃扎目哩你的孩子现在怎么样?

(2)娃娃到托儿所里。

(3)怪伢娃娃先安大咧,到西安上大学哩那个人人家孩子已经大了,在西安上大学呢。

娃娃阿:名词,意为小孩子,泛称晚辈。通常表现为老一辈想突出对晚辈的宽容时使用。例如:

(1)娃娃阿一开,大人就覅计较咧大人不要跟小孩子计较。

(2)娃娃阿事,大人覅管孩子的事,大人不要管。

(3)去,大人说话哩,娃娃阿一边去去,大人在说话,孩子们都到一边去!

桌子 $tʂuo^{53}$ $tsɿ^{21}$ / 桌桌呃 $tʂuo^{53}$ $tʂuo^{31}$ $ə^{21}$

桌子:名词,表示正常大小的桌子。例如:

(1)去,抬阿个桌子来去,抬上一个桌子来。

(2)嫑到桌子阿立别在桌子上站立。

(3)你看你爷给你桌子阿放了个啥你看你爷爷给你在桌子上放了个什么?

桌桌呃:名词,意为小桌子。例如:

(1)你给沓阿咱们买阿上个桌桌呃。

(2)你看桌桌呃脏得嗄!

(3)猫钻安钻到桌桌呃底阿底下去哂。

碗 $vã^{53}$ / 碗碗安 $vã^{44}$ $vã^{31}$ $ã^{21}$

碗:名词,意为吃饭的碗或碗状物。例如:

(1)今儿吃饭起来把碗打哂。

(2)你看怪那老碗大得和锅一样。

(3)碗打了把渣渣子扫净。

碗碗安:名词,小碗。例如:

(1)你今儿到街阿去了给娃娃买阿个碗碗安。

(2)知该这个碗大些儿,你拿阿个碗碗安。

(3)怪碗碗安黑欸还有点清油哩,你拿怪点灯去那个小碗中还有点菜油呢,你拿它点灯去吧。

二 重叠

通过重叠表示一定语法意义,是一种比较常见的语法手段。在岐山话中,这种语法手段可以是一种词法手段,也可以是一种句法手段,这里讨论词法中音节重叠的意义及词性变化。

例如：

破：形容词，表示破烂或破碎的样子。

破破：名词，衣物穿破之后变成旧而碎的布。

耍：动词，表示玩耍。

耍耍：名词，表示玩具。如：

来，我给你个耍耍。

冻：形容词，表示寒冷。

冻冻：名词，猪皮煮成汤凝固后形成的块体。

碗：名词，表示一般的饭碗。如：

小心把碗打了。

碗碗：名词，表示很小的碗。如：

给娃娃拿阿个碗碗。

□ tE^{53}：表示舒服，形容词。如：

到你姐洼阿□阿不在你姐那儿舒服不舒服？

□□ tE^{53} tE^{24}艾：表示很舒服，形容词。如：

怪到洼□□艾的，覅叫怪他在那里很舒服，不要叫他。

瞎：形容词，表示坏。如：

怪人瞎阿哩。

瞎瞎：名词。表示坏的东西。如：

你手欧拿阿个瞎瞎。

婆：名词，祖母。

婆婆：名词，祖辈中年龄最小者。如：

去，麻利赶快去寻你婆婆去！

亲:亲人、亲近。如:

(1)怪伢六亲不认么。

(2)你怼你娘亲吗怼你婆亲。

亲亲:亲戚。如:

谁呀家没有穷亲亲?

坑:名词。如:

洼阿那里是一个坑一开,覅到洼阿那里去。

坑坑:名词,小坑。如:

地阿有个坑坑哩,小心噢地上有小坑,小心着。

水:名词,最简单的氢氧化合物,化学分子式为H_2O。如:

到我喝阿点水让我喝上一点水。

水水欵:很少的水,也指就餐时调制成的调料水。名词。如:

(1)吃饺子些时要蘸安点水水欵酱油醋辣子水哩。

(2)你淌昂暮点水水欵眼泪人就怕俩吗?

奈合:形容词,表示凑合。如:

你把车修俩没?再奈合嘎到明儿了再说。

奈奈合合:形容词,十分勉强。如:

今年粮食够吃阿不?奈奈合合够。

干净:形容词,洁净。如:

屋欵干净很。

干干净净:形容词,非常干净。如:

外伢把屋欵家里收拾得干干净净的。

一般而言，汉语及方言中的重叠，大约有四到五种情况，一是双声，二是叠韵，三是韵母局部重叠，四是音节的重叠，五是语素和词的重叠，这里讨论的是语素和词的重叠。

三 合音

合音，通常是指两个单音节词语音合并现象。当合音现象发生时，两个词的意义有所保留，而其语音形式却由两个音节合并成了一个音节。这种语言现象在古代汉语中就已经存在了，如“叵、诸”之类。笔者以为，这也应是一种语法手段，可以在一种语言或方言中构成新词，岐山话中也有这种语法手段。例如：

嫑 pɔ31：“不要”合音词。“嫑”这个合音词在其他方言里有 piao53 的读音，岐山话中没有这个读音，只读 pɔ31。如：

你嫑来，我来呀。

□ pu31：“不了 pu31 liɔ53”的合音词。如：

知几年这几年娃娃上学，比□外几年省钱，东西阿也比哀外那几年贱。

伢 ȵiA53：“人家”的合音词。如：

我叫来，伢不来。

上述词，在岐山话中由两个音节合成了一个音节。岐山话中还有些词似乎合音过程已经开始，但还有一个已经弱化的音节存在。例如：

关安 kuæ53 æ21：“各呀自个儿”合音后弱化，表示自个儿。如：

（1）关安事情关安做。

（2）把关安管好。

背欸pei^{53} ei^{21}："不得"合音后弱化。用于"不得成、不得行、不得了"中。如：

（1）到按知目这样做怕背欸成。

（2）你背欸行就下来，到让我做。

（3）你到照知目这样下去背欸了。

四　分音

分音，即将本为一个音节的词分切成两个音节并用两个汉字来转写的语言现象。这虽说是一种历史语言现象，但在客观上具有构词作用，是汉语一部分双音单纯词来源之一，如古汉语中的"孔"因为分音为"窟窿"、"笔"分音为"不律"。尽管分音原因并不完全清楚，词分音后，词的形式和意义也会产生多种变化，但因"分音"使一部分双音节单纯词得以形成应是一个确定的事实，所以笔者倾向于将分音也作为一语法手段。岐山话中亦存在相当数量的分音词。

分音这种语法手段在岐山话中主要用来构词，通常很少用来构形。这类词有：

4.1　p-l-

卜浪（梆）pu^{31} lɑŋ^{21}：象声词，可以构成合成词"卜浪鼓"。如：

（1）忙昂大门前货郎来俩，去给娃娃买阿个买上一个卜浪鼓。

（2）阿我给伢人家说话哩，伢头摇得像卜浪鼓一样。

卜老（暴）pɔ^{31} lɔ^{21}：名词，用指头在头上击弹。如：

你再不听话，给你弹安几个卜老。

4.2　p^{h}-l-

卜来（摆）p^hu^{31} $lᴇ^{21}$：动词，长且摆，贬义。如：

看你穿安知该这个裙子卜来卜来的，到你娘给你裁嘎。

也可以进一步嵌音为“卜希来海”，作形容词，形容邋遢的样子，贬义。如：

你看你穿得卜希来海的，像没娘的娃娃一样。

卜拉（扒）p^hu^{31} $lᴀ^{21}$：动词，反复地拨动。如：

蛮安只有你一个人，切阿切上点菜，到锅呃锅里卜拉嘎一吃就对咧。

卜棱（蹦）p^hu^{31} $ləŋ^{21}$：动词，来回蹦跳。如：

你看，这鱼还到案上卜棱哩。

蒲箩（筐）p^hu^{31} luo^{53}：名词，用竹子或细柳条等编制而成的盛放针线、剪刀等缝纫用品的器具。形态较小，多为圆形，直径一般为30公分左右。如：

你把蒲箩黑欸里边剪子给我。

蒲篮（盘）p^hu^{31} $læ̃^{53}$：用柳条或藤条编制而成的盛放加工粮食的圆形器具，周长在1.2 － 1.5米左右。如：

把蒲篮黑欸里面的面收拾干净。

扑楞（蓬）p^hu^{31} $ləŋ^{21}$：名词，指大的树冠，又称“扑楞子”。如：

知该这个树扑楞大阿很，把底阿长昂长的粮食都歇住遮住不长咧。

4.3 k-l-

圪崂（角）kei^{31} $lɔ^{21}$：名词，小角落，常与“拐角”连用。如：

阿你把圪崂拐角都寻嘎咧么，我不信寻不着。

圪了（割）kei^{31} $liɔ^{21}$：形容词，小而毒的虫子咬人后的感觉。如：

蚊子把我扎阿这里咬得圪了圪了的。

圪搂（抠）kei^{31} lou^{53}：动词。用手挠别人腋下、脖子等处，使人因痒而发笑。如：

娃娃都怕圪搂欧很，一圪搂就笑哩。

轂轮（轮）ku^{31} $ly\eta^{21}$：名词，车轮子。如：

你看，知该这个就是汽车轂轮恩一开。

骨碌（滚）ku^{31} lu^{21}：动词，翻滚。如：

阿你不好好睡觉到洼在那儿骨碌啥哩？好好睡，要骨碌俩。

4.4　k-l-

壳朗（腔）$k^{h}\gamma^{31}$ $la\eta^{21}$：名词，一般指封闭的空间，也可说"壳朗子"。如：

（1）你知该这个窑挖阿挖得壳朗大阿很。

（2）炕洞壳朗子大阿很。

也指半大的猪瘦而食量大，称壳朗猪。如：

知该壳朗猪吃日吃得多呃很。

窟隆（孔）$k^{h}u^{31}$ $lu\eta^{21}$：名词，中空的洞。如：

树根底阿树根底下有个大窟窿。

4.5　x-l-

忽拉（划）xu^{31} $l\Lambda^{21}$：动词，将人或物体拨开。如：

概这个人手一忽拉，就把再艾其他人揿安揿到偏把一边去俩。

或将东西分开。如：

你先把知些这些东西忽拉阿偏把阿去。

忽鲁[1]（雷）xu^{53} lu^{21}：名词，雷电。如：

（1）夜来打了一夜忽鲁。

（2）你再哭，忽鲁爷来咧。

也指鼾声。如：

你爹打了一夜忽鲁，把人吵得睡不着。

忽鲁[2]（？）xu^{53} lu^{21}：动词，摇晃，没有放平。如：

知该桌子忽鲁哩，别重新放嘎。

葫芦（壶）xu^{31} lu^{53}：名词，一种草本植物的果实，也指形状像葫芦的东西。如：

知该葫芦长昂长得好看安得很。

忽乱（环）xu^{53} $luæ̃^{31}$：名词，一种圆圈状的食物，为走亲戚时礼物。如：

做啥呀？给外甥送忽乱去呀。

囫囵（浑）xu^{31} $lyŋ^{53}$：形容词，整个的。如：

（1）你能得很，能把一个囫囵猪吃了阿不？

（2）我夜来睡了个囫囵觉和衣而睡。

嘿喽（吼）xei^{31} lou^{21}：气管发炎症，气喘，并伴有很大的声音。如：

概他上昂上了年纪咧，一到冷天就嘿喽哩。

4.6 t-l-

答拉（塌）$tᴀ^{53}$ $lᴀ^{21}$：动词，物体下垂貌。如：

给花没浇水，叶叶都答拉下来咧。

的离（提）$ȶi^{31}$ li^{44}：形容词性语素，一般不单说，作"的离当啷”的构词成分，表示悬吊、摇晃并发出声响。如：

钥匙挂阿挂在腰奥腰里，一走的离当啷的。

的留（吊）ȶi^{53} liu^{21} ：动词，悬吊、悬挂。如：

阿你看怪那个人把猪尿泡到门口欧在门口的留了一天咧。

丢留 ȶiu^{31} liu^{44} ：副词，小脚女人走路的样子。如：

你看你婆丢留丢留来咧。

坨堖（头）tuo^{31} lɔ^{53} ：名词，人头的蔑称。如：

看你怪那啥坨堖嗄！

4.7　t-l-

提里（？　）ȶʰi^{31} li^{44} ：象声词性构词成分，一般不单说，可以构成“提里垮塌”，表示翻检、摔打东西时的声音。如：

你到屋欸屋里翻啥哩，提里垮塌的？

突鲁（？　）tʰu^{31} lu^{21} ：动词，表示物体富有弹性的颤动。如：

怪人那人尻子大的很，一走突鲁突鲁的。

第八章 词 类

一 名词

名词是表示人、事物、地点、时间或抽象概念的词。

1.1 名词的意义分类

1.1.1 表示人的名词

先人:对过世老人的通称。如:

我给～上坟去呀。

大大:伯母。如:

你～看探望女去哂。

爸爸:叔父。如:

你爹叫你～哩。

娘娘:叔母。如:

你婆到你～洼阿那里哩。

奔颅:突出的前额。如:

～,～,下雨不愁。(儿歌)

马勺:后脑勺。如:

概这个娃娃～长昂很长得很。

1.1.2　表示事物的名词

爷婆：太阳、太阳光。如：

～晒我来，我给～他娘装烟带火来。（儿歌）

宿宿：星星。如：

～稠，晒死牛。（农谚）

胡墼：土坯。如：

怪他今儿踏打～哩。

塄坎：田头地边上的土坎。如：

把羸了垮了的～帮修嘎。

挂娃娃：挂在墙上供欣赏的半凸形泥娃娃。如：

凤翔买～哩。

1.1.3　表示地点的名词

韩家村 xæ^{24} iᴀ^{44} ts^{h}uŋ^{21} ：地名。如：

我到～去呀。

何家道 xuo^{24} iᴀ^{53} t^{h}ɔ^{44} ：地名。如：

今儿～唱戏哩。

北寨子 pei^{31} ts^{h}ᴇ^{44} tsɿ^{21} ：地名。如：

～出呃出了事咧。

马家团庄 mᴀ^{44} iᴀ^{31} t^{h}æ̃^{21} tʂaŋ^{53} ：地名。如：

概这个人把女嫁阿～咧。

龙尾沟 luŋ^{24} i^{53} kou^{21} ：地名。如：

～有我一家亲亲哩。

独殿头t^{h}u^{31} ȶ^{h}iæ̃^{44} t^{h}ou^{21} :地名。如:

我到～跟会去呀。

半个城paŋ^{44} kɔ^{53} tʂ^{h}əŋ^{44} :地名。如:

岐山有个～村。

1.1.4　表示时间的名词

早昂tsaŋ^{44} aŋ^{21} :早上。如:

怪～睡懒觉奥哩他早上睡懒觉着呢。

时月:季节。如:

你不看到了啥～哂吗,还不种麦!

时节:时间。如:

他去～大哂,扎目还不回来他已经去了很久了,怎么还不回来?

时辰:时候。如:

巫婆:你冒随意报个～,我给你掐一掐掐算掐算。

老奥些lɔ^{44} ɔ^{31} ɕiɛ^{21} :原来、过去。如:

～扎阿这里有个桃树哩。

知庚tʂʅ^{44} kəŋ^{21} :现在。如:

乘～没人,我给你说嘎。

夜来:昨天。如:

～才穿的新衣服,今天就烧个窟窿。

黑得哂:黄昏。如:

都～咋还不见你哥回来?

一下阿 i^{31} xA^{44} A^{53} :一会儿[①]。如:

你候嘎,我～给你买糖去呀。

1.1.5　表示抽象概念的名词

想望:盼望。如:

你不走些,人还有个～。

七成儿:思想行为不正常不成熟的人。如:

怪那个人是个～一开,覅怼跟怪计较。

死狗:无赖。如:

怪是个～一开,覅惹怪。

费客:爱惹事的大人或孩子。如:

怪我儿是个～一开,不听话么。

1.2　名词的构形特点

A式:火｜水｜路｜山｜谷｜沟｜崖｜树｜土｜麦｜猪｜狗｜儿｜狼

AB式:稻黍高粱｜玉麦玉米｜火箸｜麦草麦秸

AA式:窝窝①棉鞋②小窝儿｜豆豆小豆子｜刮刮锅巴｜点点主意、心计｜眉眉眉毛｜巷巷巷子

AAB式:黏黏草｜豁豁嘴｜巴巴饭别人吃剩的饭

ABB式:棒郎郎干高粱杆,可供小孩做玩具｜钱串串｜瘿瓜瓜大脖子

AABB式:汤汤水水汤水｜根根蔓蔓根蔓

AX式:卵子阴囊｜逛三游手好闲的人｜杠头爱抬杠的人｜费客爱惹事的大人或孩子｜啬皮吝啬的人｜吃匠食量大的人,含贬义

ABX式:眼仁子眼珠｜家伙三家伙｜刁儿匠爱抢别人东西的人,多指小孩｜谝传客光说嘴的人｜麻糜儿｜打搅儿｜犟筋头固执的人｜

① 类似的词还有“一下下 i^{31} xA^{44} xA^{31}”,表示时间比“一下阿”略短。

齜牙子爱惹事生非的人｜贩弄神将家里东西不断倒腾的人｜干板儿语言犀利的人,有贬义

ABCX式:脊梁杆子｜大腿面子

ABCDX式:鼻子梁桃子｜大腿猪娃子

AXX式:漂儿匠｜尻子客｜匈弄三｜朴神鬼｜翻弄神

AXX类名词在构形上有一个很大的特点:一个实语素外加两个虚语素,形成一种多重词缀的附加结构,但其内部是有层次的,通常为（A+X）+X。

另外,从表义上看,这类名词又可以分成两类:一类是后一个X附加不大会引起整个词义的变化,因为其词义主要是由第一层附加结构AX来表达的,所以显得后一个X并不那么重要。如“漂儿匠、刁儿匠、朴神鬼”等。但是,如果没有后一层次上的附加成分,除个别词外,大部分不能成词。

另一类是后一附加成分特别重要,如果没有后一个附加成分,就变成了另外的意思。如“尻子客、翻弄神、日弄三”等。这一点,与毋效智（2005）对扶风话的观察是一致的。

1.3 名词的生动形态

岐山话名词有许多生动形态。通常有ABB和AAB两种形式。例如:

心尖尖:最喜爱的人、多指儿女。如:

外是你衣你的～一开。

蛮蛋蛋:长得漂亮可爱的小孩子。如:

狗娃对小孩的昵称乖得很,是娘的～。

精溜溜:光着的身子。如:

天知目这么冷,你扎目怎么脱了个～。

地蝼蝼:蝼蛄。如:

我才看着了看见了个～。

燕唧唧:燕子,因燕子飞时唧唧叫而得名。如:

你看,洼阿那里飞欻来艾个～。

风莲莲:玩具风车。如:

覅哭,到你哥给你糊阿个糊上个～。

勺勺菜:形状像勺子的一种荠菜。如:

去,挑阿挖上点～菜,沓阿咱们窝做浆水呀。

米米毛:狗尾草。如:

～,上高窑。(儿谚)

板板土:一种油性很大的土,可食。如:

扎阿这里有～土哩,你尝呀不?

蜜蜜杆:高粱、玉米茎杆,可食味同甘蔗。如:

你去到玉麦地衣给我折阿个～。

二　动词

动词是表示人或者事物的动作行为、发展变化、心理活动等意义的词。

2.1　动词的意义分类

2.1.1　表示人的动作行为

爱:用脸接触人或物,表示喜爱、亲昵。如:

到让爷把你～嘎子。

抓:生孩子。如:

你媳妇啥乎什么时候～娃娃哩?

揣:用手爱抚。如:

来,到爷～嘎,看娃娃乖阿不来,让爷爷摸摸,看娃娃有没有不舒服?

摆:轻洗衣物。如:

你把盆盆恩盆子里的怪那衣服～嘎。

□ $k^hu\tilde{æ}^{31}$:给针穿上线。如:

来,你眼睛亮,给婆婆～安穿上个针。

剜:用刀子或剪子转着挖洞。如:

(1)衣服好裁,领难～。

(2)你看,苹果扎阿这儿瞎哂,你把扎阿这儿～了。

弥:接、续。如:

知该这个绳子短些儿,～阿上一截耶一截儿。

燎:用火轻微烧烤,也指人从火堆上通过以驱邪。如:

(1)猪头阿上毛长昂很长得很,～嘎哂么。

(2)头疼了拿火～嘎。

丢盹:打瞌睡、小睡。如:

我才乃火刚才丢了个盹。

□ ku^{53} :强迫,不情愿地做。如:

(1)老师把学生～住写字哩。

(2)知目点这么点活把我～住哂。

(3)怪他叫人让人～阿强迫着走哂。

掮:用肩扛。如:

阿怪那个人～唉竹杆出大门哩,端出端入哩么。

拿:控制、束缚。如:

知该这个病就把人～住了哂么。

2.1.2 表示存在变化

到:与普通话的"在"相当,表示存在的意思。如:

你爸爸叔父～哩没在不在。

□kaŋ[44]:烟尘上升、飘扬。如:

嫑扫哂,角角落落都～昂土每个角落里都尘土飞扬。

生腻:铁生锈。如:

你看,铲铲几天不使就～哂。

□tɕʰiŋ[44]:凝固。如:

碗安碗里羊油～住哂没?

完:完结,终了,无希望。如:

知该这个娃娃～无希望哂。

塌火:失败,没有成功。如:

修路概事～哂。

遗:丢失。如:

我把书～哂。

壳:粘附。如:

看你瘦得皮都～疤手上哂。

2.1.3 表示心理活动

打征:打算,筹划。如:

你今年～做啥呀?

试着:感觉到。如:

我～热啢,你把窗子开开。

徐顾:留心、注意。如:

没～跌唉跌了一跤。

揆摸:揣测、估计。如:

我～怪他来得快来啢。

望想:希望、盼望。如:

他～儿长大了能盖阿个房。

2.1.4 表示可能、意愿

要:应该。如:

你～去哩,丂不去耶哩你应该去,可是(为什么又)不去了呢?

情愿:愿意。如:

你爹到你当兵去哩,你～阿不你愿意不愿意去?

理当:应当。如:

他就到知目照这样走啢吗,～给你说嘎。

得:必须。如:

阿你～来么,没你能成吗那你得来,没你不成?

能:可以。如:

你～来阿不你能不能来?

会:意为具有能力。如:

你～写字阿不你会不会写字?

敢:有胆量。如:

他～来,我就～去。害怕啥哩嗄。

2.1.5　表示趋向

上 $ʂaŋ^{21}$:表趋向①。如:

给你爹舀～一碗饭。

下 xA^{21} :表趋向②。如:

今儿就先学在这几个字,记～哂没有?

下去 xA^{44} $tɕ^hi^{21}$:表趋向。如:

你不挡刮些怪就说呃～哂你要是不阻挡他,他就一直说下去了。

去 $tɕ^hi^{21}$:表趋向。如:

你给你娘说～,我不怕。

来 lE^{24} :表趋向。如:

知该这个话说呃～说起来话就长哂。

起 $tɕ^hiɛ^{21}$:表趋向。如:

你娘怼 tei^{44} 对我说～你哂。

起来 $tɕ^hiɛ^{31}$ lE^{21} :如:

知该这个字我才想～哂。

"起来"亦有行为动词用法,其读音为 $tɕ^hiɛ^{44}$ lE^{21}。如:

～! 大早昂 $tsaŋ^{44}aŋ^{21}$ 哂还不～?

开:表起始。如:

---

① 岐山话中"上"可以作行为动词,如"上山容易下山难",也可是趋向动词,如"把饭给哥做上"。但"上"的"趋向"意义,在句中常常是在动词之后加助词"阿"来表示的。所以,上述几个例句中的趋向动词"上",通常在都可以被"阿"取代。区别是,用"上"的语感更为正式,而用"阿"则更为口语化,也随意一些。

② 一般情况下,"下"单用时为行为动词,如"上山不难下山难"。作为趋向动词的"下"声母有时会脱落,"下 xA^{44}"读音为"阿"。于是,此种意义上的"下"便有了两种表现形式,即"下 xA^{44}"和"阿"。如"雨下阿/下哂没?"

你洼那里先安已经收～麦哂吗?

2.1.6 表示判断

是:表判断[①]。如:

(1)你～谁一开你是谁?

(2)知该这～你娘娘婶婶,记下!

(3)知该这件事～知暮这样开一开这件事是这样子的。

2.1.7 表示使令

到:让、叫、使。如:

～人叫奥说话去哂让人叫着去说话去了。

叫:让。如:

你还～人说话呀不你还让不让人说话?

支使:指派、使用。如:

你娘还想～我做活哩,没向你娘还想指派我做活呢,没门。

"支使"亦可为一般行为动词。如:

嫑～我。

2.2 动词的构形特点

A式:跑|走|笑|吃|喝|打|唱|说|叫|使|烧|回|咽

AB式:带拐连累|相端端详|撕挖打架:揪、抓|起来走开|捻弄修理|沾兼沾光|敲打训人|了乱liɔ^{31} lyæ^{53}整治

AA式:掇掇端小孩尿尿

ABB式:打转转团团转|绾蛋蛋抱在一起撕打

AABB式:吃吃喝喝吃喝|念念过过提说、掂念

---

① "是"在岐山话里有表示"存在"的意思。如"扎阿这里是水一开,远yæ^{44}绕开!"

AX式:玩弄长时间揣摸、掂量 | 砸刮说风凉话 | 搜腾寻找
XA式:侴蹋损坏 | 打征打算

相对于名词来说,动词的构形方式没有名词那么丰富。其中AAB式、ABX、ABAB、ABCX、ABCDX、AXX都没有见到。

2.3　动词的生动形式

岐山话中的动词,有很多生动形式。例如:

捏摸摸索着做　砸刮说风凉话　骂刮咒骂　挡刮阻挡、回绝
敲打训人　蹴打教训人　搜腾寻找　调腾调换
掏腾翻寻　倒腾翻动、贩卖　塌火失败　失火着急
散火分离　侴蹋损坏　侴鬼捣鬼　侴囊胡闹腾
侴弄作弄　疼省节省、爱惜　倒找赔本　蹬脱甩掉、抛弃
背绑将手臂绑在背后　打转转团团转
绾蛋蛋抱在一起撕打　抱团团安抱成一团

三　形容词

形容词是表示人或事物形状、性质、状态或动作情态的词。

3.1　形容词的意义分类

3.1.1　表示人的性质状态

灵醒:聪明、机警、有灵性。如:

人看起～恩哩,不知呃念书起扎目哩人看起来聪明着呢,不知读起书来怎么样。

鬼大:聪明。如:

知该娃娃～阿得很。

难侴:难打交道。如:

该人～得很。

刁决：胆大，含贬义。如：

（1）你～唉很，连你娘都敢骂吗？

（2）阿你扎怎么知日这样～嗄，敢齐从崖阿 ŋE^{31}A^{53}崖上跳？

失声：受到极度惊吓的状态。如：

你把娃娃吓得～哂。

憋人：心里难受，委曲。如：

今儿知该事这个事到人让人～很。

□ tE^{53}：舒服、惬心。如：

怪他日子过得～艾很。

□ ʂəŋ^{24}：害羞、丢人。如：

该女子姑娘嫌～得很，嫑说哂。

3.1.2　表示事物的形状、性质状态

痨：口味苦。如：

知该药～得很这个药苦得很。

□ tʂʰA^{31}：东西脆，干而酥，也指东西不结实，腐朽。如：

（1）知该这饼干～阿很。

（2）知该这木头先陧腐朽哂，～阿很。

□ səŋ^{44}：凉气袭人的感觉，比冷程度稍轻。如：

屋欤屋里～些儿，到外头晒嘎一下爷婆太阳。

陧 ȵiɛ^{31}：木头朽，铁器生锈。如：

知该木头先安已经～哂。做不成啥哂。

枵 ɕiɔ^{31}：单薄，不结实。如：

知该桌子～奥很。

顽:韧性大,不易断。如:

肉还没煮好哩,还~安哩。

干:清静、寂寞。如:

一个人到屋欸家里~得很。

壮:粗壮。如:

知该树股股树枝~昂很粗得很。

□p^hA^{31}:布状的东西不密实。如:

你给你娘买阿知该头巾~阿很。

3.1.3 表示动作、情态

木囊:动作迟缓、不利索。如:

(1)覅~哂,赶快走!

(2)你知该这人扎目怎么知目这么~嗄?

痴畏:畏缩,不敢向前。如:

(1)叫你去你就去,覅~。

(2)知该人做啥事些时~欸很。

豁海:办事大方,舍得,略含贬义。如:

你娘做啥些~艾很。

浑:全部、全都。如:

你~来哂吗?

喷人霍闹:形容不好闻的气味扑面而来。如:

概这人才喝几口酒,走欧走到人干安人跟前~的。

3.2 形容词的构形特点

A式:酸|甜|苦|辣|闲|淡|热|凉|蒙笨|灵|猴

AB式：松活｜消停清静、安闲｜点扎手脚快捷｜憨实强壮有力
AA式：顺顺朝一个方向｜瓜瓜（儿）有点傻｜静静安静
ABB式：躁烘烘｜齐茬茬｜一顺顺｜扑衍衍液体将要溢出状
ABAB式：呜拉呜拉含混的说话声｜叭塔叭塔有一搭没一搭说话声，贬义
AABB式：样样式式各种各样｜干干净净｜趄趄掠掠横七竖八｜利利索索｜白白胖胖｜光光膛膛｜扭扭捏捏
ABC式：斜麻插斜｜扁塌拉瘪、扁｜错眼关对不上茬口｜实眼窝孔被塞状
ABCC式：明谷居居金属光亮的样子
ABCD式：烟山雾罩尘土飞扬样子｜四棱上线棱角分明、整齐｜松皮拉塌松不拉塌｜绺眉鼠眼神情鬼祟｜瓷皮滑脸满不在乎，脸皮厚｜红堂挂水脸色健康红润｜四六不像不伦不类｜怪眉鼠眼｜五抹六道被涂抹的五颜六色
AX式：咬人痒｜呛人｜□ $ʂəŋ^{24}$ 人害羞、丢人｜撑人吃得太饱的感觉｜挣人特别费力的感觉
AAX式：斜斜子｜勾勾子｜浑浑子囫囵｜空空恩｜毛毛奥
ABX式：屁红子品红｜漠面子没边没沿｜潮浑子没有干透，还有点潮
AXX式：黄拉拉｜白□□ p^hiA^{44} p^hiA^{21} ｜酸希希
AXXX式：杂而古董多且杂｜土而没却沾染上土的样子｜嘀溜搭拉悬挂摇晃貌

形容词构形方式通常比动词多，但在岐山话中，AAB式、XA式、XAA式、ABCX式、ABCDX 、AXBX式等构形方式很少看到。

四 副词

副词是修饰限制动词、形容词的词，在句子中主要作状语，少数副词可以作补语。

4.1　副词的意义分类

4.1.1　表示时间

一老:一直。如:

　概这人到西安哩,～没回来过么。

一总:永远,一直。如:

　怪那人他娘人伢人家～不老显老么。

常满:经常。如:

　你～不说你衣你的事么。

常行:常常。如:

　怪～到扎阿这里哩。

老奥些:原来。如:

　～扎阿有个树。

直堂堂:一直,长时间地。如:

　怪～坐下去俩么。

忽儿:忽然,一下子。如:

　概这个事我～给下想起想起来俩。

一点一点:渐渐的。如:

　怪～学呃下来俩。

向来:一直以来。如:

　怪～不学习么。

历来:长时间以来。如:

　知该这路～就不好走。

跟阿:接着。如:

你爹来哂,~你娘阿来哂。

终到了:终了、最后。如:

你爹~没有看着你学好么。

仓昂:霎时。如:

怪~来哂,~去哂,人不知道么。

已先:先前。如:

在这事~人不知道么。

岐山话中表示时间的副词,还有"正、才、先安已、已经、才乃火刚、就将要、马上、刚刚、刚昂、立即立刻、赶紧、忽儿忽然、早早、一向、一直、从来、终于、迟早、时不时不时、猛然、原先、起行"等。有些普通话中常见的时间副词,岐山话中并不使用,如"便、永、将、曾、顿时、逐渐、暂且、陡然、骤然"等。

4.1.2 表示程度

顶:最。如:

(1)扎阿这里,我~大,你~碎小。

(2)去,把~大阿碗拿阿来放菜。"

扎:程度深、绝顶。如:

(1)外那个人自小儿到让她娘打~打到不能再打哂。

(2)在衣服嫽~哂这件衣服漂亮得很。

越:益发。如:

你还~说~来哂。

极:表程度很深。作补语,如:

你做阿事一下好～哂（反语）。[1]

美美：最大程度。如：

我～逛了一回北京。

些微：少许。如：

你～听阿点话嗄。

稍稍：少许。如：

你～学阿点些，就不叫人指点哂。

怕怕：很，常作补语。如：

（1）怪娃娃瞎得～。

（2）概这水深得～。

余外：特别。如：

你娘对你媳妇～好。

过余：程度深，数量大。如：

（1）概瞎得～阿哂。

（2）概这娃娃～阿瞎哂。

□□□ $laŋ^{44}$ kuo^{31} $ə^{21}$：无限制地。如：

怪到洼～说呃走哂那人在那里无边无沿地说下去了。

岐山话中表示程度的副词还有“很、太、越发、尽量、略微”等。普通话中常见的程度副词，岐山话中很少使用，如“更、挺、愈、甚、十分、分外、万分、极其、异常、几乎、尤其、更加、似乎、极

① “好极哂”在岐山话中与普通话中的意义并不相同，岐山话中通常为反语。但当说谁“瞎极哂”时，却并不是反语。如要用岐山话表达普通话中“好极了”的意思，一般说成“好奥很、嫽奥很、嫽好扎哂”。另，“极”这个副词，岐山话中一般不作状语。

为”等。

4.1.3 表示范围

浑:全。如:

你屋欸 vei^{53} ei^{21}家里人～来咧吗?

一满:全,都。如:

你～不听话么。

笼总:全部。如:

～一个西瓜到让你先吃了大半个。

都:全。如:

你把知点这么点儿活～做了嗄。

光:只。如:

～你一个人来咧吗?

蛮安:只有。如:

～来了你一个人吗?

单单:只。如:

～把你剩下咧吗?

就:只。如:

～来你一个吗?

单另:另外。如:

我呃我们先安吃咧,给你～做阿饭。

一刬 i^{31} ts^{h}æ^{53}:全部,清一色。如:

今儿给我窝我们上课的～是新教师一开。

一概:一律。如:

人家～不到让人知道么。

一律:全部。如:

今年亲亲亲戚～要来。

一搭:一块儿。如:

沓阿～来～去。

一下 i^{44} xA^{0} :全部。如:

你衣你们～都来咧吗?

岐山话中的范围副词还有“总、统总、全、只、净、单、凡、总共、一蒸全部、一共、一概、一齐”等。普通话中常见的一些范围副词,岐山话中很少使用,如“一同、一道、一并、皆、俱、仅、统统”等。

4.1.4 表示频率、重复

还:还。如:

怪～没走。

阿:也。如:

你来咧,我～来咧。

考 $k^{h}ɔ^{31}$:又。如:

你才吃了,～来咧吗?

从:重、再。如:

你～说一遍,我没有记下。

再:二次。如:

你～到暮那样,我就不管你咧。

彻满:经常。如:

怪～到扎阿这里走路哩。

□□ ȶiŋ⁴⁴ ȶiŋ⁴⁴：再三，不停地。如：

老师～给你说，你不听么。

不停点点：不断地。如：

（1）今年雨～下哩。

（2）怪打来了就～说话哩。

还到暮：还像那样，仍然。如：

你爹～骂人哩吗？

支：一个劲儿，不断地。如：

绳～往下溜哩。

岐山话中使用的表示频率、重复的副词还有"不断弦弦安不断、还到暮仍然、重新、反复、反反复复"等。普通话中常见的词，岐山话很少使用，如"又、也"等。

4.1.5 表示肯定、否定

不：表否定。如：

～吃～喝能成阿～？

嫑：不要。如：

你～来哂。

准：允许。如：

光～你吃哩，就不到我吃哂吗？

确实：的确。如：

我～没钱。

何必：表不必。如：

早知今儿,～当初把事做阿目那么扎绝哩。

何苦:表否定。如:

我又不要钱,你到暮那样又是～来?

岐山话中表示肯定、否定的副词还有“没、没有、必、必须、一定、的确、未必”等。普通话中常见的一些词,岐山话里很少使用,如“甭、未、未曾、未免、必定、必然、不便”等。

4.1.6 表示语气

丂 $k^hɔ^{31}$:为什么。如:

阿怪～不来艾哩他为什么不来呢?

倒:反而。如:

他没有来,你～来哂。

大模儿:大概。如:

你～还没吃哩?

怪当:怪不得。如:

你心恩有事哩吗?～你今早昂不来。

好么:好不容易。如:

～攒了知目这么点钱,你还想要哩吗?

□□ li^{44} kuo^{21} :故意。如:

怪他～气你哩。

兴许:也许。如:

你去看嘎子,～还没有走哩。

按目住:万一。如:

你～跌下来了扎目怎么呀?

岐山话中常用的表示语气的副词还有“偏、竟、倒、亏、多亏、亏得阿、难道、难道说、难怪、究竟、到底、怕是、莫非、幸亏、反正、反而、何尝、何不、何苦、何必、居然、竟然、果然、其实、的确、或许、大概、明明、恰恰、只好、甚至、无非、大约、不愧、就是”等。普通话中常见的一些语气副词，在岐山话中并不多见，如“岂、并、却、也许、索性、简直、幸而”等。

4.1.7 表示情态

真个：真的。如：

怪～没来，我不哄你。

乍拉拉：突然。如：

好好一个人，～走了。

高低：无论如何。如：

概～不吃俩么。

长短：千万。如：

你～要说俩。

隔宁：突然。如：

才乃火刚才还说呃好好的，～给下一下就变俩。

活活：轻轻地[①]。如：

（1）来，～坐下。

（2）～往下放，小心打了。

面面：很容易。如：

---

① “活活儿”类似普通话的儿化。也就是说，只有一个卷舌动作，并没有形成一个“儿”的音节。这个意思，还可以说成“活活呃”，功能与“活活儿”相同。

(1)概到人～哄哂这个人让人很轻易地哄了。

(2)概到人哄得～的这个人让哄得太容易了。

孤聂聂:独自一个静静地。如:

你婆到泩～坐哩,你去叫嘎,吃饭呀你奶奶一个人在那儿坐着呢,你去叫一下,要吃饭了。

过来过去[①]:总是。如:

他～说人家不好,阿各呀扎目呃哩他老说人家不好,那自己又是个什么样呢。

蛮安:却,偏。如:

怪～不听你衣话,要叫他爹哩。

冒:表示无根据地。如:

怪～说哩,覅朝心恩去他是随便说的,别往心里去。

也可表示"为什么不"的情态,如"我不去～不去?"意为要去的意思。

习习儿:实在不能忍耐了。如:

(1)我～等不下去了。

(2)在活把人做得～的哂。

一歇子:一下子。如:

你～把这收拾了,明儿就不来哂。

紧赶:赶紧,快。如:

～把饭一吃,沓咱们就走。

考:又,却,确实、的确。如:

① "过来过去"亦为动词,表来来回回。如"你到泩过来过去做啥哩?"

(1)你～来咧?

(2)我～没到暮那么说。

(3)我～给你说过,你不听么。

亏得:多亏。如:

～你来咧,不了些把手打住咧多亏你来了,要不然真把我难住了。

怪啥:怪不道。如:

～今儿笑咪咪的,钱拿阿拿到手欧手里咧吗?

背不住:说不定。如:

你娘～先走咧。

普通话中一些常见的词,在岐山话中并不见用,如“渐渐、逐步、逐渐、独自、亲自、擅自、勃然、陡然、忽然、猛然、欣然、依然、毅然、百般、特地、互相、交相、自相”等。

4.1.8 表示关联、类比

阿:也。如:

你来咧,我～来咧。

旋:边。如:

～说～走。

平:刚好,刚到。如:

你爹今年～六十咧。

刚:正好。如:

你拿阿知该这个绳子长短～好。

也可用作“刚刚”。如“你～～来,我就来咧”。

赶:比。如:

你哥学习～不上你。

比:比较。如:

我～你高些儿。

一:表示关联。如:

(1)你～去,就把娃娃吓得哭哩。

(2)只要你～笑,他娘就挨艾接着笑俩。

(3)房子～盖艾盖了起来,我就搬安走俩。

(4)娃娃～毕业,屋欸家里经济上/阿就活套俩。

4.2　副词的构形特点

A式:浑全、都 | 整尽 | 从另 | 才 | 阿也 | 还

AB式:失谱程度极深 | 隔宁突然 | 匈死坚决 | 彻满经常 | 瞎好无论如何

AA式:和和轻轻地 | 整整全都、全是 | 净净ȶiŋ^{44} ȶiŋ^{44}经常 | 端端

ABB式:直堂堂一直 | 端直直端直地 | 扎齐齐挨个儿、逐一

ABAB式:过来过去总是

ABC式:没谱数程度深 | 大马花大略、粗粗地 | 按目住万一

ABCD式:挨家齐户逐家逐户 | 说来倒去

AX式:嗖儿 | 仓昂 | 哧日 | 考阿kʰɔ^{53} A^{21}这么早就、这么快就 | 先安已经 | 光昂老是、经常 | 蛮安仅、只 | 钢昂合、凑在一起 | 叠唉tiɛ^{31} ɛ^{53}语气:谁知道

AAX式:和和呃 | 慢慢安 | 轻轻恩 | 好好奥

ABX式:大模儿大概 | 险乎儿差点儿 | 到了儿终了,到最后 | 带过儿顺便 | 一天安整天 | 一歇唉全部、一次性地

AXBX式:零儿甭儿零星、少量

AXX式:乍拉拉突然 | 孤聂聂孤独地

岐山话中副词构形方式比较丰富,但也有一些并不多见的方式,如XA、AAB式、XAA式、AABB、ABCC、ABCX式和ABCDX、

AXXX式等。

五 代词

代词是具有指示和替代作用的词。通常分为人称代词、指示代词和疑问代词三种类型。

5.1 人称代词

岐山话的人称代词除了有第一人称、第二人称、第三人称形态变化之外,还有表示总称、合称、背称和分称四类人称代词。具体情况列表如下:

表8-1 岐山话中的人称代词

	单数	复数
第一人称	我ŋuo^{53}	我窝ŋuo^{44} o^{21} 我窝的ŋuo^{31} o^{211} ȶi^{21}
第二人称	你ȵi^{53}	你衣ȵi^{44} i^{21} 你衣的ȵi^{31} i^{211} ȶi^{21}
第三人称	他t^{h}A^{53}	他阿t^{h}A^{31} A^{21} 他阿的t^{h}A^{31} A^{211} ȶi^{21}
总称	大呀tA^{53} iA^{53} 大呀伙呃tA^{44} iA^{53} xuo^{44} ɤ^{21}大家伙	
合称	沓阿t^{h}A^{31} A^{53}/ tsA^{31} A^{53}咱们	
背称	伢ȵiA^{53}	人伢zəŋ^{31} ȵiA^{53}
分称	各呀kuo^{53} iA^{21}各人的	

5.1.1 第一人称代词

第一人称代词,有数的形态变化。单数读音为“我ŋuo^{53}”,复数读音为“我窝ŋuo^{44} o^{21}”或“我窝的ŋuo^{31} o^{211} ȶi^{21}”。例如:

（1）我来咧，你走吧。

（2）我窝我们今儿去看了一场戏。

（3）过年哩，我窝的我们吃日吃的饺子。

5.1.2　第二人称代词

第二人称代词，有数的形态变化。单数读音为“你ȵi⁵³”，复数读音为“你衣ȵi⁴⁴ i²¹”或“你衣的ȵi³¹ i²¹¹ ȶi²¹”。例如：

（1）你吃饭呀不？

（2）你衣你们先安已经开学咧吗？

（3）你衣的你们暮些那么多人，扎目怎么回去呀你们那么多人，怎么回去？

5.1.3　第三人称代词

第三人称代词，有数的形态变化。单数读音为“他tʰᴀ⁵³”，复数读音为“他阿tʰᴀ³¹ ᴀ²¹”或“他阿的tʰᴀ³¹ ᴀ²¹¹ ȶi²¹”。例如：

（1）他今儿不去西安。

（2）他阿暮些那么多人都把怪那活做不完吗？

（3）他阿的不去，我窝我们阿也没办法。

5.1.4　总称代词

表示总称的人称代词有“大呀、大呀伙呃”两个，意义与普通话中的“大家、大伙儿”相当，但岐山话一般不说“大家”或“大伙儿”。例如：

（1）知该这件事，要看大呀大家扎目怎么说哩。

（2）大呀伙呃大家伙儿都不去，光你去呀吗？

“大呀、大呀伙呃”在语音上应是由“大家、大家伙”音变而来。岐山话中，“家”在作为一个词时，并不发生音变，比如可以说“一大家人、一家一户”。但作为构词成分时，常常会发生“家”的声母脱落现象，如将“韩家村”说成“韩呀村”，“赵家”

说成“赵呀”等。发展到最后,会连“呀”音中的i也脱落。其音变轨迹如下:

大家tA[44] tɕiA[53]→大呀tA[44] iA[53]→大阿tA[44] A[53]

可以看出,“家”脱落到最后,只剩下了一个“阿A”。在共时环境中,“大家”出现机会不多,口语中出现最多的是“大呀”和“大阿”,而以“大呀”最为常见。

5.1.5 合称代词

合称代词“沓阿”在岐山话中因地域不同,读音有些变化,有tʰA[31] A[53]和tsA[31] A[53]两种读音。通常指言语交际者双方,(说者和听者),相当于普通话中的“咱”和“咱们”。例如:

(1)好,沓阿好好说好,咱们好好说。

(2)走,沓阿去赶集去呀。

(3)等沓阿把麦收了,你娘就回来哂。

5.1.6 背称代词

“伢ȵiA[53]”在岐山话中通常用于指人,多用在背称的场合。使用时,指称的人多不在场。多数情况下“伢ȵiA[53]”与“人伢ʐəŋ[31] ȵiA[53]”词义没有区别。例如:

(1)老二哩?伢/人伢没来么老二呢?人家没来么。

(2)伢/人伢扎目怎么说来人家怎么说的?

(3)走欧走到伢屋欸一看,才知道人没到走到人家家里一看,才知道人没有在。

“伢ȵiA[53]”当是“人家”合音词,但在双音趋势推动下,又产生了一个意义与其相当的双音词“人伢ʐəŋ[31] ȵiA[53]”。“伢ȵiA[53]”和“人伢ʐəŋ[31] ȵiA[53]”意义有时与他称相当,但有意思的是,岐山话中也会偶尔用“人家”一词,然如此一用,就没有“伢ȵiA[53]”或“人伢ʐəŋ[31] ȵiA[53]”所具的意味了。试比较:

(1)伢扎目怎么说来?

(2)人家扎目怎么说来?

与“伢”相比,“人家”有“另外的人”的意思,这是“伢”所不具备的。此外,“伢”为单数,“人伢、人家”通常具有复数含义。

5.1.7　分称代词

表示复指的人称代词为“各呀”,相当于普通话中“自个儿”。可以单用,也可与其他人称代词连用,作为复指成分,没有数的区别。例如:

(1)各呀事各呀做自个儿事自个儿做。

(2)各呀事要各呀操心哩。

(3)伢没人管我,我各呀来嘛。

(4)在这事,还要你各呀拿主意哩。

(5)他各呀不鼓劲,再艾别的人有啥方子哩。

5.2　指示代词

岐山话中的指示代词丰富,林林总总计达六七十个。有一部分指示代词有近指、远指、遥指之分。将这些指示代词与普通话指示代词比较,有些与普通话中的“这”和“那”有明显的语音对应性及音变关系,但也大量存在语义及语音上具有明显的地方色彩的指示代词。具体见《岐山话指示代词总表》。

表8-2 岐山话指示代词总表

类型	近指	远指	遥指
人物	在tsE^{44} 知该tʂʅ^{31} kE^{53} 概kE^{53} 这tʂei^{44}	外vE^{44} 兀该vu^{31} kE^{53} 怪kuE^{53} 渭vei^{44}	那该lA^{44} kE^{21} 崴vE^{53}

续表

类型	近指	远指	遥指
处所	扎阿tʂA^{44} A^{53} 知角处tʂʅ^{44} tɕyo^{31} tʂʰʅ^{21} 扎扎tʂA^{44} tʂA^{53} 知面安tʂʅ^{44} miæ̃^{53} æ̃^{21} 知搭tʂʅ^{31} tA^{53} 知邦tʂʅ^{44} pɑŋ^{53} 知岸tʂʅ^{44} ŋæ^{53} 知头tʂʅ^{44} tou^{21}	洼阿vA^{44} A^{53} 兀角处vu^{44} tɕyo^{31} tʂʰʅ^{21} 洼洼vA^{44} vA^{53} 兀面安vu^{44} miæ̃^{53} æ̃^{21} 兀搭vu^{31} tA^{53} 兀邦vu^{44} pɑŋ^{53} 兀岸vu^{44} ŋæ^{53} 兀头vu^{44} tʰou^{21}	渭欸/渭截唉vei^{44} ei^{53}/ vei^{44} ȶiɛ^{53}ɛ^{21} 渭角处vei^{44} tɕyo^{31} tʂʰʅ^{21} 渭面安vei^{44} miæ̃^{53} æ̃^{21} 渭邦/渭截唉vei^{44} pɑŋ^{53}/ vei^{44} ȶiɛ^{31} ɛ^{21} 渭头vei^{44} tʰou^{21}
时间	知会欸tʂʅ^{44} xui^{31} ei^{21} 知乎tʂʅ^{44} xu^{21} 知庚tʂʅ^{44} kəŋ^{21} 知阵恩（子）tʂʅ^{44} tʂəŋ^{53} əŋ^{21} 这歇tʂei^{44} ɕiɛ^{21} 这嘛tʂei^{44} mA^{21} 这一向tʂei^{44} i^{31}ɕiɑŋ^{44}	兀会欸vu^{44} xui^{31} ei^{21} 兀乎vu^{44} xu^{21} 兀庚vu^{44} kəŋ^{21} 兀阵恩（子）vu^{44} tʂəŋ^{53} əŋ^{21} 渭歇vei^{44} ɕiɛ^{21} 渭嘛vei^{44} mA^{21} 渭一向vei^{44} i^{31} ɕiɑŋ^{44}	那会欸lA^{44} xui^{31} ei^{21} 渭乎vei^{44} xu^{21} 那庚lA^{44} kəŋ^{21} 渭阵恩（子）vei^{44} tʂəŋ^{53} əŋ^{21} 那歇lA^{44} ɕiɛ^{21}
性态	知目tʂʅ^{44} mu^{53}这样 知样tʂʅ^{44} iɑŋ^{53} 知目阿tʂʅ^{44} mu^{53} A^{21} 知目开tʂʅ^{44} mu^{53} kʰE^{21}	兀目vu^{44} mu^{53}那样 兀样vu^{44} iɑŋ^{53} 兀目阿vu^{44} mu^{53} A^{21} 兀目开vu^{44} mu^{53} kʰE^{21}	那目lA^{44} mu^{53} 暮样mu^{44} iɑŋ^{53} 那目阿lA^{44} mu^{53} A^{21} 那目开lA^{44} mu^{53} kʰE^{21}
数量	知目些tʂʅ^{44} mu^{53} siɛ^{21} 知点tʂʅ^{44} ȶiæ^{21} 知些tʂʅ^{44} siɛ^{53} 在些tsE^{44} siɛ^{53}	兀目些vu^{44} mu^{53} siɛ^{21} 暮点mu^{44} ȶiæ^{21}/兀点vu^{44} ȶiæ^{21} 外些vE^{44} siɛ^{53}	那目些lA^{44} mu^{53} siɛ^{21} 那点lA^{44} ȶiæ^{21} 暮些mu^{44} siɛ^{53}
类型	分指	泛指	另指
人物	各kuo^{31} 各个kuo^{31} kɔ^{44} 一价i^{31} tɕiA^{44}	性啥siŋ^{44} ʂA^{21} 嘎大麻希kA^{31} tA^{44} mA^{31} ɕi^{21}	再艾tsE^{44} E^{21} 单另tæ^{31} liŋ^{44} 另liŋ^{44}

续表

类型	近指	远指	遥指
性态		到暮tɔ^{44} mu^{44} 暮个mu^{44} kɔ^{53} 暮开mu^{44} k^{h}E^{53}	

5.2.1 表示人或事物的指示代词

岐山话中有四组指示人或事物代词：在、外，知该、兀该、那该，概、怪、崴，这、渭。下面分别讨论。

5.2.1.1 在tsE^{44}、外vE^{44}

岐山话的“在”和“外”是一组成对指示代词。“在”为近指，“外”为远指。意义上，“在”相当于普通话的“这”，“外”相当于普通话的“那”，但在意义与功能上都不完全对等。例如：

（1）我不要在，你把外拿阿来到我看嘎我不要这个，你把那个拿来让我看一下。

（2）在人都靠不住，你看你衣外些人扎目疤哩这些人都靠不住，你看你们的那些人怎么样?

（3）今年在茶不及年时呼茶今年这茶不如去年的茶。

（4）外人没人信么那个人没有人相信。

（5）我不要在哂，你要了就拿阿去吧我不要这东西了，你如果要就拿去吧。

“在”和“外”均具有指示和替代作用，当其实施指示和替代作用时，可以指人，也可以指物。

5.2.1.2 知该tʂʅ^{31} kE^{53}、兀该vu^{31} kE^{53}、那该lA^{44} kE^{21}

这三个指示代词，“知该”在意义上相当于普通话中的“这个”，“兀该”和“那该”相当于普通中的“那个”。但由于普通话这个意义代词是两分的，因而普通话中的“那个”无法区分“兀该”和“那该”的细微区别。一般说来，岐山话中，虽有近指和远指之分，但这种区分通常都在目力所及的范围内。即在说话人手边的叫“知该”,不在手边但目力能及的东西有叫“兀该”。至于说到“那该”时,意义上就比较虚了一些,可以指两种东西,一是言语者脑海里的东西,二是言语者双方目力之外的东西。一般情况下,一定不用“那该”来指称言语双方在交际情境中都能看到的东西。例如:

(1)知该东些瞎阿哩,往后嫑买哂这个东西是坏的,以后不要买了。

(2)你把知该尝嘎,看好吃阿不你把这个尝尝,看好吃不好吃?

(3)你光知道知该好吃,还有兀该哩,你阿尝嘎你只知道这个好吃,还有那个呢,你也尝尝。

(4)兀该东些嫑朝学校拿,拿阿去就到老师收哂。要拿些,就拿知该那个东西不要往学校里拿,拿去以后就让老师没收了。想要拿,就拿这个。

(5)看着看见你拿知该这个,我扎目怎么想起你哥说呃说的那该那个事哂,算哂,明儿再说吧。

(6)你年时认得的那该人还到西安哩没你去年认识的那个人还在西安没有?

(7)怪浑说阿怪那该话一开,你能信吗他们全说的那种“那个”话,你能相信吗?

(8)你爹给说阿那该话,你还记衣哩没你爹给你说的那个话,你还记着没有?

“知该、兀该、那该”兼具指示和替代作用,以指示为多。可以指人,也可以指物,以指物为多。“那该”常作定语。

5.2.1.3 概kE[53]、怪kuE[53]、崴vE[53]

这一组指示代词中,“概”和“怪”比较常用,对应的比较整齐。与前面两组比较,“在、外”偏重于指示和替代人或事物,“知该、兀该、那该”主要来指示和替代事物,“概”、“怪”既可用于指代人用于指物,而“崴”则通常用来指物。例如:

(1)概来哂没这人来了没有?

(2)怪说话没准头那人说话没有准头。

(3)概事还要你定点点哩这事还要你拿主意呢。

(4)怪人光说不做么那人光说不做。

(5)把你衣崴那拿上,小心忘了把你的那(东西)拿上,小心忘了。

岐山话的"概"用来指点事物时,通常可以对译成"该",但"该"用作替代时只能与"这"对译。所以"概"在岐山话中,语义上不完全等同于"这"。例如:

(1)概事我不知道该事我不知道。

(2)概人是个瞎人一开该人是一个坏人。

(3)概东些,我到北京见过该东西,我在北京见过。

(4)你把概先拿阿去,我一下阿再给你衣点啥你先把这拿了去,我一会儿再给你一点什么。

(5)概不听话么,你把他扎目呀这个人不听话,你能把他怎么样。

在岐山话中,从严格意义上讲,只有"在"与普通话中的"这"对应的比较好。从意义及叙述的角度比对都没有太大的问题。"概"与"怪"用普通话中的"这"与"那"对译时,首先在词语功能上不太相合,这不光表现在"这"与"那"在普通话中主要是用来指示替代事物,而"概"和"怪"在岐山话还可以用以指代人。更为重要的是,普通话中的"这"与"那"表达中是以第一个人称和第二人称为视点叙述的。而岐山话在使用"概"和"怪"时,是以第三人称为视点对言及对象进行转述。例如:

(1)概人不听话,我阿没办法该人不听话,我也没有办法。

(2)怪到洼阿钓鱼哩,你看嘎他在那里呢,你去看一下。

(3)概东些,不要阿罢该东西,不要也行。

（4）概叫人去咧，你麻利跑那个人叫人去了，你赶快跑。

（5）概事谁都做不了主这件事，谁都做不了主。

所以，用“这”和“那”对译“概”和“怪”时，总是有点词不达意。从这个意义上讲，在许多情况下，“概”和“怪”用普通话中的“该”和“他”来对译有时倒是比较贴切。

5.2.1.4 这 tʂei^44、渭 vei^44

“这”和“渭”是岐山话中非常特殊的一对指示代词，可以指人也可以指物，主要用以指物。其中表示近指的“这 tʂei^44”表面看起来与普通话中的“这 tʂɤ^51”同形，意义上也似有关联，但功能有很大的不同。普通话意义上的“这”与“那”通常在岐山话中对应的是“在”和“外”，“这”和“渭”在岐山话中有“这一”和“那一”意思，因而其组合能力受到很大的限制。例如：

（1）知该人不好，嫑怼跟这些这一些人打交道。

（2）知该我不要，我要渭个。

（3）这本书我看咧，再到人把渭本书看嘎这一本书我看了，再让人家把那本书看一下嘛。

（4）这碗面不及渭碗面这一碗面不如那一碗面。

当然，“这”与“渭”也可以与明显有“一”的语言单位搭配。例如：

（1）这一笔没写好，渭一笔写唉好。

（2）这一向没见你，渭一向把你寻扎咧。

（3）这一树柿子结唉繁安很，渭一树不行。

（4）这一个人有事哩，渭一个人没啥事。

（5）这一场雨下阿好，渭一场雨没有下透。

在这种情况下，“这、渭”可用“在”与“外”替换。上面话可以说成：

(1)在一笔没写好,外一笔写唉好。

(2)在一向没见你,外一向把你寻扎哂。

(3)在一树柿子结唉繁安很,外一树不行。

(4)在一个人有事哩,外一个人没啥事。

(5)在一场雨下阿好,外一场雨没有下透。

但是,如果上述句子中没有"一"出现,就只能用"在"和"外",而不能用"这"和"渭"了。试比较:

(1)这笔没写好,渭笔写唉好。*

(2)这向没见你,渭向把你寻扎哂。*

(3)这树柿子结唉繁安很,渭树不行。*

但是,也有一些特殊情况,句子中没有出现"一","这"和"渭"也可以出现。例如:

(1)知该人有事哩,渭个人没啥事。

(2)这场雨下阿好,渭场雨没有下透。

这种配合之所以出现,是因为句子中"人"和"雨"中心语前分别有一个量词"个"和"场"出现,没有这个条件,"这"和"渭"是不能出现的。如不能说"渭人没啥事、这雨没有下透"。

5.2.2 表示方位的指示代词

岐山话表示处所的指示代词有八组:"扎阿、洼阿、渭欸,知角处、兀角处、渭角处,扎扎、洼洼,知面安、兀面安、渭面安,知搭、兀搭,知邦、兀邦、渭邦,知岸、兀岸,知头、兀头、渭头。其中,"扎扎、洼洼、知搭、兀搭"和"知岸、兀岸"两分,其余均三分。

5.2.2.1 扎阿 $tʂ\text{A}^{44}$ A^{53}、洼阿 $v\text{A}^{44}$ A^{53}、渭欸 vei^{44} ei^{53}

这是岐山话里一组典型的指示或代替方位的代词,近指、远指、遥指三分。"扎阿、洼阿、渭欸"均为附加式合成词。遥指代词"渭欸"比远指代词"洼阿"指示的地点和处所更远一些。

“扎啊”中的“扎”应在语源上与“这”关联,“洼阿、渭欸”中的“洼、渭”应在意义上和语音上与岐山话中“外”有关联。例如:

(1)你到扎阿这里来,我给你说话呀。

(2)扎阿人怼沓阿洼阿人不一样这里的人跟咱那里的人不一样。

(3)扎阿有吃的,有喝的,你就不回去哂这里有吃的,有喝的,你就不用回去了。

(4)洼洼一蒸是水一开,小心踏阿水欸哂那里到处是水,小心踩到水里了。

(5)你到洼洼看嘎,看怪到哩没你去那里看看,看那个人在不在那里。

(6)把土往渭欸扫,越远越好把土往那边儿扫,越远越好。

(7)新疆渭欸外吃喝,沓阿宝鸡这欸人吃不惯新疆那里的那些吃的喝的(东西),咱们宝鸡这一带人吃不惯。

“渭欸”与“扎阿”和“洼阿”比较,除了可以指更远地方外,还有两个意义上的区别:一是“扎阿”和“洼阿”所指地方通常都比较小,而“渭欸”区域比较大,比如说“新疆渭欸那里外那些吃喝”意义为“新疆一带的吃的和喝的”。而近指范围比较大时,岐山话中还有一个词“这欸”,比如说“宝鸡这欸这里人吃不惯”,不说“宝鸡人扎阿(或洼阿)吃不惯”,因为“扎阿、扎扎、洼阿、洼洼”所指地点都比较小,没有一带的意思。二是由于“渭欸”所指比较远而大,因而意义有时显得虚泛和遥远。例如:

(8)你爹到达阿哪里做活哩,你知道阿不?外他到渭欸哩,远安远得很,你寻不着。

(9)北极渭欸人一年四季穿安是皮袄一开北极那里的人一年四季都穿的是皮袄。

5.2.2.2 知角处 $tʂʅ^{44}$ $tɕyo^{31}$ $tʂ^{h}ʅ^{21}$、兀角处 vu^{44} $tɕyo^{31}$ $tʂ^{h}ʅ^{21}$、渭角处 vei^{44} $tɕyo^{31}$ $tʂ^{h}ʅ^{21}$

这是一组表示近、中、远三个地点并加以区分的指示代词。“知角处”表示说话人和听话人眼前或手脚可及的地方，“兀角处”表较远的地方，“渭角处”表示更远的地方。这三个词所表示的处所都比较具体，所指的地方也都比较小，大概与这些词中有一个语素“角”即“角落义”有关。例如：

（1）你把知角处这里好好扫嘎。

（2）房子知角处能放阿个书架阿房子这块儿可以放上一个书架子。

（3）兀角处你先嫑管，我一下阿就拾掇呀那里你先别管，我一会儿就要收拾。

（4）兀角处将来能放一盆花。

（5）你姐到你寻书哩，你到渭角处看来没你姐让你找书呢，你到那边去看过没有？

（6）渭角处脏昂很，嫑到渭欸去那边脏得很，不要到那里去。

由于普通话中对于处所只有两分，因而用普通话说明岐山话远与较远的区分，实际上是很困难的，只能示意而已。

5.2.2.3 扎扎 tʂA[44] tʂA[53]、洼洼 vA[44] vA[53]

这是两个表示近指和远指的代词，在岐山话中使用频率很高。通常指示处所是一个较小的关注点。例如：

（1）你到扎扎这儿来，嫑到洼洼那儿去㖭。

（2）来，我扎扎有个耍耍哩，你要呀不我这里有个玩具呢，你要不要？

（3）洼洼那里没人，你就嫑去㖭。

（4）东西就放扎扎这儿，你先走。

（5）小心踏阿洼洼怪水欸㖭小心踩到那儿的那个水里了。

“扎阿、洼阿”与“扎扎、洼洼”尽管在有些情况下可以相互替换，但区别还是存在的。这种区别不仅表现在词形上，也表现在意义上，一般说来，“扎阿”和“洼阿”所指的范围大一些，而“扎扎”和“洼洼”所指的范围则小一些。在这方面,岐山话中还有一组表示近指和远指的处所词“这欸”和“渭欸”,它们表示地点范围就大。总体上说,“扎扎、洼洼,扎阿、洼阿,这欸、渭欸”这三组表示地点处所的代词,语义上有重合点,但区别也是明显的。

5.2.2.4 知面安tʂʅ^{44} miæ̃^{53} æ̃^{21}、兀面安vu^{44} miæ̃^{53} æ̃^{21}、渭面安vei^{44} miæ̃^{53} æ̃^{21}

“知面安、兀面安、渭面安”所指的语义范围,相当于普通话中的“这边”和“那边”。但由于普通话对于这个语域采用两个词语分割。因而,只有“这边”与“知面”相对应,而远指代词“那边”在岐山话中分为较近的远指和较远的远指,分别用“兀面”和“渭面”来表示。一般而言,“这面”通常与“兀面”相对,至于“渭面”,通常单独指示较远的地方,有时,也指普通话中的“那面”。例如:

(1)你到朝知面走嘎,兀面有车哩。

(2)你到去西安看嘎,看渭面那里有沓阿咱们做唔做的活哩没?

(3)知面是山一开,兀面是河一开。

(4)渭面山上有柴哩,你去给沓阿割阿点那面山上有柴呢,你去给咱们砍上一些。

当“渭面”指一个地域时,可以与远指代词“渭欸”互换。如(2)句中“渭面”就可以说成“渭欸”,意思是看看“西安一带”有没有他们干的活。不过,感觉上,“渭欸”表示的距离还是比“渭面”小一些。

5.2.2.5 知搭tʂʅ^{31} tA^{53}、兀搭vu^{31} tA^{53}

这是两个表示近指和远指的代词,是关中一带普遍使用的一对代词。不过,西安话在远指时,用的是“兀搭”和“奈搭”两个词,将远指的语义分较远和很远的两级,岐山话没有这个特点。岐山话中的“知搭、兀搭”相当于普通话的“这一块儿、那一块儿”或“这地方”与“那地方”。例如：

（1）知搭在人都瞎阿哩。你要到兀搭去哩这地方人都坏着呢，你要到那地方去。

（2）你扎目知道知搭阿有卖水果的哩你怎么知道这一块有买水果的呢？

（3）兀搭□ȵiᴀ⁵³产哈蜜瓜哩。你回来些捎阿点那地方人家产哈蜜瓜呢，你回来时捎上点。

5.2.2.6　知邦tʂʅ⁴⁴ paŋ⁵³、兀邦vu⁴⁴ paŋ⁵³、渭邦vei⁴⁴ paŋ⁵³

“知邦”相当于普通话的“这边”，“兀邦”和“渭邦”相当于普通话中的“那边”。普通话远指不再分远与更远，岐山话中的“兀邦”与“渭邦”均为远指，但意义上有些区分。在远指中，“兀邦”比“渭邦”较近且更为具体，而渭邦通常比“兀邦”所指较远且有抽象虚泛的性质。例如：

（1）来，往知邦走，知邦干些儿来，往这边走，这边（的地）干一点儿。

（2）河兀邦麦先安割俩，过阿两天就割知邦呀河那边的麦子已经割了，再过两天就割这边的。

（3）覅到娃娃阿到渭邦去，渭截唉有狼哩不要让孩子们到那边去，那一块儿有狼呢。

岐山话中，还有一个远指的指示代词“渭截唉vei⁴⁴ ȶiɛ⁵³ ɛ²¹”，意义与“渭邦、渭欸”相当，所以凡用“渭邦、渭欸”的场合，均可以被“渭截唉”替换。如上例的（3）句，也可以说成“覅到娃娃阿到渭截唉去，兀邦有狼哩”，意义不变。

5.2.2.7　知岸tʂʅ⁴⁴ ŋæ̃⁵³、兀岸vu⁴⁴ ŋæ̃⁵³

这是两个关中话中普遍使用的指示代词，不过不同地区读音稍有变化。“知岸”和“兀岸”除了在河两边的语境中有“这边岸上”或“那边岸上”的意义之外，通常表示意思为“这边”

或“那边”。例如：

（1）想齐河知岸过呃兀岸，得寻阿个船想从河这岸过到河那岸，得找条船。

（2）知岸人多，兀岸没啥人。

（3）你齐知岸去，我齐兀岸走，看谁走欧快你从这边走，我从那边走，看谁走得快。

5.2.2.8 知头 tʂʅ^{44} tʰou^{21}、兀头 vu^{44} tʰou^{21}、渭头 vei^{44} tʰou^{21}

这三个指示代词是对一个有限的带状、洞状或线状区域的指点与分割。因为是有限的条状或线状，所以有了“头”也就是端点的意义。一般而言，“知头”表示与说话者接近的端点，“兀头”表示离说话者较远的端点，与“知头”相对，“渭头”表示与说话者更远端点，这个意义如果被强调，还可以说成“渭头头 ui^{44} tou^{24} tou^{24}”。例如：

（1）你把知头看住，我到兀头去，看他往达阿跑呀。

（2）你看，知截绳子知头都抹脱哂，兀头还好好的你看，这一截 绳子这一头都脱开了，那一头还好好的。

（3）你往渭头慢慢走，我一下下一会儿就来哂。

（4）你扎目怎么不走哂，一直要走渭头头欧才能到。

（5）防空洞知头人想给渭头人说话哩，阿听不着么防空洞这头的人想跟那头的人说话，死活听不见。

5.2.3 表示时间的指示代词

岐山话中表示时间的指示代词有七组：知会欸、兀会欸、那会欸，知乎、兀乎、渭乎，知庚、兀庚、那庚，知阵恩（子）、兀阵恩（子）、渭阵恩（子），这歇、渭歇、那歇，这嘛、渭嘛，这一向、渭一向。其中，有五组词将时间三分，两组将时间两分。现分别讨论。

5.2.3.1 知会欸 tʂʅ^{44} xui^{31} ei^{21}、兀会欸 vu^{44} xui^{31} ei^{21}、那会欸 lʌ^{44} xui^{31} ei^{21}

这三个表示时间的指示代词,其切分的语义范围与普通话中“这会儿、那会儿”相当。不过,岐山话中将远指代词分为“兀会欸”和“那会欸”,表示较远和更远。例如:

（1）你知会欸这会儿做啥哩?

（2）你给我说,你上课呃上课的兀会欸那会儿说话来没?

（3）当年,日本人打中国人恩打中国人的那会欸那会儿你多大嗫?

有时,这三个代词也可以和普通话中的“这阵子、那阵子”相当,因为它们指示的时间通常都很长。

5.2.3.2　知乎 tʂʅ^{44} xu^{21}、兀乎 vu^{44} xu^{21}、渭乎 vei^{44} xu^{21}

这三个词表示的时间普通话中没有很对当的词,要比较,其指示的时间概念约略相当于普通话中的“现在、刚才、那阵、那时”。“渭乎”可以指离现在较远的时间。另外,“渭乎”有些地方也说成“那乎”。例如:

（1）知乎现在沓阿咱们先吃饭,一下下一会儿再走。

（2）我兀乎刚才那阵有时间哩,你考却没来。

（3）渭乎些,你爹怼你娘还是娃娃哩那时候,你爹和你娘还是孩子呢。

5.2.3.3　知庚 tʂʅ^{44} kəŋ^{21}、兀庚 vu^{44} kəŋ^{21}、那庚 lʌ^{44} kəŋ^{21}

这三个时间指示代词,意义与上组相似。区别在于“知乎、兀乎、渭乎/那乎”强调的是一个时点及这个时点的外围,而“知庚、兀庚、那庚”一开始就表示的是一个较小的时间段。例如:

（1）知庚沓阿做啥呀这段时间我们做什么?

（2）吃饭安兀庚你娘寻你哩吃饭的那会儿你娘找你呢。

（3）你哥上大学那庚沓阿屋欸穷恩很你哥上大学那阵咱们家里穷得很。

如果不加细分,“知庚”也可说就是“现在”,“兀庚、那庚”

可以说就是普通话中的"那阵子"。不过,一般情况下,"知庚"和"兀庚"比较常用,"那庚"使用较少。

5.2.3.4 知阵恩(子)tʂʅ^{44} tʂəŋ^{53} əŋ^{21}、兀阵恩(子)vu^{44} tʂəŋ^{53} əŋ^{21}、渭阵恩(子)vei^{44} tʂəŋ^{53} əŋ^{21}

这是用三个词对三个时段的切分和表述。每个词通常都表示一个较长的时间段。"这阵恩(子)"表示的是以说话当时为中心的这段时间,"兀阵恩(子)"表示已经过去不久的那段时间段,"渭阵恩(子)"表示远离现在的那段时间。这三个词与"知庚、兀庚、那庚"相似,都指的是一段时间,但这三个词表示的时间段更长一些。同普通话中"一阵子"表示的时间段相当。但普通话只有"这一阵子"和"那一阵子"的区别,没有将"那一阵子"分成两个时段来表述。例如:

(1)这阵恩这一阵子有时间哂,沓阿咱们去要去呀。

(2)割麦的兀阵恩那一阵子我还到在西安哩。

(3)你娘还是娃娃阿的渭阵恩那会儿我就见过。

5.2.3.5 这歇tʂei^{44} ɕiɛ^{21}、渭歇vei^{44} ɕiɛ^{21}、那歇lʌ^{44} ɕiɛ^{21}

"这歇、渭歇、那歇"依旧是对时间三分的分割,通常表示的也是一个时间段,不过这个时间段指的是两个事件之间那段间歇,通常的着眼点是前一事件已经完结,而后一事件还没有开始的那段时间。"这歇"是指眼前的这个时间段,"渭歇"是指上一次那个同性质的时间段,"那歇"是指比较遥远的那一时间段。普通话中没有相当词语,"这回、那回、那会儿"与此约略相当,例如:

(1)你哥病好哂,这歇这回你就轻省轻松哂。

(2)你来艾渭歇我没到,今儿好好怼你说话呀你来的那会儿我没有在,今天要好好跟你说说话。

(3)那歇屋欸穷,我记衣碎欸些,就没有吃饱过那会儿家里穷,我记得小时候,就没有吃饱过。

“那歇”表示语义有时比较含糊,相当于普通话“那会儿、那时”。

5.2.3.6 这嘛 tʂei^{44} mᴀ^{21}、渭嘛 vei^{44} mᴀ^{21}

“这嘛”相当于普通话中的“这下”或“这一下”,“渭嘛”相当于普通话中的“那 nei^{51} 一下”。例如:

(1)这嘛这一下你能好好地睡阿一觉俩。

(2)渭嘛那一下我没有做好,这嘛这一下就能做好俩。

“这嘛”和“渭嘛”表示时间是旧有过程已经结束,新过程开始的这一段时间,重点在于强调时间将向下一过程进行。

5.2.3.7 这一向 tʂei^{44} i^{31} ɕiɑŋ^{44}、渭一向 vei^{44} i^{31} ɕiɑŋ^{44}

这是一组将时间二分的指示时间的代词。“这一向”表示现在或以现在为中心向稍前或稍后延伸的一段时间,“渭一向”指以过去的特定事件为中心的那一段时间,普通话中也可以用“这一段时间、那一段时间”来表达。这两个时间段,一般并不衔接。例如:

(1)这一向你做啥哩?

(2)渭一向你忙得很,我连你衣人都寻不着那一段时间你忙得很,我连你的人都找不着。

5.2.4 表示性质或状态的指示代词

岐山话中表示性质状态的指示代词有五组:知目、兀目、那目,知样、兀样、暮样,知目阿、兀目阿、那目阿,知目开、兀目开、那目开”,到暮、暮个、暮开。前四组词一律三分,对应关系比较整齐,第五组几个词之间语义关系不是很明显。现分组讨论如下。

5.2.4.1 知目 tʂʅ^{44} mu^{53}、兀目 vu^{44} mu^{53}、那目 lᴀ^{44} mu^{53}

这是一组对应很整齐的表示事物状态的代词。“知目”相当

于普通话的“这样”,“兀目”和“那目”相当于普通话中的“那样”。岐山话中,“知目、兀目”使用的频率比“那目”高。例如:

(1)你看,这一笔不对,要到按知目这样写哩。

(2)你到兀目说些,我就不去咧你要那样说,我就不去了。

(3)兀目/那目那么干不行恩,要知目这么做哩。

5.2.4.2 知样 $tʂʅ^{44}$ $iaŋ^{53}$、兀样 vu^{44} $iaŋ^{53}$、暮样 mu^{44} $iaŋ^{53}$

“知样”即“这么、这么样”,“兀样”和“暮样”即“那么、那么样”。岐山话中三分,普通话中两分。例如:

(1)知样阿不行,兀样阿不行,阿你说扎目呀这样也不行,那样也不行,那你说怎么办?

(2)到暮样做些,谁不会做嗄照那样做的话,谁不会做。

(3)你一下下知样,一下下兀样,到人扎目说你哩你一会这样,一会儿那样,让人怎么说你呢。

(4)暮样不行,一下下你媳妇就来咧那样不行,一会儿你媳妇就来了。

“知样、兀样”除了表示事物的性质状态外,还可以指代事物。例如:

(1)这嘛到西安去呀,你把你衣知样、兀样都拿上,嫑忘了这一下,要到西安去了,你把你的这样、那样(东西)都拿上,不要忘记了。

(2)夜唉你说阿怪那知样、兀样我都忘咧么昨天你说的这呀、那呀的,我都忘了。

(3)你知样东西没有,兀样不要,阿你要啥呀你这样的东西没有,那样不要,那你想要什么?

此时,“知样”有了“这样”的意思。不过在这种情况下,与其相对应的词就变成了“兀样”即“那样”的意思。如“知样东西我没有,兀样东西我阿不要这样的东西我没有,那样东西我不要”。

5.2.4.3 知目阿 $tʂʅ^{44}$ mu^{53} $ᴀ^{21}$、兀目阿 vu^{44} mu^{53} $ᴀ^{21}$、那目阿 $lᴀ^{44}$ mu^{53} $ᴀ^{21}$

这是一组将动作的状态分成三种情况加以表述的代词。"知目阿"相当于"这么、这么样、这样","兀目阿"和"那目阿"相当于"那么、那么样、那样"。例如:

(1)你到知目阿做哩,都供不起一个大学生吗你照这么样干,都供养不起一个大学生吗?

(2)知该活像你娘兀目阿做不行这个活儿像你娘那么样干不行。

(3)当年,你爹那目阿做活哩,还是养活不了屋欸人当年,你爹那么样地干活,还是养活不了家里人。

岐山话中的"知目阿、兀目阿、那目阿"在语义上主要不是对动词的性质和状态进行区别,而是对动词进行的时间和空间的区别。"知目阿"主要指的是"现场"和"现在","兀目阿"主要指是"现场以外"和"过去及现在","那目阿"主要指"现场以外"和"过去"发生的事。

5.2.4.4 知目开 $tʂʅ^{44}$ mu^{53} $k^{h}E^{21}$、兀目开 vu^{44} mu^{53} $k^{h}E^{21}$、那目开 $lᴀ^{44}$ mu^{53} $k^{h}E^{21}$

"知目开"相当于普通话中"这样、这样的","兀目开"和"那目开"相当于"那样、那样的"。常作"是"的宾语,亦可作定语。例如:

(1)知该事是知目开一开,兀该事是兀目开一开这个事是这样的,那个事是那样的。

(2)有知目开事,我给你说嘎有这样一件事,我给你说一下。

(3)我今儿才知道怪事是那目开一开我今天才知道那件事是那样的。

(4)我给你说嘎,概事是那目开一开我给你说一下,这事是这样的。

这一组词表示比较虚泛的空间概念。主要是对事件空间感知加以区别。“知目开”空间感知距离近，“兀目开”和“那目开”空间感知距离较远。一般而言，“知目开”和“兀目开”经常对举，“那目开”通常单用。

5.2.4.5 到暮tɔ⁴⁴ mu⁴⁴、暮个mu⁴⁴ kɔ⁵³、暮开mu⁴⁴ kʰᴇ⁵³

这是三个意义关联不大的代词，用以指示事物表示性质和状态。其意义与普通话“那样、那样的”约略相当。例如：

（1）你嫑到暮哂，不嫌人笑话你不要那样了，难道不怕人笑话吗。

（2）你再到暮些，我就走哂你如果再那样，我就走了。

（3）不到暮做不成不那样做不成。

（4）暮个事还叫人哩吗那样一件事还要叫人吗？

（5）知该是暮个一开，你听我给你说这件事是那样的，你听我给你说。

（6）暮个了，阿沓就走那样了，那我们就走吧。

（7）暮开事，给人说起难张口么那样的事，给别人说起来难张口。

（8）洼阿怪活是暮开一开，你来了就知道哂那里那个活是那样的，你来了就知道了。

“暮个、暮开”具有类似的语法功能，通常都能被“知这”修饰。一旦其被“知”修饰，意义也就发生了变化，不再是“那样”，而是“这样”了。例如：

（9）知暮个事，就给人嫑说哂这样的事，就不要给人说了。

（10）你说阿概事是知暮开一开吗你说的这件事是这样的吗？

5.2.5 表示数量的指示代词

岐山话中表示数量的指示代词有四组：知目些、兀目些、那目些，知点、暮点、兀点、那点，知些、暮些，在些、外些。两组三分，两组两分。现分别讨论如下。

5.2.5.1 知目些tʂʅ⁴⁴ mu⁵³ siɛ²¹、兀目些vu⁴⁴ mu⁵³ siɛ²¹、那目些lʌ⁴⁴ mu⁵³ siɛ²¹

岐山话中，“知目些”相当于“这么多”，“兀目些”和“那目些”相当于“那么多”。例如：

（1）你先拿了知目些苹果，我窝我们一月都吃不完。

（2）你看，我扎阿还有兀目些没吃哩，你给你娘拿阿点你看，我这里还有那么多没吃哩，你给你娘拿上点儿。

（3）渭欸年，咱阿屋欸柿子树卸了那目些柿子，都给了人哂那一年，咱们家里的柿子树上摘了那么多柿子，都给了别人了。

一般情况下，“知目些、那目些”对举，使用频率较高，“那目些”通常表述那些不在现场或比较遥远事物。

5.2.5.2　知点 tʂʅ^{44} ȶiæ̃^{21}、暮点 mu^{44} ȶiæ̃^{21}/兀点 vu^{44} ȶiæ̃^{21}、那点 lʌ^{44} ȶiæ̃^{21}

岐山话中的“知点”相当于“这么一点”，“暮点、兀点”和“那点”相当于普通话中“那么一点”，通常表示指代的事物较少。例如：

（1）你蛮安知点家当，还做啥生意哩嗄你总共就这么一点儿家当，还做什么生意呢？

（2）你不好吗，蛮安吃了暮点饭你病了吗，总共就吃了那么一点饭？

（3）就你那点那么一点本事，还能挣阿挣上钱吗？

指示事物少时，“知点、暮点”比较常用，“暮点”常常与“知点”对举。此外，还一个代词“兀点”常常与“知点”对举，但“兀点”意为“较小或较少的那一点”，而“暮点”意为“很小或很少的那一点”，语义上略有不同，使用起来要看表义的需要。“那点”通常指示距现场时空较远的事物，当然包括心理空间和时间。例如：

（1）兀点那么一点儿活还要知目多这么多人做哩吗？

（2）那点那么一点事我知道扎目怎么做。

5.2.5.3　知些 tʂʅ^{44} siɛ^{53}、暮些 mu^{44} siɛ^{53}

"知些"相当于"这些","暮目"相当于"那些、那么些"。"知些"一般指示的都是数量或体量并不太大的事物,而"暮些"则有事物数多量大的意思。此外,还有一个区别是一个在眼前,一个所处距离较远。通常两者均只作定语。例如:

(1)知些这些书你能看完吗?

(2)我洼阿那里还有暮些那么些书哩。

(3)都写了知目这么长时间咧,还有暮些那么多作业哩吗?

5.2.5.4　在些 tsᴇ^{44} siɛ^{53}、外些 vᴇ^{44} siɛ^{53}

"在些"与"外些"通常对举连用,意义上与上一组代词有重合之处,也相当于普通话中的"这些"和"那些",但更具强烈的现场感。例如:

(1)你覅考虑外些那些事,就好好想把在些这些事做好就行咧。

(2)外些那些事,都是伢领导考虑的事一开,沓阿咱们就想各呀自己在些这些事。

岐山话中,可以说"知些事",也可以说"在些事",区别在于"知些"表示的现场范围较大,且通常多为意念中的事物,而"在些"所指现场范围较小,多为可目指和手指的具体的事物。

5.2.6　其他指示代词

除了上述指示代词以外,岐山话还有一些其他类型的指示代词。如表示分指的"各、各个、一价",表示泛指的"性啥、嘎大麻希",表示另指的"再艾、单另、另",等等。下面也分别讨论一下。

5.2.6.1　分指代词

岐山话里有三个分指代词:各 kuo^{31}、各个 kuo^{31} kɔ^{44}、一价 i^{31} tɕiᴀ^{44}。分指代词用指示各个人或物。例如:

(1)各人事各人管。

(2)各个每个部门都要提高警惕哩。

（3）覅抢，苹果一价一人一个。

除了“一价”与普通话差别较大外，另外两个词其词形和功能与普通话相仿。岐山话中不说“每”。

5.2.6.2 泛指代词

泛指包括两个意思，一是统指，二是一种泛化的指代。岐山话里没有“一切”这个代词，有一个同功能的词“性啥 siŋ^{44} ʂA^{21}”统指一切事物，“嘎大麻希 kA^{31} tA^{44} mA^{31} ɕi^{21}”泛指那些叫不上名字的事物。例如：

（1）你把要拿的性啥都拾掇嘎，沓阿一下阿就走呀你把要拿的所有东西都收拾一下，咱们一会儿就走。

（2）你看抽屉黑欶里面还有啥哩？一堆嘎大麻希的烂东些东西，阿不知呃不知道□ȵiA^{53}他还要哩不？

“嘎大麻希”通常含贬义，在普通话里找不到相应的词。

5.2.6.3 另指代词

另指代词是说，在此事之外另指一事物。其特点表现为此事从说话人的视野中隐去，而将另指的事物作为焦点加以叙述。岐山话里有三个这类的代词：再艾 tsE^{44} E^{21}、单另 tæ̃^{31} liŋ^{44}、另 liŋ^{44}。例如：

（1）再艾人都来唡没别的人都来了没有？

（2）我窝才吃了，给你单另做唔吃阿点我们刚吃过，给你另外做着吃上点。

（3）知该人不行，另叫阿个人这个人不行，另叫上一个人。

5.3 疑问代词

岐山话中的疑问代词有二十多个，分别可以询问人、物、处所、时间、性质状态、数量、原因。具体列表如下。

表8-3 岐山话疑问代词总表

类型	词例
人	谁 sei^{24} 谁欸 sei^{31} ei^{53} 谁呀 sei^{31} iᴀ^{53}
物	啥 ʂᴀ^{44} 哪个 lᴀ^{31} kɔ^{21} 阿个 ᴀ^{31} kɔ^{21}
处所	达搭 tᴀ^{24} tᴀ^{21} 达阿 tᴀ^{31} ᴀ^{53} 哪搭 lᴀ^{24} tᴀ^{21} 阿搭 ᴀ^{24} tᴀ^{21} 哪面 lᴀ^{31} miæ̃^{21} 阿面 ᴀ^{31} miæ̃^{21} 哪邦 lᴀ^{31} pɑŋ^{21} 阿邦 ᴀ^{31} pɑŋ^{21} 啥阿处 ʂᴀ^{44} ᴀ^{53} tʂʰʅ^{21} 啥角处 ʂᴀ^{44} tɕyo^{53} tʂʰʅ^{21}
时间	啥会 ʂᴀ^{44} xui^{21} 啥乎 ʂᴀ^{44} xu^{21} 几时 tɕi^{44} sɿ^{21} 啥时节 ʂᴀ^{44} sɿ^{31} ȶiɛ^{53}
性态	啥 ʂᴀ^{44} 扎目 tʂᴀ^{31} mu^{21} 扎 tʂᴀ^{31} 考扎目 kʰɔ^{24} tʂᴀ^{31} mu^{21} 扎目个向 tʂᴀ^{31} mu^{21} kɔ^{31} ɕiɑŋ^{44} 扎来 tʂᴀ^{44} lᴇ^{53} 扎吃呀 tʂᴀ^{31} tʂʰʅ^{53}iᴀ^{21}
数量	几 tɕi^{53} 多少 tuo^{31} ʂɔ^{21} 多商 tuo^{31} ʂɑŋ^{21} 多大点 tuo^{44} tᴀ^{31} ȶiæ̃^{21}
原因	因啥 iŋ^{53} ʂᴀ^{21} 为啥 vei^{44} ʂᴀ^{21} 丂 kɔ^{31} 为什么

5.3.1 问人的疑问代词

岐山话中问人的疑问代词不多，大致有“谁 sei^{24}、谁欸 sei^{31} ei^{53}、谁呀 sei^{31} iᴀ^{53}”几个词。例如：

（1）谁来咧？你是谁一开？

（2）扎阿放的谁欸书？甭动，我阨书一开这里放的谁的书？不要动，是我的书。

（3）谁阿娃娃哭哩谁家的孩子在哭呢？

“谁”在岐山话里不分单复数，可作主语和宾语。“谁欸”是岐山话“谁”的领格形式，通常在句子中作定语。“谁呀”在岐山话中是一个很特殊的词，功能比较复杂。语音演变情况如下：

谁家 sei^{31} tɕiᴀ^{53}→谁呀 sei^{31} iᴀ^{53}→谁阿 sei^{31} ᴀ^{53}

岐山话中的“谁呀”有两个意义，一个意义为“谁的”，一个

意义"谁人、哪一家"。前一个意义通常只能作定语,后一意义可以作主语、宾语和定语。例如:

(1)谁呀房子有人哩谁家的房子有人?

(2)谁呀卖油条哩哪一家卖油条?

(3)知该是谁呀机器一开这是哪个单位的机器?

(4)谁呀要打叙利亚哩哪个国家要打叙利亚?

(5)谁呀打谁呀哩谁家打谁家呢?

(6)谁打谁呀哩谁打谁家呢?

5.3.2　问物的疑问代词

岐山话询问事物的代词有"啥ʂᴀ44、哪个lᴀ31 kɔ21、阿个ᴀ31 kɔ21"等几个词。

"啥"是岐山话中使用范围和频率很高的代词,相当于普通话中的"什么",在句中常作谓语、宾语和定语。例如:

(1)知该是啥一开这是什么?

(2)你知道个啥嘎你知道个什么嘛?

(3)啥事都要问你爹哩什么事都要问你爹呢?

"哪个"和"阿个"应该是一个词的两个语音变化形式。"阿个"更随意一些,口语色彩也更浓一些,"哪个lᴀ31 kɔ21"更为正式一些。意义上相当于普通话中的"哪个",但在普通话中"哪个"是一个指量短语,在岐山话中则为一个词,因为这个意义上的"哪"和"阿"不能单说。"哪个"和"阿个"作为一个词可以在句中作主语、宾语和定语。例如:

(1)哪个/阿个瞎哂哪个坏了?

(2)你要哪个/阿个哩你要哪个?

(3)你说,哪个/阿个树出日虫哂你说,哪个树出了虫了?

"哪个"与"阿个"中都有一个量词性的语素"个",这个

“个”除了同物搭配以外，还可以和人搭配，因而，“哪个/阿个”除了问物以外，还可以问人，以上所述功能不变。例如：

（1）哪个/阿个叫我哩？

（2）你叫哪个/阿个哩？

（3）哪个/阿个人跑咧？

由于询问的是人，上面句子中的“哪个/阿个”在作主语时，均可以用“谁”来替换，如（1）（2）句中的“哪个”或“阿个”，但语气上有些变化。

5.3.3 问处所的疑问代词

岐山话中询问处所代词比较多，可以分成三组：达搭、达阿、哪搭、阿搭，哪面、阿面、哪邦、阿邦，啥阿处、啥角处。分别讨论一下。

5.3.3.1 达搭 tA^{24} tA^{21}、达阿 tA^{31} A^{53}、哪搭 lA^{24} tA^{21}、阿搭 A^{24} tA^{21}

这四个询问处所的代词又可以分成两组，“达搭、达阿”通常用于言语现场近处的处所，“哪搭、阿搭”通常用于询问较远处的处所。例如：

（1）你娘到达搭哩哪儿呢？我扎目怎么看不着看不见嘎。

（2）书到在达阿放昂放着哩？给我取嘎嘎书在哪里放着呢？给我取一下吧。

（3）你概这手机是到在哪搭哪里买阿买上的？

（4）你说你到在阿搭哪里哩，我寻你去呀。

一般而言“达搭”比“阿搭”距言语现场更近一些，“阿搭”是“哪搭”音变形式，功能上没有大的区别。

5.3.3.2 哪面 lA^{31} $mi\tilde{æ}^{21}$、阿面 A^{31} $mi\tilde{æ}^{21}$、哪邦 lA^{31} $paŋ^{21}$、阿邦 A^{31} $paŋ^{21}$

这四个询问处所的代词也分成两组：“哪面、阿面”为一组，“哪邦、阿邦”为一组。前一组问的哪一“面”，后一组问的是哪一“邦”，也即哪一边。岐山话将“边”称为“邦”。例如：

（1）哪面有爷婆阳光哩，到让人晒嘎。

（2）你爷到阿面住日住着哩，我去看嘎。

（3）哪邦种恩种的大麦，阿邦种恩种的豆子？

上例中，“哪面”和“阿面”、“哪邦”和“阿邦”均可以替换而意义不变，因为“阿面”和“阿邦”分别是“哪面”和“哪邦”音变形式。一般而言，“哪面、哪邦”更为正式一些，“阿面、阿邦”更为口语随意一些。

5.3.3.3　啥阿处ʂA^{44} A^{53} tʂ^{h}ʅ^{21}、啥角处ʂA^{44} tɕyo^{53} tʂ^{h}ʅ^{21}

这是两个询问具体地点和处所的代词，通常要求对于所问的地点和处所有较为具体的回答。例如：

（1）你娘阿娘家到在啥阿处哪一块哩？到韩呀村韩家村哩。

（2）你哥到啥阿处去咧？到西安去咧。

（3）你给我说嘎，你怪那脏衣服到在啥角处哪个旮旯拐角哩？

（4）你把我帽子放啥角处咧？我寻不着咧。

“啥角处”相当于普通话的“哪个旮旯拐角”，但无贬义，通常离言语现场比较近，也就是言语者生活起居的地方。“啥阿处”通常离言语现场比较远。但有一个共同的特点，就是询问一个具体的处所，也要求回答具体处所。

5.3.4　询问时间的疑问代词

岐山话中，询问时间的代词有两组：啥会、啥乎，几时、啥时节。分别讨论一下。

5.3.4.1　啥会ʂA^{44} xui^{21}、啥乎ʂA^{44} xu^{21}

这是两个使用频率很高的代词，通常是对一个较小的时段发问。“啥乎”应是“啥会”的衍生形式，是“啥会”语音变化的结果。例如：

（1）沓阿咱们啥会吃饭呀？

（2）你啥乎走呀？

岐山话“啥会”和“啥乎”在意义上可以替换，功能几乎没有区别，色彩上，“啥乎”可能更“土”一些。

“啥会”和“啥乎”也有一种虚化用法。例如：

（1）你啥会/啥乎来些来时给我说嘎，我接你去。

（2）啥会/啥乎吃饭呀？ 你说啥会/啥乎就啥会/啥乎。

5.3.4.2 几时 tɕi^{44} sɿ^{21}、啥时节 ʂA^{44} sɿ^{31} ȶiɛ^{53}

“几时、啥时节”通常是对一个较长的时段发问。例如：

（1）你几时回西安呀你什么时候回西安？

（2）车几时就来咧车什么时间就来了？

（3）知庚是啥时节咧现在是什么时候了？

（4）啥时节就能割麦咧什么时候就能割麦了？

上句的“几时”不是普通话的“几点钟”或“几时几分”。岐山话中的“几时”指“什么时候”或“什么时间”。要问几点几分，岐山话会说“知庚几点咧？”“啥时节”也问的不是季节，而是问“什么时间、什么时候”。“时节”与“时间”在语音上有无联系，待考。

5.3.5 询问性质状态的疑问代词

岐山话中，询问事物的性质与状态的代词比较多，有“啥、扎目、扎、考扎目、扎目个向、扎来、扎吃呀”等，分别可以表示“什么、怎么、怎、又怎么了、怎么样、怎么了、怎么办”等意义。这些意义，有些在普通话中是用句法关系来表现的。现分别讨论一下。

5.3.5.1 啥 ʂA^{44}、扎目 tʂA^{31} mu^{21}、扎 tʂA^{31}

“啥”相当于普通话中的“什么”，可以问事物，也可以询问人或事的性质，常在句中作定语和宾语。例如：

（1）你喝呃怪是个啥水一开你喝的那是什么水？

（2）你天天怼啥人都到一搭哩你天天跟什么人在一起呢？

（3）啥天气说啥话哩，今儿不走俩。

（4）你衣你们今儿吃啥哩？

（5）事先安到扎阿俩，阿你做上点啥嗄事情已经到了这个地步了，你做上点什么吧。

“扎目、扎”相当于普通话中的“怎么、怎、怎么办”。通常在句中作状语或谓语。例如：

（4）下阿知目大，你衣扎目来呀（雨）下得这么大，你们怎么来呢？

（5）你把祸动阿俩，这嘛扎目呀你把祸闯下了，这下怎么办？

（6）知目冷，你扎不穿衣服嗄这么冷，你怎么不穿衣服？

（7）知该事扎弄，你拿点点这件事怎么办，你拿主意。

“扎目”和“扎”可以替换，意义不变，“扎目”使用频率高一些。“扎目”也可与岐山话中的“考又”配合，构成“考扎目”，“考扎目”相当于普通话中的“又怎么了”，在句中作谓语，在岐山话中经常使用。例如：

（1）阿考扎目俩嗄？ 考哭哩又怎么了？ 又哭了？

（2）到你要叫人来，要叫人来，你把人叫奥来俩，这嘛考扎目呀让你不要叫人来，不要叫人来，你把人叫来了，这下怎么办呀？

不过，“考扎目”在功能上已相当于短语了。

5.3.5.2 扎目个向 tʂA^{31} mu^{21} kɔ^{31} ɕiɑŋ^{44}、扎来 tʂA^{44} lE^{53}、扎吃呀 tʂA^{31} tʂʰʅ^{53} iA^{21}

“扎目个向”相当于普通话的“怎么样”，经常在句中作谓语，也可以说成“扎目开向”。例如：

（1）你到西安有一年俩，扎目个/开向你到西安有一年了，怎么样啊？

（2）你怪数学老师扎目开向你那个数学老师怎么样？

（3）知目这么长时间没到你屋去，你爹你娘扎目开向？

"扎来"相当于普通话中的"怎么了"或"怎么回事",经常在句中作谓语。例如:

(1)扎来? 没人哂吗怎么了? 没有人了吗?

(2)你问你娘扎来,□ȵiA⁵³夜唉给我打电话哩你问你娘怎么了,她昨天给我打电话呢。

(3)你扎阿扎来? 扎目红呃哩你这儿怎么了,怎么红着呢?

"扎吃呀"相当于普通话"怎么办",在句中常作谓语。但在岐山话中,这个"怎么办"常常是自已或别人做了不好的事后,带有不知所措或恐吓对方的意思。例如:

(1)我今年没挣下钱,你哥问些扎吃呀?

(2)我给伢人家把娃娃孩子遗丢哂,你姐问娃娃些扎吃呀?

(3)你把知目这么好奥好的衣服给伢弄脏哂,看你扎吃呀?

(4)看你给伢人家把房子烧了扎吃呀?

(5)你不好好写作业,看你明儿到学校去了扎吃呀!

5.3.6 询问数量的疑问代词

岐山话中数量疑问代词不多,有"几、多少、多商、多大点"几个。分别讨论一下。

5.3.6.1 几tɕi⁵³

"几"作为疑问代词,在岐山话中可以问时间,如"几时";也可以问数量,如"几天、几个、几回"。例如:

(1)今儿走了几个人?

(2)你到北京去了几回?

(3)你还能记起几件事?

岐山话中,"几"除时间名词外,通常不与其他名词直接搭配,常常与名量词或动量词结合构成一个短语充当句子成分。如上例中的"几个、几回、几件"。

5.3.6.2 多少 tuo^{31} ʂɔ^{21}、多商 tuo^{31} ʂɑŋ^{21}

这两个代词语音上有些关联,"多商"应是"多少"读音弱化的结果,因而本质上是一个词。例如:

(1)你衣你们屋欸家有多少/多商人?

(2)多少年过去哂,你还没变大样。

(3)今儿你能喝多少?

(4)你不知道我到在梦黑欸梦里面把你想昂想了多少回!

"多少、多商"常在句中充作定语和谓语,有时也可作宾语,亦可同量词结合充当句子其他成分。

5.3.6.3 多大点 tuo^{44} tᴀ^{31} ȶiæ̃^{21}

"多大点"相当于普通话中"多大点儿",但意义有所不同。岐山话中的"多大点"通常是对所问事物量的询问,尽管与普通话有一个共同点是问话人感觉所问的对象很少、很小时才会有此发问,但普通话中的"多大点儿"还有一个意思是可以用此对人物"年龄"发问,这个用法在岐山话中是没有的。例如:

(1)你还有多大点钱哩你还有多少钱?

(2)你看你还有多大点地能种麦你看你还有多少地能种麦?

(3)你看你房子才多大点地方,你还想请客哩你看你房子才多大点儿地方,还想请客哩。

5.3.7 问原因的疑问代词

岐山话中有三个询问原因的代词:因啥、为啥、丂。现在分别讨论一下。

3.7.1 因啥 iŋ^{53} ʂᴀ^{21}

"因啥"可以询问事件的具体原由,也可以询问事件结果的一般性原因,后一意义相当于普通话中"为什么",与岐山话中另一个词"为啥"同义。而前一个意义,普通话中没有相当的词,其意义相当于"由什么事引起",通常在句中作状语。例如：

(1)知目重要奥事，你因啥阿不来这么重要的事，你为什么不来？

(2)你两昂因啥打阿捶咧你们两个因为什么打架了？

(3)你因啥阿骂人哩你因为什么事骂人呢？

(4)老师因啥到你回来咧老师为什么让你回来了？

(5)你给我说，你因啥阿跑咧你给我说说，你为什么跑了？

句(3)(4)(5)中“因啥”强调事件的直接起因与原由，因而询问的不是一般性的原因，这一点同下面要谈的“为啥”有所不同。因为“因”在岐山话里可以单用，如可以说“知该事因你而起，你不管谁管哩？”因而，“因啥”这种用意很可能不是以一个词的资格出现的，而是以短语资格出现的。我们倾向于认为这种意义上的“因啥”为介宾短语，而不是一个词。

5.3.7.2 为啥 vei^{44} $ʂA^{21}$

“为啥”询问事件的原因，意义与普通话“为什么”相当。通常在句中作状语和谓语。例如：

(1)人伢人家给你做活哩，你为啥给伢人家不给钱？

(2)人都走哩，你为啥不走？

(3)你娘为啥阿骂你哩，为啥不骂我哩？

“为啥”通常强调事件的一般性原因。“为啥”在岐山话中是一个离合词，分开后，可以构成动宾结构。如“人活呃，到底为欸为的啥？”

5.3.7.3 丂 $kɔ^{31}$

这是岐山及周边地区特有的一个疑问代词，意义相于普通话中的“为什么”，句子中通常作状语。例如：

(1)丂到暮啥哩为什么那样做？

(2)你娘到你去哩，你丂不去衣哩你娘让你去呢，你为什么不去呢？

（3）说得好，我丂不信嘎你倒说得好，可我为什么相信呢？[①]

“丂”的用法很复杂，有待深入研究。

六 叹词

叹词是表示人感叹、呼唤、应答的词，也可以表示惊讶、赞美、埋怨、叹息等意义。叹词通常得声于人类在表示感叹、呼唤、应答时发出的不同声音，因而在不同的语言或方言中，这类词受各自的语音系统影响，会形成不同的语音面貌。

6.1 叹词的分类

6.1.1 表示呼唤

哎 Eː^{44}：招呼离说话人很远的人。如：

哎——，覅走咧，前头路断咧。

噢 ɔː^{44}：引起人们注意。如：

噢——，狼来了！

6.1.2 表示应答

啊 A^{24}：表示应答。如：

“玲玲！”“啊，做啥呀？”

嗯 əŋ^{24}：表示询问。如：

嗯？你走呀吗？

嗯 əŋ^{31}：表示回应。如：

嗯，就到知目这么办。

① 这是岐山话中一个特有的句式，普通话中没有很准确的对译形式，照顾了句义，句类则发生了变化。

噢ɔ^{31}:表示对对方意见的附和。如:

我给怪说:"你不好了,给你娘说嘎。"伢说:"噢,就说呀。"

6.1.3 表示惊叹

呀iA^{24}:表示惊叹的声音。如:

呀! 你挨打呀!

啊A^{24}:表示惊叹。如:

阿! 你说啥?

娘ȵiA^{24}:表示惊叹,亦可重叠,作用不变。如:

(1)娘! 扎吃呀!

(2)娘娘ȵiA^{31} ȵiA^{53},你丂又到暮那样啥哩? "

6.1.4 表示特定情感

艾E^{44}:表示悲伤的心情。如:

艾Eː^{44}——(哭腔),我扎目怎么知目这么命苦嗄!

艾E^{31}:表示叹气声。如:

艾,今年麦考又瞎咧。

6.1.5 用于驱赶家畜及动物

得乞tei^{53} tɕʰi^{21}:用于赶牛。

兽sou^{53}:用于赶猪。

欧失ou^{53} ʂʅ^{21}:用赶鸡、麻雀或鸟类。

6.1.6 用于驱使动物

哇失VA^{31} ʂʅ^{21}:驱使狗追逐目标或咬人。

够够kou^{44} kou^{44}:让鸡来吃食。

欧阿欧ou^{44} A^{31} ou^{44}:让牲口右转。

6.1.7 用于呼唤家禽

知知知知tʂʅ^{24} tʂʅ^{44} tʂʅ^{44} tʂʅ^{44}：叫鸡。

唠唠唠唠lɔ^{24} lɔ^{44} lɔ^{44} lɔ^{44}：叫猪。

耳耳耳耳ɚ^{24} ɚ^{44} ɚ^{44} ɚ^{44}：叫狗。

6.2 叹词的功能

叹词的独立性很强，通常它不跟其他词组合，也不充当句子成分，能独立成句。例如：

（1）我娘娘阿，这嘛扎目呀我的天，这下怎么办呀！

（2）“哇失！”咬怪那人去！

（3）你听阿哂没？ 嗯əŋ^{24}？

（4）哎ɛː^{44}——，谁到沟底阿沟底下哩？

（5）你娘到洼喂鸡哩，你听，“够够够”。

个别情况下，叹词偶有作句子成分的现象，例如：

（1）你嫑嗯，看你爹回来了你扎目怎么给□ȵiᴀ^{53}他说呀。

（2）你把沓阿咱们屋家里唠唠猪看嘎，看跑奥跑到达阿哪里去哂。

（3）你把猪兽sou^{53}吆喝嘎，看把粮食吃了。

（1）句中“嗯”作谓语中心语。（2）句中用“唠唠”指代猪，“唠唠”作把的介宾。（3）“兽sou^{53}”意为驱赶猪，不要让它吃粮食，在句中作谓语。

七 象声词

象声词是模拟各种自然声响的词，是用各种语言或方言的语声对自然声的模拟。各语言或方言中的象声词通常只能用自己的语声，在其语音系统内对自然声进行逼近模拟，这也是同一声音各语言或方言的模拟并不一致的基本原因。再加上人们对自然声响个体感受的差异，还有文字转写的差异，即使在同一语言和方言中象声词也会表现出不同的面貌。不仅如此,这些用文字转写下来的象声词,还会随时间的推移而产生音变。所以,虽说是对各种自然声响的模拟,但象声词在各语言和方言中差异还是很大的。同时正因为象声词在各语言和方言中的不同面貌,不同语言和方言才显示出不同的文化意蕴。

7.1 象声词的类型

7.1.1 风声

呼呼 xu^{44} xu^{44} :较大的风声。如:

北风吹得呼呼呼。

呜呜 vu^{44} vu^{44} :较强的风声。如:

风大阿很,吹得呜呜的。

嗖嗖 sou^{44} sou^{44} :较快的风声。如:

风吹欻吹在脸上像刀子一样,嗖嗖的。

唰 ʂA ^{44} :风吹草木的声音,可重叠。如:

外头啥"唰唰"响哩,吹风哩吗?

7.1.2 雷声

咔嚓 $k^{h}A^{31}$ $ts^{h}A^{44}$:形容雷声。如:

咔嚓一声,打了雷咧。

垮塔塔 $k^{h}uA^{31}$ $t^{h}A^{44}$ $t^{h}A^{44}$:响雷的声音。如:

外头垮塔塔一声,把屋欻屋里人吓了一跳,达阿哪儿知目这么大阿大的雷来!

也可表示木板倾倒的声音。

7.1.3 火声

呼呼 xu^{31} xu^{31} :着火的声响。如:

炉子黑欻柴着得呼呼的,还不赶紧加炭。

轰 xuŋ^{31} :火突然着起的声音。如:

我没小心,火“轰”地一下,把我眉眉眉毛都燎奥烧去咧。

扑轰扑轰 p^hu^{31} xuŋ^{21} p^hu^{31} xuŋ^{21} :火燃烧的声音。如:

我立灶口,火把人燎得扑轰扑轰的。

7.1.4　水声

咕嘟 ku^{31} tu^{21} :液体沸腾、水流涌出或大口喝水的声音。可重叠。如:

（1）锅呃饭先安咕嘟哩。

（2）他咕嘟咕嘟喝了一大碗水。

滴答: ȶi^{31} tA^{21}形容水滴落下的声音。如:

你看嘎,达阿滴答滴答往下滴水哩。

咕噜 ku^{31} lu^{21} :水流动的声音。如:

给池子灌了一下水,齐管子黑欻咕噜咕噜考又淌咧。

哗 xuA^{31} :象声词,可重叠。如:

河呃河里的水淌得哗哗的。

踢塌 $ȶ^hi^{31}$ t^hA^{21} :在水中走路的声音。如:

下雨咧吗？你走得踢塌踢塌的。

不唧 pu^{31} ȶi^{21} :手沾水后和面的声音,也指水被挤出的声音。如:

你到在注注那里不唧不唧做啥哩？我搋面和面哩。

7.1.5　金属声

铮 tsəŋ^{31} :金属受热或遇冷后的声音,可重叠。如:

（1）水凉得很,把锅激得铮一声。

（2）赶紧下面，锅先安已经烧得铮铮哩。

铛 taŋ^{31}：撞击金属器物的声音。

丁当 ȶiŋ^{31} taŋ^{21}：形容金属、瓷器等撞击的声音，可重叠。如：

怪他脖浪锅阿脖子上有个铃当哩，一走丁当丁当的。

哐 k^{h}uaŋ^{31}：器物撞击震动的声音，可重叠。如：

（1）"哐"一声，脸盆跌唉地下咧。

（2）戏先开咧，锣打得哐昂哐昂的。

7.1.6 物体落地声

七里窟通 ȶ^{h}i^{31} li^{21} k^{h}u^{31} t^{h}uŋ^{21}：形容物体滚动的声音，如：

石头七里窟通齐从山安山上滚疤下去咧。

扑通 p^{h}u^{31} t^{h}uŋ^{21}：形容重物落地的声音。

哐啷 k^{h}uaŋ^{31} laŋ^{21}：器物撞击的声音，可重叠。

啪塌 p^{h}A^{31} t^{h}A^{21}：片状物掉在地上的声音。如：

"啪塌"一声，书跌唉掉在脚底阿地上咧。

轰 xu^{31}：墙或屋的倒塌声。如：

外头"轰"一声，谁呀墙倒咧？

7.1.7 鸟禽声

呱呱 kuA^{24} kuA^{24}：青蛙的叫声。

吱吱 tsʅ^{24} tsʅ^{31}：多形容小动物的叫声，如：

老鼠吱吱地叫。

嗡嗡 vəŋ^{44} vəŋ^{44}：如：

蜜蜂飞得嗡恩嗡恩的。

扑楞 p^{h}u^{31} ləŋ^{21}：形容翅膀抖动的声音，如：

扑楞一声，鸡飞欻下来咧。

□ xuA^{31}：形容迅速动作的声音，如：

老哇乌鸦"□"的一声飞了。

汪汪 $vaŋ^{53}$ $vaŋ^{53}$：形容狗叫的声音。

唧唧 $ȶi^{31}$ $ȶi^{31}$：燕子的叫声。

叽叽喳喳 $tɕi^{31}$ $tɕi^{44}$ tsA^{31} tsA^{21}：麻雀叫声

旋黄旋割 $suæ̃^{44}$ $xuaŋ^{24}$ $suæ̃^{44}$ kuo^{31}：杜鹃的叫声。

够够够 kou^{31} kou^{44} kou^{21}：公鸡叫声。

咕咕 ku^{24} ku^{31}：母鸡的叫声。

咯咯咯 kei^{44} kei^{44} kei^{44}：鸡叫声

岗岗 $kaŋ^{24}$ $kaŋ^{24}$：鹅的叫声。

嘎嘎 kA^{24} kA^{24}：鸭的叫声。

喵呜 $miɔ^{53}$ vu^{44}：形容猫叫的声音。

咩 $miɛ^{44}$：形容羊叫的声音。

突儿 t^hur^{31}：家畜鼻子中发出声响。

7.1.8　人声

嗵嗵 $t^huŋ^{31}$ $t^huŋ^{21}$：心跳声。如：

把我吓得心跳得～的。

圪吱 kei^{31} $tsɿ^{21}$：压迫声。如：

扁担压得圪吱圪吱的。

哧 $ts^hɿ^{31}$：撕扯声。如：

"哧"一声撕呃一块布。

嘭 $p^həŋ^{31}$：敲击声，可重叠。如：

把门敲得"嘭嘭嘭"。

咣 $k^huaŋ^{31}$：形容撞击振动的声音。如：

把门关得"咣"一声。

咚tuŋ^{31} :形容敲门等声音。

梆pɑŋ^{31} :敲门或木棒的撞击声。

圪嘣圪嘣kei^{31} pəŋ^{21} kei^{31} pəŋ^{21} :牙咬碎东西有声音。

□ piɑŋ^{31} :打耳光的声音。如:

给脸上“□□”打了两个撇耳子耳光。

噗p^{h}u^{31} :吹气声。如:

“噗”,一口气把灯吹灭咧。

怦怦p^{h}əŋ^{31} p^{h}əŋ^{31} :形容心跳,如:

心跳得怦怦。

唧哝ȶi^{53} luŋ^{21} :形容小声说话。如:

到洼阿嫑唧哝咧!

扑哧p^{h}u^{31} tʂ^{h}ʅ^{21} :又噗嗤,形容笑声,如:

怪“扑哧”一声给笑咧。

格格格kei^{31} kei^{21} kei^{21} :形容笑声,如:

娃娃笑得“格格格”。

咕居咕居ku^{31} tɕy^{21} ku^{31} tɕy^{21} :锯东西或用老刀切肉的声音。如:

还没有过年哩,你娘考阿已经到洼阿在那里“咕居咕居”切开起来肉咧。

忽哧xu^{31} tʂ^{h}ʅ^{21} :或呼蚩,形容喘息的声音。

忽鲁xu^{31} lu^{21} :可重叠。如:

怪喉咙眼常行经常“忽鲁忽鲁”响哩。

叽里咕噜tɕi^{31} li^{21} ku^{31} lu^{21} :象声词,形容说话别人听不清楚

或听不懂，如：

他俩昂“叽里咕噜”说了半天。

吱哩哇啦tsɿ^{31} li^{31} vᴀ^{31} lᴀ^{31} ：人乱叫的声音。

圪噔kei^{31} dəŋ^{21} ：皮靴声，可重叠。如：

穿了个新皮鞋，走起走起来“圪噔圪噔”的。

也可表示心理音响。如：

我一听知该话，心恩“圪噔”了一下。

噔噔噔təŋ^{31} təŋ^{24} təŋ^{31} ：快速走路的声音。

腾腾腾腾t^{h}əŋ^{31} t^{h}əŋ^{24} t^{h}əŋ^{31} t^{h}əŋ^{21} ：有力的走路或跑步声。如：

你娘先“腾腾腾腾”来哂。

7.2 象声词的功能

象声词，又叫拟声词、摹声词，是摹仿自然声音构成的词。象声词与叹词的功能相近。但没有叹词独立性强。在句中可以作独立成分，也可以作其他成分。例如：

（1）你听，啥响哩，“呼呼”。

（2）才跑了几步，心就跳得“嗵嗵”哩。

（3）天一黑，老鼠就到在楼阿楼上“吱吱”哩。

（4）才走涝池岸安池塘边，鸭子就“扑楞扑楞”下了水哂。

（5）外头下冷子冰雹哩，把房打得“乒乒乓乓”响哩。

（6）“轰！”火一下齐门黑从门里扑匝出来哂。

（7）正睡得好奥哩，到让“吱哩哇啦”怪那声音把人吵醒哂。

“呼呼”为风声，作独立成分。“嗵嗵”为心跳声，在句中作补语。“吱吱”为老鼠叫声，在句中作谓语。“扑棱扑棱”鸭子拍打翅膀的声音，在句中作状语。“乒乒乓乓”冰雹击打房顶的声音，在句中作补语。“轰”火起声，单独成句。“吱哩哇啦”人叫声,在句中作定语。

八 介词

介词是虚词的一种,本身没有实在的意义,主要用在名词、代词前面,组成介词结构,表示时间、处所、方式、对象、比较等语法意义。例如:

(1)齐从明儿明天开始。(表示时间)

(2)到屋欸在家做活。(表示处所)

(3)拿用原则说话。(表示方式)

(4)把作业做完。(表示对象)

介词通常不能单独作句子成分,必须同其后的词或短语构成介词结构,然后再修饰名词、动词、形容词,分别作状语、定语。介词结构通常不作谓语。例如:

(1)朝南安朝南的门开咧。(定语,修饰名词)

(2)往达阿往那里走呀?(状语,修饰动词)

(3)麦打从前几天就黄咧。(状语,修饰形容词)

岐山话中的介词结构与普通话有所不同,一般很少作补语,其基本原因是岐山话中动词韵母局部重叠后可以直接带补语。试比较:

表8-4 岐山话与普通话补语之比较

普通话	岐山话
放在桌子上	放昂放在桌窝桌子上
说到这里	说呃说在扎阿这里
摊在地上	摊安摊在地阿地上
疼在心里	疼恩疼在心恩心里

普通话中的“桌子上、这里、地上、心里”与岐山话中的“桌窝桌子上、扎阿这里、地阿地上、心恩心里”一样,均分别为“放、说、摊、疼”的补语。但使用的语法手段不同。普通话先让“桌子上、这里、地上”和“心里”与介词组合起来构成介词结构,置于动词、形容词之后作补语;而岐山话则通过动词的一种形态变化,即动词、形容词韵母局部重叠,使其功能得到扩展,从而将“桌窝桌子上、扎阿这里、地阿地上、心恩心里”标记为补语。也正因为这一特点,岐山话中介词结构作补语的情况比较少见。也就没有普通话“在、向、于、到、给、自”等介词可以直接附着在动词或其他词语后边,构成一个整体,相当于一个动词的用法。如“落在我身上、奔向二十一世纪、取决于你的考试成绩、勇于实践、走到了目的地、来自纽约”等等。上述用法如果用岐山话表达,则为“落呃我世阿身上、朝二十一世纪走、就看你衣你的成绩咧、不怕实践、走呃地方昂咧、齐纽约来的”。

8.1 表示时间、处所的介词

这类介词在岐山话中有“齐从、由、自、自打、自从、打、到在、往、朝、往向、赶、顺住顺着、沿住沿着、按住按着、按照、照住照着、随、随欸随着”等。例如:

(1)齐从/由扎阿这里走。

(2)我两个自碎儿自小没红过脸。

(3)自打他爹没了,屋欸家里就没有人咧。

(4)自从秋收了,人就没好过。

(5)打夜来昨天就没水,今儿还没水。

(6)不知呃到达阿哪里买车票哩。

(7)一直往东走,就到咧。

(8)知目开这样的走法,赶明儿就到咧。

(9)朝哪面走对欸哩?

（10）顺住/沿住/按住知该这条路往下走。

（11）怪随时都能来。

（12）随欸随着娃娃一天一天长大，大人都老俩。

8.2 表示方式的介词

这类的介词有“按、照、依、经、据、以、凭”等。例如：

（1）阿就按/照你说阿的来。

（2）依你哥奥你哥的方子，你知该这个病怕早就好俩。

（3）经你到知目这样一说，我就想清白明白俩。

（4）以你衣你的体量，还抬不起知目点这么一点石头吗？

（5）我是凭各呀自己本事吃饭哩，又不是来看你衣你的脸色来俩。

8.3 表示目的的介词

这类介词有“为、为欸为了”。例如：

（1）为欸你有个好下家，我把方子办法都想遍俩。

（2）不说为娃娃，单为/为欸为了你，都要去把病看嘎哩。

“为”和“为欸为了”在岐山话中也有动词用法。例如：

（1）你娘辛辛苦苦地一辈子，为欸为了谁，还不是为欸为了你。

（2）你给我说，因啥好好儿的打捶哩，为啥嘎！

8.4 表示原因的介词

这类介词有“因、为、因为”。例如：

（1）因啥骂人哩？

（2）为知目这么点事怼跟人争竞啥哩？

（3）为啥阿为什么打捶哩？

（4）因为在这个没做好，伢人家不来俩。

岐山话中的“为”和“为欸”作为介词，既可表原因，也可表目的。

8.5　表示对象、范围的介词

这类的介词有“怼 tei^{44}跟、把、给”。例如：

（1）你怼跟谁说话哩？

（2）把饭做下咧没有？

（3）你给你娘说，我后晌就去咧。

岐山话中，“怼 tei^{44}”使用频率很高。相当于普通话中的“和、跟、同、与”，可以作介词，也可以作连词，如“我怼你娘、你哥都来咧”。

8.6　表示排除的介词

这类的介词有“除了、除呃、除非”。例如：

（1）除了/除呃你能说知该这个话，再艾人都不行。

（2）除非有人叫你，你覅言传说话。

（3）你扎来怎么了？除了馍馍，还啥能吃？

8.7　表示被动的介词

这类介词有“叫、到”。例如：

（1）你爹叫人掀推倒咧。

（2）我到我哥打了一顿。

（3）马到人被人骑侪踢坏咧。

（4）碗叫人被人端安端着走咧。

岐山话中被动句的表达，没有普通话中的“被”字，也没有表达被动关系的介词“给”，只有两个同功能的字“到”和“叫”。“叫 tɕiɔ^{44}”在关中合阳话中读为 tɕiɔ^{31}，写成“教”（邢向东、蔡文婷 2010），在西安话和岐山话中均读为 tɕiɔ^{44}（兰宾汉 2011）。“到”和“叫”在岐山话中，跟“被”和“给”在普通话中一样，既可以是介词，也可以是表示被动的助词。例如：

（1）你爹叫被掀倒咧。

（2）碗叫被端安走咧。

（3）萝卜叫被拔完咧。

（4）马到被打倒咧。

8.8　表示比较的介词

这类介词有"比、怼tei^{44}、和、齐同、赶"。例如：

（1）我比你高。

（2）你怼你哥比嘎子你跟你哥比一下。

（3）你扎目怎么能和人伢人家比哩嘎。

（4）来，齐同你哥比嘎，看谁高。

（5）我赶你背欸多我比你背的多。

同普通话一样，岐山话中的介词大多与动词有渊源关系，但大部分已经丧失了动词的功能，只有少部分还有动词用法，这部分词有"叫、为、到、比、按住"等。例如：

（1）你去叫人去。

（2）在这是为啥？

（3）你到北京，我到上海。

（4）你俩比嘎。

（5）要到人跌倒了，赶紧按住。

九　连词

连词是用来连接词、短语或句子，表示各种语法关系的虚词。岐山话的连词主要有两类：一类是用来连接词或短语的，另一类是连接句子的。一般说来，岐山话的连词没有普通话那么丰富，语法化程度也没有那么高。

9.1 连接词或短语的连词

岐山话连接词和短语的词分为两类:一类是连接名词及名词性短语的,一类是连接动词及动词性短语的。连接名词及名词性短语的连词有“怼、齐ȶʰi44、跟、和”四个词。其中“怼”的使用频率最高,再就是“齐ȶʰi44”,最后依次是“跟”和“和”。这同普通话里的情况有很大的不同。其中,普通话中很常见两个连接词或短语连词“同”和“与”基本上不用。例如:

(1)你怼你娘都来咧吗?

(2)今儿都有谁来哩?你哥、你爹、你娘怼我。

(3)我跟你娘才乃火刚才吃了半个西瓜,知庚现在肚子还胀昂胀着哩。

(4)夜来我和队长一搭一块儿到县安县上办事去咧,看着看见你姐咧。

(5)你娘齐你到西安有了日子咧吧。

上例中,“你怼你娘”“你哥、你爹、你娘怼我”“我跟你娘”“我和队长”“你娘齐你”中的“怼、跟、和、齐”均为连词,其功能是连结短语和词。

一般而言,“怼、齐”不论是其作为连词还是介词,本土成分较为浓重,而“跟”与“和”使用,受普通话影响较大。

9.2 连接句子的连词

岐山话中还有很多连接句子的连词,通过这些连词还可以表示并列、转折、条件、因果、递进、选择、假设、目的、让步等种种关系。例如:

(1)不是饭不香,而是人不饥。(联合)

(2)虽然你娘不在咧,阿那哈还有你爹哩么。(转折)

(3)既然下咧,就要走咧。(因果)

(4)你两昂两个,或管不管谁来,都一样。(条件)

(5)就是你爹来,你阿也要言传说话。(让步)

(6)不光你没听阿,我阿没听阿。(递进)

(7)钱拿好,省得遗了。(目的)

(8)再是暮开了,咎阿咱们就不去俩。(假设)

(9)或你去,或我去,都一样昂把事办成。(选择)

十 助词

助词是一种依附性强、意义比较虚泛的特殊虚词,是附着在词、词组或句子之上,表示词语和句子结构关系或语法意义的词。岐山话中助词主要有结构助词、时态助词和关系助词。

10.1 结构助词

结构助词就是依附在词或短语之上表示一定结构关系的助词。岐山话中结构助词与普通话一样,只有一种读音,即"ʈi²¹",但由于在功能上有三种区分,为了便于同普通话比较,也依功能的不同在书面上分成"的、地、得"三种书写形式。这三个词,除读音与普通话不同外,功能是相同的。下面分别讨论。

10.1.1 "的"的功能

在岐山话中通常作定语标记。有"的"出现的场合,其前的成分通常为定语,其后的成分通常为定语的中心语。例如:

(1)知该这就是你做阿的事。

(2)在这是你娘给你买阿的衣服。

(3)你说的事,我到在心恩心里放昂放着哩。

(4)叫阿/下的人到在达阿哪里哩?

(5)今年打阿的粮食做了啥哂?

岐山话的定中关系也可以不用"的"。上面句子中的定中关系也可以说成"你做阿事、你娘给你买阿衣服、你说阿/下事、叫阿/下人、今年打阿粮食”。但凡用“的”时,则比较正式和郑重。

10.1.2　“地”的功能

“地”通常为状中关系的标记。被“地”连接的两个语义单位,前面通常为状语,后面的通常是谓语中心语。例如:

(1)你慢慢安地走。

(2)药才熬好咧,你煎煎安热热地喝了。

(3)我扎阿这里疼恩很,你活活呃轻轻地揣摸嘎。

岐山话中通常用“地”这种语法手段表示状中关系的场合并不多。如上面的句子中“地”也可不用。“慢慢安走、煎煎安喝、活活呃揣”表示也是状中关系。一旦用“地”通常都有强调和加强语气的作用。一般而言,岐山话用使用“地”的机会通常比使用“的”机会更少一些。

10.1.3　“得”的功能

“得”是补语标记。被“得”连接的语言单位,前面为谓语中心语,后面是补语。例如:

(1)说得好不及做得好。

(2)怪娃娃那孩子学得瞎得很。

(3)在这个重得很,你拿不起拿不动。

岐山话中“中补”关系的表示,有一个更为常用的语法手段,即通过韵母重叠后,得到一个词尾附加在中心语后,以此为标记来表达“中补”关系。例如“说呃好、瞎阿很、重恩很”。

凡用“得”通常有强调和加强作用。

岐山话还有一些结构助词,如“给”,用在动词和数量补语之间,具有调整语言节律作用,如“掠 liɔ⁴⁴ 给一鞭子、打给一顿、拍给一砖头”。

10.2　时态助词

与普通话相比,岐山话中的时态助词比较丰富,常见的有

“哂 $li\text{A}^{21}$、呀 $i\text{A}^{21}$、来 $l\text{E}^{21}$、了 $li\text{ɔ}^{21}$、开 $k^h\text{E}^{21}$、起 $tɕ^hi\varepsilon^{21}$、阿 A^{21}、得 tei^{21}” 等，它们可以置于动词之后表示种种不同的语法意义。例如①：

（1）你来哂。（先事现在实现体）

（2）我去呀。（后事将来时）

（3）你爹叫来。（先事过去时）

（4）我才喝了两碗水。（先事过去完成体）

（5）先有人说开知该事哂。（当事过去起始体）

（6）吃得饭哂。（后事现在将行体）

（7）到让媒婆给你说阿上个媳妇。（后事将来获得体）

岐山话的时态助词，既有时间的语法意义，也有动作的体貌特征。如（1）句的“哂”就有两个意思：一是表明“来”的动作已经实现，二是表明动作实现的时间在发出这个言语行为之前，而言语是现在发出的；（2）句中的“呀”则表明有一个动作要实施，但同时表明，在说话的当时，这个动作还没有进行；（3）句中的“来”说明过去有过这个动作；（4）句中的“了”表示这个动作已终结，时间是说话之前；（5）句“开”是说有个动作开始进行，开始时间则在关注焦点之后；（6）句“得”是说现在，也就是说话的当时，应该有一个行动开始进行了；（7）句“阿”是说通过动作获得一个成果，而时间在说话这动作发出之后。

另外，岐山话中相当一部分时态助词，可以放在句末，这时，它除了表示事件或动作的时间和体貌外，还有表示特定语气的意思。例如：

（1）你嫑来哂。（祈使）

（2）我今儿就去呀。（陈述）

① 关于时制的概念和分析，参照了陈平（1988）和龚千炎（1995）两位先生的意见。

（3）你爹叫人来。（陈述）

（4）先有人说开知该事哂。（陈述）

（5）说起知该事了，还要怪你哩。（陈述）

以上几句中的“哂、呀、来、哩”均兼表语气的作用，因为没有这些词，句子通常刹不住。有了这些词，句子和语气才算完整了。但同时也应该看到，这些词兼表语气时并不限于一种语气，所以，兼表语气词还是同专职语气词有所区别。

10.3　关系助词

岐山话还有许多助词，既不表结构，也不表时态，而只表示某种关系。这是意义和功能比较特殊的一类词。例如：

去 $tɕ^{h}i^{21}$：用在动词或动宾短语后，表示“的时候”。如：

（1）怪做活去做活的时候不鼓劲使劲。

（2）你只有吃去吃的时候精心用心恩很得很。

去来 $tɕ^{h}i^{21}\ lE^{21}$：用在动词或动宾短语之后，表示“的时候”发生的情况，后半句通常伴随着语义的转折或对立。如：

（1）叫去来没见人。

（2）走路去来把腰闪哂。

（3）吃饭去来把舌头咬破哂。

些：用在假设小句的句末，表示“的话”。如：

（1）你要去些把我叫嘎。

（2）吃饭些把我叫上/阿。

阿：用在动词后，表示“的时候”。与“去来”相似，但后半句通常没有语义的对立或转折关系，更多的是一种承接关系。如：

（1）他走阿没拿棉袄。

（2）来阿呀提了一笼笼柿子。

这些表示关系的词,很难说是连词。所以暂立一类,作为关系助词。

岐山话中没有类似于普通话“木头似的、钢铁般的”的句法结构,因而岐山话里没有比况助词。

十一　语气词

语气词是在句子中间或末尾表达各种语气的词。岐山话中常见的语气词有“嘛mᴀ^{21}、嘎kᴀ^{21}、嗄ɕiᴀ^{21}、吗mᴀ^{21}、么mə^{21}、个kɔ^{21}、考k^{h}ɔ^{21}、一开i^{31} k^{h}ᴇ^{21}”等。通常在句末读轻声。

嘛:置于感叹句末,表示感叹语气。例如:

(1)你看伢人家的房子多大嘛!

(2)将昂刚才戏唱昂唱得多好嘛!

(3)今粮食打阿多多嘛!

嘎:置于句末,表示祈使语气。例如:

(1)你给你哥说嘎。

(2)给替我把书拿嘎。

(3)来,你给我写嘎。

“嘎”还有时态助词的用法,需要注意区别。如“我给你说嘎你就会咧、做嘎活就热咧”里的“嘎”是“一下”的意思,表示动作动量小貌。

嗄:置于句末,表示祈使、感叹和强调等语气。例如:

(1)你给我窝我们说嘎嗄!(祈使并强调)

(2)麻利走嗄!(祈使并强调)

(3)你扎目是知目开人嗄你怎么是这样一个人!(感叹)

(4)在人扎知目瞎嗄这人怎么这么坏!(感叹)

（5）你做啥哩嗄？（强调）

（6）老师扎目怎么还骂人哩嗄？（强调）

其实，“嗄”这个词，本质功能是强调，可以强调祈使句的语气，也可以强调感叹句和疑问句的语气。而其单独表示句类的作用则很弱。

吗：表示疑问语气。表示是非问，也可以出现在正反问和选择问中间。如：

（1）你喝呀吗？（是非问）

（2）你娘看病呀吗？（是非问）

（3）你去呀吗不去？（正反问）

（4）你去呀吗我去呀？（选择问）

么：用在陈述句之后表强调。与普通话中的“嘛”类似。如：

（1）在事这个事难办得很么。

（2）他情愿到知目这样做么。

（3）再人别的人没说话么。

个：表示说话人说的事与听话人的意愿或预计相反。如：

（1）没人去西安杲 $kɔ^{21}$。（你想让人去西安，但却没有人去）

（2）阿伢没人要杲 $kɔ^{21}$。（你想让人要，却没有人要）

（3）外那事瞎啊杲 $kɔ^{21}$。（你想让那事成，却没有成）

“杲 $kɔ^{21}$”这种意义和用法在普通话中还没有看到，其他方言中的情况待考。

考：表示陈述句的一种强调方式，通常用以回答别人询问的内容。例如：

（1）你做啥哩？我学习哩考。

（2）你到达阿去呀？我到西安去呀考。

（3）今儿吃啥呀？我做的面一开考。

（4）你是个啥车一开？是个标致307一开考。

“考”所表示的陈述，通常不是一种简单的客观的陈述，而带有一种较强的主观色彩。其主观色彩意义暗含的意义是“我就是这样、我就是这样做的、这就是我所做的、我喜欢这么干”。这是岐山及周边地区很有特色的一种陈述方式。

一开：主要是用在句末舒缓语气。可以表达多种语气，以陈述语气和疑问语气为多。例如：

（1）在这事就是知目一开。

（2）你拿的啥一开？

（3）外是谁一开？

“一开”也可以同有些语气词连用。例如：

（1）你是永禄他娘一开吗？

（2）我要的是你的书一开考。

（3）怪是你买阿书一开吗？

除了上述语气词之外，岐山话还一些比较特殊的语气词，也分别讨论如下。

哎E^{44}：用在单音节亲属称谓后，一是调整节律，二是增加亲昵的气氛。如：

（1）娘哎，给我拿阿点吃的。

（2）哥哎，你走快些嗄。

球$\mathrm{tɕ^hiu^{21}}$：插在有些双音节词中，表示贬斥、轻慢等语气。如“淡球话、颇球烦、啥球事、算球了”。此类的词还有“屁”和“屄女阴”，用法同上。

十二　词的兼类现象

12.1　“一下”的音变及其语义分化

岐山话中的“一下”具有多种意义和功能。它可以表示动作行为的数量，也可以表示动作涉及对象的数量；可以有“整体、全部”的意思，还可以表示“一会儿”的意思。当“下 xᴀ⁴⁴”重叠为“下下 xᴀ⁴⁴ xᴀ²¹”后可以表示“随即、一小会儿”；“一下”中的“一”省略后，“下”音变为“嘎”，可以表示尝试和祈使等意义。这里分别讨论一下。

12.1.1　一下¹ i⁵³ xᴀ²¹

12.1.1.1　数量词，表示动作行为的数量（动量）

一般放在动词之后，作补语，也可以放在动词之前作状语。例如：

（1）我到在他头上打了一下。

（2）鸡才叫了一下，你就听着见咧。

（3）覅着急，你一下一下舀，都有哩。

这里的“一下”表示确切的数量，不是概数。“一下”放在动词之前时，可按ABAB的方式重叠，读音为i⁵³ xᴀ²¹ i⁵³ xᴀ²¹。“一下”重叠时，可以通过数量表现动作情态，不再是一种纯数量的关系了，但其表示动作的数量仍然是一个确定的数。再如：

（4）你一下一下吃，没有人怼跟你抢。

（5）叫你一下一下拉哩，阿你一歇唉拉完咧吗让你一车一车拉呢，你怎么一下子就拉完了呢？

“一下”在表示确定的数量时，读音为i⁵³ xᴀ²¹。如果要表示“多下”的意思，读音就有了变化，“一”调值由［53］降为［31］，

“一下”读为i^{31} xA^{21}。如：

（6）□□$xæ^{53}æ^{21}$，我恨不得□$çi^{53}$上你一下，你扎目到知目开车哩嘎嗐，我恨不得（在你脸上）抽上你几下，你怎么这么开车呢！

（7）阿你把怪叫阿一下俩么，怕啥哩嘎你把他叫上一下，害怕什么呢！

（6）（7）句中的“一下”意义有点虚了，已经不是对动作数量的简单计数，而是对某一动作所反映事件的概括性表达。

12.1.1.2　数量词，表示动作涉及对象的量（物量）

与“一下”发生语义关系的通常是动作涉及对象的容器的量，例如：

（1）就拿知目大阿碗，你吃阿一下，我吃阿一下，沓阿就走就用这么大的碗，你吃上一碗，我吃上一碗后，咱们就走。

（2）你喝阿一下，我喝阿一下，沓阿两个一人喝阿一下你喝上一杯，我喝上一杯，咱们俩每人喝上一杯。

（3）阿你就做了兀目一下吗？扎目吃得完哩你就做了那么大的一锅？怎么吃得完呢！

（4）夜唉下雨哩，我到脸盆黑欵美美接了一下昨天下雨呢，我在脸盆里面满满地接了一脸盆。①

（5）阿你喝呃喝了一下又一下，不害怕肚子胀吗？

上面句子中的“一下”，意思分别表示“一碗、一杯、一锅、一盆、一瓢”。“一下”怎么会由动作行为的量变成动作涉及对象的量？这里可能有一个语义传递的过程。当动作数量为实在的“一”的时候，许多情况下与其动作行为涉及对象及存放对象的容器在数量上具有一致性，也就是都是“一”，于是在这个前提下，如说话人和听话人都不再将表述焦点和接受焦点放在动

① 用普通话“满满”对译岐山的“美美”不确切，但一时找不到恰当的词语。

作行为的数量上，而将其转移到动作行为涉及到的对象的量上时，“一下”便由对动作的计量变成了对动作涉及对象的计量，“下”也由动量变成了物量。

其实，当出现这种情况时，岐山话里动词的意义也有了变化，会分别用“阿、了”和“韵母局部重叠”作标记。当动词带有这些标记时，通常会有“完成”或“进行”等语法意义。例如(1)(2)句“吃”和“喝”后就有一个“阿”，表示完成；(3)(4)句“做”和“接”后有一个“了”，表示了结或完成；(5)句动词“喝”有韵母局部重叠，表示持续。动词的这些标记，很可能是“一下”的意义由一个动量转化成物量的重要条件。再如：

(6)你娘到我拿盆盆舀醋哩，我美美欸舀了一下，够吃一个月你娘让拿小盆子舀醋呢，我满满地舀了一盆子，够吃一个月。

(7)我才乃火吃了一下干面，知庚不饥我刚才吃了一碗捞面，现在不饿。

(8)你到知该碗安给我端安一下肉，我馋安很你拿这个碗给我端上一碗肉，我馋得很。

显然，句(6)(7)(8)里的“一下”只能与动作涉及的对象发生关系，分别表示“一盆(醋)、一碗(干面)”和“一碗(肉)”。

12.1.2 一下^{2} i^{44} xA^{21}

12.1.2.1 范围副词

表示全部、整体，通常作状语。例如：

(1)人一下来咧吗？阿沓阿就走人全部来了吗？那咱们就走吧。

(2)今年安秋一下瞎咧吗，一点点都没成吗今年的秋粮全部坏了吗，一点儿收成都没有吗？

(3)你能把知该一下吃了吗？嫑把你吃肏蹋了你能把这个全部吃了吗？不要把你吃坏了。

(4)今年下阿雨咧，把麦一下下瞎咧今年下了许多雨，把麦子全都下坏了。

(5)阿你一下拿阿去,我就不要㖞你要(把它)全部拿走了,我就不要了。

(6)把能说呃话一下都说完,说完了就走把能说的话全部说完,说完了就走。

(7)你衣一下都去㖞,阿丢下我一个㖞吗你们全部都去了,(是不是)只留下我一个人了?

"一下"作全部、整体讲时,表面上看起来是动词谓语的直接成分,但其语义指向是针对施事主体、受事主体或被陈述说明的主体。例如(1)句中的"一下"主要说的是全部人"来了",(2)句中的"一下"主要说今年的全部秋粮没有收成,(3)句中的"一下"主要指的是吃的东西,即全部的"知该这个",(4)句中的"一下"说的是全部"麦"被雨水下坏了,(5)句中的"一下"指的是要"拿"全部东西,(6)句中的"一下"指的是要"说"的全部话,(7)句中的"一下"指的是要"去"的全部人。在这个意义上的"一下"通常可以被替换成另一个表"全部、整体"意义的范围副词"一满",不过在岐山话中,在这个意义上使用"一满"表"全部"、"整体"意义的频率没有"一下"高。

12.1.2.2 表示"一下子"

"一下"表示"一下子",从强调范围变为强调时间。值得注意的是,岐山话里没有"一下子"这种说法。例如:

(1)你一病,把人一下吓㑃蹋㖞么你这一病,把人一下子吓坏了。

(2)今儿知该雨一下下好㖞今天这场雨,一下子下好了。

(3)夜黑欸一场风,一下把麦吹倒㖞昨晚的一场风,一下子把麦子吹倒了。

(4)暾,外一下把活做下㖞嗐,那(人)一下子把祸给闯下了!

(5)谁到你到知目哩嗄?你一下把人吓完㖞谁让你这么干

呢？你一下子把人吓坏了。

（6）你衣你们怪那个同学叫个啥啥子什么来，我扎目怎么一下想不起来咧。

上面这些句子中的“一下”均可作“一下子”理解。岐山话里，“一下”作“一下子”理解时，“一下”由从谓语叙述的主体、受体的范围变成了对谓语动作形成的时间描述，其意义有“突然、短时完成”之义。“一下”的语义指向由原来指向主语、宾语变成了指向谓语。

“一下”出现的环境和读音没有变化，之所以能完成语义指向的转换，主要原因是在上述句子中，其主语和宾语对“一下”在“全部、整体”意义上指向自己有排斥的倾向。关于这一点，例（3）（4）（6）句表现得非常明显。（1）（2）（5）句的“人、雨、你”虽然没有完全排斥“一下”将“全部、整体”义指向自己，但却被句子的整体意义所排斥。由于这种排斥是在一个更大的语义环境中实现的，因此，如果意识不到这种语义环境的存在，（1）（2）（5）三句中的“一下”好像有“全部”和“一下子”两个意思，其实只有“一下子”一个意思。

12.1.3 一下^{3}阿 i^{31} xᴀ^{44} ᴀ^{53}

时间名词。用以表示时间，相当于普通话中的“一会儿”。此时的“一下”读音有了变化，后面有韵母局部重叠，读为 i^{31} xᴀ^{44} ᴀ^{53}，记为“一下阿”。例如：

（1）你候嘎，我一下阿给你买糖去呀。

（2）阿你一下阿下去咧，一下阿上去咧，阿丂到暮做啥哩嗄你一会儿下去了，一会儿上去了，为什么这样做呢？

（3）你爸一下阿到西安哩，一下阿到北京哩，你扎目怎么去 tɕʰi^{44} 寻哩嗄？

（4）一下阿是知目开里开，一下阿兀目开里开，阿到底是扎目开里开一会儿这样,一会儿那样,那到底怎么样呢?

(5)说嘎话,喝阿喝上点水,沓阿咱们一下阿就走呀。

“一下”由对动作行为计量,发展为一个特定的时间“一会儿”。为了标记这种变化,岐山话采用的手段是通过对“一下”中“下”这个音节的韵母局部重叠来完成。

岐山话中,如果要表示比“一会儿”还要短的时间,不是通过韵母局部重叠这种语法手段,而是通过对“一下”中“下”的重叠来获得。此时读音为i^{31} xA^{44} xA^{21},例如:

(7)你一下阿到我扎阿这儿来嘎,我一下下就走呀,给你有话说哩。

(8)覅急,候嘎,你爸爸一下下就来啊。

(9)啥乎什么时候能到西安嗄? 覅急,一下下就到西安哂。

(10)今儿扎目呢怎么样哩,寻阿个大夫给你看嘎。不啊,一下下就好啊。

“一下阿”和“一下下”都表示时间概念。相比较而言,“一下阿”表示的时间概念略长,相当于普通话中的“一会儿”;“一下下”表示的时间概念稍短,介乎于普通话中的“一小会儿、马上”之间,相当于“随即”。例如:

(11)我爸几时回来哩? 一下阿就回来了。

(12)阿沓阿啥乎走哩? 一下下就走呀那咱们什么时候走呢?马上就走。

12.1.4 下^{4} kA^{31}(嘎)

岐山话没有普通话中表示尝试意义的“V+V”或“V+一下”这两种表现形式。对于动词尝试意义的表达,通常是用“嘎”(下)来表达的。“嘎”在岐山话里有类似尝试意义“一下”的意思。“嘎”通常处于动词之后,除了表示动词的尝试意义之外，还有句类的语法意义。因为在此种意义的"嘎"出现的地方，其句类多有祈使含义，并不简单与普通话中的"V+V"或"V+一下"相同。例如：

（1）你走嘎，到我看嘎你走一下，让我看一看。

（2）阿知该这个病，你还是要看嘎哩。

（3）想做生意吗？阿你怼跟你爸爸叔父商量嘎嗄。

（4）娃娃病俩，你给老师说嘎，今儿到叫嫑去俩。

（5）衣服湿了就拿出去晒嘎俩么。

（6）到让我给你说嘎。

（7）阿你给老师说嘎俩么，丂到知目哩你就给老师说一下嘛，为什么要这样呢？

（8）给你舅说嘎，我们走俩。

"嘎"通常置于动词之后，其动词可以是单音节动词，也可以是双音词动词。"嘎"后还可以带其他语气词。例如：

（9）凉嘎嗄，急啥哩？

（10）歇嘎俩么，把人都赶死俩。

（11）你把你哥叫嘎俩么，害怕啥嗄你把你哥叫上一下嘛，害怕什么。

（12）你今儿犯阿知该这个错误，怕是要给校长说嘎哩。

12.1.5　一下 i^{31} xA^{44}

此时的"一下"不再是一个词，而是由副词"一"和动词"下"构成偏正短语。例如：

（1）你一下，我阿下呀你一下去，我也要下去了。

（2）这嘛一下下坡底阿去，不知呃啥乎才上来呀就这样一下下到坡底下去了，不知什么时候才能上来。

在这种情况下，"一下"是由"一"和"下"两个词构成短语，不再是一个词。

12.2　“阿”的读音、功能及词性变化

“阿”在岐山话中具有多种性质和功能。它可以是实词,也可以是虚词,还可以充当构词成分。当“阿”为实词时,可以是副词,也可以是叹词,当为虚词时,它可是助词,也可以是语气词。作为助词,可以是结构助词,还可以是体貌助词;作为语气助词时,它可以作句首发语词,可以放在句中舒缓语气,还可以放在句中表达句子语气。“阿”作为构词成分,则既可以构形,也可以构词。

12.2.1　实词“阿”

12.2.1.1　副词“阿”

岐山话中的“阿”具有副词的性质,相当于普通话中的“也”。在普通话没有进入岐山话的词汇前,岐山话中没有“也”这个副词,只有一个同功能的副词“阿”。例如:

(1)你阿也来哂吗？我来哂。

(2)你哥阿也到西安去呀吗？

(3)我屋欸家里阿也有个电视哩。

岐山话中的“阿”与普通话中的“也”一样,在复句中具有关联作用。例如:

(1)你来哂,我阿也来哂。

(2)你走些时,我阿也走呀。

(3)明天过事办丧事/喜事哩,你阿也来,我阿也来,沓阿咱们都来。

“阿”在复句中起关联作用,以并列关系为多。

12.2.1.2　叹词“阿”

“阿”在岐山话中作为叹词,具有“阿A^{24}”和“阿A^{31}”两个读音。功能也各不相同。“阿A^{24}”表示一种应答呼唤的声音。“阿A^{53}”表示故意吓人的声音。例如:

（1）“兴禄！”“阿 A^{24}，做啥呀？”

（2）“娘阿 ȵiA³¹ A^{53}！”“阿 A^{24}，做啥呀？”

（3）我才走奥走到门后头，概瞎货那个坏家伙“阿 A^{53}”了一声，把我吓了一跳。

（4）娃娃才把饭端起，他哥“阿 A^{53}”一声，把娃娃吓哭俩。

（5）怪“阿 A^{53}”了一下，把娃娃吓得打了个冷战。

（1）（2）句中的“阿 A^{24}”表应答的声音。（3）（4）（5）句的“阿 A^{53}”表示故意吓人的声音。“阿 A^{53}”用以吓人时，音强加重。

12.2.2　虚词“阿”

12.2.2.1　结构助词“阿”

“阿”在岐山话还有结构助词的用法。“阿”通常用在动词之后，相当于“的时候”。这个意义的“阿”也可读为“呀”。例如：

（1）他走阿没拿衣服他走时没拿衣服。

（2）他来阿拿了一本书他来时拿了一本书。

（3）你爷死阿没说一句话你爷爷死时没有说一句话。

（4）媳妇去阿把啥都做得好好的媳妇走时把什么都做的好好的。

（5）你哥盖房阿借了人六万元你哥盖房时借了别人六万块钱。

在时间上，这种表达通常是对过去发生过的事件的追述。

12.2.2.2　体貌助词“阿”

体貌助词的“阿”，相当于虚化了的趋向动词“上”，如“伢把东西搬阿上走俩”；有时也相当于虚化了的趋向动词“下”，如“怪他到树上打阿下暮些那么多枣儿”。岐山话的“上”和“下”除了表示方位、表示趋向之外，还可以与动词配合在一起表示体貌。即“获得并持有”的体貌。例如：

（1）拿上些钱，沓阿买电视呀。

（2）吃上些饭，一下下就饥俩。

(3)打下些枣儿拿上,到让你哥尝嘎。

(4)喝下些水,一下阿就没有咧。

上面几句话中的“上”或“下”与动词配合在一起表示一种“获得并持有”语法意义。这个意义上的“上、下”,通常可以用助词“阿”来替换。例如:

(1)拿阿些钱,沓阿买电视呀。

(2)吃阿些饭,一下下就饥咧。

(3)打阿些枣儿拿上,到你哥尝嘎。

(4)喝阿些水,一下阿就没有咧。

12.2.3 语气词“阿”

“阿”在岐山话中,还可以有语气词的功能。当“阿”作为语气词时,可以置于句首、句中和句末。分别讨论一下。

12.2.3.1 句首语气词的“阿”

语气词前置,这是普通话中没有的情况,但岐山话中有。当“阿”作为语气词前置时,通常只起一个语篇或上下句之间的关联作用,于本句语气关系并不大。例如:

(1)阿你丂到暮那样做啥哩嗄?

(2)阿怪伢不听话么。

(3)阿扎目呀那怎么办呀?

(4)阿你看,到知目行阿不?

(5)阿暮些那么多人哩,你不怕吗?

“阿”句首出现,主要起一种与上文或上句的语义沟通和联络作用,意义很虚。其关联作用似在有无之间,非常微弱,有时略有“那么”之意,可以视为一种话语标记。

12.2.3.2 句中语气词的“阿”

句中语气词“阿”,主要用于句中或词中舒缓语气。例如:

（1）他一晚些一个晚上阿没睡着。
（2）冬阿天短，春阿天长。
（3）天阿不下俩。

在这种意义上，也可使用韵母局部重叠来舒缓语气。例如：

（1）他一晚些唉没睡着。
（2）冬恩天短，春恩天长。
（3）天安不下俩。

此外，句中语气词的“阿”还可以放在“达爹、娘”等称呼语之后，来舒缓语气。如“达阿爸爸呀，你把我背嘎”“娘阿妈妈呀，我先饥俩”，“达阿、娘阿”相当于普通话中的“爸爸呀、妈妈呀”。

句中语气词的“阿”除了可舒缓语气之外，还可以用在正反疑问句中表示疑问语气。例如：

（1）你去阿不？
（2）能成阿不？
（3）你吃阿不？
（4）你跑阿不？

此种意义上的“阿”，也可读成“呀”。这可能是岐山话时制制约的结果。因为这个意义上的问句，通常是询问将来会不会有某种行为。所以，用“呀”来替换“阿”是很正常的事。

12.3　“给、给给、给给给、给下、嘎”词性变化

这是岐山话中与“给”有关的一组词。“给”在岐山话中是一个具有“给与”意义的动词原形；“给给”在岐山话中表示“给与”意义已经完成的体貌；“给下 kei^{31} xA^{21}”已经虚化为表示短暂和尝试义语法形式；而“嘎”为“给下 kei^{31} xA^{21}”的合音，已作为语气词，表示祈使语气。例如：

（1）你哥给你了一本书。

（2）把书给给你哥哂没把书给你哥给了没有？

（3）我到我爹骂给下我让我爹骂了一回。

（4）你给我说嘎嗄你给我说一下嘛。

12.3.1 “给”的词性与用法

“给”在岐山话中是个多义词，有两三个词义：一为“给与”义的动词原形，一为介词，一为表示完成体貌的助词。

12.3.1.1 “给与”义动词

作为“给与”义的动词，与普通话中的“给”几乎没有什么区别。例如：

（1）你娘给我了两角钱。

（2）我给你了一斗麦。

12.3.1.2 介词“给”

介词“给”，是从“给与”义的动词虚化而来，通常与介宾结合起来作状语。例如：

（1）我给你哥缝了一身衣服。

（2）你给人给阿点时间嗄。

（3）来，我给你教扎目怎么写哩。

（4）你到知目照这样给人说话些，就没人听哂。

有意思的是，岐山话中双宾语句也可以转换成“给”字结构来表达。例如：

（1）我给你给了一百元。

（2）你爹给你给了一院房。

（3）你哥给我给了一身衣服。

（4）老师给学生给了几本书。

在这种情况下，第一个“给”通常是介词，第二个“给”为动词。林涛（2008，P255）认为，中亚回族陕西话中有一种双宾式的表达，类似上述形式，倾向于将其看作连动式。岐山话中的两个“给”间隔连用，在语义上可以认为与双宾有关，但在结构上两个“给”的功能不同：第一个给为介词，第二个给为动词。正因为如此，后一动词亦可以随表义需要而替换。例如：

（1）我给你发了一百元。

（2）你爹给你买了一院房。

（3）你哥给我做了一身衣服。

（4）老师给学生拿了几本书。

12.3.1.3　“完成”体貌助词

作为完成体貌助词“给”通常只能表完成或实现的语法意义。例如：

（1）把书拿给你哥俩没？

（2）送给人恩人的东西，不好再要。

（3）外阿姐姐卖给行神庙俩吗那家的姑娘要嫁给行神庙村了吗？

（4）我阨知点地，先安赁给人俩我们这点儿地，已经租给别人了。

表示完成义的“给”，从结构上看，似乎可以将其视为介词与其后的名词构成的介词结构，作全句的补语，甚或可换成状语来理解。例如：

（1）把书给你哥拿俩没？

（2）给人送恩送的东西，不好要。

（3）外阿那家姐姐姑娘给行神庙卖俩吗？

（4）我阨我们知点这点儿地，先安给人赁俩。

但是这样一来，“此前完成”义则没有了。没有了这个句义，其小句也就与其他小句不好搭配了。所以，岐山话的这个意义上的“给”是不能前置的。

12.3.2　“给给”的词性与用法

岐山话中的"给给",是由两个词组成的一个结构:第一个"给"是"给与"义类动词,第二个"给"是体貌助词。也正因为如此,后一个"给"可以出现在许多语义合适的动词后。例如:

(1)知该东些东西你给给你哥哂没? 给给哂,夜来就给给哂。

(2)你把礼当礼物送给人哂没? 送给哂,先送给几天哂。

(3)娃娃不听话,到他娘打给了几下。这嘛才静静安静哂。

在这种情况下,"给"放在一般动词之后,其实表示的还是完成体的语法意义,只不过与"完成"体貌助词"给"的意义比较起来意义更虚,语法化程度高了一些。

12.3.3 "给给给"的词性与用法

林涛(2008,P253)在描写中亚回族陕西话时,发现三个"给"连用的句式,并对其语义、词性和功能作了细致的区别与描写。三个"给"连用的现象,在岐山话中也很常见。但功能与林先生描写的情况有所不同。例如:

(1)忙昂门前来了个叫化子,寻阿个旧衣服给给给去。

(2)去,把知该拿阿给你哥给给给去。

(3)你娘把粮食都拉阿拉上给给给她娘阿她娘家哂。

(4)教师给给给你了知目这么多东西,你还不知好好学习吗?

(5)把知目点东西给给给人,怕是少些儿。

(6)看我把你给人给给给了你扎目呀看我把你送了以后你怎么办?

岐山话中的"给给给"读音为kei^{44} kei^{31} kei^{21}。前两个给与"给给"相同,第一个给为"给与"义单音动词,第二个"给"为表完成义的体貌助词,第三个则表示第一个"给"动作义已经实现,同时通常只有舒缓语气的作用,所以,第三个"给"常常省略。

12.3.4 "给下kei^{31} xᴀ^{21}"的词性与用法

"给下"为表示体貌的助词，其读音为kei^{31} xᴀ^{21}，也可以读成kei^{31} ei^{21} xᴀ^{21}，可用汉字标记为"给欸下"。"给下"读为"给欸下kei^{31} ei^{21} xᴀ^{21}"时，语气则较为舒缓一些。这是由体貌助词"给"与量词"下"构成的一个合成词。通常放在一般动词之后，表示"尝试"和"短暂"的语法义。例如：

（1）我给你娘说给（欸）下，沓阿咱们走。

（2）我把簸箕看给（欸）下，黑欸里边没啥。

（3）我把怪他叫给（欸）下，伢人家不应声。

（4）书娃娃不听话，到让老师打给（欸）下。

（5）我到在你衣你们的场昂场上把麦晒给（欸）下。

"给下"在上述句子中的意义，相当于普通话的"V了一下"。显然，这里强调的是动词的一种体貌。这种体貌显然已经完成，但用了"给（欸）下"之后，便具有减轻动作意义的作用，通常具有短时和轻微两种意义。我们倾向于称这种体貌为"短轻体"。这是普通话和岐山话中都有一种动词体貌，不过是用不同的语法手段表示的。

12.3.5 "嘎"的词性与用法

"嘎"，有学者（张崇1993）认为是"给下kei^{31} xᴀ^{21}"的合音词，此说应当可信。但应该看到，"给下"合音后语法功能有了变化。"嘎"在岐山话中，通常表示祈使的语法意义。例如：

（1）你来嘎，我给你说话呀。

（2）走嘎，看能走阿不？

（3）你听嘎，看怪他扎目怎么说话哩。

（4）你姐走呀，你送嘎。

（5）把我馍馍哩？你给我拿嘎。

"给下"合音为"嘎"后，"动作短轻"的意义还约略可见，但祈使意义则非常明显。

纵观“给”系列的这些词，语义虚化、功能分化，转换的过程非常明显。能在一个方言中观察到这么清晰的语法化过程，实在难得。

12.4 “到”的词性及变化

“到”在岐山话中有多种用法和功能，可以是词，也可是构词性语素。作为词，可以是动词，也可以是介词。作为动词，可以表示“到达”的“到”，也可以有“叫”和“让”等意义；作为介词，与其介宾结合起来，可以作状语，也可以作补语，从而表现出不同的功能来。

12.4.1 “到”的动词用法

“到”作为动词，通常具有两种意义：一是表示到达之意义，一是表示“叫、让”之意。

12.4.1.1 “到”的“到达”义

“到”的这种意义，是一种常见的意义。与普通话没有差别。例如：

（1）我到了北京给你打电话。

（2）你到哂没？ 我扎目怎么看不着看不见嗄。

12.4.1.2 “到”的“定向运动”义

这种意义普通话中也是有的，即朝某个方向运动，但通常没有“达”的意义。由于“到”在这种情况下意义比较实在，可以认为是由“到”构成的连动句。例如：

（1）你到扎阿这里来，我给你说话呀。

（2）你到西安，我到北京，沓阿咱们今儿就算说好哂。

（3）你到你衣你们屋欸了家里了悄悄儿的。

（4）你到地衣地里看嘎子，看你爹回来来没？

（5）你哥说到扎阿这儿来哩，扎目怎么还不见嗄。

12.4.1.3 “到”的“叫、让”义

“到”作为动词有“叫、让”义的用法，普通话中没有，“到”是岐山话构成兼语句最常用的一个词。例如：

(1)你到让你哥去，你就覅去哂。

(2)你到让人扎目怎么说你哩嗄。

(3)到让人没面安 mo[44] miæ̃[31] æ̃[21]使劲骂，怕不好阿。

(4)到照知目这样说，就到让人笑哂。

(5)你到叫我我给你说些说的话，在这事怪你。

上面的例句中的“到”不能用“让”来替换。“让”在岐山话里没有使令义，构不成兼语句。

12.4.2 “到”的介词用法

岐山话中，“到”的介词用法很多。有“朝、往、按照”等意义，分别描写如下。

12.4.2.1 “到”的“朝、往”义

“到”表示“朝、往”义。例如：

(1)你到往西安去些，把我叫嘎。

(2)你到达阿去呀你往哪里去？

(3)到朝达阿走能走西安去？

岐山话，有“朝、往”两个介词，且同以上意义的“到“可以替换，意义不变。如：

你到/朝/往西安去些，把我叫嘎。

12.4.2.2 “到”的“按、照、按照”义

岐山话中的“到”有“按、照、按照”义。例如：

(1)到按知目这么说些，我就不说哂。

(2)要到照知目这样做哩，覅到按暮那样做哂。

(3)你不听你爹唉爹的话，到照知目这么做些的话，就没人管哂。

(4)来,听我窝我的话,到照知目这样做。

"到"的这个意义,岐山话还有一个词"按住"或"按知目",可以与上述意义上的"到"互相替换。如:

到按照/按住/按知目说些,我就不说哂。

12.4.2.3 "到"的"存在"义

"到"的存在意义相当于普通话中的"在"。"到"在这个意义上,可以是动词,也可以是介词。例如:

(1)你娘到在哩没?

(2)我到在些的话,你扎目怎么不说知该话哩。

(3)年时,我到在北京些时,见过知该人。

(4)你到在屋欸家里做啥哩?

(5)知该是到你衣屋一开,我就不说该话哂。不些嘛,怼你好好计较嘎呀这是在你的家里,我就不说这个话了,不然,跟你好好理论理论。

例(1)(2)(3)句中的"到"为动词"在"或"存在"意义,例(4)(5)句中的"到"为介词。岐山话中的"到"的这个意义,有时也可用"在"替换,但意义有所变化,因为"在"在岐山话中除了表示存在之外,还有活着的意思。所以在岐山话中,问"你娘到哩没?"和"你娘在哩没?"意义是不同的,前者问你娘"在不在"某处,后者通常是问,你娘是否还活着。因此,岐山人用"到"的场合比用"在"的场合多。

12.5 得tei[31]的词性及变化

岐山话中,"得"具有多种意义和词性。可以是一般动词,表"赢得、获得、得到",如"他得了一个本子"。也可以是助动词,表示"须、需要",如"他得来"。还可以是表示"接近"义的动词,如"黑得哂没?"现分别讨论一下。至于结构助词的

“得”读音为ȶi^{21}，不在讨论之列。

12.5.1　表示得到奖品的“得”

“得”在岐山话中作为动作动词，与普通话中的“得”有所不同，它不是一般意义上的“得到”，而是在“竞争中获得”，通常表示受奖励而得到的东西时方用“得”。例如：

（1）概娃娃伢学习好奥很，得阿怪奖多得没谱数这个孩子人家学习好得很，得的那奖多得数不清。

（2）我今儿今天得了个本子。你得了个啥？

（3）把你得阿东些东西到让娘看嘎。

12.5.2　表示“得能、得势”的“得”

岐山话中还一种表获得意义的“得”，这个意义上的“得”可以是及物动词，也可以是不及物动词。例如：

（1）我看知这两天没打你，你还得了能哂。

（2）这嘛这一下得了手哂。

（3）骂阿骂上两句就对哂么，阿你得了势哂吗？

（4）算哂，就算你对，阿也覅得理不让人。

（5）这歇这下你一下得哂。

这种用法其实是将“得能、得手、得势、得理”等离合词分开表述后所产生的语言现象。不过，在这种意义上的“得”，其后成分也可以不出现，如（5）句。

12.5.3　表示“须、需要、能”的“得”

“得”在作助动词时有两类意义：一是表示“须、需要”，例如：

（1）知该这个事你得须来，再艾别的人来不行。

（2）得须把知该东西拿过，沓阿咱们才能进去。

（3）你怕得需要好好学哂，不了不然就留级呀。

(4)你哥先安已经走得需要哟[①]。

(5)你不来,外那参安人别的人来不得能成。

(6)你看知该活做得能阿不?

在上述两个意义上,"得"既可以作状语,也可以作补语。

"得"的另外一个意义是表示"能",又分三种情况:一是一般意义上的"能"或"能够"。在这个意义上,可以进一步引申为"敢"。例如:

(1)来得阿不敢来不敢来?

(2)去得阿不敢去不敢去?

(3)骂得阿不敢骂不敢骂?

二是特殊意义上"能",即指具有一种特殊的"能力"。例如:

(1)怪人吃得、喝得、饿得那人特别能吃、能喝、能饿。

(2)怪人受得很,你娘骂了知目大阿时节□ȵiA[53]都没言传那人特别能忍受,你娘骂了这么长时间人家都没有吭声。

(3)概娃娃□ȵiA[53]坐得很,半天安□ȵiA[53]就没挪窝窝这孩子特别能坐,半天都没有动窝。

类似的例子还有如"挨得经得起打、劳得经得起劳累、冻得经得起冻"等,这类搭配不是很多,通常具有表示人具有某种耐力。

三是指特别"适合",通常是指特别适合特定动作或行为,从而引申出人特别喜爱或喜欢。例如:

(1)知该面得吃很这面条特别适合人吃。

(2)知该戏得看很这戏人特别适合人看。

(3)知该衣服得穿很这件衣服特别能穿,我喜欢。

在上述句子中,"得吃、得看、得穿"不是一般意义上的能吃、

① 这个句子中的"得"有两义:一是表示"需要",为助动词;一是表"接近"义的动词。这里讨论的是"需要"义。

可看、能穿，而是特别适于“吃、看、穿”。这种搭配通常为褒义。

12.5.4 表示“接近”义的“得”

岐山话中的“得”还有一个很特殊的意义，就是“接近、快要”。这种意义一般置于动词之后作补语。例如：

(1)我先安已经饥咧，吃得饭咧没？

(2)天先安已经明咧，叫得人咧没？

(3)我黑得咧天要黑时出去没见人。

(4)依时节些，麦先黄得咧。

(5)先安已经几月咧，天热得咧。

这个意义上的“得”，是岐山及周边地区一个很特殊的用法。

12.6 赶

与关中其他地区方言一样，“赶”在岐山话里，具有多种意义和词性：可以是行为动词，可以是介词，还可以是连词。分别讨论一下。

12.6.1 行为动词“赶”

“赶”作为行为动词，具有多种意义：可以指驱赶、追赶、催促、赶搭(车辆)，还可以赶进度。例如：

(1)娃娃伙到洼在那里打杏哩，你去把怪他们赶安一边去。(驱赶)

(2)你再不走快就到人□ȵiA^{53}赶上咧。(追赶)

(3)你嫑赶催促我，我慢慢就来咧。(催促)

(4)你再不走就赶不上车咧。(赶搭)

(5)知该这个活要赶日子做起做好、完成哩，耽搁不得。(赶进度)

岐山话中，很少有“赶”跟车和动物直接搭配的情况，一般不说“赶车”，而说“吆车”；也不说“赶鸡、赶牛”，而说“吆鸡、吆牛”。

12.6.2 介词“赶”

12.6.2.1 表时间的介词

“赶”在岐山话里可以是介词,通常与各类词或短语构成介宾结构表时间。例如:

(1)你嫑着急,赶明儿给你娶阿个媳妇。

(2)赶你来,饭都凉了。

(3)赶天下雨,活就做完咧。

(4)你赶吃饭能回来阿不?

12.6.2.2 表比较的介词

“赶”在岐山话里,也可以作表比较的介词。例如:

(1)扎阿这里知该这风景赶不上洼阿那里怪那风景。

(2)你爹赶你娘一样好。

(3)知该这个水喝起赶兀怪那个水好喝。

(4)你哥赶你高些儿。

(5)慨不赶你差。

“赶”在表示比较时,可以正比,也可以差比。如:“他赶你低一头。”“我赶你多一分。”

12.6.3. 连词的“赶”

“赶”有时意义比较虚,尤其是在表示未来时间时,整个小句就有了假设的意思。例如:

(1)赶我有钱了,我引阿你到北京去呀。

(2)赶我把房盖起了,你嫑拿啥都来。

(3)赶你哥有了好工作了,就供你上大学呀。

(4)赶我窝有新衣服穿了,阿到亲亲亲戚屋欸家里看嘎。

上述的这些句子,都有一个特点,就是“赶”所引导的小句都在表明一个将来的时间,且在句意上表示一个虚拟条件,所以,“赶”看起来像一个连词。“赶”的这个意义,可以用“候”来替换,意义不变。

(1)赶/候我有钱了,我引阿你到北京去呀。

(2)赶/候我把房盖起了,你要拿啥都来。

笔者以为,上述小句的假设义,不是“赶”或“候”单独表达的,而是与小句句末的“了”一起表达的,因为没有了“了”,上述小句的假设义是出不来的。

第九章　句法手段

这里所讨论的语法手段，主要是岐山话句法中所使用的语法手段，即短语和句子中使用的语法手段，主要包括以下几个方面。

一　词语重叠

重叠是一种很重要的语法现象，但学者通常所关注的大多是词法的重叠现象。岐山话里，句法层面上的重叠有以下几种形式。

1.1　VY+VY+不+V+哂

这一种二层重叠形式。先是动词V的韵母局部重叠一次，得到Y，然后动词V和Y再重叠一次，还要通过否定V再将动词重叠一次，最后附加一个助词"哂"煞尾。这中间，动词先后被重叠三次之多。例如：

（1）说呃说呃不说哂说着说着不说了。

（2）走欧走欧不走哂走着走着不走了。

（3）哭唔哭唔不哭哂哭着哭着不哭了。

（4）想昂想昂不想哂想着想着不想了。

（5）跑奥跑奥不跑哂跑着跑着不跑了。

这种重叠形式在岐山话里通常表示动词行为变化的体貌特征，

动词动作从开始到停止、弱化或转变的过程。上面例子表示的都是动作从开始到停止的状况。有时,这种重叠形式也可以表示动作从开始到弱化的过程。例如:

(6)说咴说咴不想说哂。

(7)走欧走欧不想走哂。

(8)哭唔哭唔不想哭哂。

(9)想昂想昂不想想哂。

(10)跑奥跑奥不想跑哂。

如果动词在二次重叠后,不再有第三次重叠,而是另换一个动词,且在这个动词前不再加否定词"不",那么,这种重叠还可以表示动作从开始到转化的过程。例如:

(11)说咴说咴走哂。

(12)走欧走欧哭哂。

(13)哭唔哭唔笑哂。

(14)想昂想昂跑哂。

(15)跑奥跑奥倒哂。

一般而言,通过句法重叠表现动词动作从开始到停止或弱化的形式比较典型,也比较齐整。表现动词动作从开始到转化,已经是这种句法重叠形式的变式了。由于是变式,也显示出两个特点来:一是动词的第三次重叠没有了,二是因为转化内容的开放性,动词二次重叠以后的后续词语从量到质都显示出一定的不对称性。

值得注意的是,普通话里也有类似的句法重叠形式,不过在普通话里"VY"变成了"V着",整体形式为"V着+V着+不+V+了",其表示的句法意义也与岐山话相仿。

1.2　V阿一X+V阿一X

这种句法形式通过重叠一组动作引出随后事件,然后对两个事件进行对比。其特点是引导部分有一个句法重叠,通过重叠后,引出所要对比的事件。例如:

(1)阿我说阿一遍说阿一遍伢人家没人听么。

(2)阿伢人家来阿一回来阿一回没人叫你回去么。

(3)我看阿一遍看阿一遍,就是看不出道道奥么。

(4)你爹到西安去阿一趟去阿一趟不顶啥么。

(5)娃娃把西瓜吃阿一口吃阿一口伢人家没人理识理会么。

1.3 V阿V俩

这种重叠表示的是:被重叠的动作该终结了,不要再在此类事件上纠缠了。例如:

(1)说阿说俩,沓阿走吧。

(2)打阿打俩,你就嫑着气俩。

(3)走阿走俩,你还想阿怪做啥呀。

(4)拿阿拿俩,阿你还把怪扎目呀?

(5)种阿种俩,今年就算了,明年再说。

(6)请阿请俩,你还不到伢人家人来俩吗?

这类重叠,通常没有自足的性质,必须有后续句出现,这样,前句与后句会构成一个复句,表示"既然已经X了,那么该Y了"的意义。"V就V俩"与"V阿V俩"在构成复句时,其基本关系相当于普通话中的推论因果关系,但明显是具有两种不同语法意义的推论因果关系。

二 形态变化

韵母局部重叠是岐山话中一种非常重要的语法手段,此前,我们已经对这种语法手段在词法中的作用有过描写。这里，主要对这种语法手段的句法作用加以描写。通过韵母局部重叠所得到的词尾附加在词根之上，可以表示多种句法意义。

2.1　表示方位

岐山话表示“渠里、手里、锅里、脸上”方位意义，一般不用“里”和“上”，主要通过重叠词末后一音节的韵腹和韵母来表达。例如：

2.1.1　渠 $tɕ^hy^{24}$/渠余 $tɕ^hy^{31}$ y^{53}

渠：一般名词，作主语或宾语。如：

（1）渠修呃达阿，水就流欧达阿渠修到什么地方，水就流到什么地方。

（2）一开春就修渠呀一开春就要修水渠了。

渠余：方位名词。如：

（1）怪知庚到达阿哩？到渠余哩他现在在什么地方呢？在水渠里呢。

（2）到渠余做啥哩？捞鱼哩阿考在渠里做什么？捞鱼呢。

（3）你看，渠余水清恩很你看，渠里水清得很。

2.1.2　手 $ʂ̥ou^{53}$ / 手欧 $ʂ̥ou^{44}$ ou^{21}

手：一般名词，作主语、宾语。如：

（1）手冻烂哂吗手冻烂了吗？

（2）覅拿怪，拿阿怪打手哩不要拿那东西，拿了那东西打手。

手欧：方位名词。如：

（1）怪手欧有权哩他手里有权呢。

（2）钱到达阿哩？怪到手欧攥安哩钱在什么地方呢？他在手里攥着呢。

（3）拿阿手欧东西能遗了吗拿在手里的东西能丢了吗？

2.1.3　锅 kuo^{31} / 锅窝 kuo^{53} o^{21}

锅:一般名词,作主语、宾语。如:

(1)锅打哂吗? 补嘎哂么锅打破了吗? 补一下嘛?

(2)你给沓阿洗锅,我给沓阿揉面你给咱们洗锅,我给咱们揉面。

锅窝:方位名词。如:

(1)锅窝还有饭哩没? 我还没吃哩锅里还有饭没有? 我还没有吃呢。

(2)今儿饭做唔多了,剩恩锅窝哂今天饭做得多了,剩在锅里了。

(3)饭放昂锅窝哂,吃些热嘎饭放在锅里了,吃的时候热一下。

2.1.4 脸 $liæ^{53}$ / 脸安 $liæ^{44}$ $æ^{21}$

脸:一般名词,作主语、宾语。如:

(1)看你脸脏的嗄看你的脸脏成什么样了!

(2)起来! 你娘到你洗脸哩起来! 你娘叫你洗脸呢。

脸安:方位名词。如:

(1)喝呃点酒,脸安发烧哩喝了点酒,脸上发烧呢。

(2)他要说话不算数,你就往他脸安唾他要说话不算数,你就往他脸上吐。

(3)你拿镜儿照嘎,看你脸安是啥一开你用镜子照一下,看你脸上是什么?

2.2 表示动作持续

2.2.1 唱 $tʂ^hɑŋ^{44}$ / 唱昂 $tʂ^hɑŋ^{44}$ $ɑŋ^{53}$

唱:一般动词,作谓语中心语。如:

(1)你会唱歌儿阿不你会唱歌不?

(2)娃娃伙到学校做啥哩,到洼阿唱歌儿哩孩子们在学校干什么呢? 在那里唱歌呢。

唱昂:动词,作谓语中心语,有持续的语法意义。如:

（1）还唱昂哩没有？还唱昂哩还唱着没有？还唱着呢。

（2）阿唱昂几时去呀？就唱完哵那唱到什么时候去呀？马上就唱完了。

（3）娃娃今儿高兴恩很，唱昂一天歌儿孩子今天高兴得很，唱了一天歌。

2.2.2　跑$p^h ɔ^{53}$／跑奥$p^h ɔ^{44}$ $ɔ^{21}$

跑：一般动词，作谓语中心语。如：

（1）嫑跑，小心跌倒了不要跑，小心跌倒了。

（2）阿你把人打哵，能跑离吗你打了人，能跑掉吗？

跑奥：动词，作谓语中心语，有持续的语法意义。如：

（1）牛到地衣地里跑奥哩牛在地里跑着呢。

（2）你看嘎，牛还跑奥哩没？还跑奥哩你看一下，牛还跑着没有？还跑着呢。

（3）跑奥跑奥跌倒哵，看你还跑呀不跑着跑着跌倒了，看你还跑不跑？

2.2.3　笑$ɕiɔ^{44}$／笑奥$ɕiɔ^{44}$ $ɔ^{53}$

笑：动词，作谓语中心语。如：

（1）你嫑笑，我说呃是实话一开你不要笑，我说的是实话。

（2）还笑人哩，先把你笑嘎阿还笑别人呢，先笑笑你吧。

笑奥：动词，作谓语中心语，表动作持续。如：

(1) 你娘今儿兴恩很，知庚还笑奥哩你娘今天高兴得很，现在还笑着呢。

(2) 听了你衣话，笑奥笑奥不笑哵听了你的话，笑着笑着不笑了。

2.3　表示动作方式

2.3.1　烧$ʂɔ^{31}$／烧奥$ʂɔ^{53}$ $ɔ^{21}$

烧:动词,通常作谓语中心语。如:

(1)你给沓阿烧火,我给沓阿做饭你给咱们烧火,我给咱们做饭。

(2)洼阿做啥哩?烧荒哩呀考那儿在做什么呢?在烧荒嘛。

烧奥:表方式,通常作状语。如:

(1)你去掰阿点玉麦,沓阿烧奥吃呀你去掰点玉米棒子,咱们烧着吃。

(2)嗷,怪玉麦烧奥吃去好吃日很嘿,那玉米棒子烧着吃起来好吃得很。

(3)牛肉要烧奥吃哩牛肉要烧着吃呢。

2.3.2 翻 $fæ^{31}$ / 翻安 $fæ^{53}$ $æ^{21}$

翻:动词,常作谓语中心语。如:

(1)你衣怪地今年怕要翻嘎哩你们那地今年恐怕要翻一下吧。

(2)走奥人伢屋欸了,亵胡翻走到别人家里后,不要乱翻(东西)。

翻安:动词,表方式,作状语。如:

(1)炒菜些要翻安炒哩炒菜的时候要翻搅着炒。

(2)怪到洼阿翻安寻书哩,你亵打搅他他在那里翻着找书呢,你不要打搅他。

2.3.3 骂 mA^{44} / 骂阿 mA^{44} A^{21}

骂:动词,作谓语中心语。如:

(1)你骂谁哩你骂谁呢?

(2)有话好好说,亵骂人嗄有话好好说,不要骂人嘛。

骂阿:动词,表方式,作状语。如:

(1)你爹一肚子不高兴,骂阿走咧你爹一肚子不高兴,骂着走了。

(2)娃娃一看是对头来咧,就骂阿跑咧孩子一看见对头来了,就骂着跑了。

2.4 表示补语标志

2.4.1 好xɔ^{53} / 好奥xɔ^{44} ɔ^{21}

好:形容词,常作定语、补语。如:

(1)怪是个好人一开,没有事非那个人是一个好人,没有事非。

(2)好饭不怕迟吃好饭不怕迟一点吃。

(3)给你娘把话说好哂没给你娘把话说好了没有?

好奥:形容词,作谓语中心语时其后带补语。如:

(1)你看你姐耶屋好阿不?好奥很你看你姐姐家好不好?好得很。

(2)概娃娃人伢学呃好奥很这孩子人家学习学得好得很。

(3)知庚概日子好奥达阿去哂,还说怪话哩现在这日子好到哪里去了,还说那些话!”

2.4.2 热ʐɤ^{31} / 热呃ʐɤ^{53} ɤ^{21}

热:形容词,可作谓语、定语和补语。如:

(1)饭冰了你就热嘎饭要是凉了,你就热一下。

(2)热人嫑吹电扇,看着凉了正热的人不要吹电扇,小心着凉了。

(3)做热了歇嘎做活做热了休息一下。

热呃:形容词,作谓语中心语时其后带补语。如:

(1)这两天热呃很这两天热得很。

(2)看知该天气能热呃几时去看这天气能热到什么时候去。

2.4.3 烂læ̃^{44} / 烂安læ̃^{44} æ̃^{21}

烂:形容词,作谓语、定语和补语。如:

(1)你买艾买的桃都烂哂你买的桃都烂了。

(2)给概叫化子寻阿点烂衣服到穿去给那要饭的找点破衣服让他穿去吧。

烂安:形容词,作谓语中心语时后面有补语。如:

（1）把你娘嘴都说烂哂，你还是知目开一开把你娘的嘴皮子都说破了，你还是这个样子。

（2）到你屋欸去衣怪路烂安很往你家去的那路烂得很。

（3）你看你衣手烂的嗄，烂安几天哂你看你的手烂成什么样了，烂了几天了？

2.5 定语标记

2.5.1 走 tsou^{53}/走欧 tsou^{44} ou^{21}

走：动词。作谓语中心语。如：

（1）走，把你娘看嘎走，把你娘看一下。

（2）说走就走，覅拖泥带水说走就走，不要拖泥带水。

走欧：动词，作定语。如：

（1）知该就是你走欧路一开吗这就是你走的路吗？

（2）你夜来走欧桥塌哂你昨天走的桥塌了。

（3）今儿走欧人到知面来今天走的人到这边来！

2.5.2 打 tA^{53}/打阿 tA^{53} A^{21}

打：动词，作谓语中心语。如：

（1）你衣今年打了多少麦你们今年打了多少麦子？

（2）知该娃娃还打人哩这孩子还打人呢。

打阿：动词，作定语。如：

（1）在是你衣今年打阿粮食吗这是你们今年打下的粮食吗？

（2）你把今年打阿玉麦都卖哂吗你把今年打下的玉麦卖了吗？

（3）你看，知该就是我夜来打阿毛衣你看，这就是我昨天打的毛衣。

2.5.3 山 sæ^{31}/山安 sæ^{31} æ^{21}

山：名词，作主语或宾语。如：

（1）你看，洼阿山青恩很你看，那边山青得很。

（2）你哥进山割条子去哂你哥进山割葛条去了。

山安:名词,作定语。如:

（1）山安人见识少些儿山里面的人见识少一点儿。

（2）北山安狼吃人哩北山里的狼吃人呢。

（3）山安活难做山上的活难做。

第十章　时的表达

一　关于时的语法范畴

关于"时"（tense）的概念，通常是对谓词事件发生时间的标记与描写，对于汉语及其方言而言，这个词可以是动词，也可以是形容词甚至于是名词[①]。"时"的概念，除了通过词汇手段外，也可以通过语法手段加以表现，通过语法手段表现出来的时间意义属于语法意义，比如印欧语系诸语言关于现在时、过去时、将来时的语法意义的表达等。在一个语言或方言中，如果这些意义分别用不同的语法手段如虚词、语序或形态加以表达，就可以形成关于时的广义或狭义的语法范畴。岐山话有时的语法范畴。不过，岐山话中时的语法范畴，不是像印欧语系诸语言那样通过动词的形态来表达的，而是通过表示时间范畴的虚词和动词的配合来表达的。例如：

（1）我姐梳头哩。（"V+哩"表示动作发生在说话的当时）

（2）知该这话你说来没？（"V+来"表示动作发生在说

① 汉语及其方言中，除了动词作谓语外，形容词也可作谓语，在名词谓语句中，名词及名词性短语也可以作谓语。如"今天星期三"E,S,R（当事现在时），"鲁迅绍兴人"E,S,R（当事现在时），"昨天星期三"E,S–R（当事过去时）。

话之前）

（3）人伢人家先安已经走哂。（“V+哂”表示动作发生在说话之前）

（4）你看书呀吗？（“V+呀”表示动作发生在说话之后）

（1）句表示动作进行的时间在现在，（2）（3）句表示动作实施的时间在过去，（4）句表示动作实施的时间在将来。这里，我们很容易注意到动作发生的时间与说话时间的关系，也很容易观察到动词与时态助词之间的某些配合。

关于语言或方言时的语法范畴的考察，学者们认为，通常有三个观察点，这就是事件发生的时间、说话的时间和动作发生参照的时间[①]。为了便于识记和操作，分别标记为E、S和R。如“他昨天去了北京”这句话，就包括了上述三个时间：E为“去北京”的时间，S为说话人说话的时间，R为“昨天”也即事件发生的参照时间。一般而言，事件发生的时间E和说话的时间S是所有句子都会有的[②]，任何一个对其母语进行分析的人都不会感觉不到这三种时间的存在。而动作发生的参照时间R，如果与说话人说话的时间S重合，则通常不在句子中强调，此时，说话时间也即动作发生的参照时间。如“他去了北京”这句话，E为“去北京”的时间，S和R则同为说话人说出这句话的时间。一个语言或方言的时制，其实质就是对这三个时间的把握及相互关系的表达。由于人类的语言行为及其句中表示的事件都是在由时间和空间构成的二维环境中生成的，所以时的概念是任何语言都有的。从这个意义上说，即使那些没有时间词出现在

① 这是由美国学者H.Reichenbach（1947）提出的一个观点，目前得到许多学者的认可。可参见陈平（1988）、龚千炎（1995）、张济卿（1998）等学者的论文。

② 包括汉语中的形容词谓语句和名词谓语句中均存在这三个时间，如“今天花红了”“昨天星期四”这两句话中，S为两句的说话时间，事件发生的时间E为“红”和“星期四”，而“今天”和“昨天”则为R，即事件“红”和“星期四”的对照时间。

句子里,也不能说其没有时的语法意义。例如:

(5)我吃饭。

(6)你喝水。

(7)他打球。

如果进入到一个语言和方言中,如普通话或岐山话中,对上述几句话的时制进行分析[①],会很容易发现:这里也存在着事件发生的时间E、说话的时间S及事件发生的参照时间R。而其特殊性在于,在这几个句子中,事件发生的时间E、说话时间S和事件参照时间R三者是重合的。而三者重合具体时刻,就是说话的当时。关于这一点,任何操普通话和岐山话的人不会持有异议,因为很明显,当一个人连续下了上述几个命令之后,听话的人不会问,什么时间吃饭、喝水和打球。上述几个句子特殊之处在于,这些句子在普通话和岐山话中是以无标记的方式来表达其关于时的语法意义的。但无标记,并不是说没有时的语法意义。

一般而言,各语言或方言对其时制的表达有三种方式,这就是狭义形态表达、广义的形态表达和零形式表达[②]。但从诸语言和方言对时制表达的实际情况看,语言时制的表达常常是一种综合的表达(张济卿1998a)。以英语而言,以狭义形态为主,伴有广义形态。对普通话来说,以广义形态为主,更多的使用零形式。对于岐山话来说,则以广义形态为主,辅以狭义形态并伴以

① 上述这几句话在普通话和岐山话中都是合法的且有意义的语言形式,所以可以成为对其进行有效的时制分析的材料。

② 广义形态即用词语配合、语序和虚词来表达语法意义,狭义形态即用词语的不同读音方式和书写方式来表达不同语法意义,由此可以形成广义的语法范畴和狭义的语法范畴。在一个语言或方言中,通常过词语间的配合、语序和虚词所表达的语法意义可以构成广义的语法范畴,通过词语的不同形态表达的语法意义通常为狭义的语法范畴。岐山话中关于时的语法范畴属于广义的语法范畴。

零形式。不同的语言和方言在时的表述方式、使用手段与材料上会呈现出不同的面貌与特点。而这些,正是研究一个语言或方言时制的意义所在。

一般而言,说话的时间通常是我们考察语言时制最重要的基准点,以说话的时间S为基点,考察事件发生的时间E与说话时间S之间的关系通常有三种情况:一是事件发生在说话之前,一是事件发生在说话之后,一是事件发生在说话当时。这也就是通常所谓过去、将来、现在的概念。由于E与S的这种关系为语言时制表达的基本关系,因而被学者们称为绝对时。考察事件发生的时间E与其参照时间R形成的关系,也有三种情况,即E在对照时间R之前发生,E在R之后发生,E在R当时发生,从而形成相对时的概念,与此相应,可以形成相对过去时,相对将来时和相对现在时。龚千炎(1995)、邢向东(2006)将其称之为先事、后事、当事,其本质是一样的。考察参照时间R与说话时间S的关系,通常也可以有三种关系,即R在S之前,R在S之后,R在S之时,从而形成先时、后时和当时的概念。不过,由于在语言表达中,说话时间S和事件发生时间E是人们表达的重心与焦点所在,所以语言研究者将更多注意力放在了说话时间S和事件发生时间E互相关系及参照时间R和事件发生时间E互相关系的认识上。至于说话时间S和参照时间R的关系,由于和语言表达无太大的关系,所以并没有进入学者考察的视域。所以,学者们根据语言表达的实际情况,将S与E的关系和E与R的关系作为一个语言或方言时制考察的重点。

事件发生的时间E与说话的时间S的相互关系,是语言时制考察的基本点,由此可以形成为绝对时概念。事件发生的时间E与其参照时间R的互相关系,可以形成相对参照点,形成相对时概念（张济卿1998a）[①]。这样一来，对于一个句子来说，同一个时间轴上有两对关系成为语言时制考察的重点，这就是事件时间E同说话时间S的关系和事件时间E同参照时间R的关系。于是绝对时和相对时交织在一起，形成了九种基本格局。

表10–1 绝对时和相对时交织的九种基本格局

	时制的类型	符号表达	符号释义
语言时制	相对过去时绝对过去时	E–R–S	在时间轴上，E发生在S和R之前，E发生在R前。
	相对现在时绝对过去时	E,R–S	在时间轴上，E和R同时，均发生在S之前。
	相对将来时绝对过去时	R–E–S	在时间轴上，E发生在R之后，S之前。
	相对过去时绝对现在时	E,S–R	在时间轴上，E与S同时发生，二者均在R之前。
	相对现在时绝对现在时	E,S,R	在时间轴上，E、S和R同时发生。
	相对将来时绝对现在时	R–E,S	在时间轴上，E和S同时发生，两者均在R之后。
	相对过去时绝对将来时	S–E–R	在时间轴上，E发生在S之后，R之前。
	相对现在时绝对将来时	S–E,R	在时间轴上，E与R同时发生，二者均在S之后。
	相对将来时绝对将来时	S–R–E	在时间轴上，E发生在R之后，二者均发生在S之后。

① 张济卿对这个问题具体叙述与我们并不一致，但结论是一样的。

例如：

（8）你爹夜来昨天走些走时先安已经吃了饭啊。E–R–S（先事过去时）①

（9）我进门会欸时你娘骂人哩。E,R–S（当事过去时）

（10）年时去年知庚现在沓阿咱们才脱贫呀。R–E–S（后事过去时）

（11）八点以前做知该这个活。E,S–R（先事现在时）

（12）知庚现在走。/今天星期三。/花红呃哩。E,S,R（当事现在时）

（13）你娘夜来说来，她知庚现在睡觉哩。R–E,S（后事现在时）

（14）明儿知庚现在我先安已经走啊。S–E–R（先事将来时）

（15）你两昂两个明儿要学开车哩。S–E,R（当事将来时）

（16）明儿你走了我阿走呀。S–R–E（后事将来时）

这九种格局实际上是人类语言的九种时制的表现样态。一般说来，语言不同，其表现方式、表现手段和表达材料有可能是不同的，但语言时制及其表现通常不会超出以上格局。所以，认识一个语言在上述时制格局中的表达特点，便成为语言时制研究的重点。

以岐山话中的"哩"为例，"哩"这个助词无疑是有时的语法意义的。是关于时的哪种语法意义呢？可以放在以上格局中去讨论。一般说来，"哩"具有的时间意义如果没有在句中被其他方式所限定，那就是说话的当时也就是"现在"。例如：

（17）你叫谁哩？/叫你哩。

① 为了行文简洁，这里姑且采用龚千炎先生（1995）对相对时的表述。这里的"先事、当事、后事"，即相对过去时、相对现在时、相对将来时。这里的"过去时、现在时、将来时"，即绝对过去时、绝对现在时、绝对将来时。

(18)你吃啥哩？/吃梨哩。

(19)你做啥哩？/写字哩。

(20)你想啥哩？/想明儿明天扎吃呀怎么办。

也正因为如此,“哩”可以很好地与表示“现在”时间的词语配合。例如:

(21)你正此刻/知庚现在/知乎这会儿叫谁哩？/我叫你哩。

(22)你正此刻/知庚现在/知乎这会儿吃啥哩？/吃梨哩。

(23)你哥正此刻/知庚现在/知乎这会儿做啥哩？/写字哩。

(24)你姐正此刻/知庚现在/知乎这会儿想啥哩？/想明儿明天扎吃呀怎么办。

据此,“哩”有可能被认为是岐山话中的“绝对现在时”标记。然而,岐山话中会碰到另外一些句子,这些句子会给动词一个限定时间也就是R,而这个时间,相对于说话的时间S而言,可以是现在,也可以是过去或将来。例如:

(25)年时去年你娘做啥哩？给我哥做衣服哩。

(26)夜来昨天你娘做啥哩？喂猪哩。

(27)才乃火刚才你娘做啥哩？吃饭哩。

(28)你娘明儿做啥哩？

(29)你娘一下下一会儿做啥哩？

(25)至(27)句中,“年时、夜来、才乃火”这些词表示的时间长短不一,久暂不同,但有一个共同的特点就是都属于“过去”的时间。(28)(29)句中,“明儿、一下下”这些都是属于将来的时间。

如果只考虑事件发生的时间E与说话时间S的关系,很可能无法理清“哩”的性质及其关系。但是,如果我们考察一下上述带“哩”的句子表示的事件发生时间E及参照时间R的关系,就很容易发现一个事实:岐山话中“哩”所表达的时间,通常都在动作发生的时间E与其限定的时间R的同时。所以“哩”表达的是一个相对现在时的概念，而不是绝对现在时概念。

由此我们说，对于汉语普通话岐山话来说，认识和识别绝对时的语法范畴固然很重要，但识别和了解相对时的语法范畴尤为重要，因为汉语及其方言中许多标记时制的助词及语法形式，只有放在相对时的范畴中才能得到最终的说明（张济卿1996）。

二　岐山话关于时的区分

岐山话时的语法范畴与世界上大多数语言一样，将时间视作一种线性结构，并根据谓词表示的事件在这段线中所处的位置，将其三分为过去、现在、将来。也同世界其他语言与方言一样，这种区分并不是均匀地将时间时区分三个等分，而是以言语过程发生的当时为着眼点，分别向过去和未来无限延伸。于是，“现在”通常为语言行为产生那个时点或时段，然后以此为基点，向前延伸一直到无限远为“将来”，向后延伸一直到无限远则为“过去”。岐山话中，通常是用“哩、来、呀”等助词同动词配合来区分这些语法范畴的。例如：

（1）你说哩没？（现在）

（2）他走来没？（过去）

（3）我去呀不？（将来）

句（1）问的是言语行为发生的当时有没有“说”这种行为在进行，“V+哩”表示的是现在时的概念；句（2）问的在目前这种言语行为发生以前有没有发生“走”这种行为，“V+来”表示过去时的概念；句（3）问的是现在这个言语行为发生以后会不会有“去”这个行为实施，“V+呀”表示将来时的范畴。

但岐山话谓词关于时的语法意义的表达，不仅受制于绝对时，也受制于相对时。例如：

(4)你娘夜来昨天来做啥哩。

(5)年时你娘就说她来呀。

(6)到了西安，你问你娘到屋欸说啥来？

我们知道，在绝对时范畴中，"哩"与动词结合可以表达现在时，"呀"可以表达将来时，"来"过去时。但考察一下上述句子的时制，(4)句绝对时范畴为过去时，却用了"哩"，(5)句的绝对时范畴为过去时，却用了"呀"，(6)绝对时范畴为将来时，却用了"来"。

为什么会产生这种现象呢？这就是相对时的作用。从绝对时的角度看，(4)句中"做啥"这个动作发生的时间在说话时间之前，所以为过去时，理应用"来"，为什么用"哩"呢？原因很简单，从相对时角度看，动作发生的时间有一个新的对照时间"夜来昨天"，而以此为基点，发生在"夜来昨天"前为"先事"，也就是相对过去时，发生在之后为"后事"，也就是相对将来时，发生在当中为当事，也就是相对现在时。从而形成以下句子。

(7)你娘夜来昨天来做啥来？（绝对过去时，相对过去时）

(8)你娘夜来昨天来做啥哩？（绝对过去时，相对现在时）

(9)你娘夜来昨天来做啥呀？（绝对过去时，相对将来时）

由于言语发出人向"做啥"的参照时间"夜来昨天"之中发问，故用"哩"而不用"来"或"呀"。当然，如果言语发出人要向"做啥"的参照时间"夜来昨天"后发问，那就只能说"呀"而不能用"哩"或"来"。同理，如果向"做啥"的参照时间"夜来昨天"之前发问，那就只能用"来"而不能用"呀"或"哩"了。

由此我们可以清楚地看到，岐山话中"哩、来、呀"的使用，不仅受绝对时制约，也受相对时的制约。同时“哩、来、呀”在岐山话中，不仅可以表达绝对时范畴，也可以表达相对时范畴。但无论在绝对时还是相对时中，它们表达的通常都是现在时、过去时和将来时的概念。所以，在以下的讨论中，我们只讨论这三种时间范畴在岐山话中的表达，不再区分绝对时和相对时。

当然，“哩、来、呀”等虚词，并不是只用来表示时的语法意义，有时也有体的语法意义，我们适当的时候加以讨论。

三　岐山话关于时的表达

岐山话中时的语法意义，主要是通过几个时态助词围绕着动词表达的，语序表现为动词在前而时态助词在后，有时在动词和时态助词之间可以有其他成分，如宾语和补语的插入。

3.1　现在时的表达

现在时是指言语交际行为发生的当时。这个时间可以是一个时点，也可以是一个时段。例如：

（1）你做啥哩？

（2）我吃饭哩。

（3）谁叫你哩？

（4）我叫你哩。

这里，问句的“做什么”和答句的“吃饭”，都是言语交际行为发生当时的事。有时，为了强调这个时间，还可以加上一个时间副词“正”。“正”表示“当下、此刻”。除此之外，还有副词“知庚现在、知乎现在”等时间词与“V+哩”相配合，表示现在时。“知庚”表示“现在”这个时刻，“知乎”表示“现在”这个时段，“正”表示“现在”这个时点。由此我们知道，岐山话中的现

在时,可以指说话的那一刻,也可指说话的那一时段。下面的句子,都是合法的句子。例如:

（5）你正/知庚/知乎做啥哩?

（6）我正/知庚/知乎吃饭哩。

（7）你正/知庚/知乎做啥哩?

（8）我正/知庚/知乎吃饭哩。

这是动词、副词和助词配合表达现在时的例子。岐山话现在时的表达,表示言语交际行为"当时"的副词并不是必不可少的。现在时的语法意义的表达,主要靠动词和助词"哩"的配合来实现。

一般而言,岐山话中如果一个动词后没有出现"哩"及其它虚词时,通常是以零形式标记的"现在时"语法意义。例如:

（9）吃饭,吃饭,吃饭。（现在吃饭）

（10）喝水,喝水,喝水。（现在喝水）

（11）打球,打球,打打球。（现在打球）

这三个句子,表面上看起来,似乎没有时的形式上的标记,但对操当地话的人来说,时间概念还是明确的。①

3.2　将来时的表达

将来时是以说话时刻为基点,向未来延伸的时间概念。岐山话表达将来时,典型的形式是"V+呀",表示言语行为的"当时"以后要做的事。例如:

（1）我吃呀。

（2）你娘走呀。

（3）明年沓阿咱们盖房呀。

① 当然句（11）中的"打打球"不仅有了时的意义,也有了体的意义,我们将随后讨论。

在这个表达方式中,"吃、走、盖房"这些动作都是在言语行为发生的以后实施的,属于将来时范畴。且"V+呀"这个格式排它性很强,在表达将来时的概念时,所有与动词相关的时间词都必须与将来时相匹配。例如:

(4)你才吃呀吗?

(5)明儿就收呀吗?

(6)你就走呀吗?

当然,将来时的表达,在有些语境下,不一定用"V+呀"来表示。无标记动词也可以表达将来时。例如:

(7)我呃走了,你把扎阿拾掇嘎。

(8)跟集赶集些,把我叫嘎。

(9)去,叫人来给你娘看病呀。

这几句话句首的动词没有时间标记,但在特定的句义环境中,只能是将来时。

岐山话中除了"V+呀"之外,还有第二种表达将来的手段,这就是"V+得"。这种格式表达的是现在没有发生,但不久的将来要产生的情况和发生的动作。也是岐山话中一种典型的表达将来时的语法手段。例如:

(10)天安先安黑得哂,你麻利走吧。(目前天还没有黑)

(11)人回来得哂,你先安做得饭哂。(目前还没有回来)

(12)上昂几年学哂?毕得业哂没?(目前还没有毕业)

(13)我窝先安已经走得哂,你要倒水哂。(说话时还没有走)

(14)你再不听话,就挨得打哂。(说话时还没有挨打)

3.3　过去时的表达

岐山话中表达过去时的手段很丰富,有"V+来、V+过、V+哂、V+了"等表现形式,下面分别加以讨论。

3.3.1 V+来

"V+来"在岐山话中,表示的是"现在"以前所发生的动作。例如:

(1)问:你来来没? 答:来来。/没来。

(2)问:你去来没? 答:去来。/没去。

(3)问:才乃火刚才喝水来没? 答:喝来。/没喝。

(4)问:你爹夜唉昨天打你来没? 答:打来。/没打。

(1)(2)句问的是问话行为发生以前,也就是"现在"以前某个动作有没有发生。(3)(4)句问的"现在"之前的某个时段有没有特定的动作发生。处在"V+来"这个格式中的动作通常不会发生在将来,只能在"现在"以前或以前的某个时段与时间点上。所以说,"V+来"虽然也可以表示一个动词的体貌形态,如"过"的意义,但在时间范畴上,是一个比较典型的过去时的表达。

在了解岐山话"V+来"时,要注意一种形式上很靠近"V+来"的表达方式,但其表达的是"来+V"的意思。其中的"来"是实义动词,并不是表过去时的时态助词。例如:

(5)你娘明儿吃来呀。

(6)后儿就有人叫来呀。

(7)你好好做活,一下下一小会儿厂长就看来呀。

(8)你候奥等着,一下阿一会儿就有人拾来㖠。

(9)不害怕,后晌下午就有人开车来㖠。

(10)些微稍微候嘎,你哥就给你拿书来㖠。

上述句子中,"来"并不是过去时标记,而是一个置后的实义动词。这些句子表示的意义通常都有"来+V"的意义,如"来吃、来叫、来看、来拾、来开车、来拿书"。这些意思加上时间词的配合,可以表示将来时意义,即将来会进行的动作。为什么表面上看起来别无二致的"V+来"会具有截然不同的意义？主要有两个大的语境的制约：一是"V+来"后都有一个助词"呀"或"哂"，二是"V+来"前有表示将来时的时间词。其中"呀"与"哂"在句中的区别是，"呀"表示将来会发生，"哂"表示将来一定发生。

3.3.2　V+过

"V+过"所表示的是动词所示的经历体貌，但由于"经历"只能是"现在"以前发生的，因而从时制上看，这种句法格式表达的除了体貌特征外，还有比较明显的在过去发生的性质。例如：

（1）问：你吃过肉阿没？　答：吃过。/ 没吃过。

（2）问：你到过北京阿没？　答：去过。/ 没去过。

（3）你长昂长到知目这么大，还没有见过知目这么大阿大的汽车哩。

（4）你到扎阿这里来过，阿那你见过知该这个人阿不？

"V+过"与"V+来"这两种句法形式，在时间上都是过去时。但体貌意义不同。"V+过"重动作引起的心理体验。"V+来"重在强调动作是否有过。

第十一章　体的表达

岐山话中的体貌特别丰富，具有完成体、已然体、进行体、持续体、保持体、尝试体、起始体、经历体、体验体、重行体、延续体、获得体、变化体、了结体、曾行体等十几种之多，其中有些范畴在印欧语系中诸语言中没有或并不常见。

一　体的概念

体（aspect）通常是对动作进行状态的语法意义的概括，为一种常见的语法范畴，如进行体、完成体、普通体等。不同语言或方言中，对这种语法意义的表达所采用的语言形式常常是不同的。在形态丰富的语言中，体的语法意义通常较多采用词的不同形态及其组合来表达，如英语就是用动词原形表示现在一般体，用be+doing表示现在进行体，用have+done表示现在完成体等等。而在形态不发达的语言中，较多采用语序、虚词和不同的词语组合来表示，如汉语普通话的“吃了、吃过、吃着”就是用动词与不同的虚词组合来表示完成、经历、持续等语法意义的。一般而言，语言不同，体的类型会有很大的不同，体的表达形式也会有所不同。

二　岐山话体的表现形式

动词和形容词在岐山话中有很丰富的体貌特征。对于这些体貌特征的表达,岐山话采用形态、语序、虚词、词语选择等语法手段加以表达。一般而言,语序、虚词和词语选择这几种语法手段在汉语中较为常见,而形态则是岐山话特有的语法手段。比如“上了学了”是普通话关于“完成”的体貌表达,而在岐山话中,关于这个体貌有两种表达方式:

(1)上了学哂。

(2)上昂学哂。

这是两种同义表达手段,句(1)用的是语序+虚词,句(2)则是通过动词“上 ʂaŋ⁵³”变换不同的形态“ʂaŋ⁵³ aŋ²¹”来表达“已然”体貌的。岐山话通过这种形态特征与其他手段相结合,为其体貌的表达提供了丰富的手段。

三　岐山话的体貌类型

在岐山话中,动词和形容词有很丰富的体貌特征。现分别讨论。

3.1　完成体(或已成体)

完成体也称已成体,通常表示动作或变化在说话人说话的当时或某个参照时间以前已经完成。岐山话完成体的标记有“V+哂”和“V+阿+哂”两种形式。前一形式多见于主动句中,例如:

(1)我吃哂。

(2)我看哂。

(3)我要哂。

（4）我走咧。

（5）他哭咧。

（6）我给你爹说咧。

（7）你把碗打咧吗？

"V+阿+咧"这种形式多见于被动句中，例如：

（8）房子先安已经盖阿咧。

（9）媳妇先安已经娶阿咧。

（10）饭先安已经做阿咧。

（11）话先安已经说阿咧。

（12）水烧阿咧。

"V+阿+咧"中"阿"有时可以被其他成分所替代，如（8）（9）句，也可以说成"房子先安已经盖起咧"和"媳妇先安已经娶下咧"，但功能不变。

3.2 已然体

通常表示谓词（主要是形容词）所示的状况在说话人说话的当时已经出现。例如：

（1）怪人心瞎咧。

（2）今年秋成咧。

（3）你娘手烂咧。

（4）钱先安花光咧。

（5）天安先安亮咧。

已然体与完成体有相似之处，都表示谓词反映的事实在说话的当时已经存在，所以称为"完成"或"已然"。区别是完成体通常是对动词动作状态的概括，而已然体通常是对形容词呈现的状况的概括。由于汉语中形容词可以直接作谓语，所以这个体貌具有汉语特点。已然体在岐山话中的表现形式可以标记为"A+哂",其中的A为形容词。

3.3　进行体

通常用来强调某一时间里动作在进行。例如:

(1)你爹正说话哩。

(2)你娘正做饭哩。

(3)娃娃正上学哩。

(4)我夜唉正浇地哩,你爹叫哩。

(5)你娘做啥哩?做针线哩。

(6)你到洼做啥哩?做活哩杲。

进行体强调动词在某一时段正在进行,而不管这个时段是说话的当时、过去,还是将来。例如:

(7)我知庚正写字哩,没有时间怼你跟你耍。

(8)年时我正上学哩,你硬要我工作去哩。

(9)你候他正吃饭些寻他。

表示这种体貌的语法手段在岐山话中有时间副词"正"、动词和语气词"哩"。此外,动词通过韵母局部重叠与"哩"配合,也可以表示动作进行。例如:

(10)你哥做活窝哩。

(11)你爹吃饭安哩。

(12)我正睡觉奥哩。

(13)娃娃到洼阿打秋奥哩。

岐山话中的进行体的基本形式是"正+V+哩",有时,"正"可以省略,如上例的(10)(11)(13)句。

3.4　持续体

表示动作状态和事物状态持续的体貌。持续体与进行体不同,进行体通常是那些可以在一个时段进行多次的行为,如上述

"吃、做、打秋"等,而持续体常常表示一种动作行为或事物状态持续保持的情况,所以还是有很大区别的。例如:

(1)门开艾哩,饭凉昂哩。

(2)麦还绿奥哩,肚子还饿疤哩。

(3)桌子还到洼阿摆艾哩。

(4)花红恩哩,人富唔哩。

(5)人病恩哩,车停疤哩。

持续体在岐山话中表现的典型形式为"V+韵母局部重叠+哩"。这种体貌表示的时间通常是动作行为状态从过去的某个时候开始,一直持续到说话的当时,至于是不是还要持续下去,已经不是体貌要表达的内容。如果不想强调起始的时间,一般不会有关于起始时间的说明,如上例(1)至(5)句。如果有,那就是强调了。例如:

(6)花齐夜来就开艾哩花从昨天就开着呢。

(7)水齐年时就淌昂哩水从去年就一直流着。

(8)饭齐早昂就凉昂哩饭从早上就一直凉着。

另外,岐山话中还有一种表示状态持续的方式。例如:

(9)我先安饿了一天哂。

(10)我先安走了一天哂。

(11)油先安漏了一年哂。

(12)牛死了叫我心疼了两年。

(13)知该病先安害艾两年哂。

这种表达动作状态和事物性质持续方式为"V+了+时间名词+哂"。其中"哂"不是必须成分,如句(12);"了"亦可通过动词韵母局部重叠来表达,如句(13)。这种表达体貌的方式告诉人们的是:在一个时段内,某个状态一直在持续。因而,这种表达形式里虽有“V”和“哂”，但不能认为是“完成体”或“已然体”，因为它所表示的意义并不是“已经实现了什么”或“已经成了什么”，而是“一种什么样的状态在持续着”。

除此而外，岐山话中还可以用特定词语组合加上“哂”表示某种状态在持续。例如：

(14)自打年时我就没吃的哂。

(15)你娘打年时秋欧秋里就疯哂。

(16)胳膊齐夜来疼呃今早昂哂胳膊从昨天晚上疼到今天早上了。

句(14)的意思是说从去年秋天到现在，没有吃的这种状态一直持续着；句(15)是说“你娘从去年到现在”就一直疯着；句(16)很有特点，动词前后都有时间词。这种体的表达方式通常是“时间词+V+哂”或“时间词+V+时间词+哂”。

3.5　尝试体

这种体貌下的动作通常有一种尝试或试探的意义，动作的时间通常在说话的当时以后。例如：

(1)阿你来嘎嗄！

(2)到我先尝嘎。

(3)你先试活尝试嘎。

(4)阿你走阿几步看嘎嗄。

动作的尝试或试探意义，在普通话中通常用动词重叠形式，如“试试、走走、尝尝”。岐山话表示上述语法意义，通常采用的形式是“V+嘎”，且以祈使句为常见。

除了上述典型的表现形式外，岐山话表达动词动作的尝试或试探意义，还有“V+嘎”的两个变化形式“V+嘎子、V+嘎阿”和“V+阿点”。例如：

(5)来，走嘎阿！

(6)去,给你娘说嘎子。

(7)来,狗娃阿吃阿点来,乖孩子,试着吃一点。

(8)你着阿暮些,给我给阿个你有那么多,给上我一个。

岐山话中还有一个表达尝试体貌形式:"V+给下"。此前的表达形式表达的尝试义都是在说话时间之后,而"V+给下"表示的尝试义在说话时间之前。

3.6 起始体

这种体貌表示事态从说话的当时开始,并且往以后延续,但起始体关注的重点在于动词动作从说话的当时开始这一段,后续部分并不是关注的重点。普通话中也有类似的体貌。典型的标记形式为"V+开+哂"。例如:

(1)戏先安唱开哂。

(2)人都走开哂。

(3)水都淌开哂。

(4)雪先安化开哂。

(5)猫先安叫开哂。

在"V+开+哂"中,"开"也可以被其他表示起始的趋向动词替换。例如:

(6)锣鼓打起哂。

(7)火烧起哂。

(8)娃娃哭起哂。

(9)花都败下哂。

此外,岐山话中还有另一种形式,通常表示一种事态的开始。这种事态可以由动词表示,也可以由形容词表示。例如:

(10)你娘先安老哩你娘已经开始变老了。

(11)人先安走哩人已经开始走了。

（12）牛先安吃哩牛已经开始吃了。

（13）花先安红哩花已经开始红了。

（14）麦先安黄哩麦开始黄了。

这种体貌可以标记为“V/A+哩”。在这种格式中，通常都会有一个先行的副词“先安已经”。在“V+哩”中，如果没有这个先行副词，则有可能产生一个多义结构。例如：

（15）花红哩。

（16）人走哩。

（17）树长哩。

“花红哩”作为起始没有问题，“人走哩”有可能被认作一个状态在持续，而不是起始，意为“人走着呢”。而“树长哩”有可能说明的是树生长的状态，并非一定是一种起始的变化，意为“树在不断地长着”。当然，关于这两种意义的传达，岐山话可能会用更典型的表达方式，如说“人走欧/呃哩、树长昂哩”这样，就不会有上述歧义了。另外，进入“V+哩”框架中表示起始体的句子主语应为施事，不能是受事，如不能说“饭吃哩、水喝哩”[①]。

3.7　经历体

该体貌通常通过动词及其有关词语的组合表达一种经历和体验，通常出现在陈述句和疑问句中。例如：

（1）我吃过香蕉，怪味道不好吃我吃过香蕉，那味道不好吃。

（2）酸奶我喝过，饺子阿吃过，这一辈子，啥味道都知道。

（3）你爹穿过皮鞋阿没？

（4）你去过北京阿没你去过北京没有？

（5）西安概那个南湖你转过阿没？

① “饭吃哩、水喝哩”在岐山话中表达的意义是“（我）可以吃饭、可以喝水”，与起始体无关。

(6)你谈过恋爱阿没?

(7)你娘伢人家没骂过人。

经历体在岐山话中可以表示为“V+过”。由于经历和体验只能是说话的时间以前或当时发生,因而这种体貌特征不可能出现在将来时中。

值得注意是,普通话里也有类似“V+过”这种结构形式,但这种结构形式表示的语法意义除了关注对象实施这种行为后的经历外,还有询问相关的动作行为是否发生过的意义。岐山话中的“过”则重点强调动作产生的“经历”和“体验”,至于句中的动作是否发生过,岐山话里有另一种表达方式,如“知该话我说来”。

3.8 延续体

这种体貌表示动词所表示的动作将持续进行下去,可以标记为“V+走+哂”。其中“走”表示一种向下延续趋势,可以替代的词语有“下去”。在这种结构中“走”已经不再是一般行为动词,而虚化为一种“向后趋向”。例如:

(1)你不叫怪,怪就到知目做呃走哂你不叫他,他就这样做下去了。

(2)阿怪就到暮说阿走哂那他就那样说下去了。

(3)下阿走哂(雨)一直不停地下着(还要下下去)。

(4)上昂走哂(这个坡)一直向上延伸着。

(5)一歇唉唱昂走哂(她)不停地唱着。

延续体和进行体有相似之处,通常都是在指示动词动作行为进行的状态。进行体关注的是一个特定时段的动词动作实施情况,这个时段可以是现在,也可是过去或将来某个时段。延续体不是说明动词动作特定时段的进行情况,而是表达从说话的当时就已经观察到的一种动作行为将向未来延续。至于这个动作什么时候开始,又将延续到什么时候,已经不在延续体关注范围之内了。进行体关注的动作状态在时间持续中是等量的，延续体关注的动作状态在时间持续中会越来越小，但会延续。

3.9　获得体

获得体是动词和形容词体貌之一，通常表示通过动词动作得到或获得某种东西，也可以表示得到了形容词所标示的状态。例如：

(1)你知目这么些年俩，念阿书俩没？

(2)先安25岁俩，娶下媳妇俩没？

(3)我挣阿钱俩，你眼热阿不我挣下钱了，你眼红不眼红？

(4)怪伢那人到西安没多少时间就开阿车俩。

(5)山安娃娃有了本事俩。

(6)概娃娃伢那人今年上上/阿大学俩。

(7)(你娘吃药呀，)你把水凉阿俩没？

(8)(我先安饥俩，)你把饭热阿俩没？

句(1)至(6)为动词获得体，后两句为形容词获得体。获得体可以标记为“V/A+阿+俩”。其中“阿”在岐山话中通常是“下 xA[21]、上”两个趋向动词虚化后的替换形式，所以上述“阿”大多可以还原为“下”或“上”。“下、上”被中和为“阿”，说明其语法意义抽象程度很高，已经成为一种特定的体标记。“阿”除了可以被“下、上”等词替换而意义不变外，还可以被有条件地替换为“了”，也可以替换为动词的韵母局部重叠形式。例如：

(9)你有了钱俩没？

(10)娃娃上昂大学俩没？

(11)我给你娘说呃话俩。

“了”在替换“阿”时，通常与表示“存在”的动词“有”搭配。而“下、上”被“阿”替换时，意义则更为虚泛了。

普通话和其他关中话都有类似的表现形式，但具体词项不同。普通话常说“上上学了、挣下钱了”西安话说“上上学咧、挣下钱咧”。与岐山话相比,除了其后的语气词不同外,其中的“上”与“下”都不能说“阿”,因为“下”和“上”的意义还没有虚化到可以用“阿”替换的程度。

第十二章　句子的语气和用途

从语气和用途上给句子进行分类，岐山话中的句子具有陈述、祈使、疑问、感叹四种类型。例如：

(1)我来俩。(陈述句)

(2)你来嘎。(祈使句)

(3)你叫个啥嗄？(疑问句)

(4)外那好奥很！(感叹句)

本章主要描写疑问句和感叹句。

一　疑问句

疑问句通常是询问人、事件或情况的句子，可以分为一般疑问句和特殊疑问句。汉语中，一般疑问句通常是那些有问有答的句子，又可以分特指问、是非句、正反句和选择句；特殊疑问句通常是指有问无答或自问自答的句子，前一种情况通常称为反问句，后一种情况通常称为设问句。除个别疑问句外，大部分疑问句句调音高有所上升，但这种上升并不一定是全句句调的上升，通常的情况是询问的焦点音高会上升。例如：

(1)你是谁？(特指问)

(2)早昂早上走呀吗？(是非问)

（3）面黑不黑？（正反问）

（4）你吃饭呀嘛喝水呀？（选择问）

（5）有你到知目象这样说的哩吗？（反问句）

（6）西安到达阿哩？到扎阿这里哩呀考西安在哪儿呢？在这里嘛。（设问句）

（7）你去呀吗？（是非问）

（8）该这个字扎目怎么写哩？（特指问）

（9）今年打阿打了几担麦？（特指问）

（10）娃娃他爹到地衣地里去哂吗？（是非问）

（11）谁到洼哩？（特指问）

（12）阿你到底吃呀吗不吃？（正反问）

由于汉语中的特殊疑问句通常被认作一种修辞方式，因而不在语法范畴内加以讨论。下面分别讨论一般疑问句的几种情况。

1.1 特指问

特指问是指用疑问代词发问的疑问句，通常要求回答疑问代词所问的内容。岐山话中，与特指问配合的句末助词有“一开、呀、哩”等，也可不用句末助词。例如：

（1）问：你拿阿啥一开？ 答：书一开。

（2）问：你屋欸家里今儿来艾来的谁一开？ 答：我姨一开。

（3）问：啥会走呀？ 答：就走呀。

（4）问：北京到沓阿咱们那面安那边哩？ 答：东北上哩。

（5）问：你哥得拿多商多少钱？ 答：阿也就是百拾个元。

（6）问：知该是谁阿谁的车一开？ 答：我哥的一开。

（7）问：阿丂为什么不去哩？ 答：我有事哩。

1.2 是非问

是非问是指不用疑问代词发问的疑问句，要求对方作出肯定或否定的回答。岐山话中与是非问配合的句末助词通常只有

“吗”。例如：

（1）问：扎阿这里有人哩吗？答：有哩/没有。

（2）问：衣服脏昂哂吗？答：脏哂/没脏。

（3）问：人都出去哂吗？答：都出去哂/没有。

（4）问：工钱要阿要上哂吗？答：要阿哂/没要阿。

（5）问：今年到你儿洼阿儿子那儿去哂吗？　答：去给下去了一下/没去。

（6）问：概这是你娘心尖尖吗？答：阿你考当哩那你又以为呢？/不是。

（7）问：今年不到西安去哂吗？答：不去哂/还去呀。

1.3　选择问

选择问通常是问句有或此或彼两个意向，要求回答的人选择回答。回答可以或此或彼，甚至兼有彼此或否定彼此，从而使选择问的答句具有很大的选择空间，岐山话会在选择问句中的两个选项之间用“吗”。例如：

（1）问：你来呀吗我来？答：你来/我来/沓两昂咱们俩都来/沓两个咱们两个都不去哂。

（2）问：先喝水呀吗先吃饭呀？答：先喝水/先吃饭/一歇来一下子都来，连喝带吃/都候嘎。

（3）问：到西安去呀吗到北京去呀？答：到西安去呀/到北京去呀/两个地方都想去转嘎哩/达阿都不去哂。

（4）问：沓阿咱们今儿买毛衣呀吗买大氅大衣呀？答：还是买毛衣/买大氅/都买阿都买下/一个阿也不要。

选择问的这个特点，也是正反问所不具备的。此外，选择问在对现在或将来事件进行询问时，一般会用表示现在时的“哩”和将来时的“呀”来标记其时制类型。例如：

(5)问:你去呀吗我去呀? 答:你去,我就不去哂。

(6)问:先喝呀吗吃呀? 答:阿就先喝阿点。

(7)问:齐扎阿这里走哩吗齐洼阿那里走哩? 答:齐洼阿走。

(8)问:阿今年到西安呀吗到北京呀? 答:哪达都不去哂。

(9)问:阿你就想好,到底是回来呀吗还到洼阿那里呀? 答:阿就到让我再想嘎。

选择问在对过去的事件发问时,问句末要求用表示过去时的助词如"来"及相应的时间词来配合。例如:

(10)问:你去来吗,你娘去来? 答:我去来。

(11)问:夜来买的苹果吗,买的梨? 答:梨一开。

(12)问:上大学兀阵恩那会儿学数学哩吗,学物理哩? 答:学的化学一开。

由此可以看出,选择问是对动词动作有时间要求的一种句子类型。其时制清楚地分为现在、过去、将来三种类型。

1.4 正反问

正反问是指问句中包含正反两个方面的意思,通常要求选择一项来回答。例如:

(1)问:你看知该这个衣服沓阿咱们买哩吗不买? 答:买/不买哂。

(2)问:你去吗不去? 答:不去/去。

(3)问:今儿走呀不? 答:走呀/不走哂。

(4)问:你来呀不? 答:来呀/不来哂。

(5)问:知该这个事你知道阿不? 答:知道/不知道。

(6)问:尝着哂没? 答:尝着哂/没有。

(7)问:你看知目些这么多人够阿不? 答:不够/够哂。

(8)问:夜唉昨天吵人吵阿不? 答:吵人恩很/不吵人。

（9）问：你情愿愿意吗不情愿愿意？　答：情愿／不情愿。

岐山话正反问句有两大结构类型，即由“动词＋助词＋否定词”和“动词＋不＋动词”构成。当正反问句由第一种方式构成时，与动词配合的助词有“来 lᴇ²¹、呀 iᴀ²¹、哩 li²¹”和“哂 liᴀ²¹”，其后的否定词为“没／没有”和“不”。第二种构成方式由同一个动词重叠后，在中间加否定词“不”构成。例如：

（10）给你说来没？

（11）今儿查呀不？

（12）你娘扫地哩没？

（13）你叫哂没？

（14）你喝不喝？

（15）到底去不去？

岐山话中的正反问句中的助词、否定词与动词相配合，可以有五种形式。上例中（10）至（13）句为第一种类型，（14）（15）句为第二种类型。在第一种结构类型中，动词与不同的时态助词搭配，可以表示不同的时、体和情态等语法意义。第二种类型形式与普通话相同，但有着不同于普通话的特殊的情态意义。现就上述每一类型中的不同格式具体分析一下。

1.4.1　V＋来＋没／没有

这种格式由“动词＋来＋没／没有”构成，通常是询问已经过去的时段中某个动作及其相关的事件有没有发生。如：

（1）吃来没？（〔此前〕吃没吃？）

（2）寻来没？（〔此前〕寻没寻？）

（3）走来没？（〔此前〕走没走？）

（4）叫来没？（〔此前〕叫没叫？）

（5）忽闪来没？（〔此前〕〔上下〕闪动没闪动？）

助词“来”与句中的动词配合表示过去时的语法意义。例如：

(6)这个东西你拿来没?

(7)你送礼来没?

(8)夜来昨天骑马来没?

(9)你爹骂人来没?

在这些句子中,助词“来”置于“拿、送礼、骑马、骂人”之后,表示动作是在发问以前发生的。

这种格式的正反问句,动词前如没有时间词,又没有具体的语境限定,则询问的时间会在从现在起,向过去延展。如想对已经过去的某一特定时刻发问,动词前可以加与“来”相匹配的时间词,例如：

(10)早上吃来没?

(11)夜来昨天寻来没?

(12)才乃火刚才走来没?

(13)晌午中午叫来没?

此外,这类正反问句,动词还可以通过韵母局部重叠表示动作“持续”的语法意义。在这种情况下,询问的焦点也就转换成了在过去的时段某个动作行为有没有“持续”进行。例如：

(14)你到门根儿门前立欶来没?

(15)老三排艾排队来没?

(16)爹唉我们的爹夜来昨天睡觉奥来没?

(17)娃娃到扎阿这里望昂来没?

(14)句询问“你”此前在门前“站立”过一段时间没有,(15)句问“老三”在过去的一段时间内是否“一直排着队”,(16)句问“爹”昨天是否“睡着觉”,(17)句问“娃娃”在过去的一段时间是否在这儿“望着”。动词的韵母局部重叠后,有了“持续”的语法意义。由于“来”表示过去时，因而“持续”的语法意义，也就只能是过去时中动作的一种“持续”了。

1.4.2　V+呀+不

这种格式由“动词+呀+不”构成，通常是询问听话人实施不实施特定动作以及有没有实施这个动作的愿望。“呀”为助词，可以紧跟动词，也可以置于宾语之后。例如：

（1）学习呀不？

（2）你摘豆角呀不？

（3）擦桌子呀不？

（4）看你还呐喊呀不？

（5）栽树呀不？

“V+呀+不”是一种固定格式的问句，岐山话中没有西安话中“V+不”的表达方式，如不说“学不？”“摘豆角不？”“擦桌子不？”上述问法，在西安话中是很常见的。在岐山话中，正反问动词与否定词中间，一定要有一个助词。

助词“呀”在正反问句中与动词配合，对动词实施动作的时间有一限定，即以发话人发问的时间为基准，发话人所询问的动作是在此后进行，表达一个相对将来时语法意义。例如：

（6）今儿你浇地呀不？

（7）知该这个书你买呀不？

（8）后晌下午擀面呀不？

（9）知会欸这会儿去呀不？

（6）句中表示相对时间是“今儿（在我发问后），你浇地不浇地”，（7）句表示的相对时间是“（在我发问后），你买不买这本书”，（8）句表示相对时间是“（在我发问后）下午要不要擀面”，（9）句表示的相对时间是“（在我发问后）是否马上去”。可见，当“呀”与特定动词相搭配，出现在正反问句中时，所问动词实施的时间不能在发问之前，只能在发问之后。

“呀”与动词配合时，不仅具有将来时的意义，还表示一种特定情态，即实施某种动作的“意愿”。这种意愿可以从两方面表现出来：一是“呀”与动词搭配组成正反问句时，句意本身就含有愿望之意；二是可以从回答问题的方式观察到这种意义。如问“你来呀不？”问句本身包含有两种意义：一是“来”这个动作实施的相对时间只能在发问后，不能在发问前，如在发问前，就不这样发问了；二是这个问句中有“你想不想来的”意思。再如：

（10）你打呀不？

（11）你娘到让娃娃上学呀不？

（12）今儿赶集呀不？

上面三句一方面分别表达了“打、上学、赶集”这几个动作的实施时间在发问以后，同时也含有问对象“想不想打、想不想上学、有没有赶集的愿望”的意思。在这些句子中，实施动作的“意愿”这层意思没有用特定的词汇加以表示，而是通过与动词搭配的“呀”表示出来的。回答这样的问句，通常有两种形式，一种是肯定式，如“V呀、想V哩”；一种是否定式，如“不V哪、不想V”。其中“V呀”和“不V哪”，是对在发问后是否实施动作的回答；“想V哩”和“不想V”就是对问句内涵“意愿”，就是“想不想”的回答。再如：

（13）问：今儿到底上粪呀不？　答：（肯定）上呀。（将上）/想上哩。（想要）|（否定）不上。（将不上）/不想上。（意愿）

（14）问：明儿到学校去呀不？　答：（肯定）去呀。（将去）/想去哩。（想要）|（否定）不去。（将不去）/不想去。（意愿）

（15）问：阿你娶媳妇呀不？　答：（肯定）娶呀。（将娶）/想娶哩。（想要）|（否定）不娶。（将不娶）/不想娶。（意愿）

1.4.3　V+哩+没

这种格式的正反问句由“动词+哩+没”构成,通常询问特定的时间里问句中的动作是否开始进行或持续。例如:

(1)割麦哩没开始割麦子了没有?

(2)喝水哩没开始喝水了没有?

(3)下雨哩没开始下雨了没有?

(4)你姐到在炕上坐呃哩没你姐姐在炕上坐着没有?

(5)还到洼阿那儿守欧哩没(他)现在还在那儿守候着没有?

(6)老师上课呃哩没老师现在上课着没有?

(1)(2)(3)句“割麦、喝水、下雨”与“哩”搭配,询问“动作开始了没有”;(4)(5)(6)句询问“坐、守、上课”等动作是否在“持续”着。

在这种问句中,动词是用不同的词形变化与助词“哩”表示动作“起始”与“持续”的语法意义的。当动词以其原形与“哩”配合时,表示“起始”的语法意义;动词以其韵母局部重叠后与“哩”搭配,表示“持续”的语法意义。以下是动词原形与“哩”相配合,表示“起始”的语法意义的例子:

(7)压哩没?

(8)线断哩没?

(9)蒜苗长哩没?

(10)东西拿哩没?

(11)药熬哩没?

(12)人走哩没?

(13)桌子擦哩没?

在(7)至(13)句中动词以其原形“压、断、长、拿、熬、走、擦”与“哩”搭配,分别表示“开始压没有、线开始断没有、蒜苗开始长没有、东西开始拿没有、药开始熬没有、人开始走没有、桌子开始擦没有”等意思①。

动词韵母局部重叠后与“哩”搭配，表示动作“持续”的语法意义。例如：

(14)压阿哩没？

(15)线断安哩没？

(16)蒜苗长昂哩没？

(17)东西拿阿哩没？

(18)药还熬奥哩没？

(19)人还走欧哩没？

(20)桌子还擦阿哩没？

上面这些例句中，动词以韵母局部重叠后的变化形式与“哩”配合，表示动作“持续”的语法意义，各句意思分别是“书还压着没有、线还断着没有、背篓还背着没有、蒜苗还长着没有、东西拿着没有、药在熬着没有、人还站着没有、还在擦着桌子没有”。由于是在讨论持续，所以句中可带副词“还”。

“哩”与动词配合，不仅动作具有“起始”或“持续”的语法意义，还对动作实施的时间有一定限定，从而将“起始”和“持续”的语法意义限定在一定的时间范围中。一般说来，表示动作行为“起始”时，问句所限定的时间通常是在询问的当时，动词前不加时间词，如要强调，只能加与问话当时相容的时间词，如“知庚现在走哩没现在开始走没有、割麦哩没开始割麦没有”等等。表示动作“持续”时，则有两种情况：当动词前没有时间词时，问句限定的时间与表示“起始”时相同，即在问话的当时；动词前

① 动词原形与“哩”配合，可以表达动作“起始”的语法意义，这里特指的是在“V+哩+没”这种正反问格局中的情况。在陈述句中，“V+哩”即或动词没有发生韵母局部重叠，其表达的语法意义也是“持续”的语法意义。

如有时间词时,会将动作“持续”的时间限定在时间词所指的范围内。但是,动词前出现的时间只能是表示问话当时的时间词和问话以前的时间词,不能是问话以后的时间词。例如:

(21)搬哩没?((现在开始)搬没有?)
(22)赔哩没?((现在开始)赔没有?)
(23)打哩没?((现在开始)打没有?)
(24)倒哩没?((现在开始)倒没有?)
(25)搬安哩没?((现在)还搬着(东西)没有?)
(26)赔欵哩没?((现在)赔(本)的状态持续着没有?)
(27)打阿哩没?((现在)打的状态持续着没有?)
(28)倒奥哩没?((现在)倒的状态持续着没有?)

(21)至(24)句表示动作“起始”,(25)至(28)句表示动作“持续”,由于(21)至(28)句动词前都没有时间词,因而问句中所有的动作时间均为“现在”,也就是问话的当时。动词韵母局部重叠后,可以在动词前加上相应的时间词,此时表示动作行为“持续”的时间就会被限定在时间指示的范围之内。例如:

(29)晌午搬安哩没中午搬着(东西)没有?
(30)才乃火刚才赔欵哩没刚才赔着(本儿)没有?
(31)叫你打毛衣哩,阿你初一打阿哩没初一打着(毛衣)没有?
(32)今儿树倒咧,夜来昨天倒奥哩没今天树倒了,昨天(树)倒着没有?

(29)至(32)句中出现的这些时间词都只能是表示发问当时或发问以前的时间词,不能是表示发问以后的时间词。

1.4.4　V+咧+没

这种格式的正反问句由“动词+咧+没”构成,通常是询问某个动作完成了没有。“咧 liᴀ²¹”在该句中为时态助词。西安方言中有一个与此功能相似的助词“咧 liɛ⁰”,但同岐山话读音不

同;另外,岐山话中的"嗰"具有的某些特殊的情态意义也是西安话的"咧"所不具备的。例如:

(1)回去嗰没回去了没有?

(2)地浇嗰没地浇了没有?

(3)人走嗰没人走了没有?

(4)鼻擤嗰没鼻擤了没有?

(1)至(4)句分别在询问"回去、浇、走、擤"这些动作完成了没有。回答方式也有两种方式,即"V嗰"或"还没哩"。

动词在与"嗰"配合表示动作"完成"的语法意义的同时,也对动词完成的时间有一定的限定。一般说来,这个时间通常是询问发生以前的动作完成状况,即相对过去时的语法意义。例如:

(5)把衣服穿上嗰没?(截止发问前)

(6)把粮食买嗰没?(截止发问前)

(7)你早上把头梳嗰没?("早上"在发问前)

(8)你娘去嗰没?(截止发问前)

(9)年时去年把钱挣嗰没?(去年在发问前)

(10)账算嗰没?(截止发问前)

(5)至(10)句"穿、买、梳、去、挣、算"与"嗰"搭配,表示动作完成的时间均在发问以前。

在正反问句中,动词与"嗰"配合,不仅对动作完成的时间有限定作用,而且表示出一定的情态意义。这种情态表现在陈述句中,表示说话人对动作所表示的完成事态的肯定;在正反问句中,说话人用"动词+嗰+没"这种格式的问句时,尽管在形式上是一个正反问句,但在发问人认为应该已经完成了。这一点,通过回答问题方式的不对称性就可以看出。例如:

表 12-1　"V+ 哂 + 没"的问话方式

正（肯定）	反（否定）
V哂。（完成了）	没哩。（现在没有呢）
	没V哩。（现在没有V呢）
	还没V哩。（现在还没有V呢）

这种不对称性，一方面表现在"质"上：否定答句根本就没有"没V"这种回答；另一方面表现在量上："否定"回答有三种方式，而肯定回答只有一种。否定回答的真正含义是：在说话以前，问话人认为本应该完成的动作并没有完成。

1.4.5　V+不+V

这种格式的正反问句由"动词+不+动词"构成。这种形式，在普通话中也有，但在岐山话中，这种格式的正反问句有着特殊的情态意义。例如：

（1）称不称①？

（2）说不说？

（3）学不学？

（4）赔不赔？

（5）跑不跑？

（6）改不改？

（7）让不让？

（8）换不换？

这种发问形式，是发话人对听话人反复提出某种要求而未被重视或未得到预想的反应时的一种激问，带有强烈的情绪色彩。采用这种方式时，口气急促、语速加快、结构简单（通常不带主语），带有不耐烦的或威逼的情态。通常有两种回答：一种

① 指用称来称东西。

是语气急促而不无歉意地说:“V呀,V呀,就V呀。”另一种情况是听话人亦被激怒,语气坚定说:“不。/不V。/我不想V。”这种意味,是普通话中没有的。

与普通话不同,这类问句通常将询问的重点放在听话人实施不实施特定动作的意愿上,而不是像普通话那样,通常将询问的重点放在实施不实施特定动作上。当然,任何动作都有一个实施的意愿问题,但在普通话中实施动作的意愿没有被作为发问重点,这是显而易见的。试就岐山话与普通话作一比较:

表12-2 V+不+V在岐山话和普通话中答句的比较

V+不+V	普通话答句	岐山话答句
送不送?	送。/不送。	送呀,送呀,就送呀。/不。不送。知庚现在不想送。
说不说?	说。/不说。	说呀,说呀,就说呀。/不。不说。反正我不说。
喝不喝?	喝。/不喝。	喝呀,就喝呀。/不。(我)不喝。我就是不喝。
上学不上学?	上。/不上。	上呀,就去上学呀。/不。不上。(我)不想上。
栽树不栽树?	栽。/不栽。	栽呀,栽呀,就栽呀。/不。不栽。谁爱栽谁栽去。

不难看出,岐山话的答句不管是肯定回答还是否定回答,都包含听话人的情绪和意愿在其中。普通话中,只有在否定回答的二次问答中,才会有“不想V”,或因某种原因“不能V”回答。如普通话问:“你喝不喝?”答:“不喝。”再问:“为什么?”再答:“不想喝。”或“我没有时间喝。”岐山话在首次问答中就表示了“意愿”即“想不想”的问题。当然,普通话也可以表现一种激愤的情绪,这时,会出现与岐山话相类似的用法,但它们的区别是,岐山话中并没有普通话中的一般用法。

一般说来,该问句询问的“意愿”是在“此时”,即激问的当时的意愿,也就是“现在”有没有实施特定动作的意愿。在

后续的问话中,有时可以对以后实施不实施特定的动作发问,但询问的焦点,还是“现在”对以后实施不实施特定动作的意愿。例如:

甲:你给不给?(现在给不给?)　(语气急促)
乙:不给。(现在不给。)　(语气坚定)
甲;明儿给呀不?(明天能不能给?)　(语气稍缓)
乙:明儿再说。(明天再说。)　(语气亦缓)
甲:阿那你知庚现在意思是明儿再说?　(确认)
乙:对。　(语气坚定)
甲:阿那么就明儿再说。　(无奈)

由此我们可以看出,虽然询问的是将来实施的动作,但问话人所要了解的却是答话人现在的愿意。这些,都是普通话同类问句没有的意义。

二　感叹句

感叹句是表示喜怒哀乐及惊奇、惊讶等强烈思想感情的句子。岐山话的感叹句有五种主要结构类型:一是中补结构,二是主谓结构,三是叹词性结构,四为名词性结构,五为动词性结构。

2.1　中补结构

岐山话这类句子有:

(1)好奥很!
(2)嫽扎哂!
(3)嫽暴暴!
(4)俊得很/俊恩很!
(5)热死人哂!

（6）怪那个人钱多得嘛！

这类句子通常比较短小，结构也较简单，情感色彩充沛。

2.2 主谓结构

岐山话中还有一种特殊结构的感叹句，其特点在补语部分，结构为“V+得嘛”或“A+得嘛”，也就是整句的谓语由动词或形容词充当，其后加一个语气助词“得嘛ʈi^{31} mᴀ^{21}”，表示程度非常之深，具有极强感情色彩，但又有尽在不言中的表达形式。“得嘛”应该不是一个词，而是结构助词“得”附加在前面的词语之后，语气词“嘛”再附于句末的一种结构。例如：

（1）伢人家知阵恩现在西安修得/修欧好得嘛！

（2）外那打得多得嘛！

（3）我屋敹我们家好得嘛！

（4）你哥买阿糖买的糖难吃得嘛！

（5）外那好看得嘛！

（6）外瞎得嘛！

这种表达式表示的意义，如果用普通话明白地说出来，（1）句就是“人家西安现在修得好得没法形容了”，（2）句是“那粮食打得多得无法说了”，（3）句是“我们家好得无法说了”，（4）句是“你哥买的那糖难吃得无法说了”，（5）句，是“那（东西）好看得无法形容了”。

普通话感叹句中有一种“副+形”和“形+名”结构，用以表示强烈感情色彩。如“太好了！”“太美了！”“好漂亮！”“多好的人！”“多雄伟的山！”等等。岐山话中没有这两种结构的感叹句，遇到类似的情况，都转换成“好奥很！”“美得很！”“俊恩很！”“概这个人好奥很！”“概这个山大得嘛！”

2.3 叹词性结构

这类句子由某些叹词单独构成，表示一种强烈的情感。

例如:

（1）噉！这嘛扎目呀。

（2）嘿！这歇一下做瞎俩。

（3）呀！你把水□tuŋ^{53}搞黑俩。

（4）唉！阿只能知目俩。

上述句子中的“噉、嘿、呀、唉”就是由一个叹词构成的感叹句。

2.4 名词性结构

这类句子由名词或名词性短语构成,有时还会加上一定的语气词。例如:

（1）我的天神！你扎目把事给伢做住知目开俩嗄我的天，你怎么给人家把事做成这样子了！

（2）娘娘！这嘛怕不行俩。

（3）我的娘娘！

（4）天神呀！你长短耍到暮俩。

上述句中的“我的天神、娘娘、我的娘娘、天神呀”这些名词性短语,就是以感叹句的身份出现的。

2.5 动词性结构

岐山话还有一种动词性的感叹句,似在陈述,其实在表达一种无奈的情绪。有时,虽为完全句,但也是通过用陈述的方式表达强烈情感而已。例如:

（1）算俩，算俩，不说俩。

（2）罢，罢，阿就走罢。

（3）阿就对，你走！你走！

（4）噉！你一下就足俩。

这类句子从时制上考察,通常以现在时为主。

第十三章　特殊的句式

一　比较句

比较句是对两个人或事物进行比较的句子。与其他句子不同的是,比较句常常有“比、赶、不及、不胜、怼tei^{44}跟、连”等表示比较的词。岐山话中的比较句可以分成差比句、平比句。

1.1　差比句

这是比较句中比较常见的类型,其主要功能是比较两名词短语的不同,又可以分为肯定差比句和否定差比句两种类型。

1.1.1　肯定差比句

岐山话表肯定的差比句常用的比较词有“比”和“赶”,且可以互换。例如:

(1)你衣你们屋家比/赶我窝我们屋家大。

(3)我赶/比你跑得快。

(4)我走得赶/比他快。

(5)今年麦收欧收的赶/比年始呃去年的多。

(6)今年赶/比年始呃去年的长昂好长得好。

此外,同普通话中一样,岐山话在此类差比句中,还有一种不用“比”和“赶”等之类比较词的特殊格式。例如:

（7）你哥大阿/了你三岁。

（8）知该这个树高奥/了怪那树有一尺。

（9）我早奥/了你一步。

在这种情况下，作谓语中心语的形容词通常需要加一个随机性的词尾。这个词尾通常通过充作谓语中心语的形容词韵母局部重叠得到，否则就得加一个语态助词"了"来替换。相对于一般差比句而言，这种句子表示出来的差别通常均为一种主观判断与猜度。

1.1.2　否定性差比句

否定性差比句表示两个人或两件事情没有或不及的特征。岐山话中常用的比较词有"没、没有、不及、不胜、赶不阿/上、撵不阿/上、比不阿、不比"等。例如：

（1）今年不比年时，一年不及一年哂。

（2）今年收成没有往年好。

（3）你没我大。

（4）怪他成绩不及我。

（5）我阨我的饭没有我媳妇做唔做得好。

（6）学习你不胜我，工作我不胜你。

（7）我撵不上你学习好。

（8）我学习上撵不上/不及/不如你。

否定差比句中，"没、没有"可以互相替换，"不及、不胜、赶不阿/上、撵不阿/上"等词可以替换。

1.2　平比句

平比句是表示两个人或事物具有相同性质的比较句。在这类句子中，岐山话常用的词语有"怼跟、连、齐跟、赶、一般、一样"等，其中"怼 tei[44]跟、连、赶、齐跟"为介词，"一般、一样"为形容词。例如：

(1)你哥学习怼跟你一样好。

(2)你姐连我一样高。

(3)我哥阿哥的手赶你一样大。

(4)我跑得赶你一样。

在岐山话中,平比句的四个介词"怼、连、赶、齐"多数情况下可以互换而表义不变。从使用频率看,前三个介词使用高一些,"齐"使用频率略低。

平比也可以采用另一个表达形式,例如:

(5)我怼跟你阿不差啥。

(6)你屋欸的电视怼我屋欸的不大啥你家的电视跟我家的(电视),大不了多少。

(7)你衣你的衣服齐跟我呃我的衣服差不多。

(8)沓阿咱们年经不相上下。

这是以差比的形式表现平比的例子,即形式是差比的,而内容是平比的。

岐山话还有另外一种平比句,这类句子并不使用上述介词构成,句子结构也有很大变化。通常是用同位短语提出两个人或事物,然后说出相同的性质。例如:

(9)我看你两昂一般大。

(10)你几个都一样高。

(11)在这几个一样黑。

(12)在这几个学习一样好。

平比句可以采用肯定形式,也可以采用否定形式。上述平比句均可以有否定形式。例如:

(13)你哥学习怼/连/赶/齐你不一样。

(14)你姐连/怼/齐/赶我不一样高。

(15)今年没有年时收成好。

需要注意的是,平比句的否定形式与差比句否定形式不同。例如:

(16)你娘怼与你不一样。(平比句)

(17)在这两个人不一样黑。(平比句)

(18)你娘手不及你衣手大。(差比句)

(19)你今儿吃的不如我吃的好。(差比句)

比较两者的否定形式,可以看出,平比句否定词通常靠后,如"不一样、不一样黑",而差比句否定词靠前,如"不及你手大、不如我吃的好"。另外一点也很明显,平比句的否定形式是肯定形式加否定词后转化的。

二　把字句

把字句是岐山话一种常见的句子类型。与普通话相比,岐山话的把句字功能及使用范围更大,其意义与结构也更为复杂。例如:

(1)你把场碾哂吗?

(2)把书拿阿来到我看嘎。

(3)你把你娘就气死哂。

(4)把人把做难受得。

(5)把票一买。

(6)到钉子把手扎哂。

(7)把几块钱没丢失哂。

(8)看你能把我扎目怎么样了!

与兰宾汉(2011)描写的西安方言相类似,普通话中关于把字句的特征，岐山话中似乎都有反例，诸如把字句的处置性问题、介词把的对象的有定性问题、把字句否定词通常不放在把字后的问题等等。分别讨论一下。

2.1 没有处置性的把字句

汉语的把字句常常具有处置的意义。岐山话中不乏这类的例子，如“把姐姐姑娘起发嫁在达阿哪何处了？”“把牛卖给谁咧？”“去，把这个破碗扔了去”。但是，岐山话中也有一部分把字句没有处置意义。例如：

（1）把人气得！

（2）夜来把个猪娃子遗咧。

（3）天冷了，把衣服穿厚嘎。

（4）把饭吃饱，活才能做好。

这种情况表明，岐山话的把字句功能有所扩展，不限于表达处置的意义。

2.2 介宾非定指的把字句

普通话中，把字句的介宾通常具有定指性质，如“把书给老师了没有？”“叫人把东西抬走了没有？”这里的“书”和“东西”都有定指的性质。岐山话中的把字句也有这种性质。例如：

（1）去，把鸡吆赶嘎！

（2）走，把你娘看嘎。

（3）你把知该不拿阿去能成吗？

（4）把娃娃叫奥走咧。

（5）你把人做呃啥咧你把人扔/丢到哪里了！

但定指在岐山话并不是一种强制性要求，岐山话中介宾非定指的也很常见。例如：

（6）你一顿能把五个馍馍吃了阿不？

（7）下雨些，要把伞打阿哩。

（8）阿怪他把活给做阿咧吗？

（9）你把人给叫阿咧吗？

（10）把人给□ $ʂəŋ^{24}$ 害羞咧吗让人害羞了吗？

（11）到让脏水把衣服拱污染咧吗？

当然，这种情况的出现也不是没有条件的。非定指的介宾一是出现在未然事件的描写中，如（6）（7）句；一是介宾表示的事件在特定的语境中具有定指与非定指两种性质，如句（8）至（11）。

2.3　否定词后置的把字句

普通话中，否定词和助动词通常置于把字之前，但岐山话常常没有这种限制。例如：

（1）你不把书拿阿过来，我扎目怎么看哩？

（2）你把书不拿阿过来，我扎目怎么看哩？

（3）你不把你娘气死些的话，知庚现在日子好奥很。

（4）你把你娘不气死些，知庚现在日子好奥达阿哪里去咧。

（5）你能把书拿阿过来阿不？

（6）你把书能拿阿过来阿不？

（7）你能把你娘气死，阿啥瞎事做不了嘎！

（8）你把你娘能气死，阿啥瞎事做不了嘎！

在岐山话中，否定词和助动词不仅可以放在把字前，也可以放在把字的介宾后，其意义没有变化，应视为同一意义的两种句法表现。这一点是与西安方言相同的（兰宾汉 2011）。

2.4　动词后为光杆的把字句

一般而言，岐山话同普通话一样，把字句中，作为谓语中心语的动词后不能没有其他成分。例如：

(1)在这事把人□ku[53]为难住哂。

(2)你不来,都把人急死哂。

(3)啥事把你叫奥来哂。

(4)你把我引呃达阿去呀你把我领到什么地方去?

值得注意的是一种特殊的把字句,其基本结构为“把N一V”,其中“把”为介词,N为名词或名词性短语,“一”为副词,V为动词。V以单音节动词为多。例如:

(5)把票一买。

(6)把饭一吃。

(7)把活一做。

(8)把人一骂,就走了。

(9)把房子一扫,沓阿咱们就走。

这类把字句可以单说,也可以有后续句,是一种很特殊的把字句类型。这种类型西安方言中也有(兰宾汉2011)。

岐山话中的把字句,还有普通话中没有的一些类型。这主要有以下几种情况。

2.5 介宾为施事的把字句

把字句中的介宾通常多为受事,但岐山话有一种把字句,其介宾为施事。例如:

(1)活把人做乏哂活把人做困了。

(2)饭把人吃得满头水。

(3)床把人睡得腰疼。

(4)看书把人念得看让书把人念成(什么样了)!

(5)到酒把人喝得!

(6)知该路一下把人走得失声喘不过气哂。

这种句型的基本特点是主语为受事,把的宾语通常为全句谓语中心的施事,其后常常有一个补语。普通话中也有类似的句子。

2.6　介宾与动词之间插“给”的把字句

同普通话一样,在由把字构成的介宾短语与动词之间,经常会看到插入助词“给”的语法现象。例如:

(1)我呃我们到让人把房给拆哂。

(2)你衣你们到人把麦给收哂。

(3)夜来怪活昨天那活,把人一下一下子给挣累肏蹋哂坏了。

(4)把新新儿的衣服到让怪人那人给戳了一个大窟窿。

(5)阿你把良心到让狗给吃哂吗。

很明显,“给”插入,无疑使把字句的处置意味得到了加强。

三　被动句

岐山话中的被动句通常有三种情况:一是无标记,一是用“到”,一是用“叫”或“给”,而不使用“被”字。

3.1　无标记被动句

这种句式表面看起来与主动句没有区别,只能通过主语和谓语的语义关系判定其为被动句。例如:

(1)水倒哂。

(2)饭吃哂。

(3)活做哂。

(4)地犁哂。

(5)麦拾哂。

这类被动句通常比较简短,在时制上多为现在时,体貌上多为完成体。

3.2　用“到”的被动句

岐山话有标记的被动句通常用“到”而不用“被”[①],这一点与普通话有着明显的区别。不过,岐山话被动句中的“到”在功能性上均与普通话中的“被”很相似。例如:

(1)土匪到被人打死咧。

(2)才买阿/下的车到被人偷呃去咧。

(3)你衣你们的牛先安已经到被人卖咧。

(4)才盖阿/下的房子么就到被人拆哩吗?

(5)电视到被怪那瞎种坏家伙砸咧。

(6)门到被人拿阿去烧咧。

岐山话中,用“到”字的被动句,其被处置的意义还是很明显的。将其延长为“到”字套合句,这种处置作用则更为明显。例如:

(7)把你哥到人打死咧。

(8)把才买阿/下的车到人偷呃去咧。

(9)把你衣的牛先安到人卖咧。

(10)把才盖阿/下的房子么就到人拆哩吗?

(11)把电视到怪砸咧。

(12)把门到人拿阿去烧咧。

“到”构成的被动句中,“到”通常会引入施事者,如(7)至(12)句“到”引入的“人”和“怪他”。一般来说,岐山话的被动句,引入的施事者通常比较抽象,主要突出受事被处置的特点。岐山话中固然会说“你姐到你二哥打给下”“才买下的汽车到贼娃偷欧去咧”“你衣你们的牛到队欸队里的人拉阿去卖咧”“才盖阿的房子到城管拆咧”“电视到怪瞎种种给砸咧”“你屋欸家的门到队欸队里派阿人烧咧”之类的话,但一般而言,这种意思通常会用主动句加以表达。因为引入的施事者过

① 陕西合阳话里则更多地用“教”(邢向东、蔡文婷2010)。

于冗长或具体时，会冲淡“到”字引起的被动句的处置作用。

但是也应该看到，岐山话引入施事者的“到”，其语法化程度没有普通话“被”高，在岐山话中，下面说法不是不可以说，但使用比较少，且对语境的依存度比较高。例如：

(13)你哥到打死咧。

(14)才买阿/下的车到偷呃去咧。

(15)你衣的牛先安到卖咧。

(16)才盖阿/下的房子么就到拆哩吗？

(17)电视到砸咧。

(18)门到拿阿去烧咧。

这些句子通常都会有后续句，通常不大会单说。当然，即使单说时，此种情况下的“到”也已经是表示被动词语态的助词而不再是引入施事者的介词了。

3.3　用“叫”和“给”的被动句

岐山话的被动句除了用“到”之外，还可以用“叫”和“给”。例如：

(1)你哥叫人把腿给打断咧。

(2)今儿我一下叫人给骂侪蹋咧。

(3)你娘叫人推给下，就跌倒咧。

(4)钱叫人给摸去咧钱被人给偷去了。

(5)头叫人给打破咧。

在岐山话中，表示被动意义的“叫”与表示被动的“到”意义相当，且可替换，但岐山话中用“到”较多，而用“叫”较少。

至于岐山话的被动句中的“给”一般不单用，通常与其他可以表示被动关系的词语配合使用。如：

(6)水到人给喝完咧。

(7)钱到人给花没哂。

(8)衣服到人给偷光哂。

(9)碗都到你姐给打完哂。

(10)粮食都到牲口给糟蹋哂。

(11)路都到车压给脔蹋哂。

岐山话被动句中这种动词前的"给",意义已经虚到了可有可无的地步。如将其去掉,通常只会使句子的处置意义略有减弱,不会使句子结构发生变化。

综上所述,岐山话中被动句有以下特点:

1.较强的"处置"意义;

2."到"的虚化程度不高;

3.大多数被动句可以无条件地转换为把字句,而表义不变。

至于普通话被动句所具有的一些特点,岐山话被动句也是有的,如被动句中的受事主语通常是有定的,被动句的动词后不能没有其他成分,被动句中动词体貌多为完成态等。但是,普通话被动句中助动词和否定词只能出现在介词引导施事者前,而岐山话则没有这个限定。下面的情况在岐山话被动句很常见:

(1)你哥不叫人做活吗?

(2)你哥叫人不做活吗?

在岐山话中,上述结构不仅是合法的,句义也没有多大改变。

第十四章　复　句

一　等立关系

1.1　并列关系

并列复句由两个或两个以上的分句组合而成，这些分句以并列的方式叙述相关的事件，或说明相关的几种情况，它们之间没有主次之分。并列复句可由分句直接意合而成，也可借助关联词语组合。

并列关系分为平列关系和反列关系两种，构成平列关系分句语义方向相同或相类。例如：

（1）你烧火，我给沓阿咱们擀面。

（2）酒阿喝俩，人阿见俩，（我走呀。）

（3）你来俩，我阿也来了。

（4）阿你不会一面安一边吃，一面安一边跑吗？

（5）怪有会欸有时听话哩，有会欸不听话么。

（6）你娘一下阿一会儿说叫你爹呀，一下阿一会儿说叫你哥呀。

（7）在娃娃忽下/忽儿给下/忽儿下/一下阿一会儿要知该，忽下/忽儿给下/忽儿下/一下阿一会儿要兀怪那个，（谁能把怪伺候阿/上嘎。）

岐山话平列关系的表达与普通话区别较大。这表现在在岐山话中没有普通话中的“也、又”,与其类似的意义,在岐山话中均用一个“阿”来表示。同时,在口语中也没有“同时、同样、另外”等表示平列关系的关联词。普通话中“一方面……一方面”在岐山话中是“一面安……一面安”,普通话中的“一会儿……一会儿”在岐山话中是“一下阿……一下阿”等。

反列关系也是并列关系中的一个类型。列出两个语义方向相反的分句,以此来表达互有关联的人或事。反列关系可以用关联词,也可以不使用关联词。例如:

(8)我穿新的,你穿旧的。

(9)不是你不想来,而是我不想去。

(10)人伢都上学去咧,你扎目还睡欸哩?

岐山话表示反列关系的关列词通常有“不是……而是、是……不是”等关联词,这一点与普通话相同。

1.2 顺接关系

也叫承接关系、连贯关系。通常由两个以上的分句构成,分句间在时间、空间或逻辑上相互承接。岐山话使用的关联词主要有“就、连住、接住、后接唉、毕了、紧接住、这嘛、一下下、一下阿”等。例如:

(1)你先走,我就来咧。

(2)你爹将昂坐呃洼阿歇凉哩,就看着你姑来咧你爹刚坐在那里乘凉,就看见你姑姑来了。

(3)先坐的汽车,接住坐的火车。

(4)你去咧,后接还来了几波客,都到我打发走了。

(5)开头下的是雨一开,接住就下住成雪咧。

(6)你先怼你娘坐嘎,沓阿就吃饭呀你先跟你娘坐一下,咱们马上吃饭。

(7)沓阿咱们先把礼行了,然后再说扎目怎么还知该钱。

(8)我就给人伢人家端茶,就给人伢倒水,毕了最后人伢才应承下哂。

(9)把人骂了,这嘛这一下酥心舒心哂。

(10)才出去送了个人,连住/接住就感冒哂。

(11)才挨了打,一下下就忘哂。

(12)人先坐㕩扎阿歇嘎,一下阿沓咱们就走呀。

岐山话表示承接关系的关联词并不是很多。普通话口语中常用"于是、然后"等关联词,没有读过书的岐山人也不用。

1.3 解说关系

解说关系通常由两个或两部分分句构成,分句间有解说、证明、补充关系。岐山话中表示解说关系一般以意合为多,很少用关联词。因而很少有形式标记,例如:

(1)你爹今儿兴高兴得很,又是吃肉又是喝酒。

(2)怪爱干净恩很,一天把桌子擦个没遍数。

(3)你娘为啥骂你哩,知该这就是因因原因一开。

1.4 总分关系

总分关系通常由两个或两个以上分句构成,两个或两个以上分句间有总述和分述的关系。例如:

(1)沓阿咱们今儿吃饺子,你搋面和面,我剁馅子。

(2)一个上学去哂,一个做活去哂,屋欸家里没有一个人么。

总分关系可以先总而后分,也可以先分而后总,例如:

(3)谁来呀,谁去呀,你说好哂没?

(4)谁到西安,谁到北京,知庚现在就要说好哩。

(5)到底扎目怎么办呀,到是看呀,还是不看哂?

1.5 递进关系

递进关系通常由两个分句构成，后一分句在语义上有深一层、进一步的意思。岐山话中表示递进关系的关联词不多，主要有“不光……还、不单……还、不但……连、不……还”等。例如：

(1)老师不单是年岁比你大，知道的阿比你多。

(2)不光我窝我们怕他阿，满街阿满街上有没有一个不怕怪的。

(3)怪那药不但不顶事，还瞎事哩。

(4)我早些就没有睡够，你还到让我熬夜哩。

(5)富家阿富人都有没钱安时候哩，何况沓阿咱们哩。

(6)怪他不好好学习不说，还学呃学着吃烟抽烟哩。

(7)你不光把我爹拉阿进来，连我姐都到你拉扯进来俩。

(8)怪不但哄老师哩，连你爷都哄哩。

(9)我不说你就对俩，你哈还上了劲俩。

岐山话中的递进关系，通常不大用普通话中“尤其、甚至、更”之类的关联词。

1.6　选择关系

选择关系由两至三个分句构成，分句与分句之间存在选择关系。岐山话中选择关系使用的关联词通常有“或、还是、再么是、不是……就是、阿罢……阿罢、呀吗……呀、不了……不了”等，例如：

(1)知该这个事或你来，或我去，(都能成。)

(2)(你看知该这个事，)是你来呀，还是你兄弟弟弟来呀？

(3)吃面呀吗，吃包子呀？

(4)你来，再么是要不然你爹来？

(5)今儿知该这个事，不是你死，就是我活。

(6)毕了业，到西安阿罢，到宝鸡阿罢，(都能成。)

(7)下面下面条阿罢，熬米汤阿罢，(耍炒菜。)

（8）（到在知该这个事上，）你不了就听他的，不了就听我的，（嫑到知目稀泥抹光墙。）

岐山话表示选择关系的复句一般不使用“或者、抑、非……即”之类的关联词。

二　因果关系

2.1　因果关系

因果关系通常由两个分句构成，两个分句之间有因果关系。岐山话和普通话一样有两种类型的因果句，一是一般因果，二是推论因果。

岐山话表示一般因果关系较少使用关联词，两个分句之间的关系以意合为主。例如：

（1）你叫我哩，我才来俩么。

（2）你不来么，我只好去俩。

（3）外头冷恩很，把衣服穿好。

推论因果句的偏句提出一种已经发生的状况，正句推断出一种应该如此的结果。这和假设关系容易相混，但并不相同，关键在于已经发生的状况是事实还是假设，是事实则为推论因果句，否则为假设句。

推论因果句的例子如：

（4）连你都不会做，知该这题就出日出得太难了。

（5）既然老张说了话俩，沓阿咱们就不追究知该这事俩。

（6）连米都淘不净，外就给人帮不了厨么！

（7）既然上了学，阿那就好好念书嗄。

（8）你既然到知目这样说哩，阿那我就不来阿。

岐山话中表示因果关系关联词比较少，一般因果主要靠意合，推论因果句因为关系比较复杂，常常会使用成套的关联词，但也不是很多。普通话中那些典型的表示因果关系的关联词岐山话基本不用，如“因为、由于、以便、因此、所以、是故、以致”等。

2.2 假设关系

假设关系通常由两个分句构成，这种关系是由一个分句提出一个虚拟的条件，另一分句说出这种条件下的结果。岐山话中表示假设关系的关联词有“再、再是、要是、些、了、赶、投、的话、如果、假如、假使、即使、要不是、譬如”等。例如：

（1）你要再是暮开那样些，我就不到叫你去哂。

（2）你去西安些，给我说嘎。

（3）不是你娘不好生病些，我就不来哂。

（4）再不是你说些，人还不知道。

（5）你不来了我就去哂。

（6）伢人家要不嫌沓阿咱们穷了，就把这一门亲事说阿吧。

（7）我要是爱钱些，知阵现如今先安已经已经发哂。

（8）要不是我的话，你今儿非挨打不可。

（9）要不是你讨扰些，我就把作业做完哂。

（10）要信得过我，我就给你衣你们照看门，要是信不下，就把门锁了。

（11）要是他说阿/下到扎阿到这里来些，外那就扎目怎么都误不不了。

（12）你能帮忙些，知该事就差不多哂。

（13）要是沓阿两昂一搭考上学些，就有了照应哂要是咱们俩一起考上大学的话，就可以（相互）照应了。

（14）投到等到我当阿当上官些，爷婆太阳就齐从西面出来哂。

（15）你不信了，就问他。

（16）不是概女子丑差些，早早就寻阿下家哂要不是这姑娘长得丑的话，早就找着人嫁了。

普通话中有些关联词在岐山话中不大使用，如“若、若是、倘若、假若”等；有些词岐山话中也说，如“假如、假使”等词，但使用的多是受过教育的读书人。

2.2.1　些、了

在表示假设关系的关联词中，比较能体现关中方言特点的是“赶、投、再是、些、了”，其中“赶、投、些”西安方言（兰宾汉 2011、孟维智 1982）有过描写，“投”合阳方言（邢向东、蔡文婷 2010）有过描写。值得注意的是，“再是、些、了”尤其是“些”和“了”在岐山话里使用频率很高。现就这两个词的功能描写如下。

“些”和“了”通常置于假设首句末，有强化假设关系的作用。试比较：

（1）你不说，人不知道。（条件）

（2）你不问信，问他。（顺承）

（3）你不说，人还不知道。（条件）

（4）你不说些，人还不知道。（假设）

（5）你不信，就问他。（假设）

（6）你不信了，就问他。（假设）

将上列句子进行比较，可以发现，小句末尾的语气词“些”和“了”对于确定分句间的关系作用很大：（1）至（3）句没有“些”和“了”，也就没有假设关系。但同时也应看到，（4）至（6）句中的假设关系也并不是单靠“些”和“了”来表示的，因为（5）句中并没有“些”或“了”，其假设关系仍是存在的。（5）（6）两句中都有惯常同假设连词搭配的副词“就”存在，但由于“就”既可以同表示假设关系的连词搭配，也可以同表示条件关系的连词搭配,所以在没有"些"和"了"的(5)句中,所示的假设关系不很清晰。但是,句中一旦有"些、了"并与"就"的配合,其假设关系无疑得到了加强,如(4)句和(6)句。语气词"些"和"了"的这种作用,在岐山及周边地区是很普遍的。

2.2.2 不了、不些、么了

此外,岐山话中还有一种将假设连词放在后一小句句首的类型,使用的关联词有"不了、不些、么了要不然"等。例如:

(1)娃娃阿要教育哩,不了怪不听话么。

(2)我走呀,不了挨骂呀。

(3)麻利吃,么了就没哂。

(4)赶紧走,么了就迟哂。

"不了、不些、么了"这些连词,尽管词形不同,读音形式也不一样,但意义和功能是一样的,都是"如果不这样"的意思。整句的意思是"如果不这样做某事,就会产生什么结果"。如(2)句表示的意思是"如果我不走,就要挨骂",(4)句表示的意思是"如果不赶紧走,就迟了",与一般假设句相对,这是很有特点的一种假设类型。

有时,"不了、不些、么了"等连词还可以与前一小句的"亏当、多亏"之类的副词相呼应。例如:

(5)亏当车来了,不了就走不了哂。

(6)多亏给怪说了两句好话,不些怪打人呀。

(7)多亏你哥给我挡哂,么了□ȵiA[53]要罚款哩。

(8)多亏你早些谋呃哩准备着,不些就答不上来哂。

(9)多亏你来哂,不些就说不上话么。

此时,句子转折意味很重,有学者作为假转关系讨论(兰宾汉 2011)。

2.2.3　让步假设

此外，还有一种让步假设，在岐山话里也很常见。例如：

（1）要知呃要知道你不吃哂些，我就不做饭哂。

（2）早知你买沙发些，我就不买电视哂。

（3）要知日知道知目这么费钱些，就不到城黑欸城里边来哂。

（4）早知还要吃药些，还不及打针。

（5）早知吃饺子知目这样费油，还不及吃臊子面。

这类句子，也有学者放在一般转折句加以讨论，笔者以为，还是放在假设关系里讨论好，因为该类句子语义上虽有转折，但其本质还是假设关系，所不同的是一般假设句假设在前，结果在后，而上面的句子结果在前，假设在后。

2.3　条件关系

条件关系的复句通常由两个分句构成，前一分句提出一个条件，后一分句说出这种条件下的结果。岐山话中使用有的关联词有"只要、不管、不举、或管、不管、只要、除非"等。例如：

（1）不举不管谁来，都是知该这话。

（2）或管不管扎目怎么做，要应该到让人回去过年哩。

（3）不管是谁来，都要给你娘说嘎哩。

（4）只要今儿你把该药这药吃了，我明儿给你买糖呀。

（5）除非到让你哥来，谁阿也把怪把他服不住降不住。

（6）你到知目这样一说，人都知道哂。

（7）只要你听话，就不怕再艾别的人使瞎心。

（8）除非你屋欸人来，就要想怪那个事。

条件句中表示的条件通常都是一种现实条件，所以所有结果也都是在这条件下的结果。但细细考察起来，内部情况还是有所不同的。一般而言，"只要、不管"之类的条件句提出的条件通常比较虚一些，而"不举、或管"等关联词提出的条件通常比较宽泛。

2.4 连锁关系

连锁关系通常由两个分句构成,前后两个分句由相同的词语加以关联,从而构成一种连锁关系。

连锁关系从本质上讲是一种条件关系,不过与一般条件关系不同。这种条件关系前后是依存的,没有前者,就没有后者,所以是一种变动着的条件。例如:

(1)达阿哪儿有水,达阿哪儿就有人。

(2)把课讲阿搭哪里,就把作业做唔阿搭哪里。

(3)你到让我叫谁,我就给你叫谁。

(4)队长叫我收麦哩,我收麦去呀。

(5)娃娃到在达阿叫唤,你就到在达阿寻。

从形式上讲,这种复句有两种表示形式,一种是以一般复句的形式存在,一种是紧缩复句的方式存在,如"说呃达阿做呃达呀说到什么地方,做到什么地方"。

2.5 目的关系

目的关系通常由两个或两个以上分句构成,两个或两部分分句之间有目的关系。表示目的关系的关联词有"为的是、省得、不就是、是为、看是"等。例如:

(1)你娘知目这么辛苦,为的是到让你成人么。

(2)你说过来倒过去,不就是到让我出钱哩么。

(3)我到按知目这么说,是为给你下阿个下一个台台。

(4)你把知该这拾掇嘎,一下阿一会儿给你爸爸看呀。

(5)我早早退居二线,看是为到让年轻人朝前走么。

(6)我专意专门到让老二给你捎奥捎着去,看是省得你来取么?

(7)饭我先安到在街阿上吃咧,省得你操心。

(8)我早早把衣服穿安候阿候着咧,省得你急了骂我。

（9）你爹怼跟你娘把房子盖好，不就是为给你娶媳妇么？

（10）我下阿知目大阿茬，看是为你衣好来么我下了这大的功夫，还不是为了你们好。

岐山话的目的关系可以意合，也可以使用关联词，但在普通话中比较常见的表示目的关系词语如“以、以便、以免”等词在岐山话里不大使用。

三 转折关系

3.1 转折关系

转折关系通常由两个分句构成，表示转折关系的两个分句语义方向不一致，所以叫转折。岐山话中表示转折关系连词通常有“虽然、虽说、说起、尽管、偏偏、只是、而、至于、不料想、谁知呃”等。例如：

（1）说起说起来我是你爹一开，阿而你就不听我窝我的话么。

（2）我到让伢人家来哩，阿而伢人家偏偏不来么。

（3）话虽知目这样说哩，日子还是要过哩么。

（4）早些过去就有人说你不听话，你还不去你爹赔阿个不是。

（5）我忙住成知目开呐这样了，你就不说帮昂帮上一把。

（6）知该娃娃看起看起来长大呐，不知呃不知道当事阿不顶事不顶事？

（7）尽管你爹都说了话呐，伢人家还是没听么。

（8）虽说你娘不亲，毕竟还是你娘一开么。

（9）只说你来呀，不料想连个影影都没有见着。

（10）只说怪他没钱，没想伢人家下馆子三五百都不在话下。

（11）虽然你爹死呐，你娘还活哩么。

（12）话是到按知目这样说哩么，你还想我真个怕你吗？

（13）好好说话哩，考到暮啥哩好好说话，为什么要那样做呢？

岐山话中表示转折关系的关联词比较丰富，很有特点。其中“谁知呃谁知道、不料想、就是、说起”等都是高度语法化的词语，只起关联作用，没有实在意义。再就是普通话中常见的表示转折关系的关联词如“却、但是、然而”岐山话中一般不用。

3.2 让步关系

让步关系通常由两个分句构成，整个句子表示意思是即使出现前一分句所说的情况，也会出现后一分句所示的结果。岐山话中让步关系通常使用的关系词有“慢说、纵然、就算、即使”等。例如：

（1）啥瞎佁我都见过，慢说你知目开这样的碎佁。

（2）覅说你错咧，就是没错你阿也得说阿个软话。

（3）慢说你大了，碎欸些阿到暮不成不要说你长大了，就是小时候也不能这样。

（4）慢说你是外人，你哥来阿也不行。

（5）就是你爷来了，阿也得看我窝我的脸色哩。

（6）你纵然把房子盖起，阿也没人住呆也是没有人住的哟。

（7）在这事固然不是你衣错，阿那再艾人别的人不到按知目这样看么。

（8）就算你是当官的，阿怕不能胡作非为阿。

（9）你就是说呃说得天上去，阿也不顶事。

3.3 取舍关系

取舍关系通常由两个分句构成，一般是说话人提出两个意向，然后以貌似选择的方式表达自己的取舍。岐山话中表示取舍关系的关联词有“与其……不如、到……不如、给……强不住、不计、赶不上”等，例如：

（1）与其到知目些，还不如到兀目与其这样，不如那样。

（2）给人发东西，强不住给人多呃发阿点奖金。

（3）到人下暮大的茬把人叫奥来候活做，不计到人多歇阿几天让人下那么大的功夫把人叫来等活做，不如让人多歇上几天。

（4）到让人一天喝米汤，达达哪儿能赶上到让人吃锅盔。

（5）花阿上暮些那么多钱寻人，还不如各呀自己寻人。

第十五章　语料记音

一　语法例句

1. 谁呀？我是老三。

   谁一开？我是老三一开。

   sei^{24} i^{44} kʰᴇ^{21} ? ȵuo^{44} sɿ^{44} lɔ^{53} sæ̃^{53} i^{31} kᴇ^{21}。

2. 老四呢？他正跟一个朋友说着话呢。

   阿老四哩？怪正怼一个熟人说话阿哩。

   ᴀ^{24} lɔ^{53} sɿ^{44} li^{31}? kuᴇ^{53} tʂəŋ^{44} tei^{44} i^{53} kɔ^{21} ʂʅ^{24} ʐəŋ^{24} ʂɤ^{31} xuᴀ^{44} ᴀ^{21}li^{21}。

3. 他还没有说完吗？

   阿还没说完吗？

   ᴀ^{24} xᴀ^{24} mo^{31} ʂɤ^{31} væ̃^{24} mᴀ^{53} ?

4. 还没有。大约再有一会儿就说完了。

   还没哩。看起再等嘎就说完哂。

   xᴀ^{24} mo^{53} li^{21}。kʰæ̃^{44} tɕʰi^{21} tsᴇ^{44} təŋ^{44} kᴀ^{53} ȶiu^{44} ʂɤ^{31} væ̃^{24} liᴀ^{53}。

5. 他说马上就走，怎么这么半天了还在家里呢？

   他说阿就走呀，扎知目半天哂还到屋欸哩？

   tʰᴀ^{31} ʂɤ^{53} ᴀ^{21} ȶiu^{44} tsou^{44} iᴀ^{21}，tʂᴀ^{31} tʂʅ^{44} mu^{53} pæ̃^{44} ȶʰiæ̃^{31} liᴀ^{21} xᴀ^{24} tɔ^{44} vei^{53} ei^{21} li^{21} ?

6. 你到哪儿去？ 我到城里去。

你到达阿去呀？ 我到城黑欸去呀。

ȵi^{53} tɔ^{44} tᴀ^{31} ᴀ^{53} tɕʰi^{31} iᴀ^{21} ？ŋuo^{53} tɔ^{44} tʂʰəŋ^{24} xei^{44} ei^{21} tɕi^{21} iᴀ^{21} 。

7. 在那儿，不在这儿。

到洼阿哩，没到扎阿。

tɔ^{44} vᴀ^{44} ᴀ^{53} li^{21}，mo^{31} tɔ^{44} tʂᴀ^{44} ᴀ^{53}。

8. 不是那么做，是要这么做的。

不是到暮做哩，要到知目做哩。

pu^{31} sɿ^{44} tɔ^{44} mu^{44} tsu^{44} li^{21}，iɔ^{44} tɔ^{44} tʂʅ^{44} mu^{21} tsu^{44} li^{21}。

9. 太多了，用不着那么多，只要这么多就够了。

多呃很，要不了暮多，有知目些就够哂。

tuo^{53} ə^{21} xəŋ^{53}，iɔ^{44} pu^{31} liɔ^{53} mu^{44} tuo^{31}，iu^{53} tʂʅ^{44} mu^{21} siɛ^{31} ȶiu^{44} kou^{44} liᴀ^{21}。

10. 这个大，那个小，这两个哪一个好一点儿呢？

知该大，渭个碎，在两昂哪个好些儿？

tʂʅ^{31} kᴇ^{53} tᴀ^{44}，vei^{44} kɔ^{21} sui^{44}，tsᴇ^{44} liaŋ^{44} aŋ^{21} lᴀ^{31} kɔ^{31} xɔ^{44} siɛr^{21} ？

11. 这个比那个好。

这个比渭个好。

tʂei^{44} kɔ^{21} pi^{53} vei^{44} kɔ^{21} xɔ^{53}。

12. 这些房子不如那些房子好。

在些房子不及外些房子好。

tsᴇ^{44} siɛ^{31} faŋ^{31} tsɿ^{53} pu^{31} tɕi^{44} vᴇ^{44} siɛ^{31} faŋ^{31} tsɿ^{53} xɔ^{53}。

13. 这句话用岐山话怎么说？

知该话，岐山话扎目说哩？

tʂʅ^{31} kᴇ^{53} xuᴀ^{44}，tɕʰi^{31} sæ̃^{53} xuᴀ^{44} tʂᴀ^{31} mu^{21} ʂɤ^{53} li^{21} ？

14. 他今年多大岁数？

概今年多大岁数啢?

kᴇ^{53} tɕiŋ^{53} ȵiæ̃^{21} tuo^{31} tᴀ^{44} sui^{44} ʂʅ^{21} liᴀ^{21} ?

15. 大概有三十来岁罢。

大模儿有三十来岁吧。

tᴀ^{44} mo^{44} ɚ^{21} iu^{53} sæ̃^{53} ʂʅ^{21} lᴇ^{21} sui^{44} pᴀ^{21}。

16. 这些东西有多重呢?

知目些东些有多重嗄?

tʂʅ^{44} mu^{21} siɛ^{21} tuŋ^{53} siɛ^{21} iu^{53} tuo^{44} tʂ^{h}əŋ^{44} ɕiᴀ^{21} ?

17. 有五十斤重呢。

有五十多斤哩。

iu^{53} vu^{44} ʂʅ^{21} tuo^{31} tɕiŋ^{53} li^{21}。

18. 拿得动吗?

能哈动阿不?

ləŋ^{24} xᴀ^{44} t^{h}uŋ^{31} ᴀ^{31} pu^{21} ?

19. 我拿得动,他拿不动。

我能哈动,他哈不动。

ŋuo^{53} ləŋ^{24} xᴀ^{44} t^{h}uŋ^{21},tᴀ^{53} xᴀ^{44} pu^{21} t^{h}uŋ^{44}。

20. 真不轻,重得连我都拿不动了。

重恩很,重得连我都哈不动啢。

tʂ^{h}əŋ^{44} əŋ^{21} xəŋ^{53},tʂ^{h}əŋ^{44} ȶi^{21} liæ̃^{24} ŋuo^{53} tou^{31} xᴀ^{44} pu^{21} t^{h}uŋ^{44} liᴀ^{21}。

21. 你说得很好,你还会说点什么呢?

你说呃好奥很,阿你还会说些啥嗄?

ȵi^{53} ʂɤ^{53} ə^{21} xɔ^{44} ɔ^{21} xəŋ^{53},ᴀ^{24} ȵi^{53} xᴀ^{24} xui^{44} ʂɤ^{31} siɛ^{21} ʂᴀ^{44} ɕiᴀ^{21} ?

22. 我嘴笨,我说不过他。

我嘴折呃很,我说不过他。

ŋuo^{53} tsui^{53} tʂɤ^{53} ə^{21} xəŋ^{53},ŋuo^{53} ʂɤ^{31} pu^{31} kuo^{44} t^{h}ᴀ^{31}。

23. 说了一遍,又说了一遍。

说呃一遍,考说呃一遍。

ʂɤ^{31} ə^{21} i^{53} piæ̃^{21}, k^{h}ɔ^{31} ʂɤ^{31} ə^{21} i^{53} piæ̃^{21}。

24. 请你再说一遍!

阿你再说阿一遍嗄!

ᴀ^{24} ȵi^{53} tsᴇ^{44} ʂɤ^{53} ᴀ^{21} i^{53} piæ̃^{21} ɕiᴀ^{21} !

25. 不早了,快去罢!

不早俩,麻阿去吧!

pu^{24} tsɔ^{31} liᴀ^{21}, mᴀ^{31} ᴀ^{53} tɕ^{h}i^{44} pᴀ^{53} !

26. 现在还早着呢。等一会儿再去罢。

知庚还早奥哩。候嘎再去。

tʂʅ^{44} kəŋ^{31} xᴀ^{24} tsɔ^{44} ɔ^{21} li^{21}。xou^{44} kᴀ^{53} tsᴇ^{44} tɕ^{h}i^{44}。

27. 吃了饭再去好罢?

吃呃饭再去能成阿不?

tʂ^{h}ʅ^{31} ə^{21} fæ̃^{44} tsᴇ^{44} tɕ^{h}i^{44} ləŋ^{24} tʂ^{h}əŋ^{31} ᴀ^{44} pu^{31} ?

28. 慢慢儿吃啊! 不要急!

慢慢安吃,嫑急嗄!

mæ̃^{44} mæ̃^{44} æ̃^{21} tʂ^{h}ʅ^{31}, pɔ^{31} tɕi^{24} ɕiᴀ^{53} !

29. 坐着吃比站着吃好些。

坐阿吃比立阿吃好些儿。

ts^{h}uo^{44} ᴀ^{53} tʂ^{h}ʅ^{31} pi^{53} lei^{53} ᴀ^{21} tʂ^{h}ʅ^{31} xɔ^{44} siɛr^{21}。

30. 他吃了饭了,你吃了饭没有呢?

他吃呃饭俩,你吃俩没有?

t^{h}ᴀ^{53} tʂ^{h}ʅ^{31} ə^{21} fæ̃^{44} liᴀ^{53}, ȵi^{53} tʂ^{h}ʅ^{31} liᴀ^{21} mo^{31} iu^{53} ?

31. 他去过上海,我没有去过。

他去过上海,我没去过。

t^{h}ᴀ^{53} tɕ^{h}i^{44} kuo^{21} ʂɑŋ^{44} xᴇ^{53}, ŋuo^{53} mo^{31} tɕ^{h}i^{44} kuo^{21}。

32. 我来闻闻这朵花香不香。

到我闻嘎阿，看知该花香阿不。

tɔ^{44} ŋuo^{53} vəŋ^{24} kᴀ^{44} ᴀ^{21}，k^{h}æ̃^{44} tʂʅ^{31} kᴇ^{53} xuᴀ^{31} ɕiɑŋ^{53} ᴀ^{21} pu^{31}。

33. 给我一本书。

给我给阿一本恩书。

kei^{44} ŋuo^{53} kei^{44} ᴀ^{21} i^{31} pəŋ^{44} əŋ^{21} ʂʅ^{31}。

34. 我实在没有书嘿！

我确实没有书么！

ŋuo^{53} tɕ^{h}yo^{44} ʂʅ^{21} mo^{31} iu^{53} ʂʅ^{53} mo^{21}！

35. 你告诉他。

你给他说嘎。

ȵi^{53} kei^{44} t^{h}ᴀ^{53} ʂɤ^{53} kᴀ^{21}。

36. 好好儿走，不要跑！

好好奥走，覅跑！

xɔ^{53} xɔ^{31} ɔ^{53} tsou^{53}，pɔ^{31} p^{h}ɔ^{53}！

37. 小心跌下去爬也爬不上来！

小心跌唉下去爬都不爬上来了！

ɕiɔ^{44} ɕiŋ^{21} ȶiɛ^{53} ɛ^{21} xᴀ^{44} tɕ^{h}i^{21} p^{h}ᴀ^{24} tou^{31} p^{h}ᴀ^{24} pu^{53} ʂɑŋ^{44} lᴇ^{21} liɔ^{21}！

38. 医生叫你多睡一睡。

大夫到你多呃睡嘎。

tᴇ^{44} fu^{31} tɔ^{44} ȵi^{53} tuo^{53} ɤ^{21} ʂei^{44} kᴀ^{21}。

39. 吸烟或者喝茶都不行。

吃烟怼喝茶都不得成。

tʂ^{h}ʅ^{24} iæ̃^{31} tei^{44} xuo^{31} ts^{h}ᴀ^{24} tou^{31} pu^{53} tei^{21} tʂ^{h}əŋ^{24}。

40. 烟也好，茶也好，我都不喜欢。

烟阿好，茶阿好，我都不爱。

iæ̃^{31} ᴀ^{24} xɔ^{53}，ts^{h}ᴀ^{24} ᴀ^{24} xɔ^{53}，ŋuo^{53} tou^{24} pu^{31} ŋᴇ^{44}。

41. 不管你去不去,反正我是要去的。

不管你去不去,我要去哩。

pu^{31} kuæ̃^{53} ȵi^{31} tɕʰi^{44} pu^{21} tɕʰi^{44}, ŋuo^{53} iɔ^{44} tɕʰi^{44} li^{21}。

42. 我非去不可。

我非去不可。

ŋuo^{53} fei^{31} tɕʰi^{44} pu^{31} kʰuo^{53}。

43. 你是哪一年来的?

你是阿一年来的?

ȵi^{53} sɿ^{44} ᴀ^{31} i^{31} ȵiæ̃^{24} lᴇ^{31} ȶi^{53}?

44. 我是前年来的北京。

我是前年来艾北京。

ŋuo^{53} sɿ^{44} tʰiæ̃^{31} ȵiæ̃^{53} lᴇ^{44} ᴇ^{53} pei^{31} tɕiŋ^{21}。

45. 今天开会谁的主席?

今昂开会谁欸主席一开?

tɕiaŋ^{31} ɑŋ^{21} kʰᴇ^{31} xui^{44} sei^{31} ei^{53} tʂʅ^{53} si^{24} i^{44} kʰᴇ^{21}?

46. 你得请我的客。

你要请我呃客哩。

ȵi^{53} iɔ^{44} ȶʰiŋ^{53} ŋuo^{44} ə^{21} kʰei^{53} li^{21}。

47. 一边走,一边说。

一面安走,一面安说。

i^{53} miæ̃^{31} æ̃^{21} tsou^{53}, i^{53} miæ̃^{31} æ̃^{21} ʂɤ^{31}。

二　祈子歌

七里胡同八里道,

ȶʰi^{31} li^{21} xu^{31} tʰuŋ^{53} pᴀ^{31} li^{21} tɔ^{44},

转过弯弯是娘娘庙。

tʂæ̃^{44} kuo^{21} væ̃^{53} væ̃^{21} sɿ^{44} ȵiaŋ^{31} ȵiaŋ^{53} miɔ^{44}。

娘娘庙，修得高，

ȵiaŋ^{31} ȵiaŋ^{53} miɔ^{44}，siu^{53} ȶi^{21} kɔ^{31}，

两口进庙把香烧。

liaŋ^{31} k^{h}ou^{21} ȶiŋ^{44} miɔ^{44} pᴀ^{31} ɕiaŋ^{31} ʂɔ^{31}。

娘娘婆，你听阿，

ȵiaŋ^{31} ȵiaŋ^{53} p^{h}o^{44}，ȵi^{53} ȶ^{h}iŋ^{53} ᴀ^{21}，

或儿或女给阿个。

xui^{24} ɚ^{24} xui^{24} ȵy^{53} kei^{44} ᴀ^{53} kɔ^{21}。

要给给个做官的，

iɔ^{44} kei^{44} kei^{44} kɔ^{21} tsu^{44} kuæ̃^{53} ȶi^{21}，

不要叫街打砖的。

pu^{31} iɔ^{44} tɕiɔ^{44} tɕiɛ^{31} tᴀ^{53} tʂæ̃^{53} ȶi^{21}。

要给给个成才的，

iɔ^{44} kei^{44} kei^{44} kɔ^{53} tʂ^{h}əŋ^{24} ts^{h}ᴇ^{24} ȶi^{21}，

不要赌博打牌的。

pu^{31} iɔ^{44} tu^{44} po^{31} tᴀ^{53} p^{h}ᴇ^{24} ȶi^{21}。

要给给个骑马坐轿的，

iɔ^{44} kei^{44} kei^{44} kɔ^{53} tɕ^{h}i^{24} mᴀ^{53} ts^{h}uo^{44} tɕ^{h}iɔ^{44} ȶi^{21}，

不要给个顺腿尿尿的。

pu^{31} iɔ^{44} kei^{44} kɔ^{53} ʂəŋ^{44} t^{h}ui^{53} ȵiɔ^{44} ȵiɔ^{44} ȶi^{21}。

三　谚语

天阿老儿，爱艾小儿。

ȶ^{h}iæ̃^{53} ᴀ^{21} lɔ^{44} ɚ^{21}，ŋᴇ^{44} ᴇ^{53} siɔ^{44} ɚ^{21}。

饱汉不知饿汉饥。

pɔ^{44} xæ̃^{21} pu^{31} tʂʅ^{31} ŋuo^{44} xæ̃^{31} tɕi^{31}。

心恩没冷病，不害怕吃西瓜。

ɕiŋ^{53} əŋ^{21} mo^{31} ləŋ^{53} p^{h}iŋ^{44}，pu^{31} xᴇ^{44} p^{h}ᴀ^{44} tʂ^{h}ʅ^{24} si^{31} kuᴀ^{21}。

天黑总有天明哩，天阴总有天晴哩。

ȶ^{h}iæ̃^{31} xei^{31} tsuŋ^{53} iu^{53} ȶ^{h}iæ̃^{31} miŋ^{31} li^{53}，ȶ^{h}iæ̃^{24} ȵiŋ^{31} tsuŋ^{53} iu^{53} ȶ^{h}iæ̃^{31} ȶ^{h}iŋ^{31} li^{53}。

天安下雨地下滑，各呀跌倒各呀爬。

ȶ^{h}iæ̃^{53} æ̃^{31} xᴀ^{44} y^{53} ȶ^{h}i^{44} xᴀ^{53} xuᴀ^{24}，kuo^{53} iᴀ^{21} ȶiɛ^{31} tɔ^{21} kuo^{53} iᴀ^{21} p^{h}ᴀ^{24}。

要知世阿理，先拿各呀比。

iɔ^{44} tʂʅ^{31} ʂʅ^{44} ᴀ^{21} li^{53}，ɕiæ̃^{31} lᴀ^{24} kuo^{31} iᴀ^{21} pi^{53}。

不怕虎生三个口，只怕人怀两样心。

pu^{31} p^{h}ᴀ^{44} xu^{53} səŋ^{44} sæ̃^{53} kɔ^{21} k^{h}ou^{53}，tsʅ^{31} p^{h}ᴀ^{44} ʐəŋ^{24} xuᴇ^{24} liɑŋ^{44} iɑŋ^{21} siŋ^{31}。

交人交强的，柱棍柱长的。

tɕiɔ^{31} ʐəŋ^{24} tɕiɔ^{31} tɕ^{h}iɑŋ^{31} ȶi^{53}，tʂʅ^{53} kuŋ^{44} tʂʅ^{53} tʂ^{h}ɑŋ^{31} ȶi^{53}。

不听老人言，吃亏在眼前。

pu^{24} ȶ^{h}iŋ^{31} lɔ^{44} ʐəŋ^{21} iæ̃^{24}，tʂ^{h}ʅ^{24} k^{h}ui^{31} tsᴇ^{44} ȵiæ̃^{53} ȶ^{h}iæ̃^{24}。

三天不打，上房揭瓦。

sæ̃^{31} ȶ^{h}iæ̃^{31} pu^{31} tᴀ^{53}，ʂɑŋ^{44} fɑŋ^{24} tɕiɛ^{31} vᴀ^{53}。

路怕人走，活怕人做。

lou^{44} p^{h}ᴀ^{44} ʐəŋ^{24} tsou^{53}，xuo^{24} p^{h}ᴀ^{44} ʐəŋ^{24} tsu^{44}。

男人是个耙耙阿，女人是个匣匣阿，不怕耙耙阿没齿齿，就怕匣匣阿没底底。

læ̃^{31} ʐəŋ^{53} sʅ^{44} kɔ^{21} p^{h}ᴀ^{31} pᴀ^{53} ᴀ^{21}，ȵy^{44} ʐəŋ^{21} sʅ^{44} kɔ^{21} ɕiᴀ^{31} ɕiᴀ^{44} ᴀ^{21}，pu^{31} p^{h}ᴀ^{44} p^{h}ᴀ^{31} p^{h}ᴀ^{53} ᴀ^{21} mo^{31} ts^{h}ʅ^{44} ts^{h}ʅ^{21}，ȶiu^{44} p^{h}ᴀ^{44} ɕiᴀ^{31} ɕiᴀ^{44} ᴀ^{21} mo^{31} ȶi^{44} ȶi^{21}。

入厨先洗手，上灶莫多言。

ʐʅ^{53} tʂʰʅ^{44} siæ̃^{31} ɕi^{53} ʂou^{53}，ʂɑŋ^{44} tsɔ^{44} mo^{31} tuo^{31} iæ̃^{24}。

一熟生百味，肉烂自然香。

i^{31} ʂʅ^{24} səŋ^{31} pei^{31} vei^{44}，ʐou^{44} læ̃^{44} tsʰɿ^{44} ʐæ̃^{21} ɕiɑŋ^{31}。

细水长流，吃穿不愁。

si^{44} ʂei^{53} tʂʰɑŋ^{24} liu^{24}，tʂʰʅ^{24} tʂʰæ̃^{31} pu^{31} tsʰou^{24}。

洗头洗脚，强住吃药。

si^{53} tʰou^{24} si^{53} tɕyo^{31}，tɕʰiɑŋ^{31} tʂʰʅ^{53} tʂʰʅ^{24} yo^{31}。

要到娃娃安，三分饥怼寒。

iɔ^{44} tɔ^{44} vᴀ^{31} vᴀ^{53} ŋæ̃^{31}，sæ̃^{31} fəŋ^{31} tɕi^{31} tei^{44} xæ̃^{24}。

天安下雨地下流，两口打捶不记仇。

ȶʰiæ^{53} æ̃^{21} xᴀ^{44} y^{53} ȶʰi^{44} xᴀ^{21} liu^{24}，liɑŋ^{31} kʰou^{21} tᴀ^{53} tʂʰei^{24} pu^{31} tɕi^{44} tʂʰou^{24}。

早烧不出门，晚烧晒死人。

tsɔ^{53} ʂɔ^{44} pu^{31} tʂʰʅ^{31} məŋ^{24}，væ̃^{53} ʂɔ^{44} sᴇ^{44} sɿ^{21} ʐəŋ^{24}。

要吃香的，离不了脏的。

iɔ^{44} tʂʰʅ^{31} ɕiɑŋ^{53} ȶi^{21}，li^{31} pu^{53} liɔ^{21} tsɑŋ^{53} ȶi^{21}。

要把戏的凭猴哩，种庄稼的凭牛哩。

ʂᴀ^{53} pᴀ^{44} ɕi^{21} ȶi^{21} pʰiŋ^{24} xou^{24} li^{53}，tʂəŋ^{44} tʂɑŋ^{53} tɕiᴀ^{21} ȶi^{21} pʰiŋ^{24} ȵiu^{24} li^{53}。

屋欸家里果木果木树一院院，日用零钱一串串。

vei^{53} ei^{21} kuo^{44} mu^{21} i^{31} yæ̃^{44} yæ̃^{53}，ɚ^{31} yŋ^{44} liŋ^{24} ȶʰiæ̃^{24} i^{31} tʂʰæ̃^{44} tʂʰæ̃^{21}。

要想日子甜，屋欸没个闲。

iɔ^{44} siɑŋ^{53} ɚ^{53} tsɿ^{21} ȶʰiæ̃^{24}，vei^{53} ei^{21} mo^{31} kɔ^{21} xæ̃^{24}。

娃娃不静静，静静就有病。

vᴀ^{31} vᴀ^{53} pu^{31} ȶiŋ^{44} ȶiŋ^{44}，ȶiŋ^{44} ȶiŋ^{44} ȶiu^{44} iu^{53} pʰiŋ^{44}。

胶多不粘，蜜多不甜。

tɕiɔ^{31} tuo^{31} pu^{31} zæ̃^{24}，mi^{31} tuo^{31} pu^{31} ȶʰiæ̃^{24}。

灵人不经学，蒙人学不会。

liŋ^{24} ʐəŋ^{24} pu^{24} tɕiŋ^{31} ɕyo^{24}，məŋ^{44} ʐəŋ^{24} ɕyo^{24} pu^{53} xui^{44}。

人有千把手，难捂众人口。

ʐəŋ^{24} iu^{53} ȶʰiæ̃^{31} pᴀ^{53} ʂou^{53}，læ̃^{24} vu^{53} tʂəŋ^{44} ʐəŋ^{21} kʰou^{53}。

人没钱了龟欸哩，灯没油了黑欸哩。

ʐəŋ^{24} mo^{31} ȶʰiæ̃^{24} lɔ^{53} kui^{53} ei^{21} li^{21}，təŋ^{31} mo^{31} iu^{24} lɔ^{53} xei^{53} ei^{21} li^{21}。

人硬费钱，弓硬费弦。

ʐəŋ^{24} ȵiŋ^{44} fei^{44} ȶʰiæ̃^{24}，kuŋ^{31} ȵiŋ^{44} fei^{44} ɕiæ̃^{24}。

人心偏安哩，狗球弯安哩。

ʐəŋ^{24} siŋ^{31} pʰiæ̃^{53} æ̃^{21} li^{21}，kou^{53} tɕʰiu^{25} væ̃^{53} æ̃^{21} li^{21}。

人是人，鳖是鳖，喇叭是铜，锅是铁。

ʐəŋ^{24} sɿ^{44} ʐəŋ^{24}，piɛ^{31} sɿ^{44} piɛ^{31}，lᴀ^{44} pᴀ^{21} sɿ^{44} tʰuŋ^{24}，kuo^{31} sɿ^{44} ȶʰiɛ^{31}。

能叫人穷了，覅叫人□ʂəŋ^{24}丢人了。

ləŋ^{24} tɕiɔ^{44} ʐəŋ^{24} tɕʰyŋ^{24} liɔ^{53}，pɔ^{31} tɕiɔ^{44} ʐəŋ^{24} ʂəŋ^{24} liɔ^{53}。

一窍不得，少挣几百。

i^{31} tɕʰiɔ^{44} pu^{31} tei^{21}，ʂɔ^{53} tsəŋ^{44} tɕi^{53} pei^{31}。

指屁吹灯哩，指猫念经哩。

tsɿ^{53} pʰi^{44} tʂʰei^{31} təŋ^{53} li^{21}，tsɿ^{53} mɔ^{24} ȵiæ̃^{44} tɕiŋ^{53} li^{21}。

拉住叫爷哩，扔开胡蹦哩。

lᴀ^{53} tʂʰʅ^{21} tɕiɔ^{44} iɛ^{44} li^{21}，ɚ^{44} kʰᴇ^{21} xu^{24} piɛ^{44} li^{21}。

活泼泼，转泼泼，吃了喝了弄两个。

xuo^{31} pʰo^{44} pʰo^{21}，tʂæ̃^{44} pʰo^{44} pʰo^{21}，tʂʰʅ^{31} liɔ^{21} xuo^{31} liɔ^{21} luŋ^{44} liɑŋ^{44} kɔ^{21}。

搅团好吃锅难铲，老汉好跟脚难管。

tɕiɔ^{44} tʰuæ̃^{21} xɔ^{53} tʂʰʅ^{31} kuo^{31} læ̃^{24} tsʰæ̃^{53}，lɔ^{44} xæ̃^{21} xɔ^{53} kəŋ^{31} tɕyo^{31} læ̃^{24} kuæ̃^{53}。

睡好奥眼睛，转好奥病。

ʂei^{44} xɔ^{31} ɔ^{21} ȵiæ̃^{44} ȶiŋ^{21}，tʂæ̃^{44} xɔ^{31} ɔ^{21} pʰiŋ^{44}。

四 北风跟太阳

有一回，北风跟太阳在那儿争论谁的本事大。争来争去，就是分不出高低来。这时候路上来了个走道儿的，他身上穿着件厚大衣。他俩就说好了，谁能先叫这个走道儿的脱下他的厚大衣，就算谁的本事大。北风就用劲儿地刮起来了，不过他越是刮得厉害，那个走道儿的把大衣裹得越紧。后来北风没法儿了，只好就算了。过了一会儿，太阳出来了。他火辣辣地一晒，那个走道儿的马上就把那件儿厚大衣脱下来了。这下儿北风只好承认，他俩当中还是太阳的本事大。

pei^{31} fəŋ^{21} tei^{44} iɛ^{24} pʰo^{21}

北 风 怼跟 爷 婆

iu^{53} i^{53} xui^{21}，pei^{31} fəŋ^{21} tei^{44} iɛ^{24} pʰo^{21} tɔ^{44} vᴀ^{44} ᴀ^{21} tsəŋ^{53} tɕiŋ^{21}

有 一 回，北 风 怼跟 爷 婆 到 洼 阿 争 竞

sei^{44} ei^{53} peŋ^{44} sɿ^{21} tᴀ^{44}。tsəŋ^{31} lᴇ^{24} tseŋ^{31} tɕʰi^{44}，kui^{44} ȶiæ̃^{44}

谁 欸 本 事 大。争 来 争 去，贵 贱

fəŋ^{53} pu^{21} tʂʰʅ^{31} kɔ^{21} kɔ^{24} ȶi^{31}。

分 不 出 个 高 低。

tʂəŋ^{44} tsəŋ^{53} tɕiŋ^{21} ə^{21} tɕiɔ^{31} ȶiɛ^{31} tʂʰʅ^{31}，vu^{44} miæ̃^{53} æ̃^{21} lᴇ^{31}

正 争 竞 呃 交 节 处，兀 面 安 来

ᴇ^{44} kɔ^{21} tsou^{53} lou^{44} ȶi^{21}，tsou^{53} lou^{44} ȶi^{21} kuᴇ^{53} ʐəŋ^{24} ʂʅ^{53} ᴀ^{21}

艾 个 走 路 的，走 路 的 怪 人 世 阿身上

tʂʰæ̃^{31} æ̃^{21} kɔ^{21} xou^{44} tᴀ^{44} tʂʰɑŋ^{53}。tʰᴀ^{31} liɑŋ^{44} ɑŋ^{21} ȶiu^{44} ʂɤ^{24} xɔ^{31}

穿 安 个 厚 大 氅 。他 两 昂 就 说 好

liᴀ^{21}, sei^{24} ləŋ^{24} siæ̃^{31} tɕiɔ^{44} kᴇ^{53} tsou^{53} lou^{44} ȶi^{21} tʰuo^{53} ᴀ^{21} tʰᴀ^{44}

哂，谁 能 先 叫 概 走 路 的 脱 阿 他

ᴀ^{21} tᴀ^{44} tʂʰɑŋ^{53}, ȶiu^{44} suæ̃^{44} sei^{31} ei^{53} pəŋ^{44} sɿ^{21} tᴀ^{44}。

阿 大 氅 ，就 算 谁 欸 本 事 大 。

pei^{31} fəŋ^{21} ȶiu^{44} sɿ^{44} tʂʰʅ^{31} tʂʰʅ^{31} lᴇ^{44} ᴇ^{21} tɕiŋ^{44} tʂʰei^{31} kʰᴇ^{21}

北 风 就 使 出 吃 奶 艾 劲 吹 开

liᴀ^{21}, mo^{31} liɔ^{44} siɑŋ^{21} tʰᴀ^{53} tʂʰei^{53} ei^{21} yɛ^{24} tsəŋ^{31}, kuᴇ^{53} tsou^{53}

哂，没 料 想 他 吹 欸 越 争 ，怪 走

lou^{44} ȶi^{21} pᴀ^{31} tᴀ^{44} tʂʰɑŋ^{53} kuo^{44} ə^{21} yɛ^{31} tɕiŋ^{53}。xou^{44} ȶiɛ^{53} ɛ^{21}

路 的 把 大 氅 裹 呃 越 紧 。后 接 唉

pei^{31} fəŋ^{21} mo^{31} fɑŋ^{53} tsɿ^{21} liᴀ^{21}, tsɿ^{31} xɔ^{53} suæ̃^{44} liᴀ^{21}。xou^{44} ə^{53}

北 风 没 方 子 哂，只 好 算 哂。候 呃

i^{31} xᴀ^{44} xᴀ^{21} ᴀ^{21}, iɛ^{24} pʰo^{21} tʂʰʅ^{53} lᴇ^{21} liᴀ^{21}。kᴇ^{53} tsʰəŋ^{53} zʅəŋ^{21} xuo^{31}

一 下 下 阿，爷 婆 出 来 哂 。概 撑 人 火

lɔ^{31} ȶi^{21} i^{31} sᴇ^{44}, tɑŋ^{31} xᴀ^{44}, tsou^{53} lou^{44} ȶi^{21} ȶiu^{44} pᴀ^{31} kuᴇ^{53} tᴀ^{44}

劳 地 一 晒，当 下 ，走 路 的 就 把 怪 大

tʂʰɑŋ^{53} tʰuo^{53} ə^{21} xᴀ^{44} lᴇ^{21} liᴀ^{21}。tʂei^{44} mᴀ^{21}, pei^{31} fəŋ^{21} tsɿ^{31} xɔ^{53}

氅 脱 呃 下 来 哂 。这 嘛 ，北 风 只 好

zʅəŋ^{44} ə^{21} ʂʅ^{31} liᴀ^{21}, tʰᴀ^{31} liɑŋ^{44} ɑŋ^{21} xei^{44} ei^{21} xᴀ^{24} sɿ^{44} iɛ^{24} pʰo^{53}

认 呃 输 哂 ，他 两 昂 黑 欸 还 是 爷 婆

ə^{21} pəŋ^{44} sɿ^{21} tᴀ^{44}。

呃 本 事 大 。

五　两只鸟儿

树上蹲着两只鸟儿，一只乖鸟儿一只坏鸟儿。坏鸟儿给乖鸟儿说："你朝过挪一下。"乖鸟儿挪了一下。过了一会儿，坏鸟儿又让乖鸟再挪一下。乖鸟儿说："挪不成了，再挪就栽下去

了！”坏鸟儿说:“没关系,栽下去我搂着你。”乖鸟儿一下子害羞了,骂了坏鸟儿一句:“坏蛋！”

liɑŋ^{44} kɔ^{21} ȶʰiɔ^{44} ɚ^{21}

两 个 雀 儿

ʂʅ^{44} ʂɑŋ^{53} ȶiu^{44} liɔ^{53} liɑŋ^{44} kɔ^{21} ȶʰiɔ^{44} ɚ^{21}, i^{53} kɔ^{21} kuᴇ^{31} ȶʰiɔ^{44}

树 上 蹴 了 两 个 雀 儿,一 个 乖 雀

ɚ^{21} i^{53} kɔ^{21} xᴀ^{31} ȶʰiɔ^{44} ɚ^{21}。xᴀ^{31} ȶʰiɔ^{44} ɚ^{21} tei^{44} kuᴇ^{31} ȶʰiɔ^{44} ɚ^{21}

儿 一 个 瞎 雀 儿。瞎 雀 儿 怼 乖 雀 儿

ʂɤ^{31} :“ȵi^{53} tʂʰɔ^{44} kuo^{44} luo^{31} kᴀ^{44} ᴀ^{21}。”kuᴇ^{31} ȶʰiɔ^{44} ɚ^{21} luo^{31} liɔ^{53}

说 :“你 朝 过 挪 嘎 阿。”乖 雀 儿 挪 了

i^{53} xᴀ^{21}。kuo^{44} ə^{53} i^{31} xᴀ^{44} xᴀ^{21}, xᴀ^{31} ȶʰiɔ^{44} ɚ^{21} kɔ^{31} tɔ^{44} kuᴇ^{31}

一 下 。过 呃 一 下 下 ,瞎 雀 儿 考 到 乖

ȶʰiɔ^{44} ɚ^{21} tsᴇ^{44} luo^{31} kᴀ^{44} ᴀ^{21}。kuᴇ^{31} ȶʰiɔ^{44} ɚ^{21} ʂɤ^{31} :“luo^{31} pu^{53}

雀 儿 再 挪 嘎 阿 。乖 雀 儿 说 :“挪 不

tʂʰəŋ^{31} liᴀ^{53}, tsᴇ^{44} luo^{24} ȶiu^{44} tsᴇ^{53} ᴇ^{21} xᴀ^{44} tɕʰi^{21} liᴀ^{21} ！” xᴀ^{31}

成 咧 ,再 挪 就 栽 艾 下 去 咧 ！”瞎

ȶʰiɔ^{44} ɚ^{21} ʂɤ^{31} :“mo^{31} sʅ^{44}, tsᴇ^{53} ᴇ^{21} xᴀ^{44} tɕʰi^{21} liɔ^{21} ŋuo^{53} pᴀ^{31} ȵi^{53}

雀 儿 说 :“没 事 ,栽 艾 下 去 了 我 把 你

lou^{44} ᴀ^{21}。” kuᴇ^{31} ȶʰiɔ^{44} ɚ^{21} i^{44} xᴀ^{31} ʂəŋ^{31} liᴀ^{53}, mᴀ^{44} liɔ^{53} xᴀ^{31}

搂 阿 。”乖 雀 儿 一 下 神 咧 ,骂 了 瞎

ȶʰiɔ^{44} ɚ^{21} i^{31} tɕy^{44} :“xᴀ^{31} tʂəŋ^{53} ！”

雀 儿 一 句 :“瞎 种 ！”

六 拉煤

那一天,我开车拉大块煤,一个女孩跑到车前边挡住说:“让我坐一下,你的车正好过我那儿。”我说:“不行,车上已经

让煤装满了。”女孩说:“哎,让我坐在煤上嘛。”我想,她不嫌脏,就让她坐上吧。这坏家伙也真厉害:下了车,我才看见我的那些大块煤都被她坐成小块块了。

lᴀ^{31} t^{h}æ̃^{44}
拉 炭

vei^{44} ei^{21} ȶ^{h}iæ̃^{31}，ŋuo^{53} k^{h}ᴇ^{44} ᴇ^{21} tᴀ^{44} k^{h}ᴀ^{44} tʂ^{h}ɤ^{31} lᴀ^{31} tᴀ^{44}
渭 欸 天 ，我 开 艾 大 卡 车 拉 大
k^{h}uᴇ^{53} ᴇ^{21} t^{h}æ̃^{44} li^{53}，i^{53} kɔ^{21} ȵy^{53} tsɿ^{21} ȵiᴀ^{53} p^{h}ɔ^{44} ɔ^{21} tʂ^{h}ɤ^{31} ȶ^{h}iæ̃^{31}
块 艾 炭 哩，一个 女 子 伢 跑 奥 车 前
tou^{53} taŋ^{44} tʂ^{h}ʅ^{53} ʂɤ^{31}：“tɔ^{44} ŋuo^{53} pᴀ^{31} ȵi^{44} i^{21} tʂ^{h}ɤ^{31} ts^{h}uo^{44} kᴀ^{21}，
头 挡 住 说：“到 我 把 你 衣 车 坐 嘎，
ȵi^{53} kuᴇ^{53} tʂ^{h}ɤ^{31} kaŋ^{24} ȶ^{h}i^{31} ŋuo^{31} ɤ^{21} vᴀ^{44} ᴀ^{21} kuo^{44} li^{21}。” ŋuo^{53}
你 怪 车 刚 齐 我 呃 洼 阿 过 哩。” 我
ʂɤ^{31}：“pei^{53} ei^{21} tʂ^{h}əŋ^{24}，tʂ^{h}ɤ^{53} ᴀ^{21} ɕiæ̃^{31} æ̃^{53} tɔ^{44} t^{h}æ̃^{44} lᴀ^{24} mæ̃^{31}
说：“背 欸不得 成 ，车 阿 先 安 到 炭 拉 满
liᴀ^{21}。” ȵy^{53} vᴀ^{31} vᴀ^{53} ʂɤ^{31}：“ᴀ^{24} ȶiu^{44} tɔ^{44} ŋuo^{53} ts^{h}uo^{44} ə^{53} kuᴇ^{53}
俩 。”女 娃 娃 说：“阿 就 到 我 坐 呃 怪
t^{h}æ̃^{44} æ̃^{53} siᴀ^{21}。” ŋuo^{53} siaŋ^{44} kei^{21} ei^{21} xᴀ^{21}，t^{h}ᴀ^{53} pu^{31} ɕiæ̃^{24}
炭 安 嗄 。” 我 想 给 欸 下，她 不 嫌
tsaŋ^{31}，ȶiu^{44} tɔ^{44} t^{h}ᴀ^{31} ts^{h}uo^{44} ᴀ^{53}，xæ̃^{53} æ̃^{21}！ kuᴇ^{53} xᴀ^{31} ȵy^{44} tsɿ^{21}
脏 ，就 到 她 坐 阿，瞰 安！ 怪 瞎 女 子
ts^{h}ᴇ^{24} ts^{h}æ̃^{31} xuo^{44} ə^{21} xəŋ^{53}，xᴀ^{44} ᴀ^{53} tʂ^{h}ɤ^{31}，ŋuo^{53} ts^{h}ᴇ^{24} k^{h}æ̃^{44}
才 镵 火 呃 很 ，下 阿 车 ，我 才 看
tʂuo^{53} ŋuo^{44} ə^{21} vᴇ^{44} tᴀ^{44} k^{h}uᴇ^{31} ᴇ^{21} t^{h}æ̃^{44} tou^{24} tɔ^{44} kuᴇ^{53} ts^{h}uo^{44}
着 我 呃 外 大 块 艾 炭 都 到 怪 坐
tʂ^{h}ʅ^{21} sui^{44} tsᴀ^{53} tsᴀ^{21} tsɿ^{21} liᴀ^{21}。
住 碎 渣 渣 子 俩 。

参考文献

白涤洲遗稿、喻世长整理 1954 《关中方音调查报告》,北京:中国科学院出版社

曹志耘 2002 《南部吴语语音研究》,北京:商务印书馆

车 竞 2005 现代汉语比较句论略,《湖北师范学院学报》第3期

陈 平 1988 论现代汉语时间系统的三元结构,《中国语文》第6期

戴耀晶 1997 《现代汉语时体系统研究》,杭州:浙江教育出版社

傅怀仁 1992 《关中西府方言词选》,宝鸡:岐山县文化馆

高本汉(瑞典)著,赵元任、罗常培、李方桂合译 2003 《中国音韵学研究》,北京:商务印书馆

高名凯 1948 《汉语语法论》,上海:开明书店

龚煌城 1981 十二世纪末汉语的西北方音(声母部分),台湾《中研院历史语言研究所集刊》第52本第1分P37—78,又载《汉藏语研究论文集》,北京:北京大学出版社2004年

龚煌城 1989 十二世纪末汉语的西北方音(韵尾问题),台湾《中研院第二届国际汉学会议论文集》(语言与文字组)P145—190,又载《汉藏语研究论文集》,北京:北京大学出版社2004年

龚千炎 1995 《汉语的时相时制时态》,北京:商务印书馆

郭芹纳 2001 “这搭、那搭、哪搭、兀搭”疏证,《陕西师范大学学报》第4期
郭 锐 2002 《现代汉语词类研究》,北京:商务印书馆
郭子直 1992 《岐山县志·方言志》,岐山县志编纂委员会编,西安:陕西人民出版社
郭子直 2002 岐山方言词小考,郭芹纳主编《汉语文字学论文集》,西安:陕西人民出版社
韩宝育 2004 岐山话人称代词的数与格,邢向东主编《西北方言与民俗研究论丛》(一),北京:中国社会科学出版社
韩宝育 2006a 韵母局部重叠:岐山话一种重要语法手段,邢向东主编《西北方言与民俗研究论丛》(二),北京:中国社会科学出版社
韩宝育 2006b 岐山话正反问句时、体与情态意义的表达,《中国语言学报》第12期,北京:商务印书馆
韩宝育 2008 岐山话中一种语法手段的声学性质,第四届汉语方言语法国际学术研讨会论文
韩宝育 2010 陕西岐山话一种重要的语法手段的构形功能,《中国语言学报》第14期,北京:商务印书馆
韩礼德 2007 《汉语语言研究》(汉译版),北京:北京大学出版社
侯精一 1999 《现代晋语的研究》,北京:商务印书馆
胡安顺 2001 《音韵学通论》,北京:中华书局
胡双宝 1984 山西文水话的自感动词结构“V+人”,《中国语文》第4期
黄伯荣、廖序东主编 1991 《现代汉语》(增订三版),北京:高等教育出版社
黄伯荣 1996 《汉语方言语法类编》,青岛:青岛出版社
兰宾汉 1992 谈一种新的把字句兼及把字句的定义,《陕西师范大学学报》第1期

兰宾汉 1998　试论“把”字句的限制条件,《陕西师范大学学报》第2期

兰宾汉 2004a　西安方言中的“把N一V结构”,邢向东主编《西北方言与民俗研究论丛》(一),北京:中国社会科学出版社

兰宾汉 2004b　西安方言中的几个程度副词,《陕西师范大学学报》第5期

兰宾汉 2006　西安方言语气词“些”的古今用法及来源,邢向东主编《西北方言与民俗研究论丛》(二),北京:中国社会科学出版社

兰宾汉、邢向东主编 2006　《现代汉语》,北京:中华书局

兰宾汉 2011　《西安方言语法调查研究》,北京:中华书局

李　蓝 2002　方言比较、区域方言史与方言分区——以晋语分音词和福州切脚词为例,《方言》第1期

李临定 1980　“被”字句,《中国语文》第6期

李临定 1990　《现代汉语动词》,北京:中国社会科学出版社

李　倩 2001　中宁方言两字组的两种连调模式,《语言学论丛》第24辑,北京:商务印书馆

李　荣 1965a　语音演变规律的例外,《中国语文》第1期

李　荣 1965b　方言语音对应关系的例外,《中国语文》第2期

李　荣 1985　官话方言的分区,《方言》第1期

李　荣 1989　汉语方言分区,《方言》第4期

李如龙 2003　《汉语方言的比较研究》,北京:商务印书馆

李　珊 1994　《现代汉语被字句研究》,北京:北京大学出版社

李思明 1983　从变文、元杂剧、《水浒传》、《红楼梦》看选择问句的发展,《语言研究》第2期

李铁根 1999　《现代汉语时制研究》,沈阳:辽宁大学出版社

林　涛 2008　《中亚回族陕西话研究》,银川:宁夏人民出版社

刘继超 1998 “被”“把”同现句与“把”字句比较研究,《陕西师范大学学报》第3期

刘　静 2006 《陕西关中东府五县市方言志》,西安:陕西师范大学出版社

刘俐李 1994 《焉耆汉语方言研究》,乌鲁木齐:新疆大学出版社

刘子瑜 1994 敦煌变文中的选择疑问句式,《古汉语研究》第4期

吕叔湘 1979 《汉语语法分析问题》,北京:商务印书馆

吕叔湘 1982 《中国文法要略》,北京:商务印书馆

吕叔湘、江蓝生 1985 《近代汉语指代词》,上海:学林出版社

梅祖麟 1981 现代汉语完成貌句式和词尾的来源,《语文研究》创刊号

梅祖麟 1990 唐宋处置式的来源,《中国语文》第3期

孟维智 1982 西安话中的语气词“些”,《语文研究》第2期

岐山县志编纂委员会 1992 《岐山县志》,西安:陕西人民出版社

钱曾怡 2000 从汉语方言看汉语声调的发展,《语言教学与研究》第2期

钱曾怡 2002 《汉语方言研究的方法与实践》,北京:商务印书馆

[日]桥本万太郎 1982 西北方言和中古汉语的硬颚软颚音韵尾,《语文研究》第1期

[日]桥本万太郎 1987 汉语被动式的历史区域发展,《中国语文》第1期

任学良 1981 《汉语造词法》,北京:中国社会科学出版社

邵敬敏 2007 《现代汉语通论》,上海:上海世纪出版股份有限公司、上海教育出版社

沈家煊 1994 “语法化”研究纵观,《外语教学与研究》第4期

石毓智、李讷 1998 汉语发展史上结构助词的兴替——论“的”的语法化历程,《中国社会科学》第6期

石毓智 2006 《语法化的动因与机制》,北京:北京大学出版社
史东国 2000 近代汉语被字句结构的特点,《安徽师范大学学报》第2期
史秀菊 2011 晋语盂县方言的体态系统,《太原师范学院学报》第5期
史秀菊 2012 晋语盂县方言的时制系统,《太原师范学院学报》第2期
宋文程、张维佳 1993 《陕西方言与普通话》,西安:陕西人民出版社
孙立新 2000 《陕西方言纵横谈》,北京:华夏文化出版社
孙立新 2004 《陕西方言漫话》,北京:中国社会出版社
孙立新 2007 《西安方言研究》,西安:西安出版社
唐钰明 1985 论先秦汉语被动式的发展,《中国语文》第4期
唐钰明 1988a 汉魏六朝被动式略论,《中国语文》第3期
唐钰明 1988b 唐至清的“被”字句,《中国语文》第6期
唐正大 2005 关中方言第三人称指称形式的类型学研究,《方言》第2期
唐正大 2008 关中方言趋向表达的句法语义类型,《语言科学》第2期
王福堂 1999 《汉语方言语音的演变和层次》,北京:语文出版社
王军虎 1997 《西安方言词典》,苏州:江苏教育出版社
王军虎 1997 西安方言的几个语法特点,《西北大学学报》第3期
王军虎 2001 陕西关中方言的ɥ类韵母,《方言》第3期
王 力 1957 汉语被动式的发展,《语言学论丛》,上海:新知识出版社
王 力 2004 《汉语史稿》,北京:中华书局
王临惠 2009 山西临猗方言声调演变中的例外现象,《中国语文》第1期

王茂松 1981 汉语时体范畴论,《齐齐哈尔大学学报》第3期
王绍新 1985 “得”的语义、语法作用演变,《语文研究》第1期
毋效智 2005 《扶风方言》,乌鲁木齐:新疆大学出版社
吴福祥 2006 《语法化与汉语历史语法研究》,合肥:安徽教育出版社
吴 媛 2006 《岐山方言语音研究》,陕西师范大学硕士学位论文
吴 媛 2008 岐山话两字组的连读变调及中和调的模式,《南开语言学刊》第2期
吴 媛 2010 陕西岐山方言声调演变中的例外现象,《东南大学学报》(哲学社会科学版)第4期
邢向东 1991 神木话表过去时的“来”,《延安大学学报》第1期
邢向东 1992 书面语中记载的分音词,《语文研究》第4期
邢向东 1993 神木话表将来时的“呀”,《延安大学学报》第4期
邢向东 1999 神木方言的两字组连读变调和轻声,《语言研究》第2期
邢向东 2002 《神木方言研究》,北京:中华书局
邢向东 2004 论西北方言和晋语重轻式语音词的调位中和模式,《南开语言学刊》第3辑
邢向东 2006 《陕北晋语语法比较研究》,北京:商务印书馆
邢向东、蔡文婷 2010 《合阳方言调查研究》,北京:中华书局
熊正辉 1990 官话区方言分ts tʂ的类型,《方言》第1期
徐通锵 1991 《历史语言学》,北京:商务印书馆
徐正考 1988 唐五代选择问系统初探,《吉林大学学报》第2期
许树声 1958 西安方言的一些特殊语法现象,《中国语文》第9期
[苏]雅洪托夫著,陈孔伦译 1958 《汉语的动词范畴》,北京:中华书局
杨春霖 1986 陕西方言内部分区概说,《西北大学学报》第4期
杨 平 1990 带“得”的述补结构的产生和发展,《古汉语研

究》第1期

尉迟治平 1982 周、隋长安方音初探,《语言研究》第2期

袁 宾 1987 近代汉语特殊被字句探索,《华东师大学报》第6期

岳俊发 1984 "得"字句的产生和演变,《语言研究》第2期

詹伯慧 2004 《汉语方言及方言调查》,武汉:湖北教育出版社

张安生 2000 《同心方言研究》,银川:宁夏人民出版社

张成材 1983 中古合口三等韵字在岐山方言中遇知组、照、日母读开口,《中国语文》第4期

张成材 1986 《关中方言说略》补正,《方言》第2期

张成材 2001 商州市方言形容词的表现形式,《商洛师范专科学校学报》第3期

张成材 2003 商州方言里的"形+人+哩"结构,《语言科学》第1期

张成材 2009 《商州方言词汇研究》,西宁:青海人民出版社

张 崇 1993 《陕西方言古今谈》,西安:陕西人民教育出版社

张济卿 1996 汉语并非没有时制语法范畴——谈时、体研究中的几个问题,《语文研究》第4期

张济卿 1998a 论现代汉语的时制与体结构(上),《语文研究》第3期

张济卿 1998b 论现代汉语的时制与体结构(下),《语文研究》第4期

张美兰 2000 《祖堂集》选择问句研究,《中山学刊》第2期

张盛裕、张成材 1986 陕甘宁青四省区汉语方言的分区(稿),《方言》第2期

张旺熹 1991 "把"字结构的语义及其语用分析,《语言教学与研究》第3期。

张维佳 1994 关中方言研究综述,《陕西教育学院学报》第3期

张维佳 1997 陕西方言内部分区及与周边方言的关系,《唐都

学刊(增刊)》
张维佳 2001 关中方言鼻韵尾的演化模式,《语言研究》第4期
张维佳 2002 《演化与竞争:关中方言音韵结构的变迁》,西安:陕西人民出版社
张维佳、张洪燕 2007 远指代词"兀"与突厥语,《民族语文》第3期
赵秉璇 1998 汉语、瑶语复辅音同源例证,《古汉语复声母论文集》,北京:北京语言文化大学出版社
赵克诚 1987 《近代汉语语法》,西安:陕西师范大学出版社
赵日新 2007 中原地区官话方言弱化变韵现象探析,《语言学论丛》第36辑,北京:商务印书馆
中国社会科学院、澳大利亚人文科学院合编 1987 《中国语言地图集》,香港:朗文出版有限公司
周 磊 2001 乌鲁木齐话"给"字句研究,《方言》第1期
周振鹤、游汝杰 2007 《方言与中国文化》(第2版),上海:上海人民出版社
朱德熙 1982 《语法讲义》,北京:商务印书馆
朱德熙 1983 包含动词"给"的复杂句式,《中国语文》第3期
祝敏彻 1993 汉语选择问、正反问的历史发展,《语言研究》第2期
B. Comrie 1976 Aspect, Cambridge University Press.
H.Reichenbach 1947 Elements of Symbolic Logic, The MacMillan Company.

主编后记

本书由吴媛、韩宝育两位著者共同完成，吴媛负责语音、词汇各章，韩宝育负责语法各章。韩宝育先生是岐山人，属于我的老师辈，后来又同事多年，他前些年即已开始研究岐山方言语法，发表了一系列论文。按照原来的安排，韩老师担任本书的第一作者。后来韩老师出于对年轻学人的提携和支持，主动提议由吴媛担任第一作者。本人对韩宝育先生的这种高风亮节表示崇高的敬意。

在写作过程中，两位作者密切配合，互相支持，并且欣然采纳主编的一些意见和建议，保证了书稿的顺利完成。这是一次愉快的合作经历。

须要特别说明的是，为了尊重个人的学术见解，主编在统稿过程中，保留了两位著者对个别现象的不同分析乃至术语。比如，岐山话中有一种非常突出的语音—语法现象，一些词（短语）的后一音节弱化至与前面的音节融为一个长音节，可以理解为一种深度的合音现象。例如："地里ȶ^{h}iː^{441}、门上mɑːŋ^{241}门口、炒着吃ʦ^{h}ɔː^{53} tʂ^{h}ʅ^{31}"。本书第四章第三节指出："其表现就是这些词完全失落，它的意义由前一音节的主要元音延长读音来表达，我们称这种现象为弱化变韵。"对这种现象，韩宝育老师前几年从语法的角度作过考察，称之为"韵母局部重叠"，本书的语法部分延用了这一概念（见第七至第十四章）。我们认为，同一部著作对相同的语言事实使用不完全相同的说法，尽管略有不协之感，但出于对不同学术观点的尊重和包容，不应当强求统一。因此，在语音、语法部分分别保留了两位作者的不同术语。还有，第七章之后的例句中，对这种现象采用单独的音节来记录，并使用了同音的零声母字，如第七章1.2.1的描写："早昂早上→$tsɑŋ^{44}$ $ɑŋ^{21}$ ｜头欧头里→$t^{h}ou^{31}$ ou^{53} ｜冬恩冬天→$tuŋ^{53}$ $əŋ^{21}$。"这样表达可能使读者在阅读例句时稍感不适，不过可以最大限度地表现这一语法现象的独特之处，体现作者对这一问题的学术见解。因此，我们同意使用这样的例句书写形式。

由于本书的写作过程较长，前后各章的统稿是分别进行的，所以给后期的编辑带来了一定的困难。责任编辑张可不厌其烦地审校书稿，与作者沟通、讨论，从而保证了本书的质量。在此，向张可编辑表示由衷的感谢和敬意。

最后，我们要对秦淑华女士和中华书局表示由衷的感谢，对陕西师范大学有关方面对《陕西方言重点调查研究》丛书的支持表示由衷的感谢。

邢向东

2015年3月2日

后 记

《岐山方言调查研究》是我和韩宝育教授合写的一部书。对韩老师来说，写书自然已经不是第一次，对我却是第一次，内心里有一些比较特殊的感觉，有期待，更多的是担心。或许恩师邢向东教授当时安排我和韩老师合作完成这本书，也是考虑到我这样的性格，但我只是隐约觉得，并未敢去向恩师考证。

2003年我有幸考入邢向东教授门下攻读硕士学位，成为先生的入室弟子。先生不嫌弃我的愚钝，一点一点把我带进了方言研究的殿堂。2006年毕业时，我的硕士学位论文写的是《岐山方言语音研究》。

还记得，邢老师为了我能够比较准确地记音，在2005年4月专门陪我去岐山调查，调查的一周时间里，我从恩师那里学会了发问、辨音，认识了很多平时很少见到的繁体字，也知道方言调查中遇到的一些问题该怎样处理。他的耐心、认真在我内心深处烙下了深深的印记。我并不是岐山人，但以岐山话为学位论文却是恩师的启发。那时候，恩师心里对陕西方言的研究已经有了一份清晰的蓝图。我记得，一次邢老师在跟我们谈论文选题时告诉我们，方言研究要有自己的领地，在这块领地上精耕细作、深挖精研一定能有所收获。我是陕西西安人，但从小在一个国营工厂的厂区生活，幼时的语言环境都是说普通话的。即使父母是地道的西安人，我的西安话也已经太洋化了。所以有时候被问到西安的发音时,我的发音总是会引起邢老师这样的评论:"你说的是西安话吗?太洋了吧!"我深深为自己不会说"土"的西安话而自责。也正因此,我的方言研究的起步就成了问题。一个没有方言的人怎么开始自己的研究?当时兰宾汉教授对西安话的研究已经成绩卓著,于是邢老师建议我做陕西其他地方的方言,比如岐山话,这样我的硕士论文选题就确定以岐山话为对象。所以,这部书的语音部分是在我的硕士论文的基础上修改而成的。

韩宝育教授是岐山人,所以这部书的语法部分是韩老师对家乡的感情的表达,韩老师也多次说,写这本书的目的主要是想为家乡的文化传承尽自己一点儿微薄的力量。韩老师也是我的发音人之一。在我对某些音有怀疑时,总是会第一时间打电话向韩老师求证。而韩老师总是会很谨慎地为我辨音,大部分时候,他会告诉我等他打电话回老家,核实了读音再回复我。

在这部书中有一些问题,我并没有解决或者解决得不好,借此机会向同行专家和读者朋友坦白并求教。比如单字调和变调的问题一直困扰着我。在方言中,有些字从来都不单用,并且总是轻读,在记单字调时该怎样记?如果记成轻声,把它放在同音字汇中,似有不妥,因为单字调是不包括轻声的;但是如果按照变调规律还原该单字的读音,当地人又不认可,不符合"土人感"。在普通话中这样的问题也存在,如"蛤蟆、萝卜、钥匙、衣裳"四个词中"蟆、卜、匙、裳"都读轻声,四个字音就只有轻声,但这种情况不是很多。所以书中我也把只读轻声的字列在了轻声中,显然这样的做法打破了静态的字汇的格局,使其增加了动态的音变的成分,似欠妥当。

此外,岐山方言中有些找不出本字的字音虽然记录了,但在同音字汇中没有反映出来,因为单字音还好办,双音节的字音就比较棘手。因为到底不知道语音是音变还是本音,所以只能舍弃。

这部书的语音、词汇部分（第一章至第六章）是我写的，语法和语料标注（第七章以后）部分是韩宝育教授写的。由于我整理的是城关话音系，韩老师说的是南塬话，所以在语音标注时出现了与我归纳的音系中不相符合的注音，比如“我”城关为ŋɤ[53]南塬为ŋuo[53]，“路”城关为lu[44]南塬为lou[44]，由于在语音部分已有说明，所以在校对时没有修改，而是保留了岐山话内部的这种差异，以使读者对这一特征有更清晰的感受。

从拜在恩师门下到今天，不知不觉竟然已经十年了，这本书也是应该早在2011年就该完稿的。但是，由于自己不勤奋，辜负了恩师邢向东教授的期望，也带累了韩宝育教授，内心的愧疚之情无法言表。如今这份作业终将是要交了，心里却并不轻松，由于本人的水平有限，书里面的错漏之处，还请各位专家读者不吝赐教！

最后我要感谢帮我联系发音合作人的陕西师范大学黄怀平老师；感谢发音合作人岐山中学退休教师马继平老师、三塬小学张彩秀老师、曹家镇张忠堂先生；感谢香港中文大学张双庆教授对后辈学生的热情鼓励和调查时的资金支持；感谢同门张永哲博士在百忙中帮我校稿；感谢韩宝育教授的支持与包容、提携与爱护；感谢陕西师范大学211工程与学科建设处和文学院对本书出版的支持。

在本书即将出版之际，我还要特别感谢责任编辑张可老师，看着她寄给我的批注得密密麻麻的书稿，既汗颜又欣慰，感谢她一丝不苟的辛勤工作，让我可以减少很多内容和形式上的疏漏。

当然，最应该感谢的是恩师邢向东教授，谢谢您十年来的教诲、鼓励、手把手的帮扶，我一定继续努力，不辜负您的培育之恩！

吴媛

2014年7月18日